Beck-Wirtschaftsberater im dtv

Projekte zum Erfolg führen

dtv

Beck-Wirtschaftsberater

Projekte

zum Erfolg führen

Projektmanagement systematisch
und kompakt

Von Prof. Dr. Heinz Schelle
unter Mitarbeit von Dr. Roland Ottmann

7., überarbeitete Auflage

Deutscher Taschenbuch Verlag

www.dtv.de
www.beck.de

Originalausgabe
Deutscher Taschenbuch Verlag GmbH & Co. KG,
Tumblingerstraße 21, 80337 München
© 2014. Redaktionelle Verantwortung: Verlag C.H. Beck oHG
Druck und Bindung: Druckerei C.H. Beck, Nördlingen
(Adresse der Druckerei: Wilhelmstraße 9, 80801 München)
Satz: Fa. ottomedien, Darmstadt
Umschlaggestaltung: Agentur 42, Bodenheim
ISBN 978-3-423-50937-4 (dtv)
ISBN 978-3-406-65508-1 (C. H. Beck)

Vorwort zur 7. Auflage

Die Trends in der Disziplin Projektmanagement, die im Vorwort zur 6. Auflage herausgestellt wurden, haben sich verstärkt. Das Management von Projektportfolios und die Abstimmung der Projektauswahl mit der Unternehmensstrategie werden zunehmend diskutiert. In dieser Diskussion spielt das Project Management Office als permanentes Element in einer sich stetig wandelnden Projektlandschaft eine wichtige Rolle. Im Zusammenhang mit der Thematik „Projektportfolio" hat sich auch eine neue Sicht auf den Projekterfolg eröffnet. Im Vordergrund steht nicht mehr so sehr der Abwicklungserfolg (in der Zeit, in den Kosten und mit der vereinbarten Leistung), sondern der Beitrag, den ein Projekt bzw. eine Menge von Vorhaben zum Unternehmenswachstum und zur Steigerung des Unternehmenswerts liefern.

In den letzten drei Jahren hat sich auch das Gedankengut des Agilen Projektmanagements stark verbreitet. Große Erwartungen werden weiterhin an virtuelle Projektteams geknüpft.

Mit der zunehmenden Aufmerksamkeit, die Projektmanagement in der Wirtschaft und bei nicht profitorientierten Organisationen gewinnt, steigt auch die Bedeutung von Normen und Standards. So sind nach 2010, dem Erscheinungsjahr der 6. Auflage, u.a. die Fifth Edition des Project Management Body of Knowledge (PMBoK) des Project Management Institute of America, die jeweils zweite Auflage des PM Guide 2.0 und des Agile PM Guide 2.0 der International Association of Project Managers, die neue DIN-Norm zum Multiprojektmanagement (DIN 69909 Grundlagen und Prozessmodell) und die internationale Norm ISO 21500 „Guidance on Project Management" erschienen. Dass damit auch die internationale Arbeitsteilung erleichtert wird, steht außer Frage.

Am Schluss möchten wir nicht versäumen, Herrn Dipl.-Betriebswirt (FH) Werner Schmehr für die Überarbeitung des Kapitels 24 (Qualifizierung und Zertifizierung im Projektmanagement) zu danken.

Oberau und Nürnberg, im August 2013 *Heinz Schelle*
Roland Ottmann

Vorwort zur 6. Auflage

Die Disziplin „Projektmanagement" entwickelt sich ständig weiter. Verstärkte Aufmerksamkeit erfährt in den letzten Jahren, wie schon im Vorwort zur 5. Auflage erwähnt, das Management von Projektportfolios und die Abstimmung der Projektauswahl mit der Unternehmens- und Geschäftsfeldstrategie. Das lange vernachlässigte Faktum, dass Strategien von Organisationen im Wesentlichen durch Projekte realisiert werden, wird immer mehr thematisiert. Im vorliegenden Taschenbuch wurde dieser Trend berücksichtigt. Auch Normen (z.B. die aktualisierten DIN 69 900 und 69 901 mit einem Prozess- und Datenmodell) und Standards wie die IPMA Competence Baseline Version 3.0 bzw. die daraus abgeleiteten National Competence Baselines (NCB) für Deutschland, Österreich und die Schweiz sowie die vierte Auflage des „Guide to the Project Management Body of Knowledge" (PMBoK) des Project Management Institute of America gewinnen im Zeichen zunehmender, vor allem internationaler Arbeitsteilung an Bedeutung. Hinzu kommen generische Vorgehensmodelle und umfassende Projektmanagementkonzepte, wie etwa das weit verbreitete PRINCE2 aus Großbritannien. Aus diesem Grund wurde der Versuch unternommen, in einer Konkordanztabelle die Inhalte dieses Taschenbuchs so weit wie möglich in Beziehung zu setzen zur ICB 3.0 in der nationalen Fassung für Deutschland (NCB 3.0), zum PMBoK und zu PRINCE2. Außerdem wurden die einzelnen Kapitel unter Berücksichtigung neuester Literatur überarbeitet und die Literaturempfehlungen aktualisiert.

Am Schluss möchte ich nicht versäumen, einigen Mitstreitern Dank abzustatten. Er gebührt vor allem Dr. Roland Ottmann, der das

16. Kapitel völlig neu geschrieben und mir wertvolle Ratschläge bei der Gestaltung der 6. Auflage gegeben hat. Großer Dank gebührt auch Herrn Dipl.-Betriebsw. (FH) Werner Schmehr für die Überarbeitung des 24. Kapitels. Der große Umfang der Änderungen gerade in diesem Kapitel zeigt, wie stürmisch auch auf dem Gebiet der Qualifizierung und Zertifizierung die Entwicklung verläuft.

Oberau, im Oktober 2009 *Heinz Schelle*

Vorwort zur 1. Auflage

Projekte verändern unsere Welt. Der Bau eines Flughafens oder eines Krankenhauses, die Umorganisation eines Betriebs oder einer Behörde, die Umsetzung einer Unternehmensstrategie, die Errichtung einer Entsalzungsanlage, die Vorbereitung der Serienfertigung eines neuen Automodells, die Entwicklung von Produkten oder eines EDV-Programms, der Aufbau eines Datennetzes, eine Operninszenierung, die Vorbereitung und Durchführung einer Sportveranstaltung oder eines Kongresses, der Umzug einer Betriebsstätte, all das sind Beispiele für Leistungserstellung mit Projektcharakter. Projekte werden natürlich nicht erst in jüngster Zeit durchgeführt. Die Geschichte der Menschheit kennt seit Jahrtausenden große Vorhaben. Der Bau der Pyramiden und der gotischen Dome mögen als Beispiele aus der Historie hier genügen. Von einer wissenschaftlichen Disziplin des Managements von Projekten kann freilich erst seit etwa 40 Jahren gesprochen werden. Für die Programme der Weltraumfahrt und die großen Rüstungsprojekte der USA wurden Instrumente und Konzepte erarbeitet, die in der Folgezeit für Projekte in anderen Branchen angepasst und weiterentwickelt wurden. Leider hat die Entwicklungsgeschichte der Lehre vom Projektmanagement zu dem schwer auszurottenden Vorurteil geführt, dass Projektmanagement nur ein Führungskonzept für sehr große und komplexe Projekte ist. Das ist falsch. Systematisches Projektmanagement kann auch mit großem Nutzen bei kleineren Vorhaben,

Vorwort zur 1. Auflage

wie sie nicht nur in mittelständischen Unternehmen, sondern auch in Großunternehmen sehr häufig sind, angewandt werden. Dass man dafür natürlich ein weniger kompliziertes und anspruchsvolles Instrumentarium verwendet, also nicht mit „Kanonen nach Spatzen schießt", versteht sich von selbst. Sogar bei privaten „Projekten" wie z.B. Hochzeitsvorbereitungen und Umzügen lohnt es sich, einen Griff in den Instrumentenkasten des Projektmanagements zu tun.

Jahrzehntelange Beratungs- und Schulungstätigkeit des Verfassers und die Erfahrungen vieler Kollegen und Mitstreiter in der Deutschen Gesellschaft für Projektmanagement führen zu der Behauptung, dass in der Industrie und noch mehr in der Öffentlichen Verwaltung, die das Führungskonzept „Projektmanagement" erst in allerjüngster Zeit entdeckt hat, eine erhebliche „Anwendungslücke" besteht. Das „Durchwursteln" durch Projekte ist bislang eher die Regel als die Ausnahme. Dabei könnte Projektmanagement eines der wichtigsten Mittel sein, um technischen und organisatorischen Wandel in Organisationen durchzusetzen und auf den Märkten Konkurrenzvorteile zu erhalten, bzw. wiederzugewinnen. Beides ist notwendig, um den „Standort Deutschland" zu sichern.

Das Buch beginnt mit einem Fallbeispiel. Das „misslungene Projekt", von dem berichtet wird, ist aus naheliegenden Gründen fiktiv. Die Kombination von Fehlern, die hier geschildert werden, ist aber sehr realistisch. Um es noch deutlicher zu sagen: In vielen Vorhaben wird noch viel mehr gegen die „Regeln der Kunst" verstoßen als bei diesem Entwicklungsprojekt. Das Beispiel dient in den weiteren Kapiteln sozusagen als „Kontrastmittel", um immer wieder zu zeigen, wie man es hätte besser machen können. Ich bitte den Leser um Verständnis, dass die gleichen Fehler und Versäumnisse zum Teil mehrmals genannt werden. Der Grund ist einfach: Sie wirken sich in vieler Weise negativ auf den Projekterfolg aus.

Wenn dieses Buch, das nur eine Einführung sein kann, ein wenig dazu beiträgt, das Gedankengut des systematischen Projektmanagements weiter zu verbreiten und Appetit auf mehr Informationen zu machen, wäre das ein großer Erfolg.

Vorwort zur 1. Auflage

Zum Schluss möchte ich Hermann Schenk für die gute Betreuung der Publikation danken. Dank gebührt auch meiner Frau Traudl, die während der Entstehungsphase auf so manchen gemeinsamen Spaziergang verzichten musste.

Oberau, im November 1995 *Heinz Schelle*

Inhaltsübersicht

Vorwort V

Einführung
Wegweiser durch das Buch 1

1. Kapitel
Ein misslungenes Projekt: Fallstudie................................... 7

2. Kapitel
Was ist ein Projekt, was bedeutet Projektmanagement und
welche Erfolge bringt es? 19

3. Kapitel
Grundsätze des Projektmanagements................................. 37

4. Kapitel
Projektmanagement lohnt sich auch bei kleineren Vorhaben 45

5. Kapitel
Die „richtigen" Projekte machen: Projektauswahl 51

6. Kapitel
Das Projektteam formieren:
Projektleiter und Projektgruppe einsetzen............................ 71

7. Kapitel
Projektziele mit dem Auftraggeber zusammen definieren und den
Beteiligten vermitteln: Projektdefinition und Projektstart 91

8. Kapitel
Das Projektumfeld berücksichtigen:
Umfeld- und Stakeholdermanagement................................ 107

9. Kapitel
Projektrisiken aufdecken und Vorsorge treffen:
Risikomanagement in Projekten...................................... 119

Inhaltsübersicht

10. Kapitel
Das Projekt gründlich strukturieren: Der Projektstrukturplan 129

11. Kapitel
Projektablauf und Projekttermine planen:
Es muss nicht immer Netzplantechnik sein 143

12. Kapitel
Einsatzmittelbedarf und Kosten schätzen:
Den Königsweg gibt es nicht 165

13. Kapitel
Arbeitskräfte und Betriebsmittel richtig einsetzen:
Projektbezogene Einsatzmittelplanung – Multiprojekt- und
Programmmanagement 177

14. Kapitel
Die Projektkosten unter Kontrolle halten:
Mitschreitende Kostenverfolgung...................................... 193

15. Kapitel
Änderungen im Griff haben: Änderungs- und Konfigurationsmanagement 205

16. Kapitel
Qualität im Projektverlauf sichern:
„Der Kunde soll zurückkommen, nicht das Produkt" 211

17. Kapitel
Haltepunkte im Projekt setzen: Projektphasen und Meilensteine 237

18. Kapitel
Das Projekt auf Erfolgskurs halten:
Projektberichtswesen und Projektsteuerung 257

19. Kapitel
Konflikte im Projekt beherrschen 271

20. Kapitel
Den Rechner nutzen: Auswahl von Projektmanagement-Software 281

21. Kapitel
Das Projekt systematisch beenden und Erfahrungen auswerten 295

22. Kapitel
Die Einführung und Optimierung von Projektmanagement in
Organisationen... 305

23. Kapitel
Zum guten Schluss: Was Vorstandsmitglieder, Geschäftsführer und
Behördenchefs für erfolgreiche Projektarbeit tun können –
Ratschläge an das Topmanagement 317

24. Kapitel
Qualifizierung und Zertifizierung im Projektmanagement.............. 323

Anhang 359

Sachverzeichnis 389

Einführung

Wegweiser durch das Buch

Eine Fallstudie zum Einstieg

Die Einführung beginnt mit der Schilderung eines fiktiven, wenig erfolgreichen Software-Entwicklungsprojekts (**1. Kapitel „Ein misslungenes Projekt"**), in dem sowohl der Auftraggeber als auch der Auftragnehmer viele Fehler begangen haben. In den folgenden Kapiteln wird immer wieder Bezug auf dieses Projekt genommen und gezeigt, wie man es hätte besser machen können.

Grundlagen des Projektmanagements

Das **2. Kapitel ("Was ist ein Projekt, was bedeutet Projektmanagement und welche Erfolge bringt es?")** klärt einige grundlegende Begriffe, identifiziert typische Fehler und Versäumnisse in Projekten und zeigt, welche Erfolgspotentiale das Führungskonzept „Projektmanagement" hat.

Im **3. Kapitel („Grundsätze des Projektmanagements")** werden wichtige Prinzipien des Projektmanagements wie z. B. die Strukturierung von Vorhaben und die starke Betonung der Definitionsphase herausgearbeitet.

Im **4. Kapitel („Projektmanagement lohnt sich auch bei kleineren Vorhaben")** wird der Nachweis versucht, dass Projektmanagement auch bei kleineren Projekten mit Erfolg angewandt werden kann.

Ein „Minimalschema für kleine Projekte" spiegelt die Auffassung des Verfassers wider, welche Vorkehrungen zumindest getroffen werden müssen, damit von systematischem Projektmanagement gesprochen werden kann.

Was man für erfolgreiche Projekte tun und was man lassen sollte

Nach diesen einführenden Kapiteln beginnt der Methodenteil. Das **5. Kapitel („Die ‚richtigen' Projekte machen: Projektauswahl")** befasst sich mit einem wesentlichen, in Lehrbüchern in der Regel allerdings vernachlässigtem Aspekt des strategischen Projektmanagements, nämlich der Frage, welche Vorhaben aus einer größeren Menge von Projektvorschlägen ausgewählt werden sollen bzw. ob ein Projektangebot an einen Kunden gemacht werden soll oder nicht.

Das **6. Kapitel („Das Projektteam formieren: Projektleiter und Projektgruppe einsetzen")** erläutert wichtige Voraussetzungen für den Projekterfolg wie die Auswahl des Projektleiters und seine Ausstattung mit Befugnissen, die Zusammensetzung des Projektteams und Fragen des geeigneten Führungsstils.

Das **7. Kapitel („Projektziele mit dem Auftraggeber zusammen definieren und den Beteiligten vermitteln: Projektdefinition und Projektstart")** gibt Ratschläge für die Formulierung von Projektzielen (Lastenheft und Pflichtenheft) und die Durchführung von Projektstartsitzungen.

Das **8. Kapitel („Das Projektumfeld berücksichtigen: Umfeld- und Stakeholdermanagement")** bietet detailliertere Ausführungen zu einer wesentlichen Aufgabe des Projektmanagements in frühen Projektphasen, der Ermittlung der Projektinteressenten (Stakeholder) und ihrer Ziele, sowie der Formulierung einer Strategie für den Umgang mit den Projektinteressenten.

Im **9. Kapitel („Projektrisiken aufdecken und Vorsorge treffen: Risikomanagement in Projekten")** wird eine weitere wichtige Aufgabe erläutert, die bereits beim Projektstart von der Projektleitung in Angriff genommen werden muss, dann aber auch während des

Projektablaufs immer wieder einmal durchzuführen ist: Die Ermittlung und Bewertung der Risiken, die den Projekterfolg gefährden könnten und die Ausarbeitung einer entsprechenden Risikopolitik.

Ein Ergebnis des Projektstarts (7. Kapitel) sollte ein zumindest grober **Projektstrukturplan** sein, der dann im Laufe des Projekts in der Regel weiter detailliert wird. Das **10. Kapitel („Das Projekt gründlich strukturieren: Der Projektstrukturplan")** behandelt die Zwecke des „Plans der Pläne" und zeigt, worauf bei seiner Erstellung zu achten ist.

Arbeitspakete, d. h. Aufgabenbündel, die im Projektstrukturplan nicht mehr weiter aufgegliedert sind, werden im **11. Kapitel („Projektablauf und Projekttermine planen: Es muss nicht immer Netzplantechnik sein")** zu Netzplänen verknüpft. Die Regeln der Errechnung von Terminen in Netzplänen werden erläutert. Daneben werden einfachere Verfahren der Terminplanung vorgestellt.

Die Aufgliederung des Projekts in **Arbeitspakete** ist in der Regel auch eine Voraussetzung für eine solide Aufwands- und Kostenschätzung in Projekten (**12. Kapitel „Einsatzmittelbedarf und Kosten schätzen: Den Königsweg gibt es nicht"**). Für Projekte aus verschiedenen Branchen (u. a. Bau-, Organisations- und IT-Projekte) werden entsprechende Verfahren demonstriert.

Die **projektbezogene Planung des Bedarfs an Einsatzmitteln** (im allgemeinen Arbeitskräfte verschiedener Qualifikation und Betriebsmittel) in den einzelnen Planungsperioden, z. B. Arbeitstage oder -wochen gehört zu den schwierigsten Aufgaben im Projektmanagement. Es wird im **13. Kapitel („Arbeitskräfte und Betriebsmittel richtig einsetzen: Projektbezogene Einsatzmittelplanung und Projektportfolio- und Programmmanagement")** begründet, warum die Projektion von Bedarfsgrößen auf die zuvor durch die Terminplanung im Zeitraster fixierten **Arbeitspakete** zwar theoretisch sehr elegant ist, in der Praxis aber auf erhebliche Schwierigkeiten stößt. Einfachere Alternativen werden empfohlen. Außerdem wird aus den Zusammenhängen zwischen Projekten, die über den Zugriff auf gemeinsam genutzte Einsatzmittel oft weit hinausgehen, die Notwendigkeit des Multiprojekt – bzw. Programmmanagements abgeleitet.

Nach der Planung der Kosten (12. Kapitel) müssen in der projektbegleitenden Kostenverfolgung (**14. Kapitel „Die Projektkosten unter Kontrolle halten: Mitschreitende Kostenverfolgung"**) für die einzelnen **Arbeitspakete** zumindest die laufend angefallenen Istkosten ermittelt werden. Neben dieser sehr einfachen Technik, mit der lediglich festgestellt werden kann, wie weit der Planansatz bereits ausgeschöpft ist, werden auch kompliziertere Methoden erklärt, mit deren Hilfe der Soll-Ist-Vergleich an Aussagekraft gewinnt.

Die zu Beginn eines Projekts einmal festgelegten Sachziele (7. Kapitel) ändern sich sehr häufig im Verlauf des Vorhabens. Systematisches Änderungsmanagement oder die erweiterte Form des Konfigurationsmanagements (**15. Kapitel „Änderungen im Griff haben: Änderungs- und Konfigurationsmanagement"**) müssen, vereinfacht gesagt, sicherstellen, dass diese Änderungen dokumentiert und ihre Durchführung überwacht wird, aber auch, dass die Auswirkungen auf Termine, Kosten und unmittelbar nicht betroffene Komponenten des Projektgegenstands überprüft werden.

Neben der Einhaltung des Termin- und Kostenziels ist der Projektleiter auch dafür verantwortlich, dass die dem Auftraggeber bzw. dem Kunden zugesicherte Qualität erreicht wird. Das **16. Kapitel** (**„Qualität im Projektverlauf sichern: ‚Der Kunde soll zurückkommen, nicht das Produkt'"**) bietet einen knappen Überblick über die besonderen Probleme des Qualitätsmanagements in Projekten und die Rolle von Projektbenchmarking- und Phasen- oder Vorgehensmodellen.

Neben einem zumindest groben Projektstrukturplan sollte beim Projektstart ein derartiges Phasen- oder Vorgehensmodell erstellt werden. **Im 17. Kapitel (**„**Haltepunkte im Projekt setzen: Projektphasen und Meilensteine"**) werden individuelle oder standardisierte Phasenmodelle aus verschiedenen Branchen aufgeführt, der Zusammenhang mit dem **Projektstrukturplan und der Ablaufplanung** (10. Kapitel und 11. Kapitel) hergestellt und die Vorteile einer derartigen Planung erläutert. Die präzise Formulierung von Meilensteinen, die im Projekt zu erreichen sind, wird anhand von Beispielen besonders hervorgehoben. Auch auf das Konzept des Agilen Projektmanagements wird kurz eingegangen.

Bereits laufende Projekte müssen ständig überwacht werden, alle Beteiligten sind durch das Berichtswesen über den Projektstatus zu informieren. Bei unerwünschten Planabweichungen muss der Projektleiter gegensteuern. Im **18. Kapitel** („**Das Projekt auf Erfolgskurs halten: Projektberichtswesen und Projektsteuerung**") werden die Anforderungen an das Projektberichtswesen formuliert und einige Projektberichte gezeigt. Am Beispiel von Termin- und Kostenabweichungen wird aufgeführt, welche Alternativen bestehen, um die gesetzten Projektziele dennoch zu erreichen.

Konflikte sind in Projekten nahezu unvermeidbar, schon weil häufig mehrere Fachdisziplinen an ihnen beteiligt sind. Im **19. Kapitel** („**Konflikte im Projekt beherrschen**") werden die verschiedenen Konfliktursachen erläutert und Möglichkeiten der Konfliktlösung behandelt.

Für die Planung und Überwachung des Projekts ist heute der Einsatz von entsprechender Software unumgänglich. Im **20. Kapitel** („**Den Rechner nutzen: Auswahl von Projektmanagement-Software**") wird demonstriert, welche Unterstützung Software dem Projektmanagement heute bieten kann und worauf bei der Entscheidung für ein bestimmtes Programmpaket zu achten ist.

Im **21. Kapitel** („**Das Projekt systematisch beenden und Erfahrungen auswerten**") werden schließlich zwei in der Praxis häufig vernachlässigte Aufgaben behandelt: Die systematische Beendigung des Projekts und das Lernen aus erfolgreichen und fehlgeschlagenen Projekten.

Was ist zu tun, um Projektmanagement erfolgreich in der Organisation einzuführen?

Das **22. Kapitel** („**Die Einführung und Optimierung von Projektmanagement in Organisationen**") ist aus der Sicht des Verfassers das wichtigste. Das beste Projektmanagement-Konzept nützt nichts, wenn die Einführung von den Betroffenen systematisch boykottiert wird. Deshalb wird ein Vorgehensmodell erläutert, mit dessen Anwendung sich die Chancen einer erfolgreichen Implementierung beträchtlich erhöhen lassen.

EINFÜHRUNG   Wegweiser durch das Buch

Was können Bosse für den Projekterfolg tun und wie können Mitarbeiter in Projektmanagement aus- und weitergebildet werden?

Im **23. Kapitel** („**Zum guten Schluss: Was Vorstandsmitglieder, Geschäftsführer und Behördenchefs für erfolgreiche Projektarbeit tun können – Ratschläge an das Topmanagement**") findet der Leser Tipps für Führungskräfte, die zwar in der Regel nichts mit dem operativen Projektmanagement zu tun haben, die aber dennoch einen erheblichen Beitrag zu erfolgreichen Projekten leisten können.

Im **24. Kapitel** („Qualifizierung und Zertifizierung im Projektmanagement") informiert Werner Schmehr über die Möglichkeiten der Qualifizierung und Personenzertifizierung in der Bundesrepublik.

Im Anhang werden die Inhalte dieses Lehrbuchs den Kompetenzelementen der ICB 3.0 in der Fassung der National Competence Baseline gegenübergestellt.

Was sollte man zur Vertiefung lesen?

Die Zahl der Bücher zum Thema „Projektmanagement" wird immer größer. Das Angebot ist nur noch schwer zu überschauen. Deshalb werden einige Literaturempfehlungen gegeben.

1. Kapitel

Ein misslungenes Projekt: Fallstudie[1]

Das Projekt *Protext* war von der Software GmbH, einem kleineren Softwarehaus mit etwa 50 Mitarbeitern, durchgeführt worden. Auftraggeber war die Hardware AG, ein Unternehmen, das sich auf die Herstellung und den Vertrieb von PCs und Workstations spezialisiert hatte. Das Projektziel war, ein Textverarbeitungsprogramm für einen neuen PC der Hardware AG zu entwickeln. Die Textverarbeitungssoftware sollte u. a. folgende Eigenschaften haben:

- Das komfortable Schreiben und Bearbeiten komplizierter mathematischer Formeln,
- die Erstellung, Bearbeitung und Einbindung von Tabellen, Diagrammen und Graphen,
- die Verwaltung von Fußnoten und Querverweisen und
- die benutzerfreundliche Erzeugung von Stichwort- und Literaturverzeichnissen.

Mit dem Programm sollten Texte von Buchdruckqualität erzeugt werden. Schließlich sollte es die Eigenschaft „What you see is what you get" (Wie der Text auf dem Bildschirm aussieht, erscheint er auch auf Papier.) haben.

Als Zielgruppe waren insbesondere Mathematiker, Physiker, Ingenieure und Informatiker, aber auch Geisteswissenschaftler vorgesehen.

Da das Projekt in eine Krise geraten war, wurde ein externer Berater hinzugezogen. Er hatte den Auftrag, den Stand des Projekts zu analysieren, Probleme zu identifizieren und Lösungen vorzuschlagen.

1. KAPITEL Ein misslungenes Projekt: Fallstudie

Vorgehensweise

Es wurde eine erste Besprechung abgehalten, an der Frau Schwarz, die bei der Hardware AG für die Produktlinie „UniWindow" verantwortliche Managerin, Georg Westerhage, der Geschäftsführer der Software GmbH und Hans Braun, der Projektleiter für das Projekt *Protext*, teilnahmen. Nach dieser Besprechung wurden fünf Mitglieder des Projektteams, ein früherer Projektmitarbeiter und drei Mitarbeiter der Hardware AG interviewt. Schließlich wurden die Vertragsunterlagen, die gesamte Projektplanung, das Lastenheft, das Pflichtenheft, die bislang vorliegende Benutzerdokumentation und die bis zum Stichtag angefallenen Projektkosten analysiert.

Projektverlauf

Das neue Produkt der Hardware AG, der UniWindows-PC hatte

- einen hochauflösendenTFT-Bildschirm,
- 4 GB Hauptspeicher,
- eine Festplatte mit 1 TB und
- ein Betriebssystem der Windows-Familie.

Die Hardware AG ließ von mehreren Softwarehäusern für den UniWindow-PC Software produzieren. Die Firma hatte für *Protext* ein Lastenheft erarbeitet und verschiedene Softwarefirmen gebeten, Angebote einzureichen. Das Lastenheft war am 15. Juli 2012 an diese Firmen übergeben worden.

Folgende Terminmeilensteine waren durch den Auftraggeber festgelegt worden.

15. Juli 2012	Übergabe des Lastenhefts
14. August 2012	Einreichung der Angebote
1. September 2012	Annahme eines Angebots durch Hardware AG
15. September 2012	Projektstart
1. März 2014	Auslieferung der Software

Die Konkurrenzsituation

Fünf Firmen hatten ein Angebot abgegeben. Drei Softwarehäuser hatten sich nicht um den Auftrag beworben, und zwar mit der Begründung, dass die Zeit für die Entwicklung etwas zu knapp bemessen sei. Zwei der Anbieterfirmen waren ganz offensichtlich nicht qualifiziert genug. Der Preis eines Anbieters lag erheblich über dem Preis der verbleibenden zwei Firmen, der Software GmbH und der TextProducts KG. Das Angebot der Software GmbH lag bei 2.100.000 €, das Angebot von TextProducts bei 2.875.000 €. Die Software GmbH erhielt daraufhin den Auftrag.

Westerhage war der Ansicht, dass der Auftrag der Hardware AG insbesondere aus strategischen Überlegungen für die Firma wichtig sei. Die Software GmbH hatte in der Vergangenheit schon einige Texteditoren (Programme, mit denen Texte korrigiert und bearbeitet werden können) entwickelt, hatte aber weder Erfahrung mit universellen umfassenden Textverarbeitungsprogrammen noch mit solchen für technisch-wissenschaftliche Zwecke.

Nach Meinung des Geschäftsführers würde der Entwicklungsauftrag dem Unternehmen dazu verhelfen, Know-how und eine führende Position bei wissenschaftlicher Textverarbeitungssoftware für PCs zu gewinnen, einem Markt, den er als zukunftsträchtig einschätzte.

Außerdem benötigte das Unternehmen dringend einen Auftrag, um einige qualifizierte Programmierer, die zzt. nicht mit Kundenprojekten beschäftigt waren, nicht entlassen zu müssen. Braun verpflichtete sich dem Auftraggeber gegenüber, das Produkt am 1. März 2014 zu liefern. Das Projekt konnte planmäßig am 15. September 2012 beginnen.

Projektstart

Eine Reihe von Mitarbeitern wurde in der Software GmbH mit dem Projekt *Protext* betraut. Sie kamen aus zwei verschiedenen Abteilungen der Firma und blieben ihren Linienvorgesetzten disziplinarisch unterstellt. Außerdem wurden von der Geschäftsführung dem Projektleiter Braun eine stellvertretende Projektleiterin, Frau Grau, zur Unterstützung gegeben. Frau Grau war erst seit kurzem im Unternehmen. Die Aufgaben des Projektleiters waren in einem Projektmanagement-Handbuch, das vor einigen Jahren von einem Beratungsunternehmen erstellt worden war, im Detail beschrieben worden. Befugnisse für den Projektleiter waren darin allerdings nicht formuliert worden. Die Geschäftsleitung hatte damals durch ein Rundschreiben angeordnet, dass der Leitfaden ab sofort die Grundlage für die Abwicklung von Projekten im Unternehmen ist.

Braun hatte Erfahrung mit der Entwicklung von Texteditoren auf der Basis von Betriebssystemen der Windows-Familie, aber keine Erfahrung mit anderen Komponenten von Textverarbeitungsprogrammen.

Frau Grau hatte beträchtliche Erfahrung mit der Programmiersprache C++, verstand aber nicht viel von Textverarbeitung.

Braun und Grau hatten unterschiedliche Vorstellungen davon, wie die Benutzerführung (Benutzeroberfläche) im Detail bei *Protext* aussehen sollte. Die Vorgaben des Auftraggebers ließen in diesem Punkt Interpretationsspielraum. Wegen des Zeitdrucks hatte man auf die Erstellung von „Wegwerfprototypen" (rapid prototype) verzichtet. Alle Mitglieder des Projektteams wurden in die Diskussion über dieses Thema einbezogen. Die anderen Komponenten des Textsystems wurden darüber etwas vernachlässigt. Eine Einigung wurde nicht erzielt. Nach ungefähr einem Monat bekam der Projektleiter ein schlechtes Gewissen und beschloss, sich auch um die anderen Programmteile etwas intensiver zu kümmern. Er ließ Frau Grau die Benutzeroberfläche weitgehend nach ihren eigenen Vorstellungen entwickeln.

Erste Probleme

Im März 2013 waren einige Programmteile geschrieben und getestet. Braun nahm einen ersten Integrationstest vor. Das war zunächst sehr schwierig, weil Testdaten und Testwerkzeuge fehlten. Dieses Problem war aber bald behoben.

Der Projektleiter merkte rasch, dass er und seine Mitarbeiter ganz offensichtlich bei der Spezifikation der Schnittstellen geschlampt hatten.

Es erwies sich als notwendig, einige Änderungen vorzunehmen. Das führte zu ausgedehnten Diskussionen mit der stellvertretenden Projektleiterin, die Frau Grau dadurch beendete, dass sie kündigte und die Firma verließ. Sie hatte sehr trickreich programmiert und von vielen, wenig bekannten Möglichkeiten, die die Programmiersprache C++ bot, Gebrauch gemacht. Deshalb hatten andere Programmierer große Mühe, sich in den Code einzuarbeiten.

Mit der Programmierung des Programmteils, der die Textdateien einschließlich der Fußnoten verwaltete, waren zwei jüngere Programmierer fachlich überfordert. Hinzu kam, dass diese beiden Mitarbeiter und zwei weitere Kollegen zwar ein vorangegangenes Projekt offiziell beendet hatten, in ihrer Abteilung aber aufgrund von Beschwerden des Kunden noch erhebliche Nachbesserungen (Fehlerbeseitigung, Ergänzung der Dokumentation, Ergänzung der Software um einige Funktionen; Erstellung von Schulungsunterlagen) machen mussten und somit nicht voll für das *Protext*-Projekt zur Verfügung standen.

Eine Reihe von Funktionen des Programms fehlte noch und die Funktionen, die schon fertig waren, liefen zum Teil sehr langsam. Der Bedienungskomfort war gering. Robert Silber, der Datenbankspezialist bei Software, wurde für das Projekt abgestellt, um vor allem die Dateiverwaltungskomponente doch noch zufriedenstellend zu Ende zu entwickeln.

Der Projektleiter greift durch

Mitte Mai 2013 gingen die Arbeiten aufgrund verschiedener Sonderaktionen einigermaßen voran. Obwohl es keinen detaillierten Terminplan gab, sondern nur zu Beginn des Projekts einige Ecktermine – die entsprechenden, dazugehörigen Meilensteinergebnisse waren wenig präzis formuliert – gesetzt worden waren und ein grober Balkenplan existierte, der nach Projektstart nicht mehr aktualisiert wurde, war Braun zuversichtlich, dass die Probleme, die sich im Projekt gezeigt hatten, gelöst werden könnten. Er berichtete deshalb an die Geschäftsführung, dass das Projekt im Termin sei.

Unglücklicherweise gab es aber mehr Schwierigkeiten als er dachte. Bei Versuchen, die Programmteile, die Frau Grau geschrieben hatte, etwas zu verändern, zeigten sich immer wieder mysteriöse Fehler.

Ein weiteres Problem ergab sich aus Kontakten, die Silber, der Datenbankspezialist, mit einem Vertreter der Marketingabteilung der Hardware AG geknüpft hatte. Der Marketingmann vertrat die Ansicht, dass seine Firma für *Protext* unbedingt die Anbindung an eine relationale Datenbank brauche, um umfangreiche bibliographische Daten speichern zu können. Silber kam diesem Wunsch begeistert nach, ohne seinen Projektleiter über diese erhebliche Erweiterung der Spezifikation zu informieren.

Braun erfuhr von dem Alleingang erst Mitte Juni. Er war der Meinung, dass diese zusätzlich übernommene Aufgabe so erheblich sei, dass sie in der noch zur Verfügung stehenden Zeit nicht bewältigt werden könne. Silber versicherte ihm, dass er es schaffen werde. Braun wollte keinen Krach mit Silber und entschloss sich, aus der Angelegenheit kein Drama zu machen und auch mit dem Kunden nicht darüber zu reden, genauso wie er auch über andere Schwierigkeiten im Projekt mit dem Auftraggeber bisher nicht gesprochen hatte.

Seine Hauptprobleme lagen bei der Integration der verschiedenen Teile von *Protext*. Diese Aufgabe nahm seine ganze Zeit und Aufmerksamkeit in Anspruch. Manche Komponenten des Textverarbeitungssystems gab es zu dieser Zeit in verschiedenen Versionen und man war sich nicht ganz einig, welche davon man nun eigentlich für die weiteren Arbeiten an *Protext* verwenden sollte. Aus Zeitgründen hatte man die Dokumentation zunächst etwas vernachlässigt.

Versuche des Projektleiters, die Linienvorgesetzten der Teammitglieder dazu zu bewegen, sich mit ihm zusammenzusetzen und über die Lösung einiger aufgetretener Probleme zu reden, wurden mit dem Hinweis abgeblockt, in einer Matrixorganisation seien die Fachvorgesetzten für das „Wie" der Aufgabenerfüllung verantwortlich.

Der Projektleiter möge sich gefälligst um seine Managementaufgaben kümmern.

Das alles führte zu weiteren Diskussionen, zu Verzögerungen und ließ die Motivation des Projektteams sinken.

Eine Rettungsaktion wird gestartet

Ende Juli 2013 war auch dem Projektleiter klar, dass die aufgetretenen Probleme mit dem derzeitigen Projektteam nicht so schnell gelöst werden könnten und dass der zugesagte Liefertermin (1. März 2014) nicht zu halten sein würde. Er wandte sich deshalb an den Geschäftsführer und wies darauf hin, dass zusätzliche Wünsche des Kunden, wie etwa die Anbindung an eine relationale Datenbank, zu Verzögerungen geführt hätten.

Er bat Westerhage, ihm für sechs Wochen vier weitere erfahrene Programmierer zu geben, die bei der Integration der Komponenten helfen sollten. Wenn er die neuen Leute bekomme, meinte der Projektleiter, könne der Termin gehalten werden.

Westerhage zog zunächst in Erwägung, zum Auftraggeber zu gehen und nicht nur um Terminaufschub, sondern auch um eine Aufstockung des Budgets zu bitten. Braun riet davon ab. Der Geschäftsführer entschloss sich daraufhin, vier Leute aus anderen Projekten der Firma abzuziehen und dem Projektleiter Braun zu unterstellen.

Die vier zusätzlichen Programmierer waren fähige Leute, sie hatten aber von *Protext* keine Ahnung. Da es zu diesem Zeitpunkt, wie schon erwähnt, nur wenig Dokumentation gab, die außerdem nicht auf dem neuesten Stand war, mussten die neuen Teammitglieder sehr viel fragen und hielten damit die anderen Projektmitarbeiter von der Arbeit ab.

Der Auftraggeber greift ein

Ende August 2013 war klar, dass der Projektfortschritt gering war, und dass das Textverarbeitungssystem am 1. März 2014 vermutlich nicht dem Kunden übergeben werden konnte. Der Geschäftsführer der Software GmbH entschloss sich zu einer Präsentation bei der Hardware AG. Man führte dem Auftraggeber vor allem die verschiedenen Funktionen der von Frau Grau geschriebenen Programmteile vor und gab einen kurzen Überblick über die zusätzlichen Wünsche, die von Mitarbeitern der Hardware AG geäußert worden waren und die man aus Gefälligkeit akzeptiert hatte. Man gab zu verstehen, dass die Software GmbH zwar zum vereinbarten Termin das Programmpaket liefern könne und dass es im Großen und Ganzen auch die im Vertrag z. T. nicht immer ganz eindeutig formulierten Eigenschaften haben werde, ließ aber auch keinen Zweifel daran, dass mit dem Ergebnis niemand zufrieden sein könne. Es wurde darauf hingewiesen, dass die Software GmbH bereits erhebliche zusätzliche eigene Mittel aufgewendet hatte, um *Protext* zum Laufen zu bringen Schließlich wurden ein Terminaufschub von drei Kalendermonaten und zusätzliche Mittel gefordert.

Die Produktmanagerin, Frau Schwarz, und ihre Mitarbeiter waren von diesem Vorschlag alles andere als begeistert. Sie waren auch von der Vorführung nicht sehr angetan und der Meinung, dass Frau Grau bei der Entwicklung sich die Stärken des PC zuwenig zunutze gemacht hatte. Die Firma hatte im Hinblick auf eine bevorstehende Messe schon erheblich die Werbetrommel gerührt und nun zeigte sich, dass das Textverarbeitungssystem in keiner Weise den Ansprüchen genügte, die die Hardware AG an *ProtextProtext* stellte.

Einige Leute in der Firma meinten, dass man die Software GmbH verklagen sollte. Die Mehrheit war allerdings der Ansicht, dass die Aussichten, den Prozess zu gewinnen, nicht allzu hoch seien. Was man brauche, sei ein wissenschaftliches Textverarbeitungssystem und kein Rechtsstreit.

In einer Besprechung beschloss die Geschäftsführung von Hardware, *Protext* nicht auf der Messe zu präsentieren und einen externen Berater zu engagieren, der die Lage analysieren und Vorschläge machen sollte, wie das Projekt noch zu retten sei. Der Geschäftsführer der Software GmbH sagte die volle Unterstützung der Firma bei dieser Projektanalyse zu.

In der Zeit vom 15. August bis 15. September 2013 wurde das Vorhaben dann überprüft. Der Berater führte auch eine Reihe von Interviews.

Über den Stand des Projekts wurde zu folgenden Punkten berichtet:

(a) Eigenschaften des Textverarbeitungssystems, insbesondere der Benutzeroberfläche

(b) Management des Projekts *Protext*

(c) Personal

(d) Kosten

Zu (a) Eigenschaften des Textverarbeitungssystems

Das größte Problem bei *Protext* war, dass sich die einzelnen Funktionen des Textverarbeitungssystems etwas in der Benutzerführung unterschieden. Die Unterstützung des Benutzers durch ein Hilfesystem (Help-Komponente) war gering.

Der Berater stellte außerdem eine Reihe anderer Mängel fest. Zum Teil waren sie darauf zurückzuführen, dass die Entwickler der Hardware AG während der Arbeit an *Protext* einige Änderungen am PC vorgenommen hatten, die man der Software GmbH nicht mitgeteilt hatte. Die Eigenschaft „What you see is, what you get" war nicht erreicht worden. Das bedeutete, dass die Darstellung auf dem Bildschirm nicht immer mit dem Druckbild übereinstimmte. Eine Reihe von Funktionen, die *Protext* laut Angebot haben sollte, gab es noch nicht. Ein Beispiel dafür war die automatische Erzeugung von Stichwortverzeichnissen. Auch die Erstellung, Bearbeitung und Einbettung von mathematischen Formeln und Graphen, eine der wichtigsten geforderten Eigenschaften, war viel zu schwerfällig.

Auch der Berater fand heraus, dass einige Funktionen, die entwickelt worden waren, vom Auftraggeber nicht gefordert worden waren.

Zu (b) Management des Projekts Protext

Keine detaillierte Ablauf- und Terminplanung, kein Projektstrukturplan: Eine detaillierte Ablauf- und Terminplanung, die regelmäßig auf den neuesten Stand gebracht worden wäre, gab es, wie schon erwähnt, nicht. Ein Projektstrukturplan war überhaupt nicht erstellt worden. Das war wohl auch der Grund, warum eine Reihe von notwendigen Maßnahmen, z. B. die Bereitstellung von Testdaten, im Trubel „vergessen" worden waren.

Keine regelmäßigen Projektüberprüfungen: Regelmäßige Überprüfungen der erzielten Ergebnisse zu bestimmten Meilensteinen durch Mitarbeiter der Software GmbH, die nicht am Projekt beteiligt waren und durch den Kunden, gab es nicht.

Von den wenig aussagefähigen Meilensteinen im ursprünglichen Balkendiagramm, die zeitlich viel zu weit auseinander lagen und die eher Alibifunktion hatten, einmal abgesehen, gab es keine systematische Meilensteinplanung zur Verfolgung des Projektfortschritts. Die Mitglieder des Projektteams berichteten zwar wöchentlich in schriftlicher Form an den Projektleiter und gaben dabei Schätzungen ab, zu wie viel Prozent sie ihre Aufgabe erledigt hatten, sie verhielten sich dabei aber häufig entsprechend dem 90 %-Syndrom, d. h. sie meldeten oft bereits nach der Hälfte der Zeit, die sie tatsächlich für ihre Aufgabe brauchten, dass sie fast fertig seien. In den frei formulierten Fortschrittsmeldungen fanden sich Formulierungen wie

- „Am Programmteil XYZ wird mit Nachdruck gearbeitet".
- „Erste Überlegungen zum Komponententest wurden angestellt".
- „Es ist vorgesehen, die Arbeit in der nächsten Woche zu beginnen".

Der Vorschlag, den vor einem Jahr ein junger, gerade frisch diplomierter Informatiker gemacht hatte, dass man nämlich, wie andere Softwarehäuser auch, ein Standardvorgehensmodell (auch Phasenmodell genannt) wie z. B. das V-Modell einführen sollte, wurde von den Abteilungsleitern mit dem Argument abgelehnt, man wisse nach z. T. 15-jähriger Praxis im Softwaregeschäft schon selbst, wie man bei der Entwicklung von Programmsystemen zu verfahren habe. Das Vorgehensmodell, das im Projektleitfaden der Firma enthalten sei, habe sich nicht bewährt. Vorgehensmodelle seien längst außer Mode und würden nur in die Projektbürokratie führen und die Entwicklungszeit verlängern.

Kein systematisches Änderungsmanagement: Im Projekt *Protext* gab es kein systematisches Änderungsmanagement (Konfigurationsmanagement). Zwar hatte die Firma vor einiger Zeit ein Tool für diese Aufgabe gekauft, die Entwickler fühlten sich aber durch die Forderung der Geschäftsleitung, es auch anzuwenden, gegängelt und benutzten es nicht konsequent. Änderungen bei den Spezifikationen waren oft ohne Absprache mit dem Auftraggeber durchgeführt worden. Der jeweils erreichte Entwicklungsstand wurde nicht „eingefroren", um Änderungen „unter der Hand" zu verhindern oder zumindest zu erschweren. Die Auswirkungen der Änderungen auf andere Programmteile und vor allem auf Termine und Kosten waren nicht überprüft worden.

Zu (c) Personal

Geringe Motivation der Teammitglieder: Die Motivation des Projektteams war gering. Das war dem Projektleiter zwar bewusst, er stand dem Problem aber ziemlich hilflos gegenüber. Alle zweifelten mehr oder weniger daran, dass das Projekt erfolgreich abgeschlossen werden könnte. Es gab immer wieder größere Meinungsverschiedenheiten zwischen den Mitgliedern des Teams über technische Details. Die Linienvorgesetzten der Teammitglieder hatten in Gesprächen mit ihren Mitarbeitern, die dem Projekt *Protext* zugeordnet waren, wiederholt die Ansicht geäußert, dass es ein Fehler der Geschäftsführung war, dieses Projekt hereinzunehmen, da die Software GmbH auf dem Gebiet der wissenschaftlichen Textverarbeitung nicht das nötige Know-how habe. Es wäre ihrer Meinung nach besser gewesen, die von der Firma Software an andere Kunden bereits gelieferten Produkte (u. a. Programme für Logistik und Vertriebsdisposition) ordentlich zu pflegen und weiterzuentwickeln. Einige Teammitglieder waren für ihre Aufgabe nicht genügend qualifiziert.

Zu (d) Kosten

Kostenüberschreitungen: Von der Hardware AG waren Teilbeträge des vertraglich vereinbarten Preises an Software bezahlt worden. Bei Software gab es ein System zur projektbegleitenden Kostenkontrolle, für das Projekt *Protext* konnte aber keine Aufteilung in Arbeitspakete vorgenommen werden, für die Kosten gesondert geplant und Istkosten hätten erfasst werden können. Den monatlichen Projektberichten, die aus verschiedenen organisatorischen Gründen erst zwei Monate nach Abschluss des jeweiligen Berichtsmonats vorlagen, konnte deshalb nur entnommen werden, dass insgesamt für das Vorhaben bereits vor Abschluss Kosten angefallen waren, die rd. 250. 000 € über dem Festpreis lagen. Außer den tatsächlich monatlich angefallenen Kosten und den ursprünglich geplanten Kosten waren keine anderen Kostenangaben in den Kostenberichten zu finden.

2. Kapitel

Was ist ein Projekt, was bedeutet Projektmanagement und welche Erfolge bringt es?

Beispiele für Projekte

Projekte verändern unsere Welt: Der Bau eines Flughafens oder eines Krankenhauses, die Umorganisation eines Betriebs oder einer Behörde, die Umsetzung einer Unternehmensstrategie, die Errichtung einer Meerwasserentsalzungsanlage, die Vorbereitung der Serienfertigung eines neuen Automodells, die Entwicklung von Produkten oder eines EDV-Programms, der Aufbau eines Datennetzes, eine Operninszenierung, der Umzug einer Betriebsstätte oder eine große Sportveranstaltung wie die Fußball-Weltmeisterschaft 2006, all das sind Beispiele für Leistungserstellung mit Projektcharakter.

Projekt und Projektmanagement: zwei Definitionen

Die DIN-Begriffsnorm 69 901 definiert ein Projekt sehr allgemein als „ein Vorhaben, das im Wesentlichen durch die Einmaligkeit der Bedingungen in ihrer Gesamtheit gekennzeichnet ist, wie z. B.
- Zielvorgabe
- zeitliche, finanzielle, personelle und andere Begrenzungen
- Abgrenzung gegenüber anderen Vorhaben
- projektspezifische Organisation".

Diese Begriffsbestimmung hält im Gegensatz zu vielen anderen einer kritischen Betrachtung stand und hat sich bewährt. Sie hat allerdings einen kleinen Schönheitsfehler. Es fehlt ein Merkmal von Projekten: die Beteiligung von mehreren Menschen, Arbeitsgruppen und Institutionen. Projekte sind also arbeitsteilige Prozesse. Ein(e)-Mann/Frau-Projekte gibt es nicht.

Unter Projektmanagement versteht man nach DIN „die Gesamtheit von Führungsaufgaben, -organisation, -techniken und -mittel für die Abwicklung eines Projekts".

Begreift man Führung als die „Steuerung der verschiedenen Einzelaktivitäten in einem Projekt im Hinblick auf die Projektziele", so wird der Begriff „Projektmanagement" noch etwas klarer.[2]

Projektmanagement als Führungskonzept

Schon diese Definition macht deutlich, dass Projektmanagement ein umfassendes Führungskonzept ist und nicht mit einzelnen Techniken wie etwa der Netzplantechnik oder einer speziellen Form der Aufbauorganisation, wie z. B. der Matrixorganisation, gleichgesetzt werden kann. Aus dieser Betrachtung ergeben sich Konsequenzen: „Wird das Projektmanagement als Führungskonzeption verstanden, so bedeutet dies, dass die Ziele, die Aufgaben und Methoden des Projektmanagements mit der strategischen Entwicklung des Unternehmens verknüpft werden müssen."[3]

Projekte gibt es in allen Wirtschaftszweigen, also beispielsweise auch im Versicherungs- und Bankwesen, im Handel und in der Verkehrswirtschaft. In bestimmten Wirtschaftszweigen, etwa in der Bauwirtschaft, im Anlagen- und Maschinenbau, in entwicklungsintensiven Industriezweigen, z. B. in der Elektroindustrie oder in der Software-Branche, sind aber Projekte dominierend und werden für einen speziellen Kunden bzw. den anonymen Markt durchgeführt. In anderen Branchen, wie z. B. im Handel, sind Projekte vor allem interne Vorhaben. Beispiele dafür werden weiter unten angeführt.

Projekte gibt es natürlich auch in großer Zahl in der Öffentlichen Verwaltung, die erst in den letzten Jahren dieses Managementkonzept für sich entdeckt hat und in Not-for-Profit-Organisationen. Ein Raumordnungs- oder Planfeststellungsverfahren ist beispielsweise ein Projekt, auch wenn der Handlungsspielraum der Beteiligten durch den Gesetzgeber stark eingeengt ist. Auch in Bereichen der Öffentlichen Hand, wie etwa bei der Polizei,[4] gibt es umfangreiche Projekte.

„Management by Projects": Das projektorientierte Unternehmen

In den letzten Jahrzehnten gewinnt die Vision des projektorientierten Unternehmens erheblich an Bedeutung. Sich rasch ändernde Bedürfnisse des Marktes, starker Konkurrenzdruck, immer kürzer werdende Produktlebenszyklen (z. B. auf dem Gebiet der Informationstechnik) und vielfältige Umwelteinflüsse im weitesten Sinne wie etwa die Umstellung auf den Euro, neue Bilanzrichtlinien, neue Gesetze etc. geben der Projektarbeit auch in Branchen, in denen die Leistungserstellung für den Markt keinen Projektcharakter hat, eine wachsende Bedeutung.

Mit den Worten von Patzak und Rattay: „Projektorientierte Unternehmen führen alle komplexen, neuartigen und teamorientierten Aufgabenstellungen in Form von Projekten durch."[5] Oder wie es in der IPMA Competence Baseline (ICB 2.0) formuliert wird:[6] „Durch das Management by Projects werden die organisatorische Flexibilität und Dynamik gesteigert, die Managementverantwortung dezentralisiert, das Lernen im Unternehmen verbessert und die organisatorischen Veränderungen erleichtert."

> **Ein BEISPIEL:** In einer Einzelhandelskette mit dem Unternehmenszweck, den Konsumenten mit Gütern des täglichen Bedarfs zu versorgen, gibt es zu jedem Zeitpunkt eine ganze Reihe von Projekten (Projektportfolio), z. B.
> – die Einführung eines neuen Scannersystems an den Kassen,
> – die Reorganisation der Logistik,
> – die Entwicklung und Einführung eines Prämiensystems für Mitarbeiter,

- die Aufnahme einer neuen Artikelgruppe (Frischfleisch) mit veränderten Anforderungen an die Logistik,
- die Neuorganisation der Behandlung von Kundenreklamationen und
- die Vorbereitung einer Werbekampagne.

Mit Projekten den langfristigen Unternehmenserfolg sichern

Projekte sind in diesem Fall das Mittel, um technischen und organisatorischen Wandel zu realisieren. Sie sichern, soweit sie erfolgreich sind, den langfristigen Bestand der Organisation, während das Routinegeschäft für den kurzfristigen Erfolg sorgt. Der systematischen Auswahl von Projekten (vgl. 5. Kapitel), eine Aufgabe des strategischen Projektmanagements, kommt damit im projektorientierten Unternehmen eine ganz besondere Bedeutung zu. Ein Lenkungskreis muss aus der Fülle von möglichen Projekten die „richtigen" auswählen und klare Prioritäten setzen. Die Prioritäten müssen sich dabei immer in der Zuweisung von Ressourcen niederschlagen. Auf diese Thematik wird im 5. Kapitel näher eingegangen.

Die Chancen von Projektarbeit

Projektarbeit bietet die Möglichkeit,

- schnell auf sich ergebende Chancen und Bedrohungen zu reagieren und
- abteilungsübergreifende Aufgaben zu lösen.

Darüber hinaus kann sie auch zur Personalentwicklung und zur Motivation der Mitarbeiter („Unternehmer auf Zeit im Unternehmen") beitragen.

Projektorientierte Unternehmen: Vision und Realität

Viele Unternehmen und andere Organisationen der Bundesrepublik nutzen allerdings nach der langjährigen Beobachtung des Verfassers die Chancen der Projektorientierung nur unzureichend. Der Sündenkatalog, der vom Verfasser vor vielen Jahren erstellt wurde, ist leider immer noch aktuell.

- Bei der Auswahl der Projekte (5. Kapitel) wird nicht systematisch vorgegangen. Klar definierte Kriterien für die Entscheidung gibt es nicht. Sie geschieht häufig nach „Gefühl und Wellenschlag."
- Projekte werden ohne eindeutigen Projektauftrag (7. Kapitel) gestartet (sog. „Machen-Sie-mal"-Projekte). Es existiert keine offizielle Projektliste, von einem systematisch zusammengestellten Projektportfolio ganz zu schweigen. Klare Prioritäten werden nicht gesetzt.
- Verbindliche Meilensteine (17. Kapitel), zu denen die angestrebten Zwischenergebnisse systematisch überprüft werden, gibt es nicht.
- Das Top-Management lässt sich nicht regelmäßig und in einheitlichem Format über den Projektfortschritt berichten und gibt auch den Vorhaben im Bedarfsfall nicht immer wieder „neuen Schwung". Die Folge ist, dass viele Projekte nicht planmäßig beendet oder bewusst abgebrochen werden, sondern „verdunsten" (Kellner).
- Das Projektteam wird mehr oder weniger „auf Zuruf" zusammengestellt. Eine formelle Abordnung und Verpflichtung findet nicht statt.
- Mitarbeiter werden zur Projektarbeit abgestellt, aber nicht von der täglichen Routinearbeit entlastet.
- Linienvorgesetzte entsenden die Mitarbeiter, die am leichtesten entbehrlich sind.
- „Linienfürsten", in manchen Unternehmen nicht ohne Grund auch „Säulenheilige" genannt, boykottieren die Projektarbeit, weil sie sie als Eingriff in ihre Machtsphäre sehen.

- Der Projektleiter hat nur Verantwortung und eine Fülle von Aufgaben, aber erhält keine Befugnisse (6. Kapitel).
- Es gibt keine internen Richtlinien und Standards für die Abwicklung von Projekten oder sie sind den Mitarbeitern nicht bekannt. Wenn Regeln vorhanden sind, wurden sie häufig von einer Stabsabteilung oder einem externen Berater ohne Beteiligung der Betroffenen erarbeitet und per Rundschreiben „eingeführt. Man nennt ein solches Vorgehen auch „Bombenwurfstrategie" (22. Kapitel).
- Der Projektleiter und die Mitglieder des Projektteams haben noch nicht einmal elementare Kenntnisse im Projektmanagement.
- Es fehlt jegliche Methodenunterstützung durch eine Serviceabteilung oder durch einen Projektcontroller.
- Für Projektarbeit gibt es kaum Anreize. Der erhöhten Arbeitsbelastung, der Gefahr nach Abschluss des Vorhabens sich einige Feinde im Unternehmen geschaffen zu haben und dem Risiko des Scheiterns stehen nicht die Aussicht auf formelle Anerkennung, eine Prämie oder verbesserte Aufstiegschancen gegenüber. Noch schlimmer: Ein „Kollege" benutzt die Zeit der Projektabordnung um am „Stuhl des Konkurrenten zu sägen".

Die Entwicklung der Disziplin „Projektmanagement"

Selbstverständlich wurden in der Geschichte der Menschheit schon einige Jahrtausende lang große Vorhaben durchgeführt, von einer Disziplin „Projektmanagement", also einer systematischen Lehre von der Planung und Abwicklung von Erst-und-Einmal-Vorhaben, lässt sich aber erst seit der Mitte der 50er Jahre reden. Die Anfänge wurden sehr stark vom militärischen Auftraggeber und der Weltraumbehörde in den USA geprägt. Die Instrumente und Konzepte waren in der Hauptsache für die Luft- und Raumfahrtindustrie erarbeitet worden. Die Gründe für ihre Entwicklung waren erhebliche Kosten- und Terminüberschreitungen bei militärischen Entwicklungsprojekten und die Erkenntnis, dass die überkommene Linienorganisation mit komplexen Vorhaben überfordert ist.

„Projektmanagement" by „über die Mauer werfen"

Fachabteilungen neigen dazu, ein Vorhaben vor allem aus dem eigenen Blickwinkel zu betrachten. So werden notwendige Arbeiten z. B. nicht in der Reihenfolge erledigt, die für die Weiterbearbeitung in nachfolgenden Abteilungen und den Fortschritt des gesamten Projekts am günstigsten ist, sondern in einer Abfolge, die den abteilungsinternen Termindruck möglichst gering hält.

Die Praxis hat auch gezeigt, dass Linienabteilungen sich in Projekten gerne nach dem „Postkastenprinzip" verhalten und ihre Ergebnisse vor der „Haustür" der in der Bearbeitung nachfolgenden Abteilung abliefern, ohne besondere Rücksichten auf das Projekt als Ganzes zu nehmen. In den USA wird dafür der Ausdruck „über die Mauer werfen" gebraucht. Dem steht das gesamthafte Denken des Projektmanagements gegenüber, das immer das Projekt als Ganzes und die Projektziele (im Gegensatz zu den Zielen der einzelnen Abteilungen) im Auge hat.

Ein BEISPIEL aus der Praxis: Ein leicht verfremdetes Beispiel aus der Beratungspraxis des Autors soll den Einfluss von Ressortegoismus und Mangel an „Projektdenken" verdeutlichen. In einem Unternehmen war ein komplexes technisches System zu erstellen. Für rund 180 Komponenten, Leiterplatten, deren Entwicklung von sehr unterschiedlichem Schwierigkeitsgrad war, mussten im Labor Schaltungspläne erarbeitet werden. Die Leiterplatten wurden dann in der im Projektablauf nachgeordneten Technischen Abteilung zu Einheiten höherer Ordnung verdrahtet. Grundlage für die Erfüllung dieser Teilaufgabe waren die Schaltungspläne. Zu einer Verdrahtungseinheit gehörten beispielsweise die Leiterplatten bzw. der entsprechende Schaltungsentwurf mit den Sachnummern 3, 32, 47, 89 und 95. Um eine schnelle Projektabwicklung zu garantieren, wäre es sinnvoll gewesen, die jeweils zusammengehörenden Schaltungspläne „paketweise" zu erstellen und an die Technische

Abteilung weiterzugeben. Ein Projektleiter, der den Erfolg des Projekts im Auge gehabt hätte, hätte darauf geachtet und die Reihenfolge der Bearbeitung koordiniert. Einen Projektleiter gab es in diesem Vorhaben allerdings nicht, zumindest keinen, der mit Kompetenzen ausgestattet war. Deshalb ließen die Laborleute ihrem Ressortegoismus freien Lauf. Sie arbeiteten, um wenigstens kurzfristig den Termindruck etwas zu lindern, zunächst an den Schaltungsplänen, die relativ leicht zu entwickeln waren. In der Technischen Abteilung stapelten sich die Pläne. Eine zügige Weiterbearbeitung war nicht möglich, weil beinahe zu jeder Verdrahtungseinheit Unterlagen fehlten.

Projektmanagement muss von Menschen akzeptiert und praktiziert werden

Nach und nach wurden die in USA für den Rüstungsbereich und die Raumfahrt erarbeiteten Techniken und Konzepte auch für Projekte in anderen Branchen angepasst und nutzbar gemacht. Sowohl in der Bundesrepublik als auch in den USA waren die Förderer eines systematischen Managements von Projekten zunächst sehr stark „technokratisch" ausgerichtet. Die einseitige Orientierung an Instrumenten, Verfahren und Abläufen verstellte oft den Blick dafür, dass es letztendlich Menschen sind, die sie akzeptieren und anwenden müssen. Probleme wie z. B. die sich ergebenden Konflikte in Projekten, etwa bei der Zusammenarbeit von Fachabteilungen und Projektleitung, Fragen des Führungsstils und der Teambildung und -motivation wurden lange Zeit sträflich vernachlässigt, werden aber in den letzten 25 Jahren immer intensiver diskutiert und zu lösen versucht. Vor allem die Organisationspsychologie gewinnt in der Disziplin Projektmanagement zunehmend an Bedeutung. Die Aussage eines erfolgreichen Managers von Softwareprojekten, „90 % der Schwierigkeiten in Softwareprojekten resultieren aus dem Verhalten der beteiligten Personen", ist zwar nicht ganz wörtlich zu nehmen, charakterisiert aber zutreffend die neuere Sichtweise.

Wider die Projektitis

In manchen Unternehmen herrscht die Projektitis. Die Projektorientierung wird auf die Spitze getrieben. Auch kleinste Aufgaben werden zum Projekt erklärt. Eine ganz eindeutige Abgrenzung zwischen Projekt und „Nicht-Projekt" kann man nicht geben, wenn sich auch feststellen lässt, dass Daueraufgaben ohne terminiertes Ende oder Aufgaben, die sich ständig in gleicher Weise wiederholen, also z. B. laufende Marktbeobachtung oder Routineprüfungen, keinen Projektcharakter haben. Es empfiehlt sich, um eine Projektinflation zu vermeiden, firmenindividuelle Kriterien zu entwickeln. Dann lässt sich im konkreten Fall entscheiden, ob eine anstehende Aufgabe als Projekt behandelt werden soll, oder nicht. So könnte man z. B. als Merkmale die geplante Zeit und das vorgesehene Budget verwenden und alle Erst-und-Einmal-Vorhaben mit einer Zeitdauer von mehr als 6 Monaten und Kosten von mehr als 100.0000 € zum Projekt erklären.

Ein Unternehmensberater hat einmal folgende Projektdefinition formuliert: „Alle Aufgaben, die nicht Routine sind und die eine geplante Zeitdauer von mehr als drei Kalendermonaten, ein Budget von mindestens 50 Personentagen und mehr als zwei Beteiligte haben, sind nach den Grundsätzen des firmeneigenen Projektmanagement-Handbuchs zu planen und zu realisieren".

Projektmanagement führt zu erfolgreicheren Projekten

Die Verfechter eines systematischen Projektmanagements müssen sich die Frage stellen lassen, ob dieser neue Ansatz tatsächlich zu einer besseren Abwicklung von Vorhaben führt, d. h. zu Projekten, die nicht nur im „Termin" und „im Budget" bleiben, sondern die auch die gesetzten Leistungsziele (Funktion und Qualität) erreichen (magisches Dreieck des Projektmanagements, zugleich traditioneller Projekterfolgsbegriff).

Die Antwort lautet: Ja. Eine größere Zahl von sehr gründlichen Untersuchungen zeigt, dass die konsequente Anwendung von Projektmanagement in den verschiedensten Branchen zu erfolgreicheren Projekten im soeben definierten Sinne führt, der dem traditionellen Projekterfolgsbegriff entspricht.[7]

Schmidt und Martin[8] führen eine Studie an, die von einem erweiterten Begriff des Projekterfolgs ausgeht. 300 Unternehmen wurden nach dem Return on Investment (RoI) in den ersten zwei Jahren nach der Einführung von Projektmanagement befragt. Bei 23 % der Firmen wurde in den ersten zwei Jahren zwischen 20 % und 50 % und bei weiteren 44 % ein RoI zwischen 10 % und 20 % realisiert. Lediglich bei einem Drittel der Unternehmen lag der RoI unter 10 %. Die Autoren bemerken mit Recht, dass der volle Nutzen vermutlich erst nach einer längeren Beobachtungszeit eintritt.

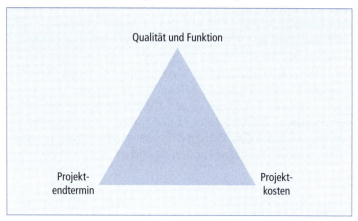

Abb. 2.1: Das magische Dreieck des Projektmanagements

In den letzten 16 Jahren wurden von der Deutschen Gesellschaft für Projektmanagement eine ganze Reihe von sehr erfolgreichen Projekten mit dem deutschen Projektmanagement Award (vgl. dazu 21. Kapitel) ausgezeichnet, so das Großprojekt der Deutschen Post AG „Brief 2000",[9] und das Projekt „Route 96" (Verkabelung der Gebäude der deutschen Arbeitsverwaltung) der DeTeSystem, einer Tochtergesellschaft der Deutschen Telekom. Im Jahre 2001 gewann die Firma BMW für das E-Business-Vorhaben „Online Ordering Europe"[10] den Award. An diesem Projekt lässt sich zeigen, dass für E-Business-Projekte, von denen sehr viele scheitern, kein „neues Projektmanagement", wie oft gefordert, notwendig ist, sondern dass der bisherige Stand der Kunst für die erfolgreiche Realisierung ausreicht. 2005 ging der begehrte Preis an die Firma O2 Germany, die für Tchibo in sehr kurzer Zeit ein neues Handy entwickelt hatte.[11] Eine aktuelle Liste der Award-Gewinner, der Preisträger und der Finalisten bis einschließlich 2012 findet sich unter www.gpm-ipma.de.

Bei der Bewertung der Projekte wurde dabei der traditionelle Erfolgsbegriff (im Termin, in den Kosten und unter Einhaltung der geforderten Leistungsziele) erweitert. Ermittelt wurde auch die Zufriedenheit der Kunden, der am Vorhaben beteiligten Mitarbeiter und sonstiger Projektinteressenten (= Stakeholder).

Sehr erfolgreiche Projekte in jüngster Zeit waren die Vorhaben für die Olympischen Spiele 2012[12] und die Errichtung eines neuen Flugsteigs für den Airbus A 30 am Flughafen Frankfurt/M, um nur zwei Beispiele zu nennen[13].

Eine umfassende Untersuchung von 448 erfolgreichen und nicht erfolgreichen Projekten[14] in der Bundesrepublik hat die Wirksamkeit des Führungskonzepts bestätigt, wenn auch festzustellen ist, dass es *den* Erfolgfaktor nicht gibt, sondern dass viel mehr ein ganzes Bündel von Maßnahmen, auf die später eingegangen wird, ergriffen werden muss, um den Projekterfolg zu sichern.

Eine monumentale Studie, die vom Projektmanagement Institute of America in Auftrag gegeben wurde und an der rund 50 Forscher beteiligt waren, kommt zu dem Ergebnis: „Overall we are extremely comfortable stating unequivocally that project management delivers value to organszations.[15]

Anwendungserfolg und Abwicklungserfolg

In den letzten Jahren hat sich, wie schon einmal betont, die Auffassung von dem, was als Projekterfolg zu betrachten ist, gewandelt.

Neben den traditionellen Erfolgsbegriff (Abwicklungserfolg) ist der Anwendungserfolg getreten.

> **Ein BEISPIEL aus der Praxis:** Ein Unternehmen entwickelt ein medizinisches Diagnosegerät für Ärzte. Dafür erarbeitet ein Projektteam eine Spezifikation (Pflichtenheft, 7. Kapitel), das der Vorstand als interner Auftraggeber unterschreibt. Das Gerät wird im geplanten Zeit- und Kostenrahmen fertig gestellt. Tests bei Medizinern zeigen: Es erfüllt alle formulierten Anforderungen. Projektteam, Vorstand und Anwender sind hoch zufrieden. Der Abwicklungserfolg ist eingetreten. Doch die Markteinführung läuft enttäuschend. Das Unternehmen verpasst die prognostizierten Absatz- und Umsatzzahlen erheblich, weil ein Konkurrent während der Projektlaufzeit ein qualitativ vergleichbares billigeres Gerät auf den Markt gebracht hat. Das heißt: Der Anwendungserfolg ist gering.

Unternehmensentwicklung und Wertsteigerung

Ausgehend von der Konzeption des Managements by Projects haben Bea, Scheurer und Hesselmann[16] den zunächst abstrakten Begriff des Anwendungserfolgs präzisiert und die beiden strategischen Unternehmensziele

- Unternehmensentwicklung durch Projekte und
- Wertsteigerung durch Projekte formuliert.

Benefit Management ein neuer Begriff

Aus den angelsächsischen Ländern kommt der Begriff des Benefit Management. Auch hier steht der der Anwendungserfolg im Mittelpunkt. Oder mit den Worten von Braun und Ahlemann, die von der „Fokussierung auf den Geschäftsnutzen von Projekten" anstelle einer „Fokussierung auf technologische Aspekte" sprechen.[17]

Auch der Steuerzahler profitiert von Projektmanagement

Einen umfassenden Erfolgsnachweis liefert auch eine Studie, die vom Bund der Steuerzahler in Bayern in Auftrag gegeben wurde. Befragt wurden 173 Kommunen, 7 Bezirke und 71 Landkreise.[18] Dank des Einsatzes von Projektmanagement konnten in 91 % der Bauvorhaben die geplanten Baukosten eingehalten bzw. sogar unterschritten werden. Bei den Gemeinden allein sah das Ergebnis sogar noch besser aus.

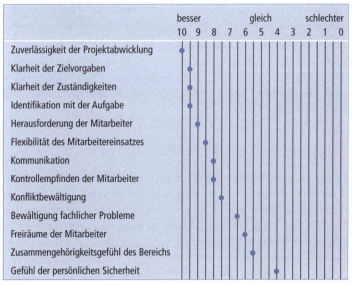

Abb. 2.2: Projektmanagement im Urteil von Mitarbeitern

Projektmanagement ist keine Zuchtrute für die Mitarbeiter

Ein Kritiker könnte nun sagen: Das klingt ja ganz überzeugend, die Vorteile sind aber doch wohl nur auf Seiten des Unternehmens und des Auftraggebers. Was ist mit den Mitarbeitern? Für die ist Projektmanagement doch eher ein zusätzliches Mittel, um sie zu noch mehr Arbeit anzutreiben und zu kontrollieren?

Das ist ganz offensichtlich nicht so, wie eine umfangreiche, allerdings schon etwas ältere Befragung zeigt (vgl. Abbildung 2.2).[19]

Die Mitarbeiter beurteilen die Situation nach der Einführung des Führungskonzepts „Projektmanagement" erheblich besser als zuvor.

Eine in der Automobilindustrie gemachte systematische Befragung[20] kommt zu dem Schluss: „Befragt man die in einer Projektorganisation integrierten Personen, wie ihr Befinden ist, so ist… die Antwort einhellig: Sie haben mehr Spaß an der Arbeit, sind motivierter und ihr Selbstwertgefühl ist gestärkt…"

Auch aus Fehlern kann man lernen

Man kann auch einmal anders herum fragen: Welche Fehler wurden denn in Projekten gemacht, in denen die gesetzten Ziele nicht erreicht werden konnten? Einige der Sünden wurden ja bereits in diesem Kapitel angesprochen. Weitere Fehler, die auch heute noch begangen werden, erfährt man aus einer sehr umfangreichen Untersuchung aus den USA, in der 650 Projekte der unterschiedlichsten Art aus verschiedenen Branchen analysiert wurden.[21]

> Folgende wesentliche **Ursachen für das Verfehlen von Termin- und Kostenziel** wurden herausgefunden:
> - Anwendung von Buying-in-Strategien, d. h. „Einkauf" in ein Projekt durch absichtlich niedrige Kosten- und Terminschätzungen
> - Ungenügendes Risikomanagement
> - Mangel an Teamgeist in der Projektgruppe und geringe Identifikation der Gruppe mit den Projektzielen

- Zu wenig auf das Projekt abgestimmte Organisation
- Keine Beteiligung des Projektteams an der Terminplanung
- Unzureichende Verfahren der Kosten- und Terminkontrolle
- Unzureichende Berichterstattung über den Projektfortschritt
- Zu optimistische Berichte über den Stand des Vorhabens
- Verzögerungen bei Projektentscheidungen
- Mangelhaftes Änderungsmanagement
- Zu geringe Befugnisse des Projektleiters

Für IT-Projekte in den USA hat die Standish Group in einer großzahligen Studie[22] (1995) zwei wesentliche, mit einander zusammenhängende Ursachen ermittelt:

- Unvollständige Anforderungen an das zu erstellende System
- Zu geringe Einbindung der späteren Nutzer.

Eine neuere Mängelanalyse (2009) hat Mertens[23] bei sieben IT-Großprojekten, darunter auch bei den Vorhaben Autobahnmaut Toll Collect und Elektronische Gesundheitskarte, unternommen. Er identifiziert u. a. folgende Ursachen des Misserfolgs:

- Unrealistische Planung der Projektdauer
- Zu viele Spezifikationsänderungen während des Projekts
- Unterstützung der Komplexität des Vorhabens
- Komplexe Aufbauorganisation und Gremienvielfalt, Interessenskonflikte.

Vergleicht man die Mängellisten und die Resultate der Standish Group mit der Analyse des Projekts *Protext* wird man erkennen, dass in diesem Vorhaben viele der genannten Fehler gemacht wurden. Aber darauf wird in den nächsten Kapiteln näher eingegangen.

Projektmanagement kostet etwas, kein Projektmanagement kostet mehr!

Die Frage, was die Einführung und das ständige Praktizieren systematischen Projektmanagements kosten, lässt sich genauso wenig be-

2. KAPITEL — Was ist ein Projekt, was bedeutet Projektmanagement

antworten, wie die Frage, was ein Auto kostet. Die Kosten des Projektmanagements sind von einer Reihe von Einflussgrößen abhängig. Dazu gehören u. a. die Größe des Vorhabens (z. B. gemessen in Personenmonaten), die Projektart (Bauprojekt, Anlagenbauprojekt, F&E-Vorhaben etc.) und die Zahl der beteiligten und zu koordinierenden Fachabteilungen bzw. Firmen.

Die wenigen konkreten Zahlenangaben, die sich in der Literatur finden, sind deshalb nur aussagefähig, wenn zugleich gesagt wird, auf welche „Projektlandschaft" sie sich beziehen. Burghardt[24] nennt – offensichtlich für F&E-Vorhaben der Siemens AG – einen prozentualen Anteil bei einem Projektkostenvolumen von 200 Mio. € von weniger als 2 %, sagt aber zugleich: „Bei kleinen Projekten ist dagegen ein steiler Anstieg zu verzeichnen, da von einer gewissen Grundlast ausgegangen werden muss."

Bei diesen Angaben wird nicht berücksichtigt, dass die meisten Unternehmen auch vor der Einführung systematischen Projektmanagements bereits einige Kosten verursachende Vorkehrungen für die Planung und Durchführung ihrer Vorhaben getroffen haben wie z. B. projektbegleitende Kostenverfolgung und eine zumindest rudimentäre Terminplanung.

Unbeachtet bleiben auch die Kosten schlechten Projektmanagements, wie z. B. Konventionalstrafen wegen Terminüberschreitung, Umsatzeinbußen bei verspätetem Marktzugang (vgl. dazu die Abbildung 11.1 im 11. Kapitel), Verluste bei Festpreisverträgen und ausbleibende Nachfolgeaufträge verärgerter Kunden.

Lässt sich also, wie gezeigt, die undifferenzierte Frage nach den Kosten des Projektmanagements nicht beantworten, so kann man doch immerhin folgende Aussage machen: Werden in einer Organisation nicht nur gelegentlich, sondern ständig Projekte durchgeführt, so ist eine Servicestelle erforderlich, die die Projektleiter bei ihrer Aufgabe unterstützt. Dazu zählt z. B. die Pflege des Projektdatenbestands und die Erstellung von regelmäßigen Statusberichten (im Detail dazu die Ausführungen zum Project Management Office im 6. Kapitel).

Leider verfahren viele Unternehmen und vor allem Institutionen der Öffentlichen Hand nach dem Prinzip „Wasch mir den Pelz, aber mach mich nicht nass!". Konkreter: Man will zwar Projektmanagement praktizieren, Ressourcen sollen dafür aber nicht aufgewendet werden. Ein bayerisches Ministerium, dessen Name hier nicht genannt werden soll, hat diese wenig realistische Forderung sogar explizit in einen Projektmanagement-Erlass aufgenommen.

3. Kapitel

Grundsätze des Projektmanagements

Im Verlauf der Entwicklung der Lehre vom Projektmanagement haben sich eine Reihe von Grundsätzen herausgebildet, die beachtet werden müssen, wenn Projekte erfolgreich abgeschlossen werden sollen. Diese Prinzipien, die sich nur auf den sozusagen technokratischen Anteil beziehen, sollen hier zunächst stichwortartig aufgeführt werden:

- Strukturierung von Projekten
- Starke Betonung der Definitionsphase, in der die Projektziele festgelegt werden
- Klare Ziele und Vorgaben, die den Beteiligten bekannt sind
- Transparenz über den jeweiligen Projektstand
- Frühes Erkennen von Risiken
- Schnelle Reaktion auf Projektstörungen
- Personifizierte Verantwortung

Strukturierung von Projekten

Wichtige Instrumente der Strukturierung sind

- **Projektstrukturpläne** (Sie beantworten die Frage „Was ist in einem Projekt zu tun?" 10. Kapitel)
- **Ablaufpläne** (Sie sind eine Antwort auf die Frage „In welcher Reihenfolge und wann ist etwas zu tun?" 11. Kapitel)

- **Phasenpläne** („Was sind die wesentlichen Meilensteine in einem Projekt, wann müssen sie erreicht werden, welche Kosten dürfen nach Plan bis dahin anfallen, welche Ergebnisse müssen zu den einzelnen Meilensteinen vorliegen?", 17. Kapitel)

Starke Betonung der Definitionsphase

Eine gründliche Projektdefinition ist von überragender Bedeutung für den Projekterfolg. So kommt die bereits zitierte Untersuchung von 448 Projekten der Bundesrepublik in etwas umständlichem Wissenschaftsdeutsch zu folgendem Ergebnis: „Die nachgewiesene Abhängigkeitsstruktur der Erfolgsfaktoren deutet auf eine besonders hohe Erfolgsrelevanz der ersten Projektphase hin, da die wesentlichen Rahmenbedingungen durch die Merkmale der beteiligten Personengruppen fixiert werden."[25]

In der Praxis wird dieser Projektabschnitt oft vernachlässigt. In späteren Projektphasen rächt sich das häufig: Hohe Korrekturkosten oder sogar eine radikale Änderung der ursprünglichen Projektziele sind die Folgen. Ein Beispiel: Bei der Entwicklung eines Leitsystems für die Luftwaffe der Bundeswehr (SETAC) wurde bereits mit der technischen Erprobung des Systems begonnen, obwohl es noch keine akzeptierte und verabschiedete Projektdefinition gab. Das Projekt war ein totaler Fehlschlag, der den Steuerzahler sehr viel Geld gekostet hatte. Die fertiggestellten Geräte, die niemals eingesetzt worden waren, wurden am Ende an einen Schrotthändler verkauft.[26]

Den Einfluss des Änderungszeitpunkts auf die Kosten der Änderung zeigt die Abbildung 3.1.[27]

Danach sind Änderungen umso teurer, je später sie im Verlauf eines Projekts erkannt und vorgenommen werden. Einfacher gesagt: Änderungen auf Papier sind zumeist billig, Änderungen an Produkten teuer.

Auf eine gründliche Projektdefinition wird auch bei vielen kleineren Projekten, insbesondere bei internen Organisationsvorhaben verzichtet.

Starke Betonung der Definitionsphase

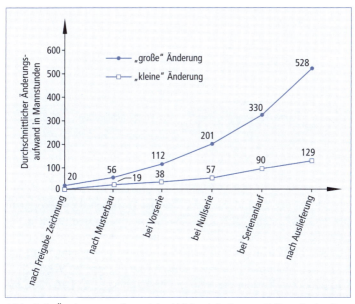

Abb. 3.1: Änderungsaufwand in Abhängigkeit vom Zeitpunkt im Projekt

Offensichtlich wird dieser Fehler in Japan vor allem wegen der anders gearteten Struktur des Entscheidungsprozesses nicht so häufig gemacht.[28] Die Zeichnung 3.2 skizziert die verschiedenen Vorgehensweisen, die sich auch auf die Projektdauer auswirken. Der höhere Anteil der Definitionsphase führt letztendlich zu einer insgesamt niedrigeren Projektdauer.

Auch eine weitere, positive Wirkung hat die Sorgfalt, die die Japaner auf die Festlegung der Projektziele verwenden: Untersuchungen[29] haben ergeben, dass japanische Firmen im Durchschnitt 90 % aller Änderungen im Entwurfsstadium abschließen, während westliche Unternehmen am häufigsten Änderungen erst kurz vor Serienbeginn machen, also zu einem Zeitpunkt, zu dem es, wie Abbildung 3.1 zeigt, besonders teuer ist.

Die Bedeutung der frühen Phasen für die Projektkosten zeigen viele Untersuchungen. So gibt ein offizielles Dokument des Bundesmi-

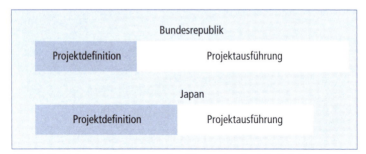

Abb. 3.2: Relative Bedeutung der Phase der Projektdefinition in der Bundesrepublik und in Japan

nisteriums der Verteidigung an, dass bei Vorliegen der Prototypenpläne eines Systems, also zu einem Zeitpunkt, zu dem noch nichts gefertigt wurde, bereits 85 % der späteren Entwicklungs-, Fertigungs- und Wartungs- und Betriebskosten festgelegt sind.[30] Die tatsächlich bis dahin angefallenen Kosten sind dagegen im Vergleich zu den gesamten Kosten, die während des „Lebens" des Systems anfallen, gering.

Ähnliche Aussagen gelten nicht nur für große Waffensysteme, sondern auch für kleinere Produkte.

Bei Bauten betragen die Folgekosten, über die zum größten Teil ebenfalls in der Planungsphase entschieden wird, ein „Vielfaches… der nur einmaligen Investitionsausgaben".[31] Daraus folgt, dass die größten Chancen der Beeinflussung der Lebenswegkosten in den frühen Phasen der Planung bestehen (vgl. dazu auch den Schluss des 12. Kapitels).

Klare Ziele und Vorgaben, die den Beteiligten bekannt sind

Ausgehend von einem Projektstrukturplan müssen die einzelnen Teilaufgaben eines Projekts so gründlich wie nur möglich beschrieben werden. Eine Projektstartsitzung (7. Kapitel), in der die wichtigsten Projektbeteiligten vertreten sind, ist ein wesentliches Mittel, um Klarheit über die Ziele eines Projekts zu schaffen. Erfahrungen des Verfassers mit solchen Startsitzungen haben gezeigt, dass eine derartige Veranstaltung sehr gut dazu geeignet ist, um Missverständnisse über die Arbeitsinhalte und über Abhängigkeiten im Projekt zu beseitigen, um die Erfahrungen der Projektmitarbeiter so gut wie möglich zu nutzen und um schließlich die detaillierte Zielsetzung des Vorhabens allen Mitwirkenden zu vermitteln.

Transparenz über den jeweiligen Projektstand

Ein wesentliches Mittel unter mehreren, um Projekttransparenz zu erhalten, ist eine meilensteinorientierte Planung (17. Kapitel) und die projektbegleitende Kostenkontrolle (14. Kapitel). In vielen Projekten ist diese Transparenz zu keinem Zeitpunkt vorhanden. Für das Projekt *Jäger 90*, das immer wieder in der Tagespresse Schlagzeilen gemacht hat, stellte der Verteidigungsminister z. B. einmal fest: „Der Status des Vorhabens… ist nicht verfügbar." Noch drastischer sagte das ein Abgeordneter: „Unsägliche Schlamperei."[32]

Ein weiteres Beispiel aus jüngster Zeit ist das Projekt „Flughafen Berlin-Schönefeld". Obwohl der ursprünglich geplante Termin der Inbetriebnahme bereits mehrfach verschoben werden musste, konnte der neu ernannte Projektleiter auch nach mehrmonatiger Bestandsaufnahme keine Aussage über den Status des Projekts machen.

Frühes Erkennen von Risiken

Alle Projekte sind mehr oder weniger mit dem Risiko der Terminüberschreitung, der Überschreitung der geplanten Kosten und der Verfehlung der gesetzten Qualitäts- und Funktionsziele behaftet. Je früher die wichtigsten „Risikotreiber", also Faktoren, die den rechtzeitigen Projektabschluss, die Einhaltung des Projektbudgets und die Erreichung der Leistungsziele gefährden können, identifiziert werden, umso eher kann Risikovorsorge getroffen werden. Für die rechtzeitige Aufdeckung von Projektrisiken wurde in den letzten

Jahren die projektbezogene Risikoanalyse entwickelt. Umfangreiche Checklisten unterstützen den Planer bei der Analyse (vgl. dazu 9. Kapitel).

Schnelle Reaktion auf tatsächliche oder potentielle Projektstörungen

Projektmanagement bedeutet nicht nur rechtzeitiges Aufdecken von Risiken und frühes Erkennen von drohenden Fehlschlägen, sondern auch schnelles Gegensteuern. Dazu müssen vor allem Informationen rasch verfügbar und Befugnisse klar sein (18. Kapitel).

Personifizierte Verantwortung

Eng mit dem letzten Punkt verbunden ist die Regelung der Aufgaben, der Verantwortung und der Befugnisse des Projektleiters (6. Kapitel). In der Bundesrepublik drücken sich Unternehmen immer noch davor, dem Projektleiter klare Befugnisse zuzuweisen. Der Projektmanager – und nicht mehr, wie früher, das Projektteam oder ein anderes Gremium – ist zwar in aller Regel für die termin-, kosten- und leistungsgerechte Abwicklung des Projekts verantwortlich, er hat aber zumeist keine Kompetenzen. Die aber braucht er, um das Projekt wirksam steuern zu können.

Wie sehr allein die formalen Befugnisse des Projektleiters den Projekterfolg beeinflussen, zeigt die Abbildung 3.3[33], die das Resultat einer großzahligen Untersuchung ist.

Eine zeitlich schon etwas zurückliegende Studie[34] legt dar, dass – etwas vereinfacht – Unternehmen in der Bundesrepublik im Vergleich zu anderen Industrieländern wie Großbritannien, Kanada und Japan dem Projektleiter im Durchschnitt eher weniger klare Befugnisse einräumen.

Personifizierte Verantwortung

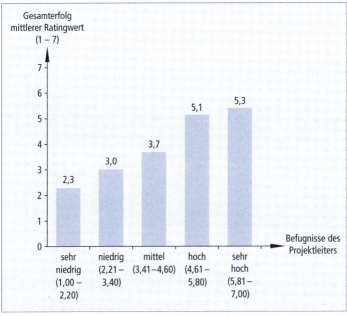

Abb. 3.3: Projekterfolg in Abhängigkeit von den Befugnissen des Projektleiters

4. Kapitel

Projektmanagement lohnt sich auch bei kleineren Vorhaben

Der oft zu hörende Einwand gegen Projektmanagement „Das mag für die Weltraumfahrt gut sein, nicht aber für uns", ist eine beliebte Killerphrase.

Der von Gegnern des Projektmanagements häufiger gemachte Hinweis will sagen, dass die Methoden für sehr große Projekte entwickelt wurden und ihr Einsatz bei mittleren und kleinen Vorhaben schon wegen des hohen Aufwands nicht sinnvoll ist. Der erste Teil der Behauptung ist richtig. Dem zweiten Teil der Behauptung muss man widersprechen.

Projektmanagement lässt sich auch bei kleineren Vorhaben mit großem Nutzen einsetzen. Dabei kann man sich allerdings, um nicht mit „Kanonen nach Spatzen zu schießen", mit einem weniger anspruchsvollen Instrumentarium begnügen.

Für den Einsatz von Projektmanagement auch bei kleineren Vorhaben spricht eine Reihe von Gründen:

Auch die Summe kleiner Projekte bindet Kapazitäten

In vielen Unternehmen werden derartige Kapazitätsbindungen nicht genügend beachtet, vielmehr werden immer neue Projekte „aufgepfropft". Das Ergebnis ist, dass sich die Ausführungszeiten aller

Vorhaben verlängern, weil sich eine mehr oder minder konstante Zahl von Mitarbeitern auf immer mehr Vorhaben verteilt.

Kleine Projekte werden oft „vergessen"

Vor allem kleinere, interne Vorhaben, mit denen z. B. das Ziel einer Organisationsänderung verfolgt wird, drohen, wenn sie nicht systematisch geplant und überwacht werden, zu „versanden". Zyniker nennen solche Vorhaben, die oft ohne klaren Projektauftrag schnell durch das Topmanagement initiiert werden, auch „Machen-Sie-mal-Projekte".

Sie werden vor allem dann nicht erfolgreich abgeschlossen, wenn es Projektgegner gibt, die die von der Geschäftsleitung angestrebten Ergebnisse nicht wünschen und passiven Widerstand leisten.

Auch in Entwicklungsabteilungen, in denen nicht direkt für einen speziellen Kunden gearbeitet wird, „dümpeln" Vorhaben oft dahin. So hat z. B. die Istanalyse des Verfassers in einem entwicklungsintensiven Unternehmen ergeben, dass eine größere Zahl kleinerer Projekte, die einmal genehmigt und auch bereits mit Kosten belastet worden waren, durch den Termindruck bei größeren Projekten, auf die sich die Aufmerksamkeit der Geschäftsleitung konzentrierte, mehr oder weniger „verdrängt" wurden und im Verlauf der Zeit nahezu in Vergessenheit gerieten. Anders ausgedrückt: Projekte, die dem Ziel der Unternehmensentwicklung dienen könnten, unterbleiben.

In einem Leitfaden zum Projektmanagement in Mittelbetrieben ist zu lesen: „Interne Projekte werden häufig nachlässig gehandhabt: alle Kraft wird in das Produkt für den Kunden gelegt, weil man schließlich dort sein Geld verdient; viele interne Verbesserungsmöglichkeiten, viele Ideen, Veränderungen werden als unproduktiv niedrig eingestuft, obwohl gerade deren schnelle Erledigung häufig Kosten sparen kann durch:

- Verkürzung der Abwicklungsphase
- Verringerung des Koordinationsaufwands
- Verbesserung der Motivation und Leistungsbereitschaft der Mitarbeiter".[35]

Interne Projekte brauchen von Zeit zu Zeit einen neuen Anstoß

Eine wesentliche Aufgabe der Unternehmensführung ist es, einmal begonnenen internen Vorhaben von Zeit zu Zeit „neuen Schwung" zu geben. Projektmanagement liefert für diese Aufgabe die Instrumente. So sollten z. B. auch für kleinere Projekte einige Meilensteine gesetzt werden und zu diesen Haltepunkten der Projektstand überprüft werden (vgl. dazu 17. Kapitel).

Auch kleine fehlgeschlagene Projekte können der Firma schaden

Projektmanagement ist nicht nur für kleine interne Projekte von Nutzen, sondern auch für Kundenprojekte geringeren Umfangs. Selbst wenn hier die Auftragssumme nur niedrig ist, kann der Imageschaden durch schlechte Abwicklung groß sein. Mögliche größere Folgeaufträge können unterbleiben.

Kleinere Projekte im Dienst der Personalentwicklung

Kleinere Projekte können auch dazu benutzt werden, um vor allem junge und noch nicht so erfahrene Mitarbeiter auf größere und schwierigere Vorhaben vorzubereiten.

Interne Projekte gegen Betriebsblindheit

Ein letztes Argument: Sollen in Unternehmen tiefergreifende organisatorische Änderungen durchgeführt werden, so „muss über Probleme, Schwierigkeiten, deren Ursachen sowie über die Veränderungsstrategien eine gemeinsame Sichtweise und damit Öffentlichkeit hergestellt werden…."[36] Projektmanagement ist ein Mittel für die

Organisation, etwas Abstand zum Unternehmen zu gewinnen und Probleme distanzierter zu analysieren.

Es genügt nicht, eine Aufgabe zum Projekt zu erklären

Die Entscheidung, eine Aufgabe zum Projekt zu erklären, muss selbstverständlich Konsequenzen haben. Es genügt nicht, wie einige Unternehmen glauben, der Aufgabe nur das Etikett „Projekt" aufzukleben. Es muss ein Projektauftrag erteilt, ein Projektleiter eingesetzt und ein Projektteam zusammengestellt werden. Zumindest einfache Instrumente der Zeit-, Kapazitäts-, Kosten- und Leistungsplanung und -überwachung sind anzuwenden, eine Projektdokumentation muss angelegt werden. Auch auf eine klärende Startsitzung sollte nicht verzichtet werden. Vor allem auf diese einfachen Instrumente wird in den nächsten Kapiteln eingegangen.

Die folgende Darstellung ist ein Minimalschema für „kleine" Projekte. Die einzelnen Komponenten werden in den nächsten Kapiteln genauer erläutert.

Minimalschema für „kleine" Projekte:
- Offizielle Ernennung eines Projektleiters und des Projektteams: Eintragung in die firmeninterne Projektliste
- Projektstartsitzung
- schriftlicher Projektauftrag und schriftlich fixierte Projektdefinition = Pflichtenheft
- Projektstrukturplan mit ausgefüllten Arbeitspaketbeschreibungen; Bewertung der Arbeitspakete mit Kosten bzw. Mengen (z. B. Bearbeiterstunden) und mitschreitende Erfassung der pro Arbeitspaket angefallenen Kosten bzw. Stunden (evtl. Kostentrendanalyse = KTA)
- Terminierung der Arbeitspakete: Balkenpläne oder Terminliste; laufende Aktualisierung
- Definition von Meilensteinen (Anzahl > 2) mit zugeordneten Meilensteinergebnissen; Verwendung von Meilensteintrendanalyse (MTA)
- Festlegung eines einfachen Berichtsformats und regelmäßige Projektstatussitzungen
- Projektabschlusssitzung mit Abschlussbericht

Die erwähnten Meilensteine können auch aus einem Standardvorgehensmodell (vgl. dazu 17. Kapitel) stammen, das für eine bestimmte Kategorie von Projekten, etwa für kleinere, weniger anspruchsvolle IT-Vorhaben, gilt. Eine genauere Planung des Ablaufs zwischen den Meilensteinen wird nicht vorgenommen. Man unterstellt, dass der Projektleiter und sein Team den Weg zu den erwarteten Zwischenergebnissen kennen und durch Selbstabstimmung in der Gruppe erreichen. Eine solche Vorgehensweise kann man mit dem militärischen „Führen mit Auftrag", oft auch Auftragstaktik genannt, vergleichen.

5. Kapitel

Die „richtigen" Projekte machen: Projektauswahl

Die beste Projektabwicklung („Die Projekte ‚richtig' machen") nützt nichts, wenn die falschen Projekte ausgewählt wurden. Deshalb gilt zunächst die Forderung: „Die ‚richtigen' Projekte machen". Eine Auswahl ist auch deshalb notwendig, weil zumeist das vorhandene Personal und die verfügbaren finanziellen Mittel nicht ausreichen, um alle vorgeschlagenen Vorhaben zu realisieren. Projektauswahl heißt nicht nur, neue erfolgversprechende Projekte zu starten, sondern eventuell auch laufende Projekte bewusst abzubrechen. Dass sich Manager oft erst sehr spät für den Abbruch entscheiden, wenn schon viel Zeit verstrichen und viel Geld verbraucht ist, zeigte sich z. B. an den spektakulären Katastrophenprojekten „Automatisches Gepäckleitsystem für den Denver International Airport" und „Entwicklung eines elektronischen Transfersystems (Taurus)" für die Londoner Börse.[37]

In der Verhaltensökonomie sind solche Entscheidungen unter dem Stichwort „Fehlschluss aus versunkenen, irreversiblen Kosten" (sunk cost fallacy) bekannt. „ Wir tätigen eine zusätzliche Investition, weil wir nicht zugeben wollen, dass wir gescheitert sind.[38]

Projektauswahl in der Produktentwicklung

Die Forderung an die Projektauswahl ist prinzipiell einfach: Es gilt die Projekte auszuwählen, mit denen sich die Ziele des Unternehmens am besten realisieren lassen.[39] Die Erfüllung dieser Forderung ist schwierig. Der systematischen Auswahl von Projekten stellen sich häufig auch wegen der möglichen Gefährdung von „Erbhöfen" Widerstände entgegen. In der Praxis findet z. B. die Auswahl von Produktentwicklungsprojekten oft nur nach „Gefühl und Wellenschlag" statt. Das Prestige des Antragstellers, die Orientierung an bereits für ähnliche Vorhaben in früheren Jahren angefallenen Kosten bzw. an Budgetquoten der Vergangenheit und das Bestreben, die Aufregung unter den von Mittelkürzungen betroffenen Mitarbeitern möglichst gering zu halten („Prinzip der Lärmminimierung"), sind traditionelle, aber ungeeignete „Auswahlverfahren".

Kaufentscheidende Faktoren berücksichtigen

Eine relativ einfache Methode, die eine Reihe von Vorteilen hat, ist die Bestimmung von Erfolgsfaktoren und daraus abgeleitet die Konstruktion von Produkt- bzw. Projektprofilen. Erfolgsfaktoren sind Eigenschaften von Produkten bzw. der die Produkte anbietenden Organisation, die auf dem jeweiligen Markt die Wettbewerbsstellung der Unternehmung wesentlich bestimmen. Ein erheblicher Vorteil der Orientierung an derartigen Erfolgsfaktoren ist, dass die Produktentwicklung damit wichtige Unterstützung bei der Formulierung von Projektzielen erhält. Außerdem berücksichtigt diese Vorgehensweise die kaufentscheidenden Faktoren.

Ein Beispiel

Abbildung 5.1 zeigt Erfolgsfaktoren auf dem Markt für Autoreifen.[40] Die im Urteil der Konsumenten wichtigste Eigenschaft ist das Fahrverhalten. Das hier dargestellte Eigenschaftsprofil wurde durch Conjoint-Analyse gewonnen, ein aufwendiges statistisches Verfahren. Eine einfachere Methode ist die Befragung von Marketing-Fachleuten.

Abbildung 5.2 zeigt die Eigenschaft „Fahreigenschaften" noch detaillierter aufgegliedert. In dieser Abbildung erscheinen vor allem die Ganzjahres- und die Nässetauglichkeit als Merkmale, die vom Konsumenten geschätzt werden.

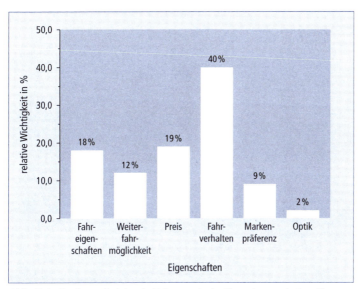

Abb. 5.1: Kaufentscheidende Faktoren beim Erwerb von Autoreifen

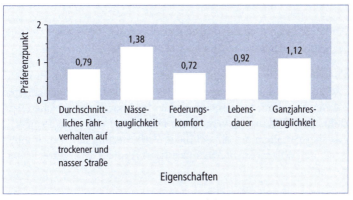

Abb. 5.2: Faktoren, die die Fahreigenschaft bestimmen

Aufbauend auf der Bestimmung der Erfolgsfaktoren, die einem Produkt zuzuordnen sind und die durch ein Entwicklungsprojekt gestaltet werden können, kann dann das folgende Produktprofil (Abbildung 5.3) konstruiert werden.

5. KAPITEL   Die „richtigen" Projekte machen: Projektauswahl

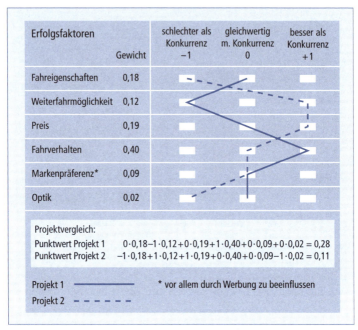

Abb. 5.3: Bewertung der groben Produktspezifikation zweier verschiedener geplanter Projekte zur Entwicklung von Autoreifen

Es zeigt die Produktspezifikationen zweier alternativer Projekte. Die angestrebten Ausprägungen der verschiedenen Eigenschaften werden dabei mit Eigenschaften eines besonders erfolgreichen Produkts der Konkurrenz verglichen. Dabei zeigt sich, dass Projekt 1, das sich vor allem auf die deutliche Verbesserung des vom Kunden geschätzten Fahrverhaltens konzentriert, Projekt 2 vorgezogen werden soll.

Der Portfolio-Ansatz

Ein weiteres bewährtes Instrument sind sogenannte Portfolio-Darstellungen. Die zur Auswahl stehenden Projekte werden in der Regel nach nur zwei Merkmalen (Dimensionen) beurteilt. Das Schema in

Abbildung 5.4) wird Technologievorteil-Kundennutzen-Portfolio[41] genannt:

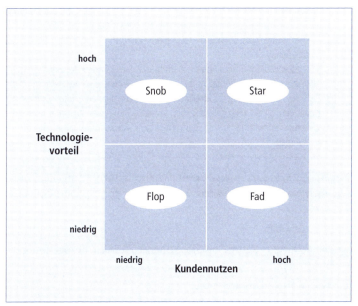

Abb. 5.4: Technologievorteil-Kundennutzen-Portfolio

Mit diesem Instrument sollen insbesondere Projekte bzw. die daraus resultierenden Produkte identifiziert werden, die dem Kunden nicht nur einen hohen Nutzen bieten, sondern bei denen das anbietende Unternehmen auch seinen Technologievorteil zur Geltung bringen kann (Stars). Das krasse Gegenteil zu den Stars sind die Flops. Es ist wenig wahrscheinlich, dass solche Produkte für das Unternehmen einen Ertrag bringen. Dagegen können Fads (hoher Kundennutzen, niedriger Technologievorteil) durchaus erfolgreich sein. Hsuan und Vepsäläinen nennen als Beispiel die Walkman-Version von AIWA, die gegenüber den Originalgeräten von Sony und Sharp mit erheblichem Preisnachlass angeboten wurde. Snobs (hoher Technologievorteil, niedriger Kundennutzen) können sich u. U. zu Stars entwickeln.

Generell lassen sich für die Projektauswahl folgende Entscheidungsregeln definieren:

- Wenn der wesentliche Erfolgsfaktor auf einem Markt der Preis des Produkts ist, wähle diejenigen Projekte aus, die vor allem darauf ausgerichtet sind, die Fertigungs- und eventuell die späteren Wartungs- und Betriebskosten zu reduzieren.
- Sind es vor allem Produkteigenschaften, die vom Kunden honoriert werden, realisiere diejenigen Projekte, bei denen die Muss-Leistungsziele, d. h. die Ziele, die es unbedingt zu erreichen gilt, den wichtigsten Erfolgsfaktoren zuzurechnen sind. Versuche bei den wesentlichen Leistungsparametern die stärksten Konkurrenten zu übertreffen bzw. Rückstände gegenüber ihnen aufzuholen.

Neben den Erfolgsfaktoren, die in das Produktprofil eingehen, müssen auch noch andere Größen der geplanten Projekte berücksichtigt werden.

Dazu zählen z. B.

- der erwartete Return on Investment (Gewinn bezogen auf die Investition)
- die erwartete Umsatzrendite
- prognostizierte Deckungsbeiträge und
- die Payoff-Zeit, d. h. die geschätzte Dauer, in der die für das Projekt geleisteten Ausgaben wieder zurückgeflossen sind.

Selbstverständlich können diese Kennzahlen auch kombiniert angewendet werden. So fordert beispielsweise die Firma Vaillant, die Gewinnerin des Deutschen Projektmanagements Award 2000 (Projekt „Euro Basis Standard"), für die Genehmigung eines Produktentwicklungsprojekts, dass sowohl der Kapitalwert als auch der Return on Investment und die Amortisationsdauer (jeweils prognostiziert) bestimmte Mindestwerte erreichen.[42]

Außerdem sind vor dem Start von Projekten auch die Risiken zu identifizieren, die die Erfüllung der Projektziele gefährden könnten (vgl. dazu 9. Kapitel).

Investitionsprojekte aus der Sicht des Investors

Für die Auswahl der „richtigen" Investitionsprojekte gibt es seit vielen Jahre eine ganze Reihe von Methoden, die auch in gängigen Lehrbüchern[43] beschrieben werden. Einige davon sollen deshalb hier nur stichwortartig aufgeführt werden.

- Kostenvergleichsrechnung
- Rentabilitätsrechnung
- Amortisationsrechnung
- Kapitalwertmethode
- Methode des internen Zinsfußes
- Annuitätenmethode und
- Nutzwertanalyse

Vor allem die Kapitalwertmethode (Net Present Value Method) wird in der praxisnahen Literatur stark betont.

Geht man von dem strategischen Ziel der Wertsteigerung durch Projekte aus (vgl. dazu 2. Kapitel), so stellt die Überlassung von Eigenkapital aus Sicht des Anteileigners eine Investition dar. Damit rückt die Frage, welchen Beitrag ein Projekt zur Steigerung des Unternehmenswerts liefert, in den Mittelpunkt. Die zahlreichen Varianten der Investitionsrechnung spielen, wie Bea, Scheurer und Hesselmann[44] zeigen, für die Auswahl von Projekten generell, nicht nur von Investitionsprojekten im engeren Sinne, eine wichtige, bislang in der Literatur zu wenig beachtete Rolle.

Investitionsprojekte aus der Sicht des Auftragnehmers

Auch der Auftragnehmer, der das Investitionsprojekt für den Kunden durchführt, muss sich die Frage stellen, ob er das „richtige" Projekt übernimmt (Angebotscontrolling), d. h. ob er sich über-

5. KAPITEL Die „richtigen" Projekte machen: Projektauswahl

Kriterien zur Projektbeurteilung	Gewichtung aus Gesamtsicht (in %)	Projektbewertung Beurteilung gegenüber Ø-Verhältnissen (1 sehr schlecht – 3 gleich – 5 viel besser)	Potentialpunkte Note	Potentialpunkte Pkte.	Gleichstand wäre	Differenz abs.	Differenz %
A1 Kapazitätsbelastung Angebotserstellung	4		4	16	12	4	33,3
A2 Kap.-Bel.-Abwicklung (Engineering)	6		4	24	18	6	33,3
A3 Kap.-Bel.-Abwicklung (Fertigung)	10		5	50	30	20	66,7
A Kapazitäts-Belastung	**20**		**4,5**	**90**	**60**	**30**	**50,0**
B1 terminliche Risiken	6		5	30	18	12	66,7
B2 technische Risiken	9		3	27	27	0	0,0
B3 wirtschaftliche Risiken	6		4	24	18	6	33,3
B4 sonstige Risiken	9		3	27	27	0	0,0
B Risiken	**30**		**3,6**	**108**	**90**	**18**	**20,0**
C1 Anzahl anbietender Firmen	12		2	24	36	-12	-33,3
C2 eigene Stärken und Referenzen	12		4	48	36	12	33,3
C3 Auftragschancen	12		3	36	36	0	0,0
C Wettbewerbs-Chancen	**36**		**3,0**	**108**	**108**	**0**	**0,0**
D1 Finanzierungswünsche	7		4	28	21	7	33,3
D2 Bonität des Kunden	7		5	35	21	14	66,7
D Kunden-Spezifika	**14**		**4,5**	**63**	**42**	**21**	**50,0**
Gesamt	**100**		**3,7**	**369**	**300**	**69**	**23,0**

Investitionsprojekte aus der Sicht des Auftragnehmers

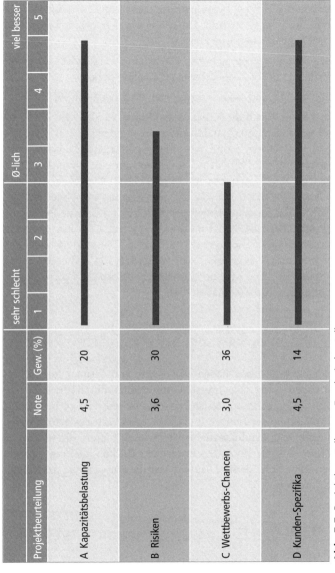

Abb. 5.5: Projektbeurteilung – Ergebnisdarstellung

haupt um den Auftrag bemühen soll. Diese Frage ist schon deshalb wichtig, weil die Kosten der Erstellung eines Angebots bis zu 5 % des Auftragswerts betragen können.

In der Praxis werden teilweise Checklisten verwendet, die große Ähnlichkeit mit Risikochecklisten (9. Kapitel) haben.

Das Beispiel in Abbildung 5.5 zeigt eine derartige Prüfliste.[45]

Hauptkriterien sind die Kapazitätsbelastung, die Risiken, die Wettbewerbschancen und Charakteristika des Kunden wie z. B. seine Bonität. Diese Kriterien sind weiter in Unterkriterien aufgegliedert. Ein Projekt erhält bei jedem Unterkriterium eine Note. Die Skala reicht von 1 (sehr schlecht im Vergleich zum Durchschnitt) bis 5 (viel besser als der Durchschnitt). Das Produkt aus Note und Gewicht, das das jeweilige Unterkriterium hat, ergibt eine Punktzahl. Die Punkte der einzelnen Unterkriterien werden zu einer gesamten Punktzahl addiert. Die Summe (im Beispiel 369) wird mit einer fiktiven Punktzahl (im Beispiel 300) verglichen, die sich ergibt, wenn das Projekt bei allen Kriterien die mittlere Punktzahl 3 (dem Durchschnitt entsprechend) erhalten hätte.

Fehlendes Variantencontrolling rächt sich

In der Vergangenheit haben eine Reihe von Firmen böse Überraschungen erlebt. Sie mussten, unterstützt durch die moderne Prozesskostenrechnung, feststellen, dass sie teilweise zu bereitwillig den Wünschen der Kunden und des eigenen Vertriebs gefolgt waren und zahlreiche Produktvarianten entwickelt hatten, die weder den erhofften Umsatz noch den erwarteten Deckungsbeitrag erbracht hatten. Eine Folge dieser Diagnose war die Entwicklung des Variantencontrolling.

Auswahl von IT- und Organisationsprojekten

Diese Projekte dienen neben den Produktentwicklungsprojekten häufig dazu, Unternehmensstrategien zu realisieren. In der Praxis gibt es nur selten eine enge Verbindung zwischen Projektauswahl und Unternehmensstrategie. Ein Grund dafür ist sicher, dass die Stellen, die sich im Unternehmen mit strategischer Unternehmens- und Geschäftsfeldplanung befassen und die Organisationseinheiten, die mit der Projektauswahl befasst sind, oft miteinander kaum Kontakt haben. Häufig bleibt die detaillierte strategische Planung auch ein Geheimnis der Geschäftsleitung. Scheuring[46] zitiert dazu die Aussage eines Projektleiters aus der Informatikabteilung eines größeren Konzerns: „Unsere Firmenstrategie kenne ich nicht – ich weiß nicht einmal, ob wir eine solche haben." Dabei gilt, dass erfolgreiche Unternehmen „eine nahtlose Verbindung zwischen der Unternehmensstrategie ... und dem Portfoliomanagement" haben.[47]

Mit dem Prüfschema[48] (Abbildung 5.6) lässt sich wenigstens grob prüfen, ob ein vorgeschlagenes Projekt in die Unternehmens- oder Geschäftsfeldstrategie passt. Außerdem werden eine Reihe von anderen Prüffragen gestellt, um eine erste Vorauswahl zu treffen.

In neuerer Zeit wurde von einigen Autoren[49] ein einfaches, auf der Nutzwertanalyse basierendes Verfahren vorgeschlagen, mit dem bewertet werden kann, in welchem Grad die Gesamtheit der ausgewählten Projekte und das Bündel der Strategien zueinander passen.

Beitrag eines Projekts zur Strategie einer Organisation: Ein Beispiel der Polizei[50]

Projekte müssen, wie soeben betont, danach bewertet werden, welchen Beitrag sie voraussichtlich zur Implementierung von verschiedenen Strategien, etwa zur Erhöhung der Aufklärungsquote oder zur Erhöhung des Image der Polizei, leisten. Stillschweigende, aber häufig nicht gegebene Voraussetzung ist, dass überhaupt eine ausdrücklich formulierte Strategie existiert. Ist das nicht der Fall, kann auch von einer rationalen Projektauswahl nicht gesprochen werden. Das Projektportfolio kommt dann – von den Muss-Projekten einmal abgesehen – mehr oder weniger zufällig zustande.

5. KAPITEL   Die „richtigen" Projekte machen: Projektauswahl

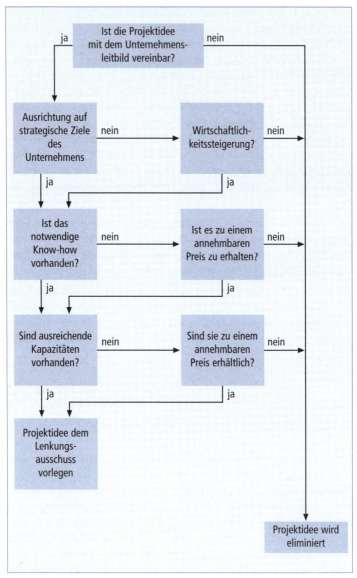

Abb. 5.6: Prüfschema für Projekte, die zur Auswahl anstehen

> **BEISPIEL:** Für neue IT-Vorhaben im Bereich der Polizei werden der Polizei zusätzlich 15 Mio. Euro zur Verfügung gestellt. Die Vorgaben lauten: Die Informationstechnik muss sich an der Strategie und den Prioritäten des Kerngeschäftes ausrichten. Vier strategische Ziele für IT-Vorhaben werden herausgestellt:
> - Unterstützung bzw. Vereinfachung der polizeilichen Sachbearbeitung
> - Effizenz der Verwaltungsprozesse
> - Kosten- und Leistungstransparenz
> - Interaktion von Verwaltung mit Bürgern.

Folgende Festlegung für die Vergabe von Rangziffern an jedes vorgeschlagene Projekt kann beispielsweise getroffen werden:

Rangziffer 0 = für die strategische Ausrichtung auf das polizeiliche Kerngeschäft irrelevant,

Rangziffer 1 = der Strategie (Kerngeschäft) förderlich,

Rangziffer 2 = für die Strategie (Kerngeschäft) wichtig und

Rangziffer 3 = für die Strategie (Kerngeschäft) von entscheidender Bedeutung.

Die Summe der Rangziffern pro Projekt wird durch die maximale erreichbare Punktzahl dividiert. So ergibt sich beispielsweise in Abbildung 5.7 für die Strategieankopplung von Projekt 4 ein Wert in Höhe von 0,58 (7:12). Je höher die Ordnungszahl, umso besser passen Projekt und Strategie zusammen.

Projekt	Budget in 1.000 Euro	S 1 Unterstützung pol. Sachbearbeitung	S 2 Effizienz der Verwaltungsprozesse	S 3 Kosten-Leistungstransparenz	S 4 Interaktion von Verwaltung mit Bürgern	Strategiebezug der Projekte	
						Summe	Grad der Strategieankopplung
Projekt 1	5.000	3	1	0	2	6	0,50
Projekt 2	1.000	0	1	0	0	1	0,08
Projekt 3	2.800	2	3	1	0	6	0,50
Projekt 4	6.200	1	3	3	0	7	0,58
Summe:	15.000						

Abb. 5.7: Ermittlung der Strategieankopplung der Projekte

Projekt mit Budgets und Anteilen am Gesamtbudget	Budgets	Anteil am Gesamtbudget	Grad der Strategieankopplung	Strategische Produktivität
		a	b	b/a
Projekt 1	5.000	0,33	0,50	1,52
Projekt 2	1.000	0,07	0,08	1,14
Projekt 3	2.800	0,19	0,50	2,63
Projekt 4	6.200	0,41	0,58	1,41
		1,00		

Abb. 5.8: Ermittlung der Strategieproduktivität der Projekte

In einem zweiten Schritt kann man nun den Wert für die Strategieankopplung mit den verfügbaren Budgets in Verbindung bringen und eine sogenannte strategische Produktivität ermitteln. Sie ist definiert als

$$\frac{\text{Grad der Strategieankopplung des Projekts}}{\text{Anteil am Gesamtbudget des Projektportfolios}}$$

Je höher der Grad der Strategieankopplung und je niedriger der Mitteleinsatz, desto besser das Ergebnis.

Die Berechnung der strategischen Produktivität in dem Beispiel ergibt, dass Projekt 3 mit einem relativ geringen Budget einen vergleichsweise hohen Strategiebeitrag erbringt, gefolgt von P1.

Ein einfaches Prüfschema

Eine Vorselektion kann auch durch die Klassifizierung der vorgeschlagenen Projekte in Muss-, Kann- und Stoppprojekte vorgenommen werden.

Muss-Projekte sind Vorhaben, die z. B. auf Grund zwingender gesetzlicher Vorschriften durchzuführen sind. Dazu gehörten in der Vergangenheit etwa alle Projekte im Rahmen der Euro-Umstellung. In den Entscheidungsprozess kommen dann nur noch die Kann-Projekte.[51]

Und nochmals: Portfolios

Eine anschauliche Methode zur Unterstützung bei der Auswahlentscheidung ist der schon oben dargestellte Portfolio-Ansatz. Im folgenden Beispiel,[52] das nur EDV-Projekte enthält, sind die zwei für die Beurteilung herangezogenen Dimensionen:

- die wirtschaftliche Bedeutung und
- die strategische Bedeutung eines Projekts.

Um für jedes vorgeschlagene Vorhaben die wirtschaftliche und die strategische Bedeutung zu ermitteln, müssen zunächst jeweils Unterkriterien bestimmt werden.

Kriterien für die wirtschaftliche Bedeutung:
- der geschätzte DV-Entwicklungsaufwand
- die zu erwartende Personalreduzierung
- die vermutliche Kostenersparnis

Kriterien für die strategische Bedeutung:
- Ausmaß der Kundenorientierung
- voraussichtlich zu erzielender Wettbewerbsvorsprung
- erwartete verbesserte Reaktionsfähigkeit des Unternehmens

Jedes geplante Vorhaben erhält bei den einzelnen Unterkriterien, die u. U. noch nach ihrer Bedeutung gewichtet werden könnten, Wertungspunkte, z. B. auf einer 5-stufigen Skala von 0 (= sehr schlecht) bis 4 (= sehr gut), die addiert werden. Ein mögliches Ergebnis einer solchen Bewertung zeigt die Abbildung 5.9.

Oberste Priorität haben bei diesem Ansatz die Projekte, die sowohl eine hohe strategische als auch eine hohe wirtschaftliche Bedeutung haben, im Beispiel insbesondere die Vorhaben 4, 7 und 13.

Die dargestellte Methode ist allerdings nicht ganz unproblematisch, da die verschiedenen Kriterien wie Personalreduzierung und Kostenersparnis oder Kundenorientierung und Wettbewerbsvorsprung nicht unabhängig voneinander sind. Auch die gewählte Unterschei-

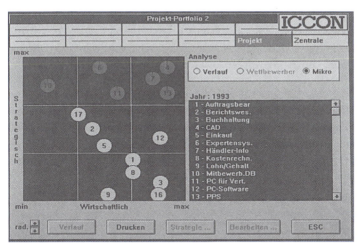

Abb. 5.9: Projektportfolio

dung von zwei Dimensionen ist problematisch, weil ja auch die Steigerung der Wirtschaftlichkeit Bestandteil der Strategie sein kann. Ein Ausweg könnte darin bestehen, dass der wirtschaftliche Nutzen eines Projekts eindimensional z. B. durch Ermittlung des Kapitalwerts geschätzt wird.[53] In neueren Veröffentlichungen[54] finden sich weitere Portfolio-Ansätze, so das Projektwertbeitrags-Erfolgwahrscheinlichkeits-Portfolio und das Wandlungsfähigkeits-Portfolio.

Beim ersten Ansatz werden geplante Projektrentabilität und Risiko gegenübergestellt. Beim zweiten wird versucht, alle zur Auswahl stehenden Projekte nach den Dimensionen Projekteffizienz und Beitrag zum Unternehmenswandel einzuordnen. Beide Faktoren werden durch eine Reihe von Unterkriterien konkretisiert.

In Projektnetzwerken denken

Ein wesentlicher Nachteil der beschriebenen Verfahren ist, dass die einzelnen Projektvorschläge weitgehend isoliert voneinander bewertet werden und dann eine Prioritätenliste erstellt wird, die das gesamte Programm (oder Projektnetzwerk) darstellt. Auch wenn es schon seit langem Bemühungen gibt, auch die Beziehungen zwischen den Projekten zu beachten (vgl. dazu 13. Kapitel), so sind doch erst vor einiger Zeit praktikable, rechnergestützte Verfahren[55] dafür entwickelt worden. Damit können z. B. mögliche Synergieeffekte, die sich aus einer Kombination von Vorhaben ergeben oder auch der Beitrag, den eine Teilmenge von Projekten zu einem besonders zu fördernden Technologiebereich oder zu einer zu bevorzugenden Geschäftseinheit leisten soll, berücksichtigt werden. Beispiele für Verbundvorteile (etwa Standardisierungs- oder Skaleneffekte), ihre Darstellung und Bewertung finden sich bei Abresch und Hirzel.[56]

Was lässt sich tun, um zu besseren Auswahlentscheidungen zu kommen?

- Zunächst sind auf jeden Fall kritische „Filterfragen" zu stellen, wie sie z. B. im Prüfschema in Abbildung 5.8 enthalten sind.
- Viel wichtiger als Instrumente wie Portfolios und Prüflisten ist es jedoch, eine intensive Kommunikation zwischen den mit strategischer Planung und den mit der Projektauswahl befassten Stellen herzustellen. In vielen Interviews mit Mitarbeitern von Unternehmen wurde beklagt, dass die Strategie der Unternehmensführung nicht transparent ist.[57] Langfristige Unternehmensziele dürfen nicht als „Geheimsache" behandelt werden.
- Gut strukturierte und vorbereitete Workshops mit den Verantwortlichen dienen dem Ziel, fundierte Auswahlentscheidungen zu treffen. In solchen Veranstaltungen sollten nicht nur die einzelnen Projekte, sondern auch das gesamte Portfolio einer Prüfung unterzogen werden.
- Eine sehr wichtige Rolle kann bei der Entscheidungsvorbereitung ein institutionalisiertes strategisches Controlling spielen, das strategisches Projektcontrolling einschließt und das bereits in frühen Projektphasen einsetzt. Einem Project Management Office kommt dabei eine wichtige Rolle zu.

Kein Angebotscontrolling in der Software GmbH

Die Software GmbH hatte nicht kritisch untersucht, ob sie überhaupt in der Lage ist, das Projekt für die Hardware AG durchzuführen bzw. welche Maßnahmen ergriffen werden müssten, um diese Fähigkeit zu erreichen. Ein Prüfschema, ähnlich dem in Abbildung 5.8, wäre bei dieser Prüfung sicher von Vorteil gewesen.

6. Kapitel

Das Projektteam formieren: Projektleiter und Projektgruppe einsetzen

Die Auswahl des Projektleiters

In manchen sehr theoretisch orientierten Büchern wird beim Leser, der mit der Praxis nicht vertraut ist, der Eindruck erweckt als bestünde das Problem der Auswahl des Projektleiters nur darin, aus einer sehr großen Zahl von Kandidaten durch ein passendes psychologisches Testverfahren den geeignetsten Bewerber herauszusuchen. Eine solche Annahme trifft nur höchst selten zu. In der betrieblichen Praxis ist das vorrangige Auswahlkriterium die fachliche Kompetenz des Projektleiters.[58] Fragen wie „Hat er schon einmal eine ähnliche Aufgabe bewältigt?" und „Kennt er sich mit der anzuwendenden Technik und den vorhandenen Werkzeugen aus?", werden vordringlich gestellt. Selbstverständlich sind solche Auswahlkriterien durchaus sinnvoll. Die Anerkennung des Projektleiters durch das Projektteam und durch den internen oder externen Auftraggeber hängt nicht zuletzt davon ab, dass die angeführten Fragen mit Ja beantwortet wurden.

Projektleiter, die aber nur nach fachlichen Kriterien ausgewählt wurden, neigen oft dazu, sich im Projekt ausschließlich auf die Fachaufgabe zu konzentrieren und andere Aufgaben zu vernachlässigen. Im Projekt *Protext* hatte der Projektleiter verschiedene Führungsaufgaben zu wenig beachtet und z. B. zu viel Zeit auf die Integration der Komponenten verwandt.

Der beste Fachmann ist leider nicht immer der, der auch soziale Kompetenz mitbringt. Der Projektleiter sollte auch andere Eigenschaften als nur fachliche Qualitäten haben. In vielen Handbüchern finden sich Wunschkataloge, in denen die geforderten Persönlichkeitsmerkmale festgehalten sind. Bei manchen Wunschlisten zweifelt man allerdings, ob es überhaupt jemand gibt, der alle Anforderungen erfüllen kann.

Checkliste 6.1 – Eigenschaftsprofil

Kernaufgabe	Kompetenz	Operationalisierung
Projekt managen	Planen und organisieren	Fähigkeit, für sich selbst und andere die geeigneten Maßnahmen zur Zielerreichung festzulegen und die Maßnahmen mit Prioritäten zu versehen und zu koordinieren.
	Controlling	Fähigkeit, Prozesse und Aktivitäten ergebnisbezogen zu steuern (statt eng zu kontrollieren) und den Projektfortschritt sicherzustellen.
	Stresstoleranz	Fähigkeit, unter Druck, Rückschlägen und Enttäuschungen effektiv zu bleiben.
Kunden managen	Zielkundenorientierung	Erfahrung und Gespür für Branche, für das jeweilige Ressort und die Hierarchie; Projektergebnisse müssen in der Organisation „verkauft" werden.
	persönliche „Chemie"	Fähigkeit, vom ersten Kontakt an einen guten Eindruck zu vermitteln
	Analysevermögen	Abstraktionsvermögen, Konzentration auf das Wesentliche, Urteilssicherheit, Erfahrung.
Team managen	Führen	Fähigkeit, ein Team ohne die klassischen Managementtechniken für ein Ziel und für Kooperation zu motivieren; bei Fachproblemen unterstützen; sich zurückhalten, alles selbst zu erledigen.
	Leistung managen	Leidenschaft für Höchstleistungen und kundenorientierte Qualität; verschiedene Disziplinen zur besten Lösung vereinen.
	Sensitivität	Erkennen der Stärken, Interessen und Probleme der Einzelnen und fair damit umgehen; Konflikte offen bearbeiten.

Das Eigenschaftsprofil (Checkliste 6.1) hat sich in der Praxis bei einer Reihe von Projekten bewährt.[59]

In jüngster Zeit wird neben den Managerfähigkeiten und den kognitiven Fähigkeiten sehr stark die sogenannte Emotionale Intelligenz

Die Auswahl des Projektleiters

betont. Die Liste der Eigenschaft überschneidet sich natürlich etwas mit der in Checkliste 6.1.

Die Forscher[60] definieren für das Konstrukt folgende sieben Dimensionen:

- Self-Awareness: Der Manager ist sich seiner eigenen Gefühle bewusst und in der Lage mit ihnen umzugehen.
- Emotional Resilience: Er hat die Fähigkeit zu guten Leistungen in einer Vielzahl von Situationen und auch unter Druck.
- Motivation: Er hat die nötige Energie, um Erfolge anzustreben, kann kurz- und langfristige Ziele miteinander in Einklang bringen und verfolgt Ziele auch bei starken Herausforderungen und bei Widerstand.
- Interpersonal Sensitivity: Er ist sich auch der Bedürfnisse und Gefühle seiner Mitarbeiter bewusst und nutzt diese Fähigkeit beim Umgang mit ihnen in effektiver Weise.
- Influence: Er kann überzeugen.
- Intuitiveness: Er ist in der Lage, auch bei unvollständigen und nicht eindeutigen Informationen zu Entscheidungen zu kommen.
- Conscientiousness and Integrity: Er fühlt sich auch bei großen Herausforderungen seinen Zielen verpflichtet (committed) und handelt in Übereinstimmung mit allgemein akzeptierten Verhaltensregeln (Code of Ethics).

Die geforderten Eigenschaften dienen in der Realität mehr als Zielvorgabe für entsprechende Trainings- und Entwicklungsmaßnahmen, d. h. als anzustrebende Fähigkeiten, als zur Auswahl der geeigneten Projektleiter. Ein in der Gewinnung von Projektpersonal sehr erfahrener Psychologe hat das so formuliert: „Meistens gibt es mehr Projekte als (unbeschädigte) Projektleiter".[61]

Fest steht, dass Führungsqualifikationen im Verhältnis zur Fachqualifikation umso wichtiger werden, je größer und komplexer das Projekt ist.

Das Projekt managen: „Unternehmer auf Zeit im Unternehmen"

Seit einigen Jahrzehnten ist es auch unstrittig, dass der Projektleiter die persönliche Verantwortung für die Einhaltung des Projekttermins und des Projektbudgets und für die Erreichung der gesetzten Leistungsziele tragen muss. Früher wurde die Projektverantwortung häufig dem gesamten Projektteam übertragen, eine Regelung, die sich nicht bewährt hat.

Auch die Aufgaben, die er auf der Sachebene zu erfüllen hat, sind nicht umstritten, wenngleich die Festlegung dieser Pflichten von Unternehmen zu Unternehmen etwas anders ist. Die folgende Liste zeigt ein Beispiel für eine Verantwortungs- und Aufgabenfestsetzung.

Verantwortung des Projektleiters:

Der Projektleiter trägt die Verantwortung für die Realisierung der in der Projektdefinition festgelegten Projektziele: Termin, Kosten und Produktqualität. Er ist insbesondere für die Koordination der verschiedenen Projektbeteiligten verantwortlich.

Aufgaben des Projektleiters:
(1) Klärung der Projektzielsetzung und Mitwirkung bei der Erarbeitung der Projektdefinition
(2) Erstellen des Projektstrukturplans und Beauftragung der zu beteiligenden Stellen mit den sie betreffenden Teilaufgaben; Freigabe der entsprechenden Mittel im Rahmen des gesamten Projektbudgets
(3) Koordination des Projektablaufs
(4) Einberufung und Leitung der Sitzungen des Projektteams
(5) Planung und Verfolgung der Projekttermine
(6) Planung und Verfolgung der Projektkostenentwicklung
(7) Verfolgung des Projektfortschritts
(8) Frühzeitiges Erkennen von auftretenden Planabweichungen im Projekt und Einleitung geeigneter Gegenmaßnahmen
(9) Prüfung, Abstimmung und gegebenenfalls Einarbeitung von Änderungen in Projektpläne

(10) Berichterstattung zu Meilensteinen und in festzulegendem Rhythmus an den Projektsteuerungsausschuss
(11) Anwendung der für das Projektmanagement im Unternehmen verfügbaren Instrumente
(12) Sicherstellung des projektbezogenen Informationsflusses
(13) Ausgestaltung der erforderlichen projektbezogenen Aufbau- und Ablauforganisation
(14) Vertretung des Projekts nach innen und außen.

Projektcontrolling zur Unterstützung des Projektleiters: Der Verantwortliche für Transparenz im Projekt

Von der Rolle des Projektleiters ist die des Projektcontrollers zu unterscheiden. Er trägt nicht die Verantwortung für das Projekt, sondern, wie es in einer Stellenbeschreibung des Verbands Deutscher Maschinen- und Anlagenbau e. V. heißt, die Verantwortung für die „Sicherstellung der Transparenz des Projektgeschehens und für die bestmögliche Nutzung des von ihm bereitzustellenden und zu pflegenden Instrumentariums."[62] Der Projektcontroller erbringt für den Projektleiter Dienstleistungen ähnlich wie eine Projektservicestelle und entlastet ihn bei der Planung und Steuerung von Projekten. In der Regel sind die Aufgaben des Projektcontrollers weiter gefasst als die einer Servicestelle.

Bei kleinen Projekten ist der Projektleiter häufig sein eigener Controller, eine unbefriedigende Lösung, da er natürlich Partei ist.

Das Project Management Office (PMO) als „unternehmensinterner Anbieter von Komplettservice im Projektmanagement"

In den letzten Jahren wird die Institution des Project Management Office wieder intensiv diskutiert. Die Aufgaben, die einer solchen

Stelle zugewiesen werden, variieren allerdings von Unternehmen zu Unternehmen sehr stark.[63] Sie können von der Hilfe bei der Projektplanung und -verfolgung, über die Sammlung und Aufbereitung von Projektdaten und die Erarbeitung von unternehmensinternen Standards bis zur Unterstützung bei der Implementierung von Projektmanagement und zur Bereitstellung von Projektleitern aus einem Projektleiterpool gehen.

Besondere Bedeutung kommt dem Project Management Office natürlich im Rahmen des Multiprojektmanagements zu (vgl. dazu 13. Kapitel).

Voraussetzungen für erfolgreiche Project Management Offices[64]

Damit Project Management Offices erfolgreich sind, sollten, wie empirische Studien zeigen, folgende Voraussetzungen gegeben sein:

- PMOs müssen einen klaren Auftrag haben, der den Mitgliedern der Organisation auch bekannt ist.
- Die Rollen des Leiters des PMO sowie der Abteilungs- und der Projektleiter müssen klar definiert sein.
- Ein Machtpromotor, der in der Organisation hoch angesiedelt ist, muss dem PMO Rückendeckung geben (vgl. dazu auch 22. Kapitel).

Die Zusammensetzung des Projektteams und Teambildung: Das Team managen

Dem Projektleiter muss für die Erfüllung seiner Aufgaben ein Team zur Seite gestellt werden. Auch hier ist man in der Praxis meist schon froh, wenn man gute Fachleute zusammenbekommt, die die für das Projekt notwendigen Qualifikationen mitbringen. Die Frage nach der Teamfähigkeit, auf die geachtet werden sollte, kommt dann erst an zweiter Stelle.

Einige Empfehlungen zur Teambesetzung

Trotz der genannten Schwierigkeiten, die sich in der Realität ergeben, sollen dennoch einige Empfehlungen, sozusagen als Idealforderung, ausgesprochen werden, die sich auf gründliche empirische Untersuchungen[65] stützen können:

- Teammitglieder sollten die Fähigkeit zum Umgang mit anderen Menschen haben und auch in der Gruppe arbeiten wollen. Ausgesprochene Individualisten sollten ihre Beiträge zum Projekt liefern, ohne Teammitglied zu sein.
- In der Projektgruppe sollte auch Methodenwissen auf dem Gebiet der Projektplanung und -steuerung vorhanden sein.
- Die Teams sollten weder zu groß noch zu klein sein. Bei kleinen Teams besteht die Gefahr, dass die Aufgabe nicht bewältigt werden kann. In zu großen Teams gibt es sehr oft Kommunikations- und Koordinationsprobleme. Besteht die Gefahr, dass die Gruppe zu groß wird, können eventuell Unterteams gebildet werden. Eine andere Lösung ist, dass einzelne Mitarbeiter Leistungen als teamexterne Zuarbeiter erbringen.
- Beim Fähigkeits- und Wissensstand der Mitarbeiter sollten keine zu großen Unterschiede bestehen.

Eigene Erfahrungen des Verfassers und Berichte in der Literatur[66] zeigen allerdings, dass das Verhalten eines Teammitgliedes nicht nur das Team beeinflusst, sondern dass es auch ein Produkt der Teamkultur ist. Anders ausgedrückt: An sich teamfähige Mitarbeiter können durch eine Gruppe, die zu Teamarbeit nicht in der Lage ist, entmutigt werden und ziehen sich zurück.

Gute Fachleute zu bekommen, ist insbesondere dann schwierig, wenn die Fachabteilungen eine starke Stellung in der Organisation haben und die fähigsten Mitarbeiter selbst behalten und nicht an den Projektleiter „ausleihen" wollen. Auch der Anreiz für die einzelnen Mitarbeiter, in einem Projektteam mitzuarbeiten ist u. U. nicht sehr groß, wenn die Projektleiter etwa bei den regelmäßigen Leistungsbeurteilungen und Gehaltsbesprechungen nicht eingebunden sind und/oder der in das Projektteam abgeordnete Mitarbeiter befürchten muss, dass während seiner Projektarbeit an „seinem Stuhl" in der Fachabteilung „gesägt" wird. Besonders schwierig ist es nach den Erfahrungen des Verfassers bei Projekten in der Öffentlichen Verwaltung Anreize zur Mitarbeit in Projekten zu geben.

Hilfe bei der Zusammensetzung des Teams und bei der Teamarbeit

Unterstützung bei der Zusammenstellung eines Teams gibt u. a. die Typologie von Myers und Briggs, die 16 Typen von Menschen unterscheiden. Jeder Mensch- so die Annahme- kann durch einen Typ hinreichend beschrieben werden. Bedeutsam ist im Zusammenhang mit Projekten vor allem die Unterscheidung zwischen S- und N-Typen. S-Typen interessieren sich für Zahlen, Daten und Fakten, N-Typen sind eher intuitiv. Die Kommunikation zwischen den Teammitgliedern wird besonders schwierig, wenn diese so unterschiedlichen Typen aufeinander stoßen und zum Beispiel ein Pflichtenheft gemeinsam erstellen müssen. Oswald und Köhler zeigen, wie ein Projektleiter das Vorhaben trotzdem zum Erfolg führen kann.[67]

Karriere durch Projekte

Die überkommenen Aufstiegspfade „Karriere in der Linie" bzw. „Karriere als Experte" dominieren in der deutschen Wirtschaft und bei der Öffentlichen Hand immer noch. Erst in den letzten Jahren sind in der Industrie erste Bemühungen erkennbar geworden, auch „Karriere in und durch Projektmanagement" möglich zu machen[68].

> **Ein BEISPIEL ist das Karrieremodell der Postbank Systems AG:[69]**
> Die Firma hat insgesamt sechs projektbezogene Funktionsprofile geschaffen. In der so genannten Projektlaufbahn wird unterschieden in:
> - Projektmanager
> - Senior Projektmanager und
> - Programmmanager:

Beispielhaft seien hier die Hauptaufgaben des Senior Projektmanagers aufgeführt. Selbstverständlich gibt es dabei Überlappungen mit Checkliste 6.1.

- „Projektspezifisches Anpassen und Optimieren des vorgegebenen Verfahrens (z. B. Vorgehensmodell „Strukturierte Anwendungsentwicklung")
- Aufbau von Projektorganisationen auf Zeit, einschließlich notwendiger Querschnittsfunktionen (z. B. Projektbüro)
- Leiten von Projekten, insbesondere das Planen, Durchführen und Steuern der einzelnen Projektphasen über Projektmanagement-Teilaufgaben wie Integrations-, Kommunikations- Umfangs-, Qualitäts-, Risiko-, Zeit- und Ressourcenmanagement sowie Kostencontrolling und Beschaffung.
- Integrieren der Projektaufgaben und -auswirkungen in das Unternehmens- und Konzernumfeld.
- Einsatz geeigneter PM-Methoden und -werkzeuge für die formale Planung und Kontrolle eines Projekts (z. B. Stakeholder- und Risikoanalyse) auf Basis des unternehmensweiten PM-Verfahrens.
- Mitwirken bei der Festlegung eines relevanten Projektvorgehens durch Analyse und Auswahl geeigneter PM-Methoden und -werkzeuge und eines geeigneten Verfahrens (z. B. Vorgehensmodell „Strukturierte Anwendungsentwicklung").
- Verantwortung der fachlichen Entwicklung von Projektmanagern und Projektmitarbeitern
- Mitwirken bei Weiterentwicklung des unternehmensweiten PM-Verfahrens."

Das geringe Verständnis, das die Abteilungsleiter in der Software GmbH für die Arbeit im Projekt *Protext* aufbrachten, lässt vermuten, dass sie die erforderliche Abordnung von Mitarbeitern eher als schädlich für die Erfüllung der Abteilungsziele denn als notwendige Förderung der Firmenziele betrachteten.

Das Projektteam an Entscheidungen beteiligen

Über Fragen der Führung gibt es, so könnte man etwas übertreibend sagen, so viele Theorien wie Autoren, die darüber schreiben. Der Bogen der möglichen Verhaltensweisen spannt sich von autokratischer Führung, bei der von Mitarbeitern keine Informationen eingeholt werden, das Team nicht an den Entscheidungen beteiligt ist und mit den Mitteln des Befehls und der strengen Kontrolle geführt wird, bis zum kooperativen Führungsstil, bei dem die Teammitglieder ihr Wissen und ihre Informationen einbringen können und an den Entscheidungen beteiligt werden.

Es besteht weitgehend Einigkeit[70, 71] darüber, dass in Projekten, in denen von den oft hochspezialisierten Teammitgliedern Kreativität erwartet wird, in denen die Zielsetzung zu Beginn häufig noch nicht klar definiert ist und in denen es darauf ankommt, dass die Entscheidungen von den Mitarbeitern auch akzeptiert werden, ein autokratischer Führungsstil nicht angebracht ist und ein partizipativer, kooperativer Führungsstil praktiziert werden muss. Das bedeutet, etwas vereinfacht, dass der Projektleiter sowohl Meinungen und Erfahrungen der Teammitglieder erfragt und sie berücksichtigt, als auch, dass er das Team an Entscheidungen beteiligt.

Das Führungsverhalten der Situation anpassen

Allerdings muss man auch diese Empfehlung einschränken. Sie ist sicher richtig für die frühen Projektphasen, in denen es darauf ankommt, die Projektziele zu präzisieren und Lösungen zu finden. Wenn das Projekt aber einmal so weit gediehen ist, dass die Ideen unter Termin- und Kostendruck realisiert werden müssen, wird ein guter Projektleiter möglicherweise zu einem Führungsstil wechseln müssen, der direktiver ist. Er muss sein Führungsverhalten der Situation anpassen. In der Praxis heißt das z. B., dass bei Meinungsverschiedenheiten im Team, die sich auf die Projektdurchführung beziehen und die in der Diskussion nicht aufgelöst werden können, im Interesse der zügigen Durchführung des Vorhabens der Projektleiter das letzte Wort hat.

Die meisten Autoren sprechen sich für eine situative Führung aus, die u. a. von den Aufgaben, der Art der Entscheidungen, dem Leistungsdruck und der Zusammensetzung des Projektteams abhängt. Bea, Scheurer und Hesselmann stellen freilich die berechtigte Frage, ob eine Führungskraft, deren Führungsstil kooperativ ist, bei Bedarf auf einen eher autoritären umschalten kann.[72]

Das Projektteam zusammenführen[73]

Um das Projektteam „zusammenzuschweißen" und um das entsprechende Klima des Vertrauens und des Zusammenhalts in der Gruppe zu schaffen, gehört es u. a. zu den Aufgaben des Projektleiters

- dafür zu sorgen, dass allen die Projektziele klar sind und dass sie allgemein akzeptiert werden,
- das „Wir-Gefühl" im Projekt und die Identifikation des Teams mit dem Vorhaben (im Gegensatz zum Selbstverständnis des „Einzelkämpfers") zu fördern,
- Spielregeln der Zusammenarbeit mit dem Team zu erarbeiten,
- eindeutige Zuständigkeiten zu schaffen,
- bei wichtigen Entscheidungen möglichst Einstimmigkeit anzustreben,
- eine offene und umfassende Kommunikation zu pflegen und für alle gleichen Informationsstand zu erzielen,
- den Teammitgliedern regelmäßig Rückmeldung während der Projektdurchführung zu geben und dabei bei Pannen nicht die Schuldfrage zu klären, sondern nach Möglichkeiten der Verbesserung zu suchen,
- Konflikte so früh wie möglich aufzudecken und konstruktiv zu lösen (vgl. 19. Kapitel),
- zu gewährleisten, dass jeder seinen Beitrag im Projekt leisten kann und
- Lernen im Projekt und aus dem Projekt und gute Leistungen anzuerkennen und zu honorieren (Prämien, Gehaltserhöhungen etc.)

Insbesondere diese letzte Forderung kann der Projektleiter, wie schon oben angedeutet, in vielen Organisationen nicht erfüllen, weil er dazu keine Befugnisse hat.

Die angeführten Aufgaben haben in den einzelnen idealtypischen Phasen der Formierung eines Teams wie sie von den Organisationspsychologen unterschieden werden,[74] nämlich in

- der Orientierungs-,
- der Machtkampf-,
- der Organisations-,
- der Leistungs- und
- der Auflösungsphase

unterschiedliches Gewicht. Beispielsweise ist die Aufgabe der Klärung und Vermittlung von Projektzielen vor allem in der Orientierungsphase von Bedeutung.

Über den Umgang miteinander im Projekt

Es besteht weitgehend Einigkeit darüber, wie im Team miteinander umgegangen werden sollte.[75] Die wichtigsten Ratschläge, die z. T. oben schon angeführt wurden, lassen sich wie folgt zusammenfassen:

- Den anderen wird Respekt und Vertrauen entgegengebracht.
- Gefühle wie Ärger und Zorn werden offen ausgesprochen und nicht unterdrückt.
- Konflikte und Probleme werden nicht „unter den Teppich gekehrt", sondern aufgedeckt und diskutiert.
- Die Teammitglieder hören aktiv zu, d. h. sie konzentrieren sich auf das, was der Gesprächspartner mitteilen will und bereiten nicht schon die eigene Antwort vor. Man lässt den anderen aussprechen und vermittelt ihm, wie man seine Aussage verstanden hat. Wenn es erforderlich ist, fragt man nach.
- Es dominieren nicht Einzelne in der Diskussion, vielmehr beteiligen sich alle.
- Es wird konstruktive Kritik geäußert. Nicht die Person, sondern Sachverhalte und Ergebnisse werden kritisiert. Kritik wird nicht persönlich genommen. Es wird nüchtern geprüft, ob sie dem

Projektfortschritt dient. Abweichende Meinungen werden nicht als Störung betrachtet, sondern als Beitrag zur Lösung von Problemen.
- Im Team wird Konsens angestrebt. Einmal getroffene Entscheidungen werden von allen getragen.
- Alle sind gut auf die Projektsitzung vorbereitet. Die gestellten Aufgaben wurden erledigt. Das Treffen beginnt pünktlich.
- Informationen über das Projekt (Arbeitsergebnisse, Entscheidungen, veränderte Rahmenbedingungen etc.) werden allen mitgeteilt. Die Unterlagen können von allen eingesehen werden.
- Die Aktivitäten jedes Teammitglieds im Projekt sind allen bekannt. Keiner führt eine wesentliche Tätigkeit im Vorhaben aus, die nicht vorher besprochen wurde.
- Die Rollen im Team (Protokollant, Überwachung der Liste offener Punkte etc.) werden gewechselt.

Wer je in Projektteams gearbeitet hat, weiß, dass diese Forderungen kaum einmal alle erfüllt sind. Das macht sie aber nicht überflüssig. Vielmehr sollten sie immer wieder einmal herangezogen werden, um kritisch über die Arbeit in der Gruppe nachzudenken und, wenn notwendig, Änderungen anzustreben. Dies hätte auch der Projektleiter im Projekt Protext tun sollen.

Ein wichtiges Hilfsmittel dabei sind Checklisten zur Analyse von Gruppenprozessen, wie sie z. B. von Hansel und Lomnitz[76] entwickelt wurden.

Zur Nachahmung empfohlen: Ein Beispiel aus der Praxis

In einem Projekt zur Entwicklung einer neuen Generation von heiztechnischen Geräten wurden im Abstand von zwei Wochen an das Projektteam zehn Fragen zu Themen wie Kommunikation in der Projektgruppe, Zielerreichung und Führungsstil des Managements gestellt und daraus ein Klimaindex ermittelt, der Aufschluss über die Stimmung im Projekt geben soll.[77]

Die Stellung des Projektleiters in der Organisation

Für die organisatorische Einbindung des Projektleiters gibt es mehrere Lösungen, insbesondere

- die Bildung einer vorübergehenden Task Force, d. h. dass für die Dauer des Projekts eine eigene projektbezogene Organisation im Unternehmen geschaffen wird, und
- die Form der Matrixorganisation.

Stärken und Schwächen der Task Force

Wird eine Task Force gebildet, so werden die Teammitglieder aus ihren Abteilungen herausgelöst und dem Projektleiter unterstellt. Er ist dann auch der Disziplinarvorgesetzte der abgeordneten Mitarbeiter. Diese Organisationsform hat zumindest bei langfristigen Projekten erhebliche Vorteile, insbesondere deshalb, weil der Projektleiter die ungeteilte Weisungsbefugnis hat und alle Kräfte auf ein einziges Projekt konzentriert sind.

Oft überwiegen aber die Nachteile:

- Es fällt oft schwer, die Mitarbeiter über die ganze Projektdauer gleichmäßig auszulasten, da die Personalbeanspruchung in verschiedenen Projektphasen sehr unterschiedlich sein kann.

- Nach Beendigung des Projekts macht die Eingliederung der Mitarbeiter in die Linienorganisation Probleme. Die alten Posten sind möglicherweise von anderen besetzt, die erwünschte Karriere in der „Heimatabteilung" verläuft nicht wie geplant. Oft wissen die Teammitglieder gar nicht frühzeitig, wo sie nach Abschluss des Vorhabens eingesetzt werden. Unsicherheit macht sich breit. In der Praxis kann man deshalb häufig gegen Ende des Vorhabens Absetzbewegungen beobachten: Mitarbeiter fürchten, den rechtzeitigen Absprung aus dem Projekt in die Linienabteilungen zu verpassen. Sie „sitzen in den Startlöchern" und ver-

suchen, sich rechtzeitig neue, erfolgversprechende Positionen im Unternehmen zu sichern.
- Soweit die fachliche Weiterbildung der Mitarbeiter nicht unmittelbar dem jeweiligen Projekt dient, ist der Projektleiter an derartigen Förderungsmaßnahmen oft nicht sehr interessiert. Die Mitarbeiter fürchten deshalb manchmal mit Recht langfristig den Verlust an fachlicher Kompetenz.

Diener zweier Herren: Fluch und Segen der Matrix-Organisation

Aus den genannten Gründen hat man sich in Unternehmen, in denen ständig Projekte ablaufen, auch zumeist für die Form der Matrixorganisation entschieden. Bei der Projekt-Matrixorganisation werden bewusst die Kompetenzen und die Verantwortung zwischen Instanzen der Linie (Fachabteilungen) und Projektinstanzen aufgeteilt. Das am jeweiligen Projekt beteiligte Personal erhält mindestens von zwei Führungskräften Anweisungen. Falls ein Mitarbeiter an mehreren Vorhaben beteiligt ist, sogar noch von mehr. Er ist „Diener zweier oder mehrerer Herren", nämlich seines Fachvorgesetzten und des Projektleiters. Das Prinzip der Einheit der Auftragserteilung, das von Fayol formuliert wurde, ist in jedem Fall durchbrochen. Konflikte sind sozusagen eingebaut.

Je nachdem, ob der Projektleiter im Vergleich zur Linie größere oder eher geringere Befugnisse erhält, spricht man von einer „starken" oder „schwachen" Matrix.

Die Matrixorganisation hat aber auch erhebliche Vorteile.

- Die Mitarbeiter bleiben ihrer „Heimatabteilung" zugeordnet und werden nicht vollständig herausgelöst.
- Falls das Projekt, dem sie zugeordnet sind, ihre Zeit nicht vollständig in Anspruch nimmt, können sie daneben auch noch andere Aufgaben wahrnehmen. Es besteht nicht die Gefahr einer zu geringen Auslastung.
- Auch Unsicherheit über die weitere Verwendung nach Ende des Projekts gibt es nicht in dem Ausmaß wie bei der Task Force.

- Die Bereitschaft der Fachvorgesetzten, die Weiterbildung des Mitarbeiters unabhängig von jeweiligen Projektaufgaben zu fördern, ist im allgemeinen größer.

Abbildung 6.1 zeigt vereinfacht die Matrixorganisation.

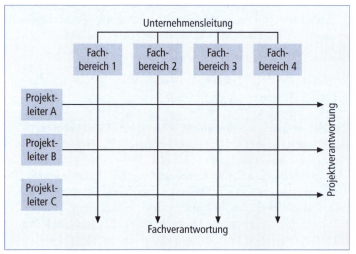

Abb. 6.1: Prinzipdarstellung der Matrixorganisation

Entscheidet man sich für eine Matrixorganisation, so ist die Aufteilung der Kompetenzen zwischen Projektleiter und Linienvorgesetzten erforderlich.

Das Was, das Wann, das Wie und das Wer

Nach welchem Prinzip lassen sich nun die Befugnisse aufteilen? Der Ratschlag, der dem Organisator gegeben wird, ist zunächst recht einleuchtend: Der Projektleiter bestimmt, was im Projekt zu machen ist und wann es zu tun ist, die Führung in der Linie, die die Fachleute hat, bestimmt, wie die Aufgaben zu erledigen sind und, weil sie die Vorgesetzten der Mitarbeiter sind, auch wer das zu erledigen hat. Diese Regel ist allerdings viel zu grob und für den Projektalltag nicht sehr hilfreich. Deshalb werden für die Praxis detaillierte Kompetenzkataloge aufgestellt. Einen solchen Katalog zeigt das folgende Beispiel:

Befugnisse des Projektleiters:

(1) Mitwirkungsrecht bei der Zieldefinition des Projekts, sowohl im Hinblick auf Leistungsziele wie auch auf Kosten und Termine
(2) Projektbezogenes Informationsrecht auch über die regelmäßige Berichtspflicht der beteiligten Stellen hinaus
Projektbezogenes Weisungsrecht. Der Projektleiter ist berechtigt, den beteiligten Stellen projektbezogene Weisungen zu geben. Diese beziehen sich auf die Rahmenangaben der jeweils übertragenen Arbeitspakete, nicht auf das „Wie" der Aufgabenerfüllung, das allein in der Kompetenz der Fachabteilungen liegt. Zu den projektbezogenen Weisungen gehören insbesondere die Abgrenzung von Teilaufgaben, die Verpflichtung zur Abstimmung von Schnittstellen (technisch und organisatorisch), die Weitergabe von Arbeitsergebnissen und die Bereitstellung von projektbezogenen Informationen. –
Auftretende Konflikte sollen partnerschaftlich gelöst werden, andernfalls setzt sich der Projektleiter mit den betroffenen Vorgesetzten ins Benehmen.
(3) Projektbezogenes Entscheidungsrecht. Lässt sich bei divergierenden Auffassungen in der Projektgruppe nach eingehender Beratung keine einvernehmliche Regelung erzielen, so entscheidet der Projektleiter.
(4) Mitspracherecht bei der Bestimmung der durch die Fachabteilung zu benennenden Verantwortlichen für Teilaufgaben und Vorschlagsrecht bei der Vergabe von Arbeitspakten an externe Stellen.
(5) Berechtigung zur verbindlichen Vereinbarung von Arbeitspaketen entsprechend der Projektdefinition mit projektbeteiligten Stellen.
(6) Freigabe von Arbeitspaketen durch Erteilung der Erlaubnis an die beteiligten Fachabteilungen, das entsprechende Arbeitspaket mit den anfallenden Kosten zu belasten.
(7) Berechtigung zur Akzeptierung oder Zurückweisung von Projektteilergebnissen, z. B. an Meilensteinen.
(8) Recht auf Anhörungen vor zu treffenden projektstrategischen Entscheidungen (z. B. Abbruch des Projekts) durch den Projektsteuerungsausschuss.*
(9) Recht zur Einberufung und Leitung der Sitzungen des Projektteams.
(10) Der Projektsteuerungsausschuss ist ein übergeordnetes Gremium, das häufig aus den Hauptabteilungsleitern besteht. Es hat u. a. die Aufgabe, projektstrategische Entscheidungen (z. B. Abbruch des Projekts, erhebliche Änderung der Projektpriorität etc.) zu treffen und ist bei Konflikten zwischen Linie und Projektleitung eine Art Schiedsstelle.

Widerstände der Linie

Die Zuweisung von Befugnissen an den Projektleiter gehört zu den schwierigsten Aufgaben bei der Einführung von Projektmanagement im Unternehmen. Die Leiter der Fachabteilungen sehen darin häufig eine Schmälerung der eigenen Machtposition und wehren sich dagegen (vgl. dazu 22. Kapitel). Aus diesem Grund verzichten viele Unternehmen und andere Organisationen in der Bundesrepublik darauf, dem Projektleiter formale Befugnisse zu geben. Die Folge ist, dass er im Unternehmen eine sehr schwache Stellung hat und Projekte mehr oder weniger fehlschlagen.

Allerdings sollte auch vor einem Trugschluss gewarnt werden: Genauso wenig wie ein Ehevertrag schon eine gute Ehe gewährleistet, garantiert die schriftliche Festlegung von Befugnissen, dass sie der Projektleiter auch wirklich ausüben kann. Es muss in der Organisation auch ein Verständnis für die Notwendigkeit des Arbeitens in abteilungsübergreifenden Projekten geschaffen werden.

Betrachten wir am Schluss dieses Kapitels wieder unser Projekt Protext. Auf einige Mängel wurde ja schon hingewiesen.

- Die Befugnisse des Projektleiters waren nicht festgelegt worden. Der Weigerung der Fachabteilung, mit dem Projektleiter über die Lösung von fachlichen Problemen im Projekt zu sprechen und der Begründung für die Verweigerung, dass dies nicht zu den Aufgaben des Projektleiters gehöre, konnte er nichts entgegensetzen.

- Die Kommunikation und die Zusammenarbeit im Team hatten erhebliche Schwächen. Der Datenbankspezialist hatte z. B. mit einem Vertreter der Auftraggebers Absprachen getroffen, ohne vorher den Projektleiter und das Team zu verständigen.

- Gegen das Motivationstief im Projektteam hatte der Projektleiter nichts unternommen. Es wäre möglicherweise nicht eingetreten, hätte er frühzeitig in einigen Sitzungen gemeinsam mit dem Team untersucht, wie bisher zusammengearbeitet und miteinander umgegangen wurde und aus dieser Analyse dann mit der Gruppe Verbesserungsvorschläge erarbeitet.

- Auch die Kommunikation mit den Linienvorgesetzten, die dem Projekt nicht sehr aufgeschlossen gegenüberstanden, war mangelhaft. Von regelmäßigen Kontakten des Projektleiters zu den Linienabteilungen war nichts bekannt. Damit und mit einer laufenden Information der Fachabteilungen hätte möglicherweise die Demotivierung der Projektmitarbeiter durch ihre Vorgesetzten verringert oder verhindert werden können.

7. Kapitel

Projektziele mit dem Auftraggeber zusammen definieren und den Beteiligten vermitteln: Projektdefinition und Projektstart

Bei vielen Projekten sind die Projektziele zu Beginn wenig genau festgelegt und werden erst nach und nach präzisiert. Das gilt u. a. für zahlreiche Organisations- und Entwicklungsprojekte. Eine genauere Projektdefinition muss erst in den frühen Phasen des Vorhabens erarbeitet werden. Häufig scheuen die für das Vorhaben Verantwortlichen den Aufwand, der damit verbunden ist und begnügen sich mit vagen Zielen.

Das „Whiscy-Syndrom"

Man will möglichst bald mit der Realisierung beginnen und will rasch Ergebnisse sehen. Das heißt: Die Definitionsphase wird oft viel zu schnell abgeschlossen. In den USA wird diese Haltung auch als Whiscy-Syndrom bezeichnet. Das ist eine Abkürzung für die ungeduldige Frage: Why isn't Sam coding yet? Frei übersetzt: Warum beschäftigt sich der Bursche immer noch mit der Projektdefinition, statt endlich einmal Programmzeilen zu schreiben?

Ziele immer wieder überprüfen

Die einmal gesetzten Ziele müssen auch während des Projekts immer wieder einmal daraufhin überprüft werden, ob sie weiterverfolgt oder verändert werden sollen. Dies sollte vor allem zu bestimmten Meilensteinen im Vorhaben (vgl. dazu 17. Kapitel) geschehen. So müssen z. B. die einmal gesetzten Leistungsziele eines Produktentwicklungsprojekts u. U. revidiert werden, wenn die Konkurrenz in der Zwischenzeit ein Produkt auf den Markt gebracht hat, das dem eigenen erheblich überlegen ist. Selbstverständlich können sich auch bei anderen Vorhaben wichtige Rahmenbedingungen verändert haben, die es notwendig machen, die Projektdefinition zu überdenken.

Auch diese kritische Überprüfung unterbleibt in der Praxis sehr häufig, weil man „sein" Projekt nicht gefährden und keinen Abbruch riskieren will.

Ergebnis- und Prozessziele

In Projekten kann man Ergebnis- und Prozess- oder Vorgehensziele unterscheiden. Außerdem lassen sich sowohl quantitative als auch qualitative Ziele formulieren. Die folgenden Beispiele sollen das verdeutlichen:

- Quantitatives Ergebnisziel: Entwicklung einer Maschine, deren Ausstoß pro Stunde bei gleicher Qualität um x % höher liegt als der Ausstoß des Vorgängermodells.

- Qualitatives Ergebnisziel: Verbesserung der Arbeitsbedingungen des Bedienungspersonals der Maschine

- Quantitatives Prozessziel: Entwicklung der Maschine innerhalb von 12 Monaten zu Entwicklungskosten von maximal 1 Mio. €

- Qualitatives Prozessziel: Bessere Qualifizierung der Entwicklungsmannschaft während des Projekts

Kunden- und Mitarbeiterziele

Vorrangig ist in allen Projekten das globale Ziel, den Auftraggeber bzw. bei Projekten, die Ergebnisse für den anonymen Markt liefern, den unbekannten Kunden zufriedenzustellen. Dementsprechend hoch ist z. B. im Modell „Project Excellence" das Gewicht, das der

Kundenzufriedenheit gegeben wird. (vgl. 21. Kapitel) Dabei ist jedoch durchaus nicht immer klar, wer als Kunde anzusehen ist.

Daneben sollte aber auch die Zufriedenheit anderer Stakeholder, insbesondere die der beteiligten Mitarbeiter angestrebt werden. Wie vielfältig die Interessen in einem Projekt sein können, zeigt sehr deutlich das Beispiel der Landesbausparkasse Baden-Württemberg (vgl. 8. Kapitel).

Aus diesem Grund fordert auch das Modell „Project Excellence" unter dem Kriterium „Zielorientierung" (vgl. 21. Kapitel) den Nachweis, „wie das Projekt seine Ziele auf Grund umfassender Informationen über die Anforderungen seiner Interessengruppen (= Stakeholder, d.Verf.) formuliert, entwickelt und überprüft."

Prioritäten und Messbarkeit von Projektzielen

Die verschiedenen Ziele in Projekten können sehr unterschiedliche Bedeutung haben. Die in manchen Firmen gemachte Unterscheidung in *Muss*-Ziele, die unbedingt erreicht werden müssen, auch wenn dies z. B. mit höheren Kosten oder längerer Projektdauer erkauft wird und *Kann*-Ziele, die nicht notwendig in vollem Umfang zu verwirklichen sind und bei denen man z. B. unter Zeitdruck Abstriche machen kann, verdeutlicht das.

Ergebnis- und Prozessziele sollten, wenn irgendwie möglich, so formuliert werden, dass nach Abschluss des Projekts festgestellt werden kann, ob sie erreicht wurden oder nicht bzw. in welchem Maße sie erreicht wurden.

Schlechte und gute Beispiele für die Zielformulierung

Ein schlechtes Beispiel für die Zielformulierung in einem Projekt zur Reorganisation der Behandlung von Kundenreklamationen ist:

„Die durchschnittliche Bearbeitungszeit von Kundenbeschwerden ist erheblich zu reduzieren."

7. KAPITEL   Projektziele mit dem Auftraggeber zusammen definieren

Ein gutes Beispiel als Gegenstück:

„Jede Kundenbeschwerde muss innerhalb von maximal drei Arbeitstagen bearbeitet und beantwortet werden."

Dass es auch in IT-Projekten möglich ist, Ziele operational zu formulieren, zeigen die beiden folgenden Beispiele in Abbildung 7.1.

Attribut: Performance							
Qualitätsziel: Erhöhe den Durchsatz der Online-Transaktionen							
Definition	Metrik	Test/Tool	Vorheriges Produkt	Konkurrenzprodukt	Zielgröße	Akzeptables Minimum	Erreicht
Durchsatz der Online-Transaktionen	Durchschnittliche Anzahl der Online-Transaktionen pro Stunde	Testlauf mit 40 aktiven Benutzern, 1 Arbeitstag lang	2000	2500	3000	2500	
Qualitätsziel: Minimiere die Antwortzeiten im Benutzerdialog							
Definition	Metrik	Test/Tool	Vorheriges Produkt	Konkurrenzprodukt	Zielgröße	Akzeptables Minimum	Erreicht
Antwortzeiten auf Benutzereingabe	Durchschnittliche Wartezeit auf die Antwort in Sekunden	Messung der Antwortzeiten durch Testbenutzer	10	5	80%=1 20%=3	90%=3 10%=5	

Abb. 7.1: Auszug aus einem Qualitätsplan[78]

Die Forderung, dass messbare Ziele formuliert werden, gilt vor allem für die *Muss*-Ziele. Das ist für das Kosten- und Terminziel leicht, bei Leistungszielen ist die Messung aber manchmal nur schwer möglich. Wie ermittelt man z. B. nach Beendigung eines Projekts, ob die Forderung nach Wartungs- und Benutzerfreundlichkeit eines Programmsystems auch wirklich erfüllt wurde? In einigen Fällen ist die Messung nur über Hilfsgrößen möglich. So könnte man u. U. eine angestrebte Verbesserung der Arbeitsbedingungen durch die Fluktuationsquote und den Krankenstand messen. Dabei ist die Gefahr gegeben, dass sich beide Größen etwa auf Grund einer Verschlechterung der Arbeitsmarktsituation verringern, obwohl das angestrebte Projektziel nicht erreicht wurde. Die Benutzerfreundlichkeit eines Programms kann z. B. durch eine Befragung ausgewählter Benutzer ermittelt werden.

Weitere bewährte Regeln für die Zielformulierung

- Die Zielformulierung sollte lösungsneutral sein. Der Grund für diese Forderung ist klar: Es sollen mögliche Lösungen nicht von vornherein ausgeschlossen werden.
  Ein Beispiel für eine schlechte Zieldefinition ist folgende: „Das Gewicht des Gehäuses für das Messinstrument ist durch Verwendung von Leichtmetall und die Reduzierung der Wandstärken um 10 % zu senken." –
  Es hätte hier genügt, lediglich die angestrebte Gewichtsverringerung vorzugeben.
- Ziele sollten realistisch sein, so dass sie zwar fordern, aber nicht demotivieren.
- Sofern Ziele miteinander in Konflikt stehen, müssen Prioritäten gesetzt werden.

Ein BEISPIEL: Bei der Entwicklung von Standardanwenderprogrammen erfordert eine komfortable Benutzeroberfläche häufig mehr Speicherplatz. Die Ziele „Verringerung des erforderlichen Speicherplatzes" und „bessere Benutzerführung" sind in der Regel nicht gleichzeitig zu erreichen. Es ist zu entscheiden, welches Ziel Vorrang hat.

Wie geht man bei der Zielfindung vor?

Hier gibt es grundsätzlich zwei Vorgehensweisen:

- Man kann mehr oder weniger intuitiv Zielvorstellungen sammeln (z. B. durch Brainstorming).
- Man kann aber auch Ziele durch systematisches Ableiten aus einem globalen Oberziel finden.

Welche Vorgehensweise man wählt, hängt u. a. vom Neuheitsgrad des Projektes ab und von der Erfahrung der Organisation, die das Projekt realisiert.

Die Darstellung von Zielen

Bei der Zielfindung hat es sich bewährt, einen zunächst ungeordneten Katalog von Zielen in einer hierarchischen Struktur darzustellen. Abbildung 7.2 zeigt eine vereinfachte Zielhierarchie.[79]

Der Prozess der Zielklärung

Abbildung 7.3[80] zeigt stark vereinfacht den Prozess der zunehmenden Klärung von Projektzielen in den frühen Phasen eines Projekts. (In der Realität gibt es von Projektart zu Projektart natürlich erhebliche Unterschiede. Für große Projekte, etwa im Verteidigungsbereich oder in der Raumfahrt wurden sehr viel aufwendigere Ablaufmodelle für die Zielklärung entwickelt.[81]) Am Ende jeder Phase muss ein Dokument vorliegen. Wir unterstellen für die weiteren Erläuterungen, dass ein Projektantrag gestellt worden ist und die Auswahlentscheidung auf Grund von Grobzielen bereits gefallen ist (vgl. dazu 5. Kapitel).

Ein wichtiges Mittel, um die Projektziele zu klären, sind Projektstartsitzungen oder Projektworkshops, die in Abbildung 7.3 in Phase 2 angesetzt sind. Bei großen Projekten wird ein Workshop meist nicht genügen.

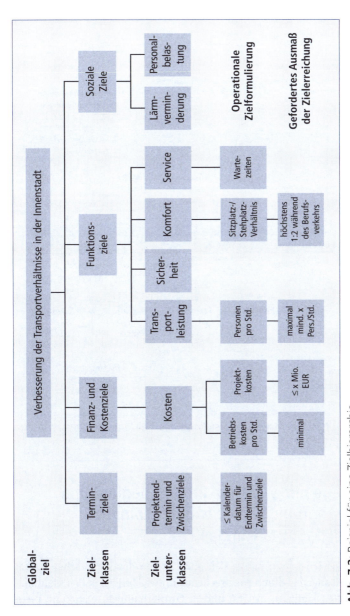

Abb. 7.2: Beispiel für eine Zielhierarchie

7. KAPITEL   Projektziele mit dem Auftraggeber zusammen definieren

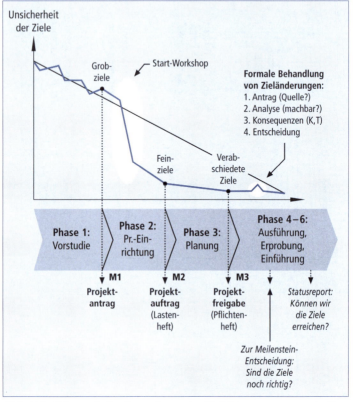

Abb. 7.3: Schematische Darstellung des Zielklärungsprozesses in Projekten

„Sage mir, wie Dein Projekt beginnt und ich sage Dir, wie es endet" (Lomnitz): Projektstartsitzungen

Seit vielen Jahren hat es sich auch in den deutschsprachigen Ländern, angeregt durch entsprechende Entwicklungen in den skandinavischen Ländern, in USA und in Großbritannien, mehr und mehr eingebürgert, ein Projekt mit einer derartigen Veranstaltung zu beginnen. Die Erfahrung, dass die Grundlagen für den Misserfolg eines Vorhabens oft in den frühen Phasen eines Projekts gelegt werden, ist der wichtigste Grund für die Organisation von Startsitzungen.

Was soll mit einer solchen Projektstartsitzung erreicht werden?

Ziele von Projektstartsitzungen

Einige wichtige Ziele, die im Wesentlichen auf der Sachebene liegen, sind:

- Klärung der Projektziele mit den Beteiligten. Damit verbunden ist die Beseitigung von Missverständnissen und unzutreffenden Annahmen über vorhandene Ressourcen, Zulieferungen von beteiligten Institutionen etc. Anzustreben ist, dass die Ziele allen im Detail bekannt sind und dass sich die Betroffenen mit ihnen identifizieren. In der Regel können die Projektziele zum Zeitpunkt des Projektstarts noch nicht im Detail ausgearbeitet sein.
- Entwicklung erster technischer Lösungsansätze mit der Bestimmung der wesentlichen Schnittstellen
- Ausarbeitung eines zumindest groben Projektstruktur- und eines Phasenplans mit den wichtigsten Meilensteinen, erster Kostenschätzungen und einer genaueren Planung für die nächste Projektphase
- Die Verteilung der wichtigsten Projektaufgaben, die Festlegung der Projektorganisation und des Informations- und Kommunikationssystems
- die Identifizierung der wichtigsten Projektinteressenten (Projektumwelt) und der Projektrisiken

Neben diesen Sachergebnissen, die zu erarbeiten sind, muss der Projektleiter in den frühen Phasen auch auf die Beziehungsebene achten (vgl. dazu Kapitel 6). Sobald das Projektteam ernannt ist, muss er dafür sorgen,

- dass sich die Teammitglieder gegenseitig kennenlernen,
- dass Rollen im Projekt festgelegt werden,
- dass mögliche Konflikte (z. B. nur teilweise Abstellung für das Vorhaben) aufgedeckt werden und
- dass sich ein „Wir-Gefühl" in der Projektmannschaft entwickelt.

Insbesondere die frühzeitige Beachtung von Konflikten kann gar nicht ernst genug genommen werden.

Daneben können auch Maßnahmen der Personalentwicklung, so etwa ein Training im Projektmanagement, geplant werden.

An der Startsitzung sollten neben dem Projektleiter und dem Projektteam auch wesentliche Projektinteressenten, soweit sie schon identifiziert sind, wie Vertreter des Auftraggebers (im Detail dazu der übernächste Abschnitt), aber auch Meinungsführer in der Organisation, die das Projekt durchführt, beteiligt werden.

Eine Tagesordnung für einen Projektstart-Workshop[82]

Die folgenden Tagesordnungspunkte, die mit den oben angeführten geforderten Sachergebnissen eines Start-Workshops korrespondieren, sollten in einer Startsitzung abgearbeitet werden:

(1) Begrüßung und Vorstellung der Teilnehmer

(2) Vorstellung des Programms und Vereinbarung von Regeln für die Zusammenarbeit

(3) (Abfrage: Erwartungen der Teilnehmer an die Startsitzung

(4) Sammeln von Informationen

(5) Ein Überblick über das vorgegebene Projektmanagement

(6) Ziele des Projekts und Projektinteressenten (Stakeholder)

(7) Erstellung eines groben Projektstrukturplans und Verteilung der wichtigsten Aufgaben; erste Kostenschätzungen

(8) Festlegung der Projektphasen und der wichtigsten Meilensteine

(9) Projektorganisation und Informations- und Kommunikationssystem im Projekt

(10) Projektrisiken

(11) Weiteres Vorgehen: Maßnahmen

Varianten des Startprozesses

Der Startprozess wurde bisher idealisiert dargestellt. In der Praxis gibt es ganz unterschiedliche Ausprägungen. Insbesondere in der Investitionsgüterindustrie, aber auch in der Softwarebranche, unterscheidet sich die Startphase ganz erheblich von dem in Abbildung 7.3 gezeichneten Ablauf. Ein Projekt wird in den genannten Industriezweigen meist durch eine Kundenanfrage ausgelöst. Da die Erstellung eines detaillierten Angebots oft hohe Kosten verursacht und die Erfolgsquote bei schlechter Konjunkturlage und starker Konkurrenz niedrig ist, muss das Angebotscontrolling (vgl. 6. Kapitel) jede Anfrage bewerten. Auf der Grundlage dieser Bewertung entscheidet dann die Unternehmensleitung, ob ein Angebot ausgearbeitet werden soll. Bei sehr großen Vorhaben kann man das auch als eigenes Projekt betrachten. Entwickelt das Unternehmen ein technisches Konzept für den potentiellen Kunden, so ist dieses die Basis für die Ermittlung des Liefertermins und für die Angebotskalkulation. Nachdem Liefer-, Zahlungs- und Gewährleistungsbedingungen ausgearbeitet wurden, wird dem Kunden ein Angebot unterbreitet.

Den internen oder externen Auftraggeber in die Zielklärung einbeziehen

In den letzten Jahren wird gerade die Einbindung des internen oder externen Auftraggebers oder eines repräsentativen Kunden sehr betont, um zu gewährleisten, dass die angestrebten Ziele des Projekts auch wirklich die Wünsche des Kunden treffen. Eine solche Integration ist besonders notwendig, wenn die Wünsche des Kunden noch recht verschwommen und unklar sind. Ein Problem, das z. B. bei Softwareprojekten häufig auftaucht, ist, dass Auftraggeber und Projektpersonal nicht die „gleiche Sprache" sprechen und aneinander vorbeireden. Der Fachjargon der Spezialisten erschwert die Kommunikation oft erheblich.

7. KAPITEL — Projektziele mit dem Auftraggeber zusammen definieren

Wie Studien[83] zeigen, wird der enge Kontakt mit dem Kunden, der nicht nur die Startphase betrifft, in Japan sehr betont.

In einigen Stellenbeschreibungen für Projektleiter wird die Einbindung des Kunden sogar ausdrücklich im Aufgabenkatalog genannt.

Checkliste 7.1[84] gibt einige Hinweise, wie der Kunde nicht nur in frühen Projektphasen, sondern über das gesamte Projekte hinweg einzubeziehen ist und wie mit ihm umgegangen werden sollte.

Checkliste 7.1 – Kundeneinbindung

(1) **Auftraggeber in wichtigen Entscheidungen einbinden**
- Kritische Projektphasen identifizieren (z. B. Spezifikation der Projektleistung) und den Auftraggeber daran beteiligen
- Tagesordnung und Protokoll rechtzeitig verteilen

(2) **Systematische Kommunikation mit der Organisation des Auftraggebers**
- Kontakt mit wichtigen späteren Nutzern
- Kontakt mit Projektbetroffenen
- Kontakt mit Meinungsmachern
- Kontakt mit den wichtigsten Entscheidern

(3) **Kunden in das Projektteam integrieren**
- Mitarbeiter mit Fachkompetenz einbinden
- Leute, mit denen man schon einmal erfolgreich gearbeitet hat, beteiligen
- Dem Kunden bei Projektsitzungen und Präsentationen Rollen zuweisen

(4) **Dem Auftraggeber Verantwortung zuweisen**
- Verantwortung im Projektvertrag dokumentieren
- Kundennamen im Maßnahmenplan aufführen
- Änderungs- und Abnahmeprozeduren installieren

(5) **Beziehungspflege**
- Die Unterstützung und das Engagement des Topmanagements sicherstellen
- Immer pünktlich und präpariert beim Kunden erscheinen
- Beschwerden zur Chefsache machen

Zwei wichtige Dokumente: Lastenheft und Pflichtenheft

Am Ende der Phase 2 steht bei kleineren Projekten ein Projektauftrag bzw. bei größeren und komplexeren Projekten ein Lastenheft. Das folgende Beispiel zeigt einen Projektauftrag (Checkliste7.2) für ein kleines Studienprojekt: Das Lastenheft ist nach DIN 69 905 die „Gesamtheit der Anforderungen des Auftraggebers an die Lieferungen und Leistungen eines Auftragnehmers".

Es macht Aussagen darüber, *Was* zu erarbeiten ist und *Wofür*.

Checkliste 7.2 – Projektauftrag

Projektauftrag:	Studienprojekt „Wirtschaftsfaktor Software"
Projektleiter:	Herr N.N.
Zielsetzung:	Die Studie soll Hinweise auf die aktuelle Bewertung der Informationstechnologie (IT) insbesondere durch mittelständische Unternehmen, auf Trends in ihrer Entwicklung und auf Wege zur Nutzenoptimierung von Informationssystemen geben.
Aufgabenstellung:	Die Studie soll auf folgendes Fragestellungen Antwort geben:
	Welche Bedeutung hat die Informationstechnologie für die Unternehmen?
	Wo kommen die heute eingesetzten bzw. die in naher Zukunft anzuschaffenden IT-Systeme her?
	Wie wird die aktuelle Ausbildung der Mitarbeiter in der Datenverarbeitung und Informationstechnologie bewertet?
	Wie informieren sich die Unternehmen über die mit IT verbundenen Themen und wie schätzen sie die staatliche Förderungspolitik zu diesen Gegenständen ein?
Zu erarbeitende Ergebnisse:	Literaturstudie
	getesteter Fragebogen
	Auswertung des Fragebogens
Budget:	………………………………
Randbedingungen:	Es soll vor allem die mittelständische Industrie angesprochen werden. Adressmaterial aus diesem Bereich liefert die Firma……………, Ansprechpartner ist Herr………………………..

Termine, Meilensteine:	Erster Zwischenbericht Mitte September 2013. Der Zwischenbericht muss die Ergebnisse der Vorstudie, den Fragebogen und die Ergebnisse des Pretests des Fragebogens enthalten.
	Abschluss der Studie Ende März 2014.
	Zu den weiteren Meilensteinen und Meilensteinergebnissen siehe die detaillierte Meilensteinplanung.
Auftraggeber:	Institut XYZ

Das Pflichtenheft, im Ablaufschema von Abbildung 7.3 dem Ende der Phase 3 zugeordnet, enthält nach DIN 69 905 die „vom Auftragnehmer erarbeiteten Realisierungsvorgaben auf Grund der Umsetzung des Lastenheftes." Mit anderen Worten: Das Pflichtenheft beschreibt, *wie* und *womit* die Forderungen verwirklicht werden sollen. Es ist die Grundlage für die weitere Arbeit im Projekt

Die Checkliste 7.3[85] ist eine Mustergliederung für die Zielfestlegung eines Produkts in einem Pflichtenheft. Für andere Projektarten sind selbstverständlich andere Gliederungen zu verwenden.

Checkliste 7.3 – Mustergliederung für das Pflichtenheft eines materiellen Produkts

(1) **Produktidentifikation** (Name, Bezeichnung, Nummer) ggf. mit kurzer Erläuterung von Art und Verwendung, Gebrauch, Verbrauch, ggf. verwandte Produkte (eigen/fremd), Zugehörigkeit zu Produktgruppen.
(2) **Marketing-Ziele,** die damit erreicht werden sollen (Anwender-, Verbrauchergruppen, Herstellmengen, Zielmärkte (Branchen und Regionen), Image, Anspruchsniveau
(3) **Preis- und Kostenvorstellungen** (Vorgaben) als Handlungsrahmen
(4) **Funktionelle Anforderungen** (technisches Konzept)
- Prinzip, Arbeitsweise, Arbeitsbereiche
- Leistungsdaten, Grenzwerte, Toleranzen
- Abnahmebedingungen

(5) **Abmessungen und Gewichte**
- Form, Baumaß, Lage und Funktion der Energiezufuhr
- Anschlüsse für Energien, Abluft und Abwasser

(6) Betriebsbedingungen einschl. Umwelt, ggf. für das Exportland
(7) Konstruktionsbedingungen
- Bedienbarkeit, Zugänglichkeit
- Wartungsbedingungen, Reparaturmöglichkeit
- Verschrottung
- Kontrollsysteme

(8) Sicherheitsvorschriften
- Betriebssicherheit, Sicherheit gegen Arbeitsunfälle
- Schadenschutz, Lärmschutz
- Entsorgung, Umweltschutz

Im Projekt *Protext* wurde die Klärung der Projektziele besonders stark vernachlässigt.

- Eine offizielle Projektstartsitzung hatte nicht stattgefunden.
- Ein Lastenheft war zwar vom Auftraggeber übergeben worden, wichtige Festlegungen, etwa die Gestaltung der Benutzeroberfläche, waren aber wenig präzise.

Eine systematische Kommunikation mit Vertretern der Hardware AG gab es nicht. Im Projektteam war kein Firmenmitglied vertreten. Über Themen wie z. B. die schon erwähnte Gestaltung der Benutzeroberfläche hatte man weder mit dem Auftraggeber noch mit potentiellen Benutzern gesprochen. Der Kontakt des Datenbankspezialisten Silber mit einem Marketingmann des Auftraggebers war ein Alleingang, von dem der Projektleiter nichts wusste.

8. Kapitel

Das Projektumfeld berücksichtigen: Umfeld- und Stakeholdermanagement

Menschenketten vor Baustellen, Transparente an Konzernzentralen, Protestwellen im Internet – die Bevölkerung bringt sich gegen Großprojekte in Stellung. Kraftwerksbauten geraten in Misskredit. Der Ausbau von Flughäfen scheitert am Widerstand der Anwohner. Ein prominentes Beispiel: die eskalierende Gewalt beim Bahnprojekt „Stuttgart 21". Unversöhnlich standen sich hier Gegner und Befürworter gegenüber. Doch wie können Projektmanager mit dem Widerstand aus der Bevölkerung umgehen?

Mit Protesten müssen alle Großprojekte leben. Doch müssen die Projektträger frühzeitig die kursierenden Widersprüche, Sorgen und Gerüchte zum Großprojekt erkennen und ernst zu nehmen. und dann erstklassige Projektkommunikation betreiben.[86] Das Projektumfeld und die Stakeholder müssen also unbedingt berücksichtigt werden.

Projektumfeld

Projekte sind immer in ein sie beeinflussendes Umfeld eingebettet. Die Analyse und Einbeziehung des Umfelds in die Projektplanung und Projektsteuerung, ist die Voraussetzung für eine schnelle Reaktion auf Veränderungen. In der sich ausweitenden Informations- und Kommunikationsgesellschaft nimmt die Anzahl der am Projekt interessierten Öffentlichkeit, der Interessens- und Anspruchsgruppen zu. Gleichzeitig führen immer bessere Kommunikationsstrukturen (Twitter, Facebook etc.) zu einer Beschleunigung der Informationsflüsse. Daraus können dem Projekt Chancen, aber natürlich auch Risiken erwachsen. Dies zwingt das Projektmanagement dazu, sich vorausschauend mit möglichen Potenzialen, aber auch Interessenskonflikten zu befassen. Aus diesen Gründen ist es unabdingbar, dass sich das Projektmanagement mit dem Umfeld des Projekts beschäftigt.

Umfeldanalyse

Die Umfeldanalyse hilft dabei, Umfeldfaktoren zu systematisieren und Impulse aus dem Umfeld zu erkennen und aufzugreifen. Für das Projektmanagement bedeutet dies, eine frühzeitige, vorrausschauende und projektbegleitende Betrachtung des gesamten relevanten Umfelds vorzunehmen. Die POSTUR-Analyse hat sich dabei als geeignetes Instrument erwiesen (POSTUR-Analyse → deutsche Entlehnung und Erweiterung der im Vereinigten Königreich bekannten PESTLE-Analysis)[87].

Bei der POSTUR-Analyse werden zunächst in den Bereichen politisches, ökonomisches, soziologisches, technologisches, umweltrelevantes und rechtliches Umfeld, Umfeldfaktoren ermittelt und dann mit aufsteigender Gefährdung oder Unterstützung für das Projekt in eine Grafik gesetzt (Abbildung 8.1).

Umfeldmanagement

Die aktive und professionelle Steuerung des Projekts auf der Basis der zu erwartenden Einwirkungen des Projektumfelds ist ein wesentlicher Projekterfolgsfaktor. Damit die Komplexität beherrschbar wird, muss auf der Umfeldanalyse aufbauend, die Planung und Steuerung des Projekts erfolgen. Die Steuerungsmaßnahmen können für die Gefährdungsbereiche so aufgebaut werden, dass eine Minimierung oder sogar ein Ausschluss der Problembereiche erreicht werden kann. So ist es z.B notwendig, wenn eine Kürzung

Umfeldmanagement

Abb. 8.1: Umwelt-/Umfeldanalyse

der Fördermittel zu erwarten ist, rechtzeitig eine alternative Finanzierungsplanung und Rentabilitätsrechnung für das Projekt zu erarbeiten. Hier gilt es dann auch Rückkopplungen zum Risikomanagement zu beachten (vgl. dazu Kapitel 9). Die Unterstützenden Bereiche müssen an das Projekt gebunden und wenn möglich weiter verstärkt werden. Die so erarbeiteten Maßnahmen können in Arbeitspaketen oder Teilprojekten gefasst und im Projektstrukturplan eingebunden werden (vgl. dazu 10. Kapitel).

Stakeholder

Am Projektablauf und/oder am Projektergebnis sind zumeist neben dem übergeordneten Management, den Linienabteilungen, dem Projektleiter, dem Projektteam und dem Auftraggeber eine Vielzahl von anderen Institutionen und Personen interessiert.

> **Stakeholder** sind juristische oder natürliche Personen bzw. Gruppen von Personen, die ein berechtigtes Interesse am Projekt und seinem Ergebnis haben. Dies entspricht im Deutschen dem Projektinteressenten.[88]

Interessierte Parteien (engl. „interested parties"), ist der ISO-Begriff; engl. „stakeholders", ist ein für betroffene Interessengruppen benutztes Synonym.

Das Interesse des Stakeholders kann sich auf den Erfolg oder Misserfolg des Projekts beziehen. Bei manchen Projekten – denken wir an große Investitionsprojekte / Infrastrukturvorhaben wie den Bau einer Autobahn, an den Neubau eines Bahnhofes oder einer Mülldeponie – gibt es häufig auch Gruppen, z. B. Bürgerinitiativen, deren Ziel es ist, das Vorhaben zum Scheitern zu bringen. Gemäß obiger Definition sind diese Gruppen Stakeholder für das Projekt und müssen selbstverständlich vom Projektmanagement beachtet werden.

Projektinteressenten ermitteln – Stakeholder analysieren

Eine gründliche, frühzeitige Identifikation der möglichen Stakeholder ist für den Erfolg vieler Projekte unabdingbar. Aufgabe des Projektmanagements ist es, mögliche negative Einflüsse, die von den Projektinteressenten auf das Projekt ausgehen könnten, erst gar nicht entstehen zu lassen. Eventuelle förderliche Auswirkungen, die sich ergeben können, müssen ebenfalls erkannt werden. Schließlich ist die Stakeholderanalyse auch für die Findung, Formulierung und Gewichtung von Projektzielen (vgl. dazu Kapitel 7) wichtig. Nach der Ermittlung potenzieller Stakeholder, erfolgt deren Einordnung in ein Portfolio, z. B. mit aufsteigender Betroffenheit (Stakeholder ist dabei passiv und wird vom Projekt berührt) und aufsteigender Einflussnahme (Stakeholder ist dabei aktiv und beeinflusst das Projekt).

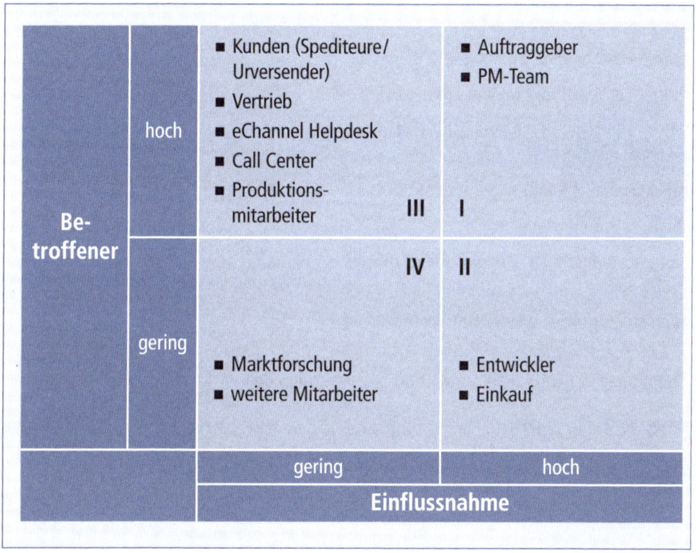

Betroffener		Einflussnahme gering	Einflussnahme hoch
	hoch	Kunden (Spediteure/Urversender), Vertrieb, eChannel Helpdesk, Call Center, Produktionsmitarbeiter III	Auftraggeber, PM-Team I
	gering	Marktforschung, weitere Mitarbeiter IV	Entwickler, Einkauf II

Abb. 8.2: Stakeholderanalyse

Natürlich gibt es noch weitere Möglichkeiten der Stakeholdergruppierung, z. B. könnte zum einen das aufsteigende Konfliktpotenzial und zum anderen die aufsteigende Einflussnahme gesetzt werden.

Wie unterschiedlich die Interessen verschiedener Gruppen und Personen in einem Projekt sein können, zeigt die folgende Darstellung von Patzak und Rattay am Beispiel eines Software-Entwicklungsprojekts. An diesem Beispiel lässt sich auch sehen, dass es notwendig ist, die verschiedenen Erwartungen, die zum Teil in Konflikt miteinander stehen, zu gewichten und Prioritäten zu setzen.

Erwartungen	EDV-Abt.	Anwender	Einkauf	Geschäftsführung
Lösung passt in die bisherige EDV-Landschaft	(5)	1	3	3
System sollte im Betrieb möglichst stabil sein	(5)	4	1	2
Leichte Gesamtsystemwartung	(5)	1	1	1
Langfristige Weiterentwicklung der EDV-Lösung	(5)	2	2	2
Zentrale standardisierte Anwendung	(5)	1	1	4
Einfache Benutzeroberfläche	3	(5)	1	1
an die individuellen Befürfnisse angepasst	1	(5)	1	1
möglichst dezentrale mobile Lösung	1	(5)	1	1
alle gewünschten Funktionen für Endanwender werden abgedeckt	3	(5)	3	3
preisgünstige Lösung	1	1	(5)	4
lange Gewährleistung	3	1	(5)	4
Unternehmensweiter Standard muss gewährleistet sein	3	1	4	(5)
Anwendung muss auf die Unternehmensbedürfnisse Rücksicht nehmen	3	1	3	(5)

Bewertung: 1 dem Kunden unwichtig – (5) dem Kunden wichtig.

Abb. 8.3: Erwartungen verschiedener Interessengruppen bei einem EDV-Projekt[89]

Ein Beispiel aus der Praxis:

Noch deutlicher zeigt das zweite **Beispiel,** das von der Landesbausparkasse Baden-Württemberg zur Verfügung gestellt wurde, die Vielfalt der Anforderungen und Erwartungen der verschiedenen Interessengruppen an ein gegebenes Projekt. Zu entwickeln war Außendienstsoftware.

Außendienst (freie Handelsvertreter)

- Instrument zur schnellen Beratung und Antragserfassung als integriertes System mit einheitlicher Oberfläche und gemeinsamer Datenbasis

- Steigerung der Beratungsqualität; inhaltlich bessere Beratung
- bessere Auswertung der Kunden- und Vertragsdaten
- Möglichkeit zum mobilen Einsatz der Software
- einfachere Systembedienung (Navigation, Datenvererbung)

Mitarbeiter

- Einstieg in neue Entwicklungswelt (C++, Objektorientierung, Client-Server-Architektur)
- Aneignen neuen Wissens als Zukunftssicherheit, Arbeitsplatzsicherung
- Steigerung des eigenen Marktwerts
- professionell gemanaged werden
- Teilnahme an erfolgversprechenden Projekten
- Einnehmen einer Vorreiterrolle im Unternehmen

Marketing-Abteilung

- Imageverbesserung der Landesbausparkasse
- Einbindung multimedialer Elemente

Kunden-Abteilung (Sachbearbeitung)

- Optimierung der Kundenberatung
- Konsequente Kundenorientierung
- Optimierung des Wegs vom Antrag zum Vertrag

Abteilung Außendienststeuerung

- zentrale Steuerung der dezentralen Außendienstaktivitäten
- Werkzeug zur Steuerung der Aktivitäten der Außendienst-Mitarbeiter

Abteilung Recht und Steuern

- Sicherstellung der rechtlichen Rahmenbedingungen in den Programmen sowie in der Vertragsgestaltung

Innenrevision

- Revisionssichere Erstellung der Software
- Datensicherheit gewährleisten

Kundenservice
- bessere Wartbarkeit und Betreuung der eingesetzten Systeme
- Reduktion des Aufwands im Problemmanagement (Hotline)

Datenbankadministration
- Wenig Aufwand bei der Verwaltung des Datenbestands
- Sicherstellen der Qualität der Datenstrukturen

Kooperationspartner
- Nutzung des vorhandenen Wissens
- Beibehaltung der vorhandenen Infrastruktur und Einbringung neuer, spezifischer Forderungen

Verbundpartner (Sparkassen)
- Anbindung des Datenbestands
- Online-Informationsaustausch
- Nutzung der Software zur besseren Beratung und schnellen Antragserfassung

externe Berater
- Implementierung neuer Technologien im Unternehmen
- Sicherstellung einer langfristigen Qualität und Lebensdauer

DV-Leitung, Ressortleiter
- Schaffung einer internen Mannschaft zur schnelleren Reaktion auf neue Anforderungen und Produkte am Markt

DV/Organisation
- effizienter und kostengünstiger Software-Entwicklungsprozess
- mittelfristig Reduktion externer Beratungsleistung
- Schaffung einer einheitlichen Außendienstsoftware
- Aufbau und Training des Wissens in Objektorientierter Programmierung bei den Mitarbeitern
- benötigte Software muss nur einmal gewartet werden
- einheitliche Software-Produktionsumgebung

andere Landesbausparkassen
- bundesweite Nutzung einer einheitlichen Beratungs- und Auftragserfassungs-Software

Personalrat
- Umfassende Information und frühzeitige Einbindung in neue Abläufe
- Mitarbeitereinsatz, Veränderung von Stellenbeschreibungen
- Arbeitsplatzerhaltung in der DV

Stakeholdermanagement – Maßnahmen zum Umgang mit Stakeholdern

Je nach Einordnung ergeben sich unterschiedliche Formen des Stakeholdermanagements. In der Betroffenheits-/Einflussnahmedarstellung ergeben sich die Möglichkeiten kommunikative[90] und organisatorische Maßnahmen zu ergreifen. Auf dieser Grundlage kann eine proaktive Informationspolitik zielgruppenspezifisch organisiert und die Intensität der Kommunikation festgelegt werden. So könnten die Stakeholder im Quadrant I in den Lenkungsausschuss und das Führungsteam eingebunden werden und regelmäßig, z. B. in Besprechungen über das Projekt informiert werden, die Gruppen des Quadranten II erhalten Sitz und Stimme im Projektteam und können sich in Workshops einbringen, ein Beratungs- oder Beiratsgremium wird mit den Gruppen aus dem Quadranten III gebildet und zu speziellen Fragestellungen konsultiert, für die Personen im Quadrant IV könnte eine Internetplattform aufgebaut werden, um zu gewährleisten, dass wichtige Informationen abgerufen werden können.

Für den Fall, dass die Stakeholder in der Darstellung Konfliktpotenzial/Einflussnahme eingeordnet wurden, ergeben sich Maßnahmen zur Reduktion der Konfliktwahrscheinlichkeit. So kann mit Deeskalationsprogrammen, Round-Table-Gesprächen oder mittels Mediation den drohenden Konflikten vorgebeugt und das Projekt abgesichert werden.[91]

8. KAPITEL — Projektumfeld berücksichtigen: Stakeholdermanagement

Das Projektmanagement wartet also nicht ab, bis Informationen angefordert werden, sondern bindet die Projektinteressenten früh ein und informiert diese rechtzeitig und regelmäßig. Auf der Erkenntnis vieler erfolgreicher und im Awardverfahren der GPM bewerteter Projekte kann mit Fug und Recht behauptet werden, dass Verzögerungen bei Planfeststellungsverfahren vermieden und Kosten verringert werden können, wenn sich die Planer frühzeitig um die Stakeholder kümmern.[92]

Eine möglichst vollständige Ermittlung der Stakeholder ist für jedes Projekt und für jede Projektart erforderlich.

Die Checklisten 8.1 und 8.2[93] lassen sich ohne großen Aufwand und mit Nutzen bei kleineren Projekten benutzen. Wie schon gezeigt, genügt es nicht, die Stakeholder zu erfassen, es müssen auch Strategien für den Umgang mit ihnen erarbeitet werden. Um nochmals ein Beispiel zu nennen: Bei Umstrukturierungsvorhaben muss oft mit dem Einwand des Betriebsrats gerechnet werden. Es ist deshalb unumgänglich, die Betriebsräte möglichst frühzeitig aufzuklären und auch während des Projekts zu informieren (Vgl. dazu auch 22. Kapitel).

Die Checkliste 8.1 hilft zu klären, wie verschiedene Projektinteressenten von einem Projekt – hier im Wesentlichen von einem Organisationsprojekt- betroffen sind.

Die Checkliste 8.2 gibt Hilfestellung bei der Entscheidung über die Art der Beteiligung der Betroffenen.

Im Projekt *Protext* hatte der Projektleiter einen wesentlichen Stakeholder, nämlich die Linienvorgesetzten zu wenig in das Projekt einbezogen. Das rächte sich im Verlauf des Vorhabens. Potentielle Benutzer der Textverarbeitungssoftware wie Ingenieure waren bei der Konzipierung des Produkts nicht befragt worden. Die Einbindung des Auftraggebers war unzureichend.

Stakeholdermanagement – Maßnahmen zum Umgang mit Stakeholdern

Checkliste 8.1 – Betroffenheitsanalyse

Betroffenheitsaspekt	Projektinteressent				
	Grad der Betroffenheit			Art der Betroffenheit	
	nicht	wenig	stark	positiv	negativ
1. Aufgabenzuordnung					
2. Arbeitsablauf					
3. Handlungsspielraum					
4. Verantwortung					
5. Informationsstand					
6. Qualität der eigenen Arbeit					
7. Arbeitsbelastung					
8. Fremdkontrolle					
9. Persönliches Ansehen					
10. Einfluss					
11. Aufstiegschancen					
12. Einkommen					
13. Arbeitszufriedenheit					
14. Selbstverwirklichung					

Checkliste 8.2 – Analyse der Art der Beteiligung

Projektphase   Phase 1   Phase 2   Phase 3   usw.

Projektinteressent

Mitwirkungsart

1. keine Beteiligung
2. Informationen geben
3. Meinung berücksichtigen
4. Mitarbeit
5. Mitentscheidung

9. Kapitel

Projektrisiken aufdecken und Vorsorge treffen: Risikomanagement in Projekten

Alle Projekte sind mehr oder weniger mit dem Risiko der Terminüberziehung, der Überschreitung der geplanten Kosten und der Verfehlung der gesetzten Qualitäts- und Funktionsziele behaftet. Je früher die wichtigsten „Risikotreiber", also Faktoren, die den rechtzeitigen Projektabschluss, die Einhaltung des Projektbudgets und die Erreichung der Leistungsziele, gefährden können, aufgedeckt werden, umso eher kann auch Risikovorsorge getroffen werden. In den vergangenen Jahren sind sehr komplizierte Instrumente entwickelt worden, um Risiken zu identifizieren und ihre möglichen Auswirkungen zu bewerten. Diese Methoden beanspruchen viel Zeit. Für ihre Anwendung braucht man oft in Mathematik ausgebildete Spezialisten. Der Nutzen ist umstritten, die Verbreitung gering.

Checklisten zur Risikoanalyse benutzen

In den meisten Projekten genügt es, wenn man mit Hilfe von Checklisten, die aus der Auswertung abgeschlossener Projekte erarbeitet wurden, in den frühen Phasen eines Projekts versucht, die drohenden Risiken so vollständig wie möglich aufzudecken. Derartige Analysen müssen in der Bundesrepublik in Zukunft an Bedeutung gewinnen, seit 1998 das „Gesetz zur Kontrolle und Transparenz im Unternehmensbereich (KonTraG)" in Kraft getreten ist.

Auch die „Neue Basler Eigenkapitalvereinbarung" (Basel II) stellt erhöhte Anforderungen an das Risikomanagement von Banken, und zwar nicht nur bei Vorhaben im Immobilienbereich, sondern auch bei IT-Projekten.[94]

In einem weiteren Schritt kann man die Wahrscheinlichkeit des Eintretens eines Schadens und das Schadensausmaß (zumeist in Geldeinheiten gemessen) schätzen. Der Risikofaktor ist dann definiert als Wahrscheinlichkeit des Eintretens des Schadens × erwartetes Schadensausmaß.

Das Risiko ist umso größer, je höher die Wahrscheinlichkeit des Eintretens und je höher das Schadensausmaß ist.

Nach Beobachtungen des Verfassers begnügt man sich in der Praxis zumeist mit einer Ordinalskala und klassifiziert das Risiko etwa mit „hoch", „mittel" und „gering" (vgl. Checkliste 9.3). Die Ermittlung des Risikofaktors oder die Klassifizierung ist dann auch die Grundlage für die Bildung einer Liste der wichtigsten Risiken (Prioritätenbildung), auf die sich das Management mit der Risikovorsorge konzentriert.

Ein kleines Beispiel[95] aus der Praxis soll Risikoidentifizierung, Risikobewertung und Risikovorsorge verdeutlichen:

Risiko H = hoch, N = Normal, G = Gering	Risiko-Ursache	Konsequenzen	Maßnahmen
Schlechte Antwortzeiten (H)	Die Software wurde bisher beim Kunden mit einem weitaus geringeren Transportvolumen eingesetzt; komplexe Online-Schnittstellen zu Systemen auf anderen Rechnern; Einsatz erprobter Hardware, aber dezentrales Druckerkonzept	Behinderung im Tagesgeschäft (z. B. bei telefonischer Auftragsannahme, Ausdruck der Versandpapiere)	Projektbegleitende Performanceanalyse; Simulation des Echtbetriebs im Anwendertest; Einsatz eines Tools zur Messung und Überwachung der Systemperformance

Die Checkliste 9.1 zeigt beispielhaft die häufigsten Risiken in Softwareprojekten, die in einer Befragung von erfahrenen Projektmanagern genannt wurden. Außerdem sind auch Maßnahmen des Risikomanagements aufgeführt.[96]

Checkliste 9.1 – Risiken in Softwareprojekten

Risikofaktoren	Einige Maßnahmen der Risikovorsorge
Personalmangel; Mangel an genügend qualifiziertem Personal	„Einkauf von Spezialisten; Maßnahmen der Teambildung; Training; langfristige Einsatzplanung der Schlüsselkräfte
Unrealistische Zeitpläne und Budgets	Detaillierte Kosten- und Zeitplanung; Vermeidung von „Luxusfunktionen"; stufenweise Entwicklung in Versionen; Wiederbenutzung vorhandener Software
Entwicklung falscher Softwarefunktionen	Organisationsanalyse; Erstellung eines Prototyps; Einbindung des potentiellen Nutzers, frühzeitige Erstellung von Benutzerhandbüchern
Entwicklung falscher Benutzerschnittstellen	Erstellung eines Prototyps; Aufgabenanalysen; Einbindung des potentiellen Nutzers
Ausstattung des Produkts mit überflüssigen Funktionen	Erstellen eines Prototyps; Kosten-Nutzen-Analysen
Kontinuierliche Änderungen der Anforderungen durch den Auftraggeber	Konsequentes Änderungsmanagement mit „Einfrieren" der Spezifikationen
Mängel bei extern gelieferten Komponenten	Einholen von Referenzen; Festpreisverträge; Einbinden der Zulieferer in das Team
Mängel bei extern vergebenen Aufträgen	siehe vorherigen Punkt
Mängel bei den Reaktionszeiten der Programmsysteme	Simulation mit Hilfe eines Prototyps
Zu hohe Erwartungen an die Möglichkeiten der Informatik	Machbarkeitsstudien; Erstellen eines Prototyps

Fehler im Projekt Protext

Erinnern wir uns wieder an das *Protext*-Projekt, dann können wir in diesem Vorhaben eine ganze Reihe der genannten Risikofaktoren wiederfinden, wie sie von Projektmanagern für Software-Projekte identifiziert wurden:

- Auf einen oder mehrere Prototypen wurde verzichtet.
- Es fehlte an einem Spezialisten, der ausreichend Erfahrung in der Entwicklung von kompletten Textverarbeitungsystemen hatte.
- Eine Reihe von jungen Mitarbeitern, die eingesetzt wurden, waren für ihre Aufgabe nicht genügend qualifiziert. Einige Projektbeteiligte waren teilweise noch in anderen Projekten gebunden.
- Sowohl Zeit- als auch Kostenplanung waren unrealistisch, da man sich nicht die Mühe gemacht hatte, detailliert genug zu planen.
- Einige Funktionen von *Protext*, so etwa die komfortable relationale Datenbank, waren vermutlich überflüssig.
- Die Benutzerschnittstelle fand nicht das Gefallen des Auftraggebers.
- Ständige Änderungen am Produkt ohne konsequentes Änderungsmanagement führten zu einer Reihe von unterschiedlichen Versionen bei den einzelnen Produktkomponenten.

Die Checkliste 9.1 kann noch nicht zur detaillierten Identifikation von Risiken verwendet werden, sondern muss weiter ausgearbeitet werden. Eine solche weitere Ausarbeitung könnte z. B. für den ersten Punkt der Risikocheckliste (Personal) folgendermaßen aussehen:

Checkliste 9.2 – Risikocheckliste Personal

- Gibt es kritische Aufgaben, für die noch niemand vorgesehen ist?
- Gibt es Zwänge, bestimmte Mitarbeiter in das Projekt zu übernehmen?
- Gibt es Zwänge, in den frühen Phasen des Projekts zu viele Mitarbeiter zu beschäftigen?
- Passen die Mitglieder des Projektteams zusammen?
- Haben die Mitglieder des Projektteams realistische Erwartungen, welche Aufgaben sie im Projekt zu erledigen haben?
- Sind die Mitglieder des Projektteams für die ihnen übertragenen Aufgaben geeignet?
- Stehen die wichtigsten Mitglieder des Projektteams voraussichtlich für die gesamte Projektdauer zur Verfügung?
- Sind die wichtigsten Mitglieder des Projektteams vollständig für das Projekt abgestellt?

Auch für andere Projektarten gibt es derartige Prüffragen. Das folgende Beispiel[97] (Checkliste 9.3) ist ein Ausschnitt aus einer sehr detaillierten Checkliste für den Anlagenbau.

Checkliste 9.3 – Ausschnitt aus einer Risikocheckliste für den Anlagenbau

Angebot/Auftrag.............			
Risiken aus Abhängigkeiten	**Ausprägung des Risikos**		
	hoch	mittel	gering
Abhängigkeit von Lieferanten			
Müssen Billigfirmen eingesetzt werden?			
Führt dies zu erhöhtem Engineering und Überwachungsaufwand?			
Sind unter Berücksichtigung des zusätzlichen Aufwands die „Billiglösungen" noch wirtschaftlich?			
Schreibt der Kunde Lieferanten vor?			
Hat der Kunde eine umfangreiche Lieferantenliste?			

Angebot/Auftrag.............	
Müssen Lieferungen, anders als geplant, aus anderen Ländern kommen?	
Konsequenzen	
Besteht eine starke Abhängigkeit von Unterauftragnehmern hinsichtlich Engineering oder Montageleistungen?	
Sind negative Auswirkungen durch mangelnde Termintreue, Qualität und Zuverlässigkeit von Unterlieferanten zu erwarten?	

Bei Projekten, die für die durchführende Organisation einen sehr hohen Neuheitsgrad haben, sind Standardchecklisten von geringem Wert. In einem solchen Fall sollte der Projektleiter mit dem Projektteam und mit Projektexternen einen Risikoworkshop veranstalten und versuchen, die wichtigsten Risikofaktoren zu identifizieren.

Da im Verlauf eines Projekts neue Risiken entstehen können, bereits identifizierte anders bewertet werden müssen und die Wirksamkeit der Maßnahmen des Risikomanagements zu überprüfen ist, ist eine laufende Risikoüberwachung nach einem einfachen Schema erforderlich. Eine solche Überwachung, die leider nicht gemacht wurde, **hätte** im Falle des Projekts *Protext* so aussehen können:

Priorität in der letzten Woche	Priorität in dieser Woche	Risiko	Risikopolitische Maßnahmen: Derzeitiger Stand
1	1	Einhaltung des zugesagten Endtermins	Verhandlungen mit dem Auftraggeber über Funktionen des Programms, die erst in Version 2 erfüllt werden, haben begonnen.
4	2	Die Eigenschaft „What you see is what you get" wird nicht erreicht.	Ein freier Mitarbeiter, der schon einmal für die Software GmbH erfolgreich gearbeitet hat, widmet sich ab der nächsten Woche dem Problem.

Priorität in der letzten Woche	Priorität in dieser Woche	Risiko	Risikopolitische Maßnahmen: Derzeitiger Stand
2	3	Die Benutzerführung entspricht nicht den Erwartungen des Auftraggebers.	Mit der Erstellung von zwei „schnellen" Prototypen für die Benutzerführung wurde begonnen. Sobald sie fertig sind, werden potentielle Benutzer vom Auftraggeber zur Erprobung abgestellt.
3	4	Einige Module existieren in verschiedenen Versionen. Es besteht zurzeit noch Unklarheit, an welcher jeweils weitergearbeitet bzw. welche an den Kunden ausgeliefert werden soll.	Das vorhandene Programmpaket für Konfigurationsmanagement wird konsequent benutzt. Ein Mitarbeiter wurde abgestellt, um die Referenzkonfiguration zu erstellen und die „unter der Hand" vollzogenen Änderungen nachträglich zu dokumentieren.
5	5	Der Angebotspreis ist ein „politischer" Preis. Es droht die Gefahr, dass die tatsächlichen Kosten über dem Festpreis liegen.	Programm zur projektbegleitenden Kostenkontrolle wird vom liefernden Softwarehaus so angepasst, dass eine Kostenbelastung auf Arbeitspaketebene möglich ist. Das Projekt wird nachträglich in Arbeitspakete strukturiert. Die kaufmännische Abteilung sorgt für eine schnellere Verfügbarkeit der Kosteninformationen. Der Projektleiter holt monatlich Restaufwandsschätzungen (gemessen in Personenstunden) ein.

Maßnahmen der Risikopolitik

Es lassen sich

- Risikovermeidung,
- Risikoverminderung,
- Risikobegrenzung
- Risikoverlagerung und
- Risikoakzeptanz

unterscheiden.

Vorrangiges Ziel bei der Risikovermeidung ist es, ein Risiko erst gar nicht einzugehen. Im Fall *Protext* hätte das z. B. bedeutet, überhaupt kein Angebot abzugeben. Eine andere Möglichkeit wäre etwa gewesen, bestimmte Anforderungen, deren Erfüllung ein hohes Risiko bedeutet, im Einvernehmen mit dem Auftraggeber zumindest für die erste Version zu streichen.

Die Politik der Risikoverminderung soll die Eintrittswahrscheinlichkeit des identifizierten Projektrisikos reduzieren. Die Gefahr der Projektkostenüberschreitung hätte z. B. im Fall *Protext* durch wiederholte Restkostenschätzungen verringert werden können.

Mit der Risikobegrenzung sollen die Folgen des Schadenfalls gering gehalten werden. Maßnahmen der Risikobegrenzung greifen also erst, wenn der Ernstfall bereits eingetreten ist. Eine Möglichkeit zur Schadensbegrenzung ist, Redundanzen vorzusehen. So könnte man, um die schädlichen Auswirkungen eines längeren Rechnerausfalls für ein Projekt so gering wie möglich zu halten, rechtzeitig einen zweiten Rechner bereitstellen.

Bei der Risikoverlagerung versucht man, das Projektrisiko auf andere Personen oder Organisationen zu übertragen. Das geschieht z. B. durch Abschluss einer Versicherung und durch entsprechende Vertragsgestaltung.

Schließlich gibt es auch Risiken, die die Entscheidungsträger akzeptieren. Weil sowohl das erwartete Schadensausmaß als auch die Eintrittswahrscheinlichkeit als gering eingeschätzt werden, trifft man keine Vorsorge.

„Niemand liebt den Überbringer schlechter Nachrichten" (Sophokles, Antigone): Risikomanagement und Unternehmenskultur

Einige Unternehmen, die bemüht sind, Risikomanagement für ihre Projekte einzuführen, suchen das Heil vor allem in rechnergestützten Werkzeugen, von denen es auf dem Markt eine ganze Reihe gibt. Nach Meinung des Verfassers ist das der falsche Weg der Implementierung: Für die Praxis genügen, wie schon erwähnt, in aller Regel einfache Instrumente ohne Rechnerunterstützung. Diese Mittel müssen aber konsequent und nicht nur zum Schein benutzt werden. Und damit sind wir beim Kernpunkt: Organisationen, in denen es zur Firmenkultur gehört, Schwierigkeiten in Projekten so lange wie möglich zu verheimlichen und die Überbringer schlechter Nachrichten zu bestrafen, dürften sich mit der ehrlichen und frühzeitigen Identifizierung und Bewertung von Risiken schwertun. DeMarco und Lister haben dieses Problem in ihrem Buch „Bärentango[98]" sehr realistisch gesehen: „Wenn Sie in einer Organisation arbeiten, die kein umfassendes Risikomanagement betreibt, können Sie zwar einige Risikomanagementwerkzeuge und -techniken für Ihr Projekt nutzen, aber Sie dürfen Ihre Erkenntnisse nicht öffentlich kundtun. Wer in einem Umfeld die Wahrheit sagt, wo Optimismus (Lüge) regiert, bringt sich selbst in eine missliche Lage. Wenn Sie ankündigen, die Chance, einen erhofften Liefertermin zu halten, läge bei nur 10 Prozent, müssen Sie damit rechnen, dass ein hungriger Rivale sich andient:‚Geben Sie mir den Job, Boss, ich bringe die Schäfchen rechtzeitig ins Trockene, hundertpro'."

Chancenmanagement als Komplement

Chancenmanagement wird häufig in der Literatur als Komplement zum Risikomanagement genannt, spielt aber bisher in der Praxis so gut wie keine Rolle. Ein erprobtes Verfahren für Chancenmanagement findet sich bei Doering-Majid und Döttling.[99]

Kritik am Risikomanagement: Die Sicht der Organisationspsychologie

Vertreter der Organisationspsychologie kritisieren die formalen Systeme zur Identifizierung und Bewertung von Risiken wie sie in diesem Kapitel dargestellt wurden. Sie verhindern- so die Argumentation- u. U. eine vertiefte Auseinandersetzung mit den wirklichen Risiken, „weil sie sich auf die Bewertungskriterien Eintrittswahrscheinlichkeit und Schadensausmaß" beschränken und eine falsche Sicherheit erzeugen. Ein weiterer Kritikpunkt ist, dass in der Literatur zur projektbezogenen Risikoanalyse zumeist gruppendynamische Prozesse, die etwa zu unrealistischem Optimismus führen könnten, völlig ausgeklammert werden. So wird z. B. Druck auf Teammitglieder ausgeübt, die gegen gemeinschaftlich gehegte Illusionen argumentieren oder die Gruppe wird vor irritierenden Informationen abgeschirmt. Die Organisationspsychologie hat Ansätze entwickelt, wie man solchen Effekten entgegenwirken kann. So kann man z. B. über die Gefahren des Gruppendenkens aufklären und einem Teammitglied die Rolle des advocatus diaboli geben.[100]

10. Kapitel

Das Projekt gründlich strukturieren: Der Projektstrukturplan

Der Plan der Pläne

Der Projektstrukturplan ist ein einfaches, aber sehr wertvolles Instrument, mit dem festgelegt wird, was in einem Projekt zu tun ist. Wegen seiner Bedeutung wird er im Projektmanagement auch der „Plan der Pläne" genannt. In vielen Unternehmen wird bei der Projektplanung auf einen Projektstrukturplan völlig verzichtet, oft mit dem Hinweis, man habe jahrelange Erfahrung und schon alle Aufgaben, die zu erfüllen sind, im Kopf. Das ist häufig eine Fehleinschätzung. Auch im Projekt *Protext* wurde kein Projektstrukturplan erstellt. Die Folge war, dass wichtige Aufgaben, wie z. B. die rechtzeitige Vorbereitung von Testdaten, vergessen worden waren.

Ein zentraler Begriff: Arbeitspakete

Die hierarchisch niedrigsten Positionen in jedem Zweig eines Projektstrukturplans werden Arbeitspakete genannt. Die folgende Darstellung, die an die DIN 69 901 angelehnt ist, verdeutlicht das.

Arbeitspakete sind nichts anderes als Aufgaben, die in einem Projekt zu erfüllen sind und die im Projektstrukturplan nicht mehr weiter untergliedert werden. In einem Ablaufplan können sie u. U. aber durchaus noch weiter in einzelne Vorgänge unterteilt sein. Soweit es sich nicht um eine Routineaufgabe handelt, muss der Inhalt eines

Arbeitspakets zu Beginn des Vorhabens so sorgfältig wie nur möglich beschrieben werden. Damit wird nicht nur die Schätzung der Kosten erleichtert, sondern auch die spätere Projektkontrolle, in der geprüft wird, ob die einzelnen Arbeitspakete erledigt sind oder nicht (vgl. 7. und 12. Kapitel).

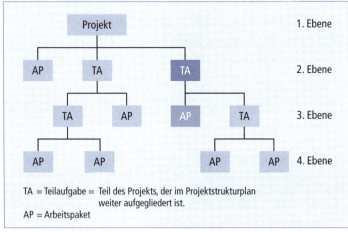

Abb. 10.1: Arbeitspakete nach DIN 69901 (Quelle: DIN 69901)

Formulare,[101] wie das in Abbildung 10.2 erleichtern die Aufgabenbeschreibung. Selbstverständlich müssen für verschiedene Projektarten auch unterschiedliche Formulartypen entworfen werden.

Arbeitspaket-Beschreibung	
Teilprojekt:	**Pos. Nr. im PSP**

Arbeitspaket: Entwicklung und Konstruktion des Antriebs- und Steuerungssystems der Werkzeugmaschine XY…

Lösungswege und Tätigkeiten

– Konstruktionsentwürfe prüfen und überarbeiten

– Berechnungen prüfen und ergänzen

– Vorklären der Fertigungsabläufe

– Fertigungszeichnungen erstellen

– Stücklisten erstellen

– Formulieren der Lieferbedingungen für Bezugsteile

Arbeitspaket-Beschreibung

Voraussetzungen

- Pflichtenheft „Antriebs- und Steuerungssystem"
- Konstruktionsentwürfe der Abt. III a
- Funktionsanalyse einschließlich technischer Wertanalyse
- Ergebnisberichte der Modellversuche

Probleme und Risiken

- Einhaltung bestehender und zu erwartender Umweltschutz-Gesetze
- Beachtung bestehender Ergonomie-Erfordernisse
- Beachtung der Fertigungs-Richtlinien
- Beachtung der Vorschriften des QS-Handbuchs

Arbeitspaketverantwortlicher:

Beteiligte Mitarbeiter/Abteilungen:

Geplante Kosten:

Geplante Termine:	Beginntermin
	Endtermin

Abb. 10.2: Arbeitspaketformular

Zwei verschiedene Gliederungsprinzipien: Theorie…

Als Gliederungsprinzipien für Projektstrukturpläne werden im Allgemeinen die Objekt – oder Erzeugnisgliederung und die funktionsorientierte Gliederung angewandt.

Die folgenden zwei, sehr stark vereinfachten Beispiele,[102] die keinen vollständigen Projektstrukturplan zeigen, sollen für das fiktive Projekt „Entwicklung einer Kamera" beide Gliederungsprinzipien verdeutlichen. Zunächst die objektorientierte Gliederung (Abbildung 10.3).

Bei der objektorientierten Gliederung zerlegt man den Projektgegenstand in seine einzelnen Komponenten, Baugruppen und möglicherweise sogar Einzelteile (vgl. Abbildung 10.3). Abbildung 10.4 zeigt eine funktionsorientierte Gliederung.

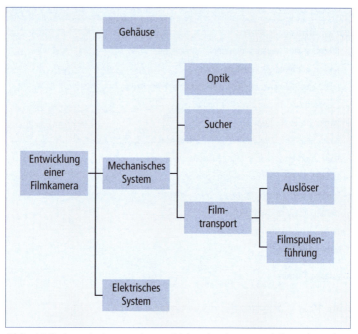

Abb. 10.3: Ausschnitt aus einem objektorientierten Projektstrukturplan

Mit einem derartigen Plan kann aber nur ein Teilbereich des Projekts erfasst werden. Wichtige Aufgaben wie z. B. der Test der gesamten Kamera bevor sie in die Serienprodukt geht, die Markteinführung aber auch das Management des ganzen Vorhabens sind nicht im Projektstrukturplan enthalten.

Bei einer Gliederung nach dem Funktionsprinzip kann z. B. in der zweiten Ebene nach den großen betrieblichen Funktionsbereichen „Entwicklung", „Beschaffung", „Fertigung" usw. gegliedert werden. Bereits daraus ist zu erkennen, dass hier, sofern das Unternehmen oder der Unternehmensbereich nach Funktionen gegliedert ist, die Möglichkeit besteht, die Struktur der Aufbauorganisation im Projektstrukturplan teilweise abzubilden. Allerdings wird auch ein rein verrichtungsorientierter Strukturplan nicht den Ansprüchen des Managements genügen.

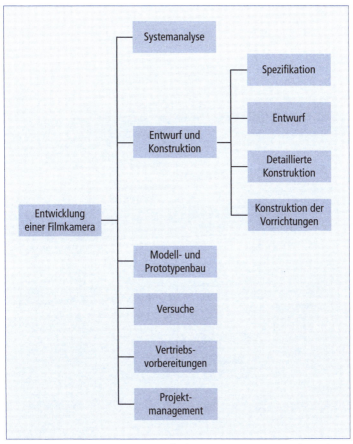

Abb. 10.4: Ausschnitt aus einem funktionsorientierten Projektstrukturplan

… und Praxis

In der Praxis gibt es deshalb in der Regel nur Projektstrukturpläne, in denen beide Gliederungsprinzipien angewandt wurden. Es kommen auf der gleichen Ebene sowohl Objektgliederung als auch

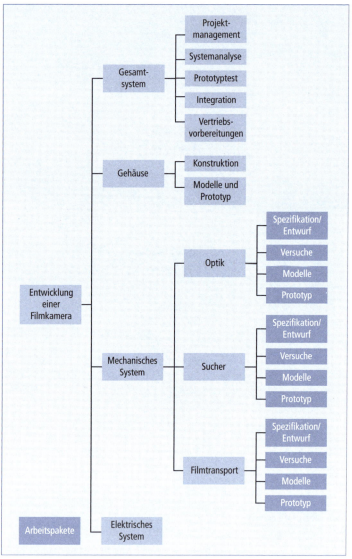

Abb. 10.5: Kombination von Objekt- und Funktionsgliederung: Ausschnitt aus einem Projektstrukturplan

Funktionsgliederung vor. Außerdem wird auch von Ebene zu Ebene das Gliederungsprinzip gewechselt.

Starre Vorschriften, welches Prinzip wann angewendet werden soll, lassen sich nicht aufstellen. Man kann aber sagen, dass in einer sehr frühen Projektphase, in der der Projektgegenstand noch kaum strukturiert ist – bei Entwicklungsprojekten mit hohem Neuheitsgrad oder bei Organisationsprojekten ist das keine Seltenheit – die funktionsorientierte Gliederung vorherrschen wird.

Abbildung 10.5 zeigt die Kombination der Gliederungsprinzipien. Die Arbeitspakete wurden dabei nicht für alle Teilaufgaben formuliert. Die mit Raster unterlegten Kästchen symbolisieren die Arbeitspakete.

Ein weiteres BEISPIEL:[103] Abbildung 10.6 zeigt die Strukturierung eines Organisationsprojekts mit dem Ziel, ein neues Arbeitszeitmodell für Polizisten im Streifendienst zu entwickeln und einzuführen.

Wie geht man bei der Erstellung eines Projektstrukturplans vor?

Es gibt zwei Möglichkeiten: Einmal beginnt man auf der Ebene unter dem Projekt (2. Ebene) mit der Aufgliederung und verfeinert die Aufgabenstruktur immer weiter nach unten, bis man in jedem Zweig des Projektstrukturplans bei den Arbeitspaketen angelangt ist. Ein solches Vorgehen wird z. B. häufig gewählt, wenn man in der Vergangenheit schon ähnliche Projekte durchgeführt hat. So wird man etwa bei der Entwicklung eines neuen Autotyps mit den großen Komponenten Karosserie, Fahrgestell, Motor etc. anfangen (Top-down-Ansatz). Handelt es sich andererseits um ein Vorhaben, das für die durchführende Institution neuartig ist, so z. B. ein Projekt mit dem Ziel, den Bekanntheitsgrad einer Non-Profit-Organisation zu erhöhen, wird man in einer Art Brainstorming mit dem Projektteam notwendige Aktivitäten sammeln, sie zu Arbeitspake-

10. KAPITEL — Das Projekt gründlich strukturieren: Der Projektstrukturplan

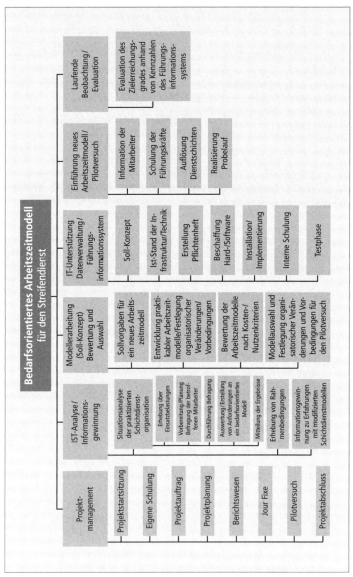

Abb. 10.6: Projektstrukturplan für ein Organisationsprojekt

ten bündeln und diese wiederum weiter bis zur Projektebene (Ebene 1) verdichten (Bottom-up-Ansatz).

Einige Prüffragen

Welchen Ansatz man auch wählt, es sind immer wieder während der Erstellung zumindest folgende kritischen Fragen zu stellen:

- Sind wirklich alle zur Erstellung der Projektleistung notwendigen Aufgaben im Projektstrukturplan aufgeführt?
- Sind die Arbeitspakete überschneidungsfrei konzipiert?
- Sind sie so formuliert, dass sich eindeutig durch einen sachkundigen Dritten beurteilen lässt, ob sie erledigt sind oder nicht?
- Gibt es für jedes Arbeitspaket einen Verantwortlichen?

Ein schlechtes BEISPIEL für die Arbeitspaketformulierung: „Technischen und vertrieblichen Produktplan durch Projektteam ausarbeiten".
Hier eine bessere Formulierung:
„Technischen und vertrieblichen Produktplan durch Projektteam nach interner Produktplanungsrichtlinie erstellen und von Projektleitungsgremium genehmigen lassen".

Standardprojektstrukturpläne und ihre Vorteile

Bislang war nur von individuellen Projektstrukturplänen die Rede, die jeweils für jedes Projekt neu erarbeitet werden müssen. Seit vielen Jahren wurden in verschiedenen Firmen und Organisationen aber auch Standardstrukturpläne für eine bestimmte Klasse von Projekten, etwa Softwareprojekte oder Organisationsprojekte, ausgearbeitet, die für den jeweiligen Einsatzfall dann nur noch modifiziert zu werden brauchen. Damit kann die Projektplanung erheblich rationalisiert werden.

Derartige Standardpläne bieten eine Reihe von Vorteilen. Sie gewährleisten eine gewisse Einheitlichkeit, dienen, wenn sie als Maximalplan ausgelegt sind, als Checkliste, und stellen damit sicher, dass keine wesentlichen Aufgaben vergessen werden.

Gareis und Stummer[104] nennen als weiteres Argument, dass Standardprojektstrukturpläne einen Beitrag zum organisatorischen und individuellen Lernen des prozess- und projektorientierten Unternehmens leisten.

Einen Ausschnitt aus einer Standardstruktur auf der Ebene der Arbeitspakete zeigt Abbildung 10.7.[105] Die Arbeitspakete sind bereits weiter in Vorgänge (11. Kapitel) zergliedert. Diese Vorgänge sind dann Bestandteile eines Standardprozessplans. Die Vorgänge des Standardprozessplans können in einem Netzplan miteinander verknüpft werden. Der Netzplan ist dann ebenfalls für eine bestimmte Klasse von Projekten ein Maximalplan, der für das jeweilige Projekt entsprechend angepasst werden muss.

Teilaufgabe Ebene 2: Markteinführung Teilaufgabe Ebene 3: Verkaufsförderung				
AP-Nr.	Arbeitspaket	Vorgang	zuständig	Ergebnis
	Außendienstschulung	Konzeption	PE	Kurzbeschreibung des geplanten Ergebnisses der einzelnen Vorgänge
		Organisation		
Teilaufgabe Ebene 2: Antrieb Teilaufgabe Ebene 3: Motor				
AP-Nr.	Arbeitspaket	Vorgang	zuständig	Ergebnis
	Motorentwicklung	Entwurf	EL	Kurzbeschreibung des geplanten Ergebnisses der einzelnen Vorgänge
		Ausgestaltung		
		Muster		

Abb. 10.7: Ausschnitt aus einem Standardprojektstrukturplan (Die Arbeitspakete sind weiter in Vorgänge zerlegt)

Einen weiteren Standardprojektstrukturplan für Softwareprojekte zeigt die Abbildung 10.8[106].

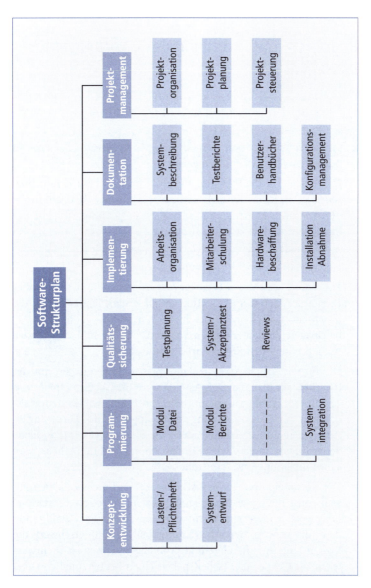

Abb. 10.8: Standardstrukturplan für Softwareprojekte

Regeln für die Erstellung des Projektstrukturplans

Um einen praktikablen Projektstrukturplan zu erstellen, müssen einige Regeln beachtet werden, die sich vor allem auf die Formulierung von Arbeitspaketen beziehen:[107]

- Für jedes Arbeitspaket sollte es, wie schon erwähnt, einen und nur einen Verantwortlichen geben.

- Ein Arbeitspaket sollte eindeutig einer Projektphase zuzuordnen sein (vgl. dazu 17. Kapitel). Arbeitspakete, wie z. B. die Terminplanung und -kontrolle, die sich über die gesamte Projektdauer hinziehen, sind dabei eine Ausnahme.

- Aufgaben, die nach außen vergeben werden, sind als eigene Teilaufgaben bzw. Arbeitspakete auszuweisen.

- Für jedes Element des Projektstrukturplans sollte die Formulierung einer klaren Spezifikation möglich sein. Die Leistung, die durch ein Arbeitspaket erbracht wird, muss von der anderer Arbeitspakete eindeutig abgrenzbar sein. Nur so sind zuverlässige Aussagen über den Projektfortschritt möglich.

- Die für das Arbeitspaket geplante Zeit sollte verglichen mit der Projektdauer nicht zu groß sein, da sonst die Gefahr besteht, dass Terminverzug zu spät erkannt wird und keine wirksamen Maßnahmen der Gegensteuerung mehr möglich sind. Diese Forderung gilt nicht für Arbeitspakete, die über die gesamte Projektdauer hinweg laufen, wie z. B. das schon erwähnte Arbeitspaket „Terminplanung und -kontrolle".

- Der Kostenplanwert für ein Arbeitspaket darf nicht zu klein sein, weil sonst die projektbegleitende Kostenkontrolle sehr schwerfällig wird. Andererseits vermindert eine zu geringe Detaillierung den Aussagewert der Abweichungsanalyse und erschwert die Kostensteuerung. Reschke und Svoboda[108] nennen als Richtwerte für die Größe eines Arbeitspakets einen Kostenanteil von 1 % bis 5 % der Gesamtkosten eines Vorhabens.

Zwecke von Projektstrukturplänen

Projektstrukturpläne haben vielfältige Zwecke, auf die z. T. später noch genauer eingegangen wird.

- Eine Unterteilung in Teilaufgaben und Arbeitspakete ist eine unabdingbare Voraussetzung für die Schätzung der Projektkosten und die projektbegleitende Kostenkontrolle (12. und 14. Kapitel).
- Daneben dient der Plan häufig als Bezugsgrundlage für die Dokumentation der Projektberichte und der technischen Unterlagen. Auch die Gliederung des Pflichtenhefts, in dem die Projektspezifikationen festgehalten sind, entspricht oft der Unterteilung im Projektstrukturplan.

Weitere Aufgaben des Projektstrukturplans sind:

- Grundlage für die Verteilung der Aufgaben und Verantwortlichkeiten im Projekt: Für jedes Arbeitspaket ist ein Verantwortlicher benannt..
- Grundlage für Risikoanalysen durch Identifizierung der Arbeitspakete, bei denen das Risiko einer Termin- oder Kostenüberschreitung oder einer Verfehlung der Leistungsziele besonders groß ist (9. Kapitel).
- Ausgangsbasis für die Ablauf- und Terminplanung
- Mittel für die Strukturierung von Projektstatussitzungen (vgl. 18. Kapitel)

Ein vom Projektteam gemeinsam erstellter Projektstrukturplan, dessen Arbeitspakete von den verantwortlichen Stellen im Detail formuliert wurden, ist schließlich eine unentbehrliche Grundlage für die Kommunikation im Projekt und sorgt dafür, dass alle Teammitglieder wissen, welche Aufgaben auszuführen und welche Ziele zu erreichen sind.

Der Projektleiter muss bei der Formulierung beteiligt sein, da er die Verantwortung für den Projekterfolg trägt.

Der Übergang zur Ablauf- und Terminplanung

Die Arbeitspakete können in einem Netzplan miteinander verknüpft werden (11. Kapitel). Damit wird die Reihenfolge der Arbeiten geplant. In einem weiteren Schritt lassen sich dann die Termine nach den Regeln der Netzplantechnik errechnen. In der Praxis ist es nicht selten, dass ein Arbeitspaket für die detaillierte Ablauf- und Terminplanung weiter in verschiedene Vorgänge zerlegt wird, wie auch die Abbildung 10.6 zeigt.

Weniger aufwendig ist es, die beschriebenen Arbeitspakete in einem Balkenplan darzustellen. Diese Form der Planung hat allerdings auch erhebliche Nachteile, wie noch zu zeigen sein wird.

11. Kapitel

Projektablauf und Projekttermine planen: Es muss nicht immer Netzplantechnik sein

Projektdauer und Produkterfolg

Bei vielen Projekten, insbesondere bei Vorhaben zur Entwicklung neuer Produkte, die dann in hohen Stückzahlen gefertigt werden sollen, haben Termintreue bzw. eine möglichst niedrige Projektdauer eine weit höhere Priorität als die Einhaltung des Projektbudgets. Die Abbildung 11.1, in der die Ergebnisse von Modellrechnungen dargestellt sind, zeigt dies exemplarisch.

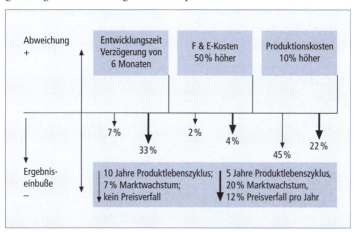

Abb. 11.1: Auswirkungen von Kostenüberschreitungen und Terminabweichungen auf den Gewinn (Quelle: Siemens AG, ZTP, FEP 2)

Auch im industriellen Anlagenbau führen kurze Bauzeiten oft zu hohen Ersparnissen: Die Anlagen können früher genutzt werden, somit werden auch die Einnahmen früher realisiert.

Frühwarnung ist alles: Man kann nur beeinflussen, was noch nicht geschehen ist.

Die Planung, Überwachung und Steuerung von Terminen in Projekten hat deshalb eine hohe Bedeutung. Besonders wichtig ist die frühe Warnung vor drohenden Terminüberschreitungen, damit das Management nicht erst auf eingetretene Verzögerungen reagieren muss, sondern noch rechtzeitig agieren kann. Es gilt der Satz: „Man kann nur beeinflussen, was noch nicht geschehen ist."

Terminverzögerungen lassen sich nämlich in aller Regel nur durch den Einsatz zusätzlicher Ressourcen wieder aufholen. In manchen Fällen führt selbst der Aufwand von weiterem Personal und Betriebsmitteln nicht zum Erfolg. Der Satz von Brooks „Adding manpower to a late software project makes it later" (Der Einsatz von zusätzlichem Personal bei Softwareprojekten mit Terminverzug verzögert das Vorhaben noch mehr.), gilt nicht nur für diese Art von Vorhaben.

Der Dominoeffekt von Terminverzögerungen: Ein Beispiel

Die Frühwarnung ist auch notwendig, um bei Terminen den bekannten Dominoeffekt zu verhindern.

> **Ein kleines BEISPIEL:** Ein Subunternehmer in einem Projekt hat die Aufgabe, ein neues, kompliziertes Prüfgerät zu entwickeln. Ein Zulieferer hält den zugesagten Liefertermin für ein wichtiges Teil dieses Geräts nicht ein. Da der Auftraggeber nicht weiß, wann das Teil tatsächlich geliefert wird, stehen einige Mitarbeiter in Wartestellung. Es entstehen Kosten ungenutzter Kapazität. Wenn das Teil dann endlich eintrifft, sind

> im Unternehmen Überstunden erforderlich, um den Zeitverlust wieder einigermaßen wettzumachen und den dem Hauptauftragnehmer zugesagten Liefertermin halten zu können. Dadurch fallen weitere zusätzliche Kosten an. Außerdem wird, ebenfalls aus Termingründen, die Zeit, in der das Gerät im Prüffeld getestet wird, erheblich verkürzt. Dies rächt sich beim abschließenden Abnahmetest beim Hauptauftragnehmer. Das Prüfgerät erfüllt einige wesentliche Abnahmebedingungen nicht. Zeitaufwendige und kostenverursachende Nacharbeiten sind notwendig. Beim Hauptauftragnehmer kommt es nun ebenfalls zu Terminverzögerungen.

Um derartige Effekte möglichst zu verhindern, wird in der Praxis bei größeren Vorhaben Netzplantechnik eingesetzt.

Die Netzplantechnik hat erhebliche Vorteile, …

Netzplantechnik hat sich in der Praxis inzwischen vielfach bewährt. Mit dieser Technik kann man

- realistische End- und Zwischentermine ermitteln
- zeitkritische Vorgänge identifizieren
- rechtzeitig drohende Terminverschiebungen erkennen und
- komplizierte Abhängigkeiten im Projektablauf darstellen.

Netzplantechnik zwingt vor allem in der Planungsphase zum genauen Durchdenken des Projektablaufs. Es ist somit ein hervorragendes Koordinations- und Kommunikationsinstrument.

… aber:

Die Anwendung der Netzplantechnik hat aber auch ihren Preis. Sie erfordert einen Aufwand, der vor allem bei kleinen Vorhaben häufig nicht erforderlich ist.

Ein zu hoher Detaillierungsgrad der Planung macht das Instrument „Netzplantechnik" auch schwerfällig.

Die Entwicklung der Netzplantechnik

In den Jahren 1957/58 wurden praktisch zeitlich parallel drei neuartige Methoden zur Planung und Überwachung von Projekten entwickelt:

- **CPM** (Critical Path Method)
- **PERT** (Program Evaluation and Review Technique) und
- **MPM** (Meta-Potential-Methode)

Zunächst dienten alle drei Methoden nur zur Planung von Terminen, später wurden die Verfahren erweitert, um auch die Planung von Einsatzmitteln und Kosten möglich zu machen.

In der Bundesrepublik wird fast ausschließlich die Vorgangsknotennetztechnik verwendet, die sich aus MPM, einer Methode, die ebenfalls mit Vorgangsknoten arbeitet, entwickelt hat. Die Vorgänge, die in einem Projekt auszuführen sind, werden durch einen Knoten (Vorgangsknoten) dargestellt, der als Rechteck gezeichnet wird.

Die grafische Darstellung eines Vorgangsknotens in Abbildung 11.2 entspricht DIN 69 900 (2).

Vorgangs-Nummer		
Vorgangs-Beschreibung		
frühester/spätester Anfangspunkt	Dauer	frühester/spätester Endzeitpunkt

Abb. 11.2: Darstellung eines Vorgangsknotens

Um den Vorgang eindeutig identifizieren zu können, braucht er eine Nummer und eine Vorgangsbeschreibung. Für die Terminberechnung ist auch eine Angabe über die geschätzte Dauer erforderlich. Die Bedeutung der Ausdrücke „früheste bzw. späteste Anfangszeitpunkte" und „früheste und späteste Endzeitpunkte" wird später erläutert. Der folgende Vorgang stammt aus einem Bauprojekt.

527		
Ausheben der Baugrube		
10	10	20
17		27

Abb. 11.3: Ein Vorgangsknoten aus einem Bauprojekt

Abhängigkeiten von Vorgängen in Projekten darstellen

Nun ist in Projekten die Ausführung von Vorgängen häufig davon abhängig, dass andere Vorgänge vorher beendet wurden. Wieder ein Beispiel: Um ein Gehäuse zu bauen, muss zunächst eine Konstruktionszeichnung vorliegen. Der Vorgang, „Gehäuse konstruieren" muss abgeschlossen sein, damit der Vorgang „Gehäuse bauen" beginnen kann. Diese Art der Abhängigkeit (Anordnungsbeziehung) nennt man in der Sprache der Netzplantechnik eine „Normalfolge mit dem Mindestabstand 0". Das bedeutet, dass zwischen dem Ende des Vorgangs „Gehäuse konstruieren", und dem Beginn des Vorgangs, „Gehäuse bauen" auch ein Zeitabstand sein kann, der größer ist als 0, dass aber in keinem Fall mit dem Bau begonnen werden kann, bevor nicht die Konstruktionszeichnung vollständig vorliegt. Dargestellt wird der Zusammenhang in Abbildung 11.4.

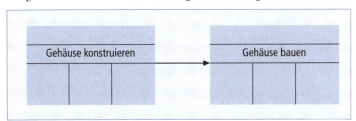

Abb. 11.4: Darstellung einer Normalfolge mit Mindestabstand 0

Die Abhängigkeit wird also durch einen Pfeil wiedergegeben.

Die drei übrigen Arten von Anordnungsbeziehungen

Nach DIN 69 900 (1) ist eine Anordnungsbeziehung eine „quantifizierbare Abhängigkeit zwischen Ereignissen" (z. B. zwischen dem Anfang eines Vorgangs und dem Anfang eines anderen Vorgangs) „oder Vorgängen".

Neben der Normalfolge gibt es noch drei andere Arten von Anordnungsbeziehungen:

- die Anfangsfolge („Anordnungsbeziehung vom Anfang eines Vorgangs zum Anfang seines Nachfolgers"),
- die Endfolge („Anordnungsbeziehung vom Ende eines Vorgangs zum Ende seines Nachfolgers") und
- die Sprungfolge („Anordnungsbeziehung vom Anfang eines Vorgangs zum Ende seines Nachfolgers").

Abbildung 11.5 aus der DIN 69 900 (1) zeigt die vier Anordnungsbeziehungen nochmals auf einem Bild.

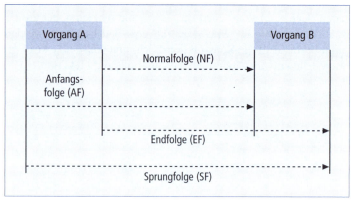

Abb. 11.5: Vier Anordnungsbeziehungen nach DIN 69 900

Neben der Normalfolge spielt in der Praxis vor allem noch die Anfangsfolge eine Rolle, weil sich mit ihr Überlappungen von Vorgängen elegant darstellen lassen.

Ein Beispiel für eine solche Überlappung: Mit dem Verlegen von Rohren in einem Graben muss nicht gewartet werden, bis der Graben vollständig ausgehoben ist, vielmehr kann damit schon begonnen werden, wenn nur ein Teil der Arbeit erledigt ist.

Die Abbildung 11.6 ist wie folgt zu interpretieren: Frühestens 9 Zeiteinheiten nach dem Beginn des Aushebens des Grabens kann mit dem Verlegen der Rohre begonnen werden.

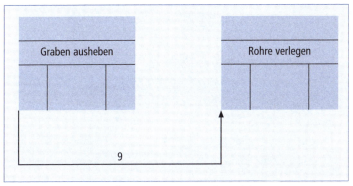

Abb. 11.6: Beispiel für Überlappung mit Anfangsfolge

Im Weiteren wollen wir uns ausschließlich mit den sogenannten Normalfolgen befassen.

Ein kleines Demonstrationsprojekt

Um die Vorteile der Netzplantechnik für die Terminplanung zu zeigen, verwenden wir ein etwas größeres Beispiel. Und zwar wählen wir folgendes kleines „Entwicklungsprojekt" (Abbildung 11.7) zu Demonstrationszwecken (In der Praxis würde man selbstverständlich für so ein überschaubares Vorhaben niemals die Netzplantechnik wählen).

Der Netzplan zeigt zunächst lediglich die Ablaufstruktur und beantwortet damit die Frage, in welcher Reihenfolge die einzelnen Vorgänge auszuführen sind. Um auch eine Terminberechnung durchführen zu können, ist es erforderlich, für die einzelnen Vorgänge

11. KAPITEL Projektablauf und Projekttermine planen

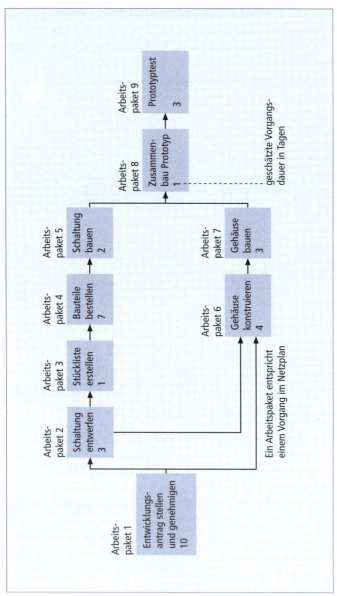

Abb. 11.7: Ein kleiner Demonstrationsnetzplan

Zeiten zu schätzen. Diese geschätzten Zeiten (hier gemessen in Tagen) sind bereits eingetragen. Bei der ersten Terminrechnung kümmern wir uns nicht um Kalendertage, sondern machen lediglich eine relative Terminrechnung, wie das in der Netzplantechnik heißt. Wir überlassen es später dann dem Rechner, Kalendertermine daraus zu errechnen. Dabei müssen die Länge des Arbeitstags, die Länge der Arbeitswoche, Sonn- und Feiertage und andere arbeitsfreie Tage wie z. B. Betriebsferien berücksichtigt werden.

Vorwärtsrechnung

Wir beginnen mit der sogenannten Vorwärtsrechnung. Den Beginntermin des ersten Vorgangs, nämlich des Vorgangs oder Arbeitspakets 1 „Entwicklungsantrag stellen und genehmigen" setzen wir auf 0. Für die Berechnung der Kalendertermine aller Vorgänge müssen wir später einen Kalendertermin setzen, also z. B. den 2. November 2000. In der Vorwärtsrechnung werden Früheste Anfangs- (FAZ) und Früheste Endzeiten (FEZ) für die Vorgänge errechnet. Mit dem Arbeitspaket 1 kann frühestens zum Zeitpunkt 0 begonnen werden. Bei einer geplanten Dauer von 10 Tagen kann es nach 10 Tagen frühestens fertig sein. Mit dem Entwurf der Schaltung (Arbeitspaket 2) kann dann sofort begonnen werden. Wird die geplante Vorgangsdauer von 3 Tagen eingehalten, ist die Schaltung zum Zeitpunkt 13 fertig. Auf diese Weise werden alle weiteren Termine errechnet. Etwas komplizierter wird es beim Arbeitspaket 8 (Zusammenbau Prototyp). Da die Montage erst möglich ist, wenn sowohl das Gehäuse gebaut (Arbeitspaket 7) als auch die Schaltung erstellt ist (Arbeitspaket 5), bestimmt der größere früheste Endzeitpunkt den Frühesten Anfangszeitpunkt von Arbeitspaket 8. Das ist der Früheste Endzeitpunkt von Arbeitspaket 5, nämlich 23. Beim Arbeitspaket 6 (Gehäuse konstruieren) ist ebenfalls der FEZ von zwei Vorgängen (AP 2 und AP 1) zu berücksichtigen. Die Vorwärtsrechnung ist beendet, wenn der FEZ des letzten Arbeitspakets 9, das früheste Ende unseres Projekts (Zeitpunkt 27) ermittelt wurde.

11. KAPITEL Projektablauf und Projekttermine planen

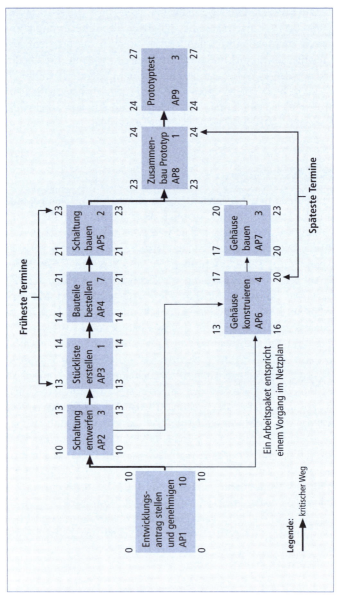

Abb. 11.8: Demonstrationsnetzplan mit errechneten Terminen

Rückwärtsrechnung

Bei der Rückwärtsrechnung wird vom soeben errechneten Projektendtermin ausgegangen und gefragt: Wann müssen die Vorgänge spätestens beginnen bzw. spätestens abgeschlossen sein, damit das errechnete früheste Projektende gehalten werden kann? Wir setzen für diesen Fall das früheste Projektende gleich dem spätest zulässigen und rechnen zurück. Selbstverständlich hätte man auch ein späteres Projektende als 27 als Ausgangspunkt für die Rückwärtsrechnung setzen können. Wenn der Prototyp zum Zeitpunkt 27 getestet sein soll, muss bei einer geplanten Dauer von 3 Tagen am Tag 24 spätestens begonnen werden. Wenn Arbeitspaket 9 am 24. Tag spätestens beginnen muss, muss Arbeitspaket 8 spätestens zum Zeitpunkt 24 fertig sein und zum Zeitpunkt 23 begonnen haben. Auf diese Weise rechnen wir die Kette über Arbeitspaket 5, 4, 3, 2 bis zum Arbeitspaket 1 zurück. Es fällt auf, dass die spätesten und frühesten Termine all dieser Arbeitspakete gleich sind. Etwas anders ist das Ergebnis bei der Berechnung der Termine der Arbeitspakete 6 und 7. Arbeitspakete 7 kann frühestens zum Zeitpunkt 20 fertig sein, es reicht aber auch noch, wenn es erst zum Zeitpunkt 23 fertig ist. Dann kann das Arbeitspaket 8 zum Zeitpunkt 23 anschließen. Der SAZ (**S**pätester **A**nfangs**z**eitpunkt) von Arbeitspaket 7 ist dann 20. Entsprechend berechnen wir den SEZ (**S**pätester **E**nd**z**eitpunkt) von Arbeitspaket 6 mit 20 und den SAZ mit 16. Bleiben noch der SAZ und SEZ des Startvorgangs 1 zu ermitteln. Damit der Konstrukteur zum Zeitpunkt 16 mit seiner Arbeit anfangen kann, würde es reichen, wenn der Entwicklungsantrag zum Zeitpunkt 16 erstellt und genehmigt wäre. Dann könnte allerdings der Schaltungsdesigner nicht mehr zum errechneten SAZ von 10 seine Arbeit aufnehmen. Also muss man den SEZ von AP 1 auf 10 setzen und nicht auf 16.

Zeitreserven ermitteln: Kritische Wege und Pufferzeiten

Wie schon erwähnt und aus dem obigen Netzplan auch ersichtlich, sind bei den meisten Vorgängen unseres kleinen Projekts die FAZ gleich den SAZ und die FEZ gleich den SEZ. Das bedeutet: Diese Vorgänge, die auch als kritische Vorgänge bezeichnet werden, haben keinerlei Zeitreserven. Sie befinden sich auf dem kritischen Weg (Vorgangskette 1, 2, 3, 4, 5, 8, 9). Jede Verzögerung auf diesem Pfad hat zur Folge, dass das ursprünglich geplante Projektende hinausgeschoben wird. Die Projektleitung muss auf die Vorgänge des kritischen Wegs besonders achten. Selbstverständlich können, wenn sich z. B. die geschätzten Zeitdauern ändern, auch andere Wege im Netzplan kritisch werden.

Bei den Vorgängen (Arbeitspaketen) 6 und 7 gibt es Zeitreserven. Bei beiden besteht zwischen dem Frühesten Anfangszeitpunkt und dem Spätesten Anfangszeitpunkt (Frühester Endzeitpunkt und Spätester Endzeitpunkt) eine Differenz von 3 Tagen. Diese Differenz wird in der Netzplantechnik Gesamte Pufferzeit (GP) genannt.

Das Arbeitspaket 6 könnte also auch noch zum Zeitpunkt 16 beginnen oder, wenn es zum Zeitpunkt 13 gestartet wird, statt 4 Tagen 7 Tage brauchen, ohne dass das Projektende gefährdet ist. Entsprechendes gilt für Arbeitspaket 7. Der Gesamte Puffer von 3 Tagen steht beiden Arbeitspaketen gemeinsam zur Verfügung. Das heißt: Wenn bei Arbeitspaket 6 die Zeitreserve völlig aufgebraucht wurde, hat Arbeitspaket 7 keinen Puffer mehr. Wurde bei Arbeitspaket 3 nur eine Zeitreserve von 1 ausgenutzt, hat Arbeitspaket 7 noch einen Puffer von 2.

Neben der Gesamten Pufferzeit gibt es auch noch eine Freie Pufferzeit. Das ist nach DIN 69 900 (1) die „Zeitspanne, um die ein Ereignis bzw. Vorgang gegenüber seiner frühesten Lage verschoben werden kann, ohne die früheste Lage anderer Ereignisse bzw. Vorgänge zu beeinflussen." In unserem kleinen Demonstrationsnetzplan hat der Vorgang „Gehäuse bauen" eine Freie Pufferzeit von 23 (FAZ von Nachfolger „Zusammenbau Prototyp") − 20 (FEZ von Vorgänger „Gehäuse bauen") = 3.

Auch wenn für den Bau des Gehäuses statt drei Tagen sechs Tage gebraucht werden oder mit der Fertigung erst zum Zeitpunkt 20 begonnen wird (bei Dauer = 3) kann der Zusammenbau des Prototyps immer noch zum Zeitpunkt 23 beginnen.

Das Konzept der „Kritischen Kette"

In neuerer Zeit ist das von Goldratt[109, 110] entwickelte Konzept der „Kritischen Kette" in Zusammenhang mit der netzplangestützten Terminplanung intensiv diskutiert worden. Goldratt geht davon aus, dass die einzelnen Mitarbeiter, die für Vorgänge bzw. Arbeitspakete Zeiten schätzen müssen, sich dabei Zeitreserven einbauen, weil sie später für die Einhaltung von Terminen geradestehen müssen. Er schätzt, dass mindestens 50 % der Projektlaufzeit als Sicherheitsreserve verplant sind. Eine weitere Annahme ist, dass die Sicherheitspuffer nahezu immer ausgenutzt werden. Andererseits kommen „Verfrühungen", die etwa dadurch entstehen können, dass ein Vorgänger in der Kette früher fertig wurde als geplant, nicht dem Projekt zugute, weil der Nachfolger trotzdem nicht sofort startet und auch nicht seine Aufgabe früher beendet, sondern „nur" termingemäß abschließt. Schließlich kommt es oft zu Terminüberschreitungen, wenn der Verantwortliche, aus welchen Gründen auch immer, verspätet beginnt. Der Zeitpuffer ist dann auch keine Hilfe mehr. Goldratt macht folgende Vorschläge, um das geschilderte Problem zu bewältigen:

(1) Zeitschätzungen bleiben Schätzungen. Sie werden nicht einfach zu verbindlichen Terminen. Der Mitarbeiter soll sich dann – so der Gedanke – nicht mehr gezwungen sehen, Puffer einzubauen, um möglichst Sanktionen wegen mangelnder Termintreue zu vermeiden.

(2) Der für einen Vorgang Verantwortliche soll seinen Zeitaufwand realistisch schätzen und keine persönlichen Zeitreserven einplanen.

(3) Pufferzeiten werden zwar berücksichtigt, sie werden aber für das Projekt als Ganzes gebildet und an das Ende des Vorhabens gestellt.

(4) Jeder Mitarbeiter beginnt so früh wie möglich mit seiner Aufgabe. Damit er das tun kann und keine Zeit mit anderen Arbeiten verbringt, soll er von zusätzlichen Aufgaben entlastet werden, eine nach Meinung des Verfassers in der Praxis oft nur schwer realisierbare Aufgabe.

Das Konzept, das bei näherer Betrachtung eine Reihe von Gedanken enthält, die schon seit vielen Jahren im Rahmen des Themas „Kapazitätsoptimierung in Projekten" geäußert werden, erfordert vom Projektleiter bzw. den Linienvorgesetzten eine besonders sorgfältige Einsatzplanung. Er muss vor allem in Abstimmung mit der Linie prüfen, ob die eingeplanten Mitarbeiter wirklich nur für die Arbeitspakete bzw. Vorgänge der Kritischen Kette verfügbar sind (vgl. dazu auch die in Kapitel 13 aufgeführten Fehler bei der Planung des Einsatzmittelbedarfs).

Die Umrechnung in Kalendertermine

Das Ergebnis der Umrechnung in Kalendertermine durch ein Computerprogramm zeigt die Abbildung 11.9.

Erstellen des Netzplans in der Praxis

Wie schon im Kapitel „Projektstrukturplan" gezeigt, ist die Erstellung eines Projektstrukturplans bis auf die Ebene der Arbeitspakete eine notwendige Voraussetzung für die Ablauf- und Zeitplanung.

Zwei wesentliche Schritte sind in der Ablaufplanung erforderlich:

- Ermittlung aller auszuführenden Vorgänge und Ereignisse
- Ermittlung der Beziehungen zwischen den Vorgängen und Ereignissen, also die Feststellung der Anordnungsbeziehungen

Selbstverständlich wird man bei Projekten, die einen längeren geplanten Zeitraum umfassen, die später auszuführenden Arbeiten häufig nur grob planen und erst im Verlauf des Projekts mit zunehmenden Erkenntnisfortschritt detaillieren.

Erstellen des Netzplans in der Praxis

Nr.	Vorgangsname	Dauer (Tage)	Frühester Anfang	Spätester Anfang	Frühestes Ende	Spätestes Ende	Freie Pufferzeit (Tage)	Gesamte Pufferzeit (Tage)
1	Entwicklungsantrag stellen	10	Do 02.11.	Do 02.11.	Mi 15.11.	Mi 15.11.	0	0
2	Schaltung entwerfen	3	Do 16.11.	Do 16.11.	Mo 20.11.	Mo 20.11.	0	0
3	Stückliste erstellen	1	Di 21.11.	Di 21.11.	Di 21.11.	Di 21.11.	0	0
4	Bauteilebestellen	7	Mi 22.11.	Mi 22.11.	Do 30.11.	Do 30.11.	0	0
5	Schaltung bauen	2	Fr 01.12.	Fr 01.12.	Mo 04.12.	Mo 04.12.	0	0
6	Gehäuse konstruieren	4	Di 21.11.	Fr 24.11.	Fr 24.11.	Mi 29.11.	0	3
7	Gehäuse bauen	3	Mo 27.11.	Do 30.11.	Mi 29.11.	Mo 04.12.	3	3
8	Zusammenbau Prototyp	2	Di 05.12.	Di 05.12.	Mi 06.12.	Mi 06.12.	0	0
9	Prototyptest	3	Do 07.12.	Do 07.12.	Mo 11.12.	Mo 11.12.	0	0
10	Prototyp getestet	0	Mo 11.12.	Mo 11.12.	Mo 11.12.	Mo 11.12.	0	0

Abb. 11.9: Kalendertermine des Demonstrationsnetzplans

Es hat sich als sehr zweckmäßig erwiesen, den ersten Ablaufplan zusammen mit den Mitgliedern des Projektteams zu erarbeiten. Die Erfahrung hat gezeigt, dass diese gemeinsame Erstellung des Netzplans sehr nützlich ist, um das Projekt in der Planungsphase gründlich zu durchdenken, Missverständnisse sehr früh aufzudecken und um eine gemeinsame Kommunikationsbasis zu schaffen.

Bei größeren Projekten wird man zunächst nur eine grobe Ablaufstruktur erstellen, die erst in einem zweiten Schritt detailliert wird.

So könnten beispielsweise in einem ersten Übersichtsplan die Vorgänge unseres kleinen Beispielnetzplans 2, 4, 5 und 6 zu einem Sammelvorgang „Schaltungsbau" zusammengefasst werden.

Schätzung der Vorgangsdauern

Um eine Terminrechnung durchzuführen, benötigt man Werte für die Vorgangsdauern. Die Schätzung muss durch Fachleute erfolgen, bei Projekten mit hohem Neuheitsgrad im Allgemeinen durch diejenigen, die für die Ausführung verantwortlich sind. In der Praxis werden gelegentlich Zeitschätzungen, die durch die Verantwortlichen abgegeben wurden, vom Management mehr oder weniger global gekürzt, da angenommen wird, dass, wie schon erwähnt, in den Schätzwerten erhebliche Reserven enthalten sind. Von einem solchen Vorgehen kann nur abgeraten werden, weil es dazu führen kann, dass bei späteren Projekten solche globalen Kürzungen in der Schätzung gleich vorweggenommen werden. Zu empfehlen sind Planungsbesprechungen, in denen die Zeitvorgaben mit den Fachleuten diskutiert und von ihnen begründet werden.

Terminrückmeldungen

Die vorgesehene Ablaufstruktur und die geplanten Termine müssen während des Projekts laufend verfolgt werden. Dazu gibt es mehrere Möglichkeiten. Eine Möglichkeit ist die der schriftlichen Rückmeldung, die über E-Mail erfolgen kann. Abbildung 11.10 zeigt eine Rückmeldeliste:[111]

```
┌─────────────────────────────────────────────────────────────┐
│  Projekt: _____    Absender: _____  │
│                                                             │
│  **Rückmeldeliste**                                         │
│  sortiert nach Abteilung/frühestem Anfangstermin zum 5.     │
│  Terminbericht-Stichtag: 15. Oktober 2008.                  │
│                                                             │
│  Vorgangs- │Kurzbe- │ Dauer         │ Plantermine │ tatsächliche Termine │
│  Nummer   │schreibg.│abgearb.│Rest │ Anfang│Ende │ Anfang │ Ende        │
│                                                             │
│                                                             │
│                                                             │
│  Störmeldung                                                │
│  ─────────────────────────────────────────────────────────  │
│  Bis 21. Oktober 2008 an den Absender zurück                │
└─────────────────────────────────────────────────────────────┘
```

Abb. 11.10: Beispiel für Rückmeldeliste

In der Praxis hat sich diese Vorgehensweise allerdings nicht bewährt. Es ist deshalb zu empfehlen, Rückmeldelisten nur in Kombination mit regelmäßigen Terminbesprechungen zu verwenden. In derartigen Sitzungen müssen Terminverschiebungen und ihre Konsequenzen unbedingt mit den Verantwortlichen (meist Mitglieder des Projektteams) durchgesprochen werden.

Die Abbildung 20.4 (Terminliste im 20. Kapitel) zeigt das Ergebnis einer solchen Terminrückmeldung und erneuten Durchrechnung eines Netzplans. Neben den ursprünglich geplanten Terminen enthält die Liste die tatsächlichen Termine der Vorgänge soweit die Zeitpunkte vor dem Stichtag der Berichterstattung liegen bzw. die voraussichtlichen Termine, soweit sie später als der Stichtag liegen.

Einfachere Verfahren der Terminplanung und -verfolgung: Balkenpläne und Meilensteine

Die Ergebnisse der Netzplanberechnung können auch in Form von Balkenplänen dargestellt werden. Dabei können die Vorgänge einmal in frühester und einmal in spätester Lage ausgegeben werden. (Bei den kritischen Vorgängen gibt es dabei natürlich keinen Unterschied.) Die Abbildung 11.11 zeigt einen solchen Plan für unser Demonstrationsprojekt

Balkenpläne können aber auch als ursprüngliche Planungsinstrumente, d. h. ohne dass eine Netzplanberechnung dahintersteht, verwendet werden.

Der Vorteil dieses Instruments ist, dass es auch von ungeschulten Mitarbeitern verstanden wird und verwendet werden kann.

Der Balkenplan hat aber auch erhebliche Nachteile.

- Der wichtigste ist, dass nicht zu erkennen ist, welche Abhängigkeiten zwischen den Vorgängen bestehen. Dieser Nachteil wiegt nicht allzu schwer, wenn die Zusammenhänge leicht überschaubar und den Fachleuten bekannt sind.

- Da die Abhängigkeiten nicht dargestellt werden, wirken sich Terminverschiebungen bei Vorgängen auch nicht automatisch auf nachfolgende Vorgänge aus. Die Termine dieser Vorgänge müssen „von Hand" angepasst werden.

Die Praxis hat auch gezeigt, dass bei Balkenplänen oft wichtige Einzelheiten übersehen werden und deshalb Ablauf- und Terminpläne entstehen, die mit der Realität nichts zu tun haben.[112]

Wegen der Nachteile der Balkendiagrammtechnik wählt man deshalb häufig auch vernetzte Balkenpläne, die die Abhängigkeiten zeigen.

Balkenpläne können mit Meilensteinen (wichtige Ereignisse in einem Projekt; vgl. 17. Kapitel) kombiniert werden. Die Darstellung in Abbildung 11.12, die von der Weltraumbehörde der USA stammt,[113] zeigt dies.

Einfachere Verfahren der Terminplanung und -verfolgung

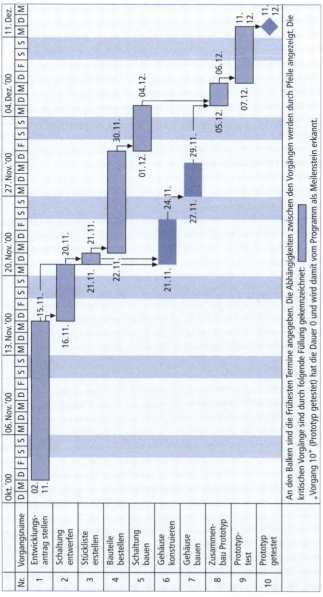

Abb. 11.11: Vernetzter Balkenplan für das Demonstrationsprojekt

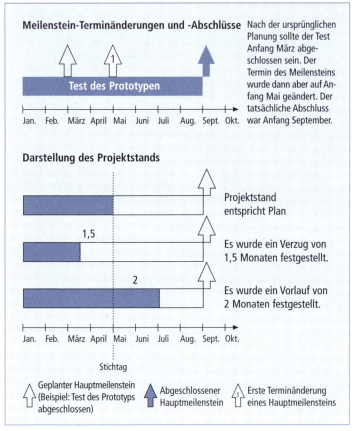

Abb. 11.12: Kombination von Balkendiagrammen und Meilensteinen

Eine weitere einfache Terminplanungstechnik ist die Meilensteintechnik. Dabei kann es sich um standardisierte Meilensteine eines Phasenmodells (vgl. 17. Kapitel) oder um individuell gesetzte Meilensteine handeln. Auch die meilensteinorientierte Terminplanung kann ein Ergebnis der Netzplantechnik sein. Im Netzplan werden bestimmte markante Ereignisse (z. B. Test eines Prototypen abgeschlossen) als Meilensteine eingeplant. Im Balkendiagramm (Abbildung 11.11) ist ein solcher Meilenstein durch eine Raute gekennzeichnet. Der Meilensteintermin ergibt sich aus der Netzplanrechnung.

Wie die Balkendiagrammtechnik kann aber auch die Meilensteintechnik als ursprüngliche Technik verwendet werden. Die Termine sind dann nicht errechnet, sondern gesetzt.

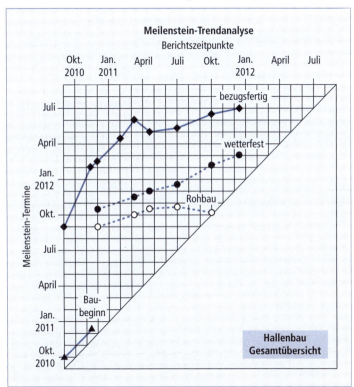

Abb. 11.13: Beispiel für Meilensteintrendanalyse

Die Meilensteintechnik kann, wie die Abbildung[114] 11.13 zeigt, zur Meilensteintrendanalyse erweitert werden. Auf der vertikalen Achse ist die Kalenderzeitachse für die Meilensteintermine, auf der Horizontalachse sind die Berichtszeitpunkte aufgetragen. Aus dem Diagramm lässt sich z. B. ersehen, dass im September 2010 die Bezugsfertigkeit der Halle noch für September 2011 geplant war. Dieser Meilensteintermin hat sich dann immer weiter nach hinten verschoben, so dass nach letztem Planungsstand (Jan. 2012) die Halle im Juli 2012 bezugsfertig ist.

Die Meilensteintrendanalyse (Abbildung 11.13) zeigt auf einen Blick, ob die wichtigsten Termine in einem Vorhaben voraussichtlich eingehalten werden können oder nicht und ist deshalb vor allem beim oberen Management sehr beliebt.

Kommen wir ganz am Schluss dieses Kapitels wieder auf unser Projekt *Protext* zurück. Die Fehler, die in der Ablauf- und Zeitplanung gemacht wurden, sind offenkundig. Schon zu Beginn des Projekts wurde auf eine detaillierte Ablaufplanung verzichtet. Die Balkenpläne wurden, wie so oft in der Praxis, eher zu Alibizwecken angefertigt als für eine realistische Terminplanung. Aber selbst wenn man in den frühen Planungsphasen detaillierter geplant hätte, wäre es notwendig gewesen, die Pläne immer wieder mit dem Ist zu vergleichen und, wenn notwendig, zu revidieren. Auch das ist nicht geschehen. Dass die Termine nicht eingehalten werden konnten, ist also nicht verwunderlich.

12. Kapitel

Einsatzmittelbedarf und Kosten schätzen: Den Königsweg gibt es nicht

Daten aus abgeschlossenen Projekten sind nur begrenzt nutzbar

Für die Schätzung des Einsatzmittelbedarfs bzw. der Kosten von Projekten gibt es kein Wundermittel, auch wenn geschäftstüchtige Anbieter von Softwarepaketen dies dem potentiellen Käufer einzureden versuchen. Erfahrungen, die in abgeschlossenen Vorhaben gemacht wurden, lassen sich bei der Planung neuer Projekte oft nur sehr bedingt nutzen, weil Projekte eben schon definitionsgemäß Erst- und Einmal-Vorhaben sind.

Zwei Ausnahmen: Projekte im Hochbau und Softwarevorhaben

Dennoch wird zumindest bei der Kostenschätzung von Bauprojekten, die eher Routinecharakter haben, teilweise auf Kostendatenbanken zurückgegriffen. Sie enthalten systematisch aufbereitete Kostendaten abgeschlossener Bauvorhaben. Für zahlreiche, normierte „Kostenelemente" z. B. das Kostenelement „Fundamente, Ortbeton-Schalung" sind Kosten- oder Preisdaten abgespeichert. Im Idealfall ist es einem Fachmann möglich, aus Werten für eine große Menge derartiger Kostenelemente Schätzungen für das neue Objekt abzuleiten.[115] Die Erfolge mit solchen Kostendatenbanken, deren Anlage und Pflege einen erheblichen Aufwand erfordern, sind allerdings eher bescheiden wie die Erfahrung zeigt: „Sind die Dateien auf diese Weise zusammengestellt, kann man daraus für kleine Objekte (Ein- bis Mehrfamilienhäuser) und für sehr gleichartige Objekte (z. B. Verwaltungsbauten eines Konzerns) recht brauchbare Kostendaten gewinnen. Wesentlich problematischer wird es, wenn sehr unterschiedliche Objekte beurteilt werden müssen und wenn erhebliche Unterschiede in Bezug auf Region und/oder Ausführungsjahr bestehen.[116]"

In einer überarbeiteten Version seines Artikels (gleicher Titel, 27. Ergänzungslieferung) äußert sich der Verfasser noch kritischer zu den Möglichkeiten von Kostendatenbanken.

Projektkostendatenbanken bzw. allgemeiner Projektdatenbanken sind seit einiger Zeit auch für die IT-Branche verfügbar. Für die Schätzung des Aufwands von Softwareprojekten gibt es Werkzeuge wie Checkpoint for Windows (CKWIN) und das Nachfolgeprodukt Knowledge Plan, die auf derartige umfangreiche, firmenübergreifende Datensammlungen zurückgreifen.[117] Knowledge Plan enthält Daten aus rund 7000 Projekten, die durch die jeweilige Zahl von Funktionspunkten (vgl. dazu die Ausführungen zu Function Point in diesem Kapitel) und andere Projektattribute beschrieben werden. Einen sehr guten, relativ aktuellen Überblick über Kostendatenbanken für Bauprojekte gibt Frahm.[118]

Ein Minimalschema für eine Projektkostendatenbank

Für andere Projektarten, etwa Vorhaben im industriellen Anlagenbau, gibt es Kostensammlungen in der beschriebenen Art bisher kaum. Zwar sind in den meisten Firmen viele Kostendaten in dicken Ordnern festgehalten, die Zahlen sind aber in den seltensten Fällen so systematisch zusammengestellt, dass jederzeit auf sie bei der Kostenschätzung neuer Projekte zurückgegriffen werden kann. Veröffentlichungen aus der Praxis enthalten nur vage Hinweise auf Datensammlungen.[119] Ein Minimalschema zur Sammlung der Kosten eigener Arbeitspakete oder der Preise von gekauften Komponenten und Leistungen könnte wie folgt aussehen:

(1) Kurztitel
(2) Beschreibung des Arbeitspakets oder der Komponente
(3) Name und Adresse des Anbieters, sofern die Leistung gekauft wurde
(4) Datum, zu dem das Arbeitspaket begonnen wurde
(5) Dauer des Arbeitspakets
(6) Ort der Ausführung und ausführende Organisationseinheit
(7) Menge der gekauften Einheiten bei Zukauf
(8) Aufgewendete Arbeitsstunden nach Kategorien
(9) Materialkosten, evt. unterteilt nach Kategorien
(10) Gerätekosten
(11) Andere Kosten
(12) Spezielle Bedingungen und Konditionen (Art des Vertrags, Zuverlässigkeitsforderungen etc.); Preis bei Zukauf
(13) Sonstige Daten wie Gewicht, Volumen und Leistungsdaten aller Art

Abb. 12.1: Minimalschema für Kostendatenbanken

Sehr viel häufiger sind in der Praxis grobe Kennzahlen, wie z. B. €/Kubikmeter umbauter Raum einer bestimmten Art von Gebäude oder €/kg Maschine eines bestimmten Typs (Kilokostenmethode).

Eine einfache Formel der Kilokostenmethode[120], die für die Angebotskalkulation verwendet wird, lautet:

$$Hk^n = \frac{HK^B}{G^B} \times G^n$$

Dabei sind

Hk^n die geschätzten Herstellkosten des neuen Erzeugnisses
G^n das Gewicht des neuen Erzeugnisses
HK^B die Herstellkosten des Basiserzeugnisses
G^B das Gewicht des Basiserzeugnisses

Vor der unkritischen Anwendung solcher Zahlen kann allerdings nur gewarnt werden. Z. B. können Veränderungen von Lohn- und

Materialkosten, der Fertigungsproduktivität und der Arbeitsabläufe zu erheblichen Fehleinschätzungen führen.

Ein wenig Mathematik: Mit Schätzgleichungen Mengen oder Kosten prognostizieren

Neben Kostenbanken werden vor allem in den USA für erste Kostenschätzungen in frühen Projektphasen auch sogenannte parametrische Verfahren oder Schätzgleichungen verwendet. Sie stammen aus der Auswertung der Daten abgeschlossener Projekte mit Hilfe der Regressionsanalyse.

Die folgende Gleichung, die für die militärische Flugzeugentwicklung ermittelt wurde, ist ein sehr einfaches Beispiel.[121]

$E = 0{,}0609 \cdot W^{0{,}631} \cdot S^{0{,}820}$

Dabei sind

E	die Zahl der zu schätzenden Ingenieurstunden
W	das Gewicht der Zelle in lb (Pfund)
S	die Maximalgeschwindigkeit in Knoten

Sind das angestrebte Gewicht der Flugzeugzelle und die gewünschte Maximalgeschwindigkeit bekannt, kann man sie in die Gleichung einsetzen und erhält einen Prognosewert für die Ingenieurstunden. Um die geschätzten Kosten zu erhalten, werden die prognostizierten Ingenieurstunden mit Verrechnungssätzen multipliziert. Allerdings sind auch diese Gleichungen mit Vorsicht und nur von Fachleuten zu handhaben. Werden z. B. im Flugzeugbau neue, sehr viel leichtere Werkstoffe verwendet, können die Erfahrungen der Vergangenheit nicht mehr in die Zukunft projiziert werden.

In der Bundesrepublik wird mit Schätzgleichungen so gut wie nicht gearbeitet.

Eine gewisse Ausnahme macht allerdings der Software-Bereich mit dem bei IBM entwickelten Verfahren „Function Point" zur Schätzung der Entwicklungskosten kommerzieller Software. Der an Details interessierte Leser sei auf einen ausführlichen Erfahrungsbericht aus dem Volkswagenwerk[122] verwiesen.

Es gibt Anzeichen dafür, dass dieses Verfahren langsam auch in der Bundesrepublik im Vordringen ist. Function Point, für das bereits ein internationaler Standard besteht, ist eine „Methode zur Messung des Umfangs einer Anwendung aus Benutzersicht, d. h. es wird die vom Benutzer geforderte Funktionalität gemessen... Diese Informationen bilden... die Basis für eine solide Schätzung des für die Realisierung notwendigen Aufwands".[123] Wenn zum Beispiel von einem Personalverwaltungsprogramm gefordert wird, dass die Daten eines neuen Mitarbeiters über eine Bildschirmmaske eingegeben werden können, so wird für diese externe Eingabe eine bestimmte Zahl von Funktionspunkten vergeben. Die für die einzelnen Projekte insgesamt ermittelten Funktionspunkte, die die Funktionalität der Software widerspiegeln und die jeweiligen Aufwandswerte werden dann für eine Regressionsanalyse benutzt. Es ergibt sich daraus eine Schätzgleichung, in der der zu prognostizierende Aufwand, gemessen z. B. in Personenmonaten (PM), als Funktion der Funktionspunkte (FP) erscheint. Ein Beispiel:[124] Aus einer Anzahl von Projekten wurde regressionsanalytisch folgender Zusammenhang ermittelt:

$FP = 25{,}65 \cdot (PM)^{0{,}775}$

Der geschätzte Aufwand in Personenmonaten (PM) bei 800 Funktionspunkten (FP) ergibt sich dann aus der obigen, umgeformten Gleichung:

Aufwand gemessen in Personenmonaten = $10^{(\log 800 - \log 25{,}65) : 0{,}775} = 84{,}5$

Einen sehr ausführlichen neueren Überblick über die verschiedenen Varianten von Function Point, seine Einsatzmöglichkeiten und seinen Nutzen bringen Bundschuh und Dekkers.[125]

Ein guter Projektstrukturplan ist die beste Grundlage für die Kostenschätzung

Nach dieser eher enttäuschenden Bestandsaufname ist der beste Rat, dem man einem Planer, der mit der Aufgabe der Kostenschätzung in einem Projekt betraut ist, geben kann, immer noch:

Das Projekt bis auf die Ebene der Arbeitspakete sorgfältig strukturieren und die einzelnen Arbeitspakete so genau wie möglich beschreiben.

Mit anderen Worten: Der Projektstrukturplan ist eine unentbehrliche Grundlage für eine seriöse Ermittlung des voraussichtlichen Einsatzmittelbedarfs und der Kosten. Eine großzahlige Studie,[126] die in Großbritannien gemacht wurde, bestätigt diese Aussage empirisch. Sie kommt zu dem Ergebnis, dass die Schätzungen der für ein Arbeitspaket erforderlichen Zeitdauern, die in der Regel mit dem Aufwand korreliert sind, umso genauer werden, je detaillierter der Projektstrukturplan ist. Damit wird die Erfahrung bestätigt, dass sich einzelne Teilaufgaben leichter schätzen lassen als eine komplexe Gesamtaufgabe.

In der Praxis besteht jedoch sehr häufig das Problem, dass eine Kostenschätzung zu einem Zeitpunkt abgegeben werden muss, zu dem es noch keinen detaillierten Projektstrukturplan gibt.

Die Methode der Schätzklausur, die zwar nicht der Königsweg zu zuverlässigen Kostenschätzungen, wohl aber ein gangbarer Pfad ist, setzt einen solchen Projektstrukturplan voraus.

Beteiligte und Ziele der Schätzklausur

An der Schätzklausur sollten der Projektleiter und die verantwortlichen Mitglieder des Projektteams beteiligt sein. Wenn es erforderlich ist, können auch andere Fachleute aus der Organisation, die nicht am Projekt beteiligt sind, zur Unterstützung hinzugezogen werden. Ein Moderator, der die Klausur leitet und ein Kaufmann, der die Mengenangaben in Kostenwerte umrechnet, ergänzen den Teilnehmerkreis.

Eine andere Empfehlung zur Auswahl der Teilnehmer wird von Wolf[127] gegeben: Er befürchtet vor allem, dass die Teammitglieder zu hohe „Sicherheitspolster" in ihre Schätzung einbauen und rät dazu, Experten heranzuziehen, die nicht zum Projektteam gehören. Der Verfasser hat andererseits gute Erfahrungen mit Schätzern gemacht, die das Vorhaben dann auch realisieren müssen. Für diese Alternative spricht, dass

- die Teammitglieder mit den zu erledigenden Teilaufgaben vermutlich besser vertraut sind, und
- dass ein Transfer des im Verlauf der Schätzklausur gewonnenen Wissens nicht erforderlich ist.

Hauptziel der Schätzklausur ist es, die Gesamtkosten des Projekts so genau wie möglich zu schätzen. Zu ermitteln sind die voraussichtlichen Kosten der Arbeitspakete.

Daneben werden mit der Schätzklausur noch einige andere Ziele verfolgt.

- Das Team soll ein umfassendes gemeinsames Verständnis von den Projektzielen erhalten und sich mit ihnen identifizieren.
- Missverständnisse über den Leistungsinhalt sollen beseitigt, Informationslücken geschlossen werden.
- Alle Voraussetzungen, die für die Projektarbeit erfüllt sein müssen (z. B. Zulieferungen von anderen Abteilungen) sollen erläutert werden.

Mit der Schätzklausur werden damit ähnliche Ziele verfolgt wie mit der Startsitzung. Die Schätzklausur konzentriert sich aber vor allem auf die Ermittlung der voraussichtlichen Kosten.

Die wichtigste Voraussetzung für den Beginn ist ein möglichst vollständiger Projektstrukturplan, der mit dem Pflichtenheft des Projekts abgestimmt ist.

Jedes Arbeitspaket als kleinste Planungseinheit sollte einen Verantwortlichen haben und, wenn möglich, auch schon im Detail beschrieben sein (vgl. dazu das Beispiel für ein ausgefülltes Arbeitspaketformular im 10. Kapitel).

Die für ein Arbeitspaket geplanten Kosten werden dann später in der projektbegleitenden Kostenkontrolle überwacht (vgl. 14. Kapitel).

Der Ablauf der Schätzklausur

In der Schätzklausur wird jedes einzelne Arbeitspaket von dem verantwortlichen Teammitglied erläutert.

Dann fordert der Moderator die Beteiligten auf, gleichzeitig auf Papptafeln, ähnlich wie die Punktrichter beim Eiskunstlauf, eine Schätzung abzugeben. In dem folgenden Beispiel wurde die Schätzung in Mitarbeiterwochen angegeben. Diese Mengenwerte müssen dann von einem Kaufmann in Kostenwerte umgewandelt werden. Selbstverständlich können nicht nur Personalkosten geschätzt werden, sondern auch andere Kostenarten.

Wenn die Einzelschätzwerte, die durch Errechnung eines Durchschnitts zu einem Gesamtschätzwert zusammengefasst werden, sehr weit auseinanderliegen, kann folgendermaßen vorgegangen werden:

- Der Schätzer mit dem höchsten und der Schätzer mit dem niedrigsten Wert werden vom Moderator aufgefordert, in der Diskussion die Gründe für ihren niedrigen bzw. hohen Schätzwert darzulegen. Dabei stellt sich zumeist heraus, dass beide von sehr unterschiedlichen Annahmen über den Arbeitsumfang ausgehen. Es muss möglichst in der Sitzung noch geklärt werden, welche davon voraussichtlich zutreffen und welche nicht.

- Nach der Diskussion wird die Schätzung wiederholt. Die Teilnehmer der Schätzklausur haben dabei die Möglichkeit, die neuen Informationen, die sie möglicherweise erhalten haben, zu berücksichtigen und ihre Schätzung nach oben oder unten zu revidieren.

Ein praktisches BEISPIEL: Das folgende Beispiel soll den Ablauf einer Schätzklausur verdeutlichen:
Zu schätzen waren in einem Organisationsprojekt die voraussichtlichen Kosten der Erstellung eines Leitfadens für die Mitarbeiter.
Der im Team dafür zuständige Teilnehmer der Schätzklausur erläutert anhand eines ausgefüllten Arbeitspaketformulars im Detail die durchzuführenden Arbeiten und zeigt den übrigen Mitgliedern der Gruppe eine vorläufige Gliederung des Leitfadens.
Eine erste Schätzung, bei der der Verantwortliche (Nr. 7) selbst mitgeschätzt hat, erbrachte folgendes Ergebnis:

1. Schätzrunde

1.	2.	3.	4.	5.	6.	7.	Teilnehmer
10	12	9	6	6	20	9	Mitarbeiterwochen

Eine Mittelwertbildung erbringt einen Durchschnitt von rund 10 Mitarbeiterwochen.
Da die Werte von Schätzer Nr. 5 bzw. Nr. 4 und Nr. 6 weit auseinanderliegen, fordert der Moderator die drei auf, ihre unterdurchschnittlich niedrigen bzw. überdurchschnittlich hohen Schätzungen zu begründen.
In der Diskussion ergeben sich dabei erhebliche Meinungsverschiedenheiten über den Detaillierungsgrad der Dokumentation. Schätzer Nr. 5 und Nr. 4 sind außerdem der Meinung, dass ein beträchtlicher Teil des erforderlichen Textes aus bereits bestehenden Unterlagen nur übernommen und geringfügig angepasst werden müsse. Der Verantwortliche widerlegt diese Auffassung an einer Reihe von Beispielen.
Teilnehmer Nr. 6 weist u. a. darauf hin, dass in seiner Schätzung auch der Aufwand für die Qualitätssicherung des Leitfadens durch einen unabhängigen Dritten enthalten ist. Mitglied Nr. 7 informiert darüber, dass dieser Aufwand in einem anderen, später zu behandelndem Arbeitspaket enthalten ist.
Nach dieser Diskussion werden alle Teilnehmer aufgefordert, eine neue Schätzung abzugeben. Dabei revidieren einige Klausurteilnehmer (Nr. 4 und Nr. 5) ihre Werte nach oben. Schätzer Nr. 6 und Nr. 2 verringern den Schätzwert nach unten.

2. Schätzrunde

1.	2.	3.	4.	5.	6.	7.	Teilnehmer
10	8↓	9	8↑	9↑	12↑	9	Mitarbeiterwochen

Der Moderator nimmt alle sieben Schätzungen in die erneute Mittelwertberechnung auf und errechnet 9,3 Mitarbeiterwochen.

Was tun, wenn der Verantwortliche höher schätzt als die anderen?

Diese Schätzung stimmt mit der des Verantwortlichen (Nr. 7) ziemlich genau überein. Das muss nicht immer der Fall sein. Es ist durchaus möglich, dass der Fachmann höher schätzt als die übrigen Teilnehmer. Wie sollte sich der Moderator in einem solchen Fall verhalten? Der Fachmann sollte auf keinen Fall durch die Mittelwertbildung und damit durch die Mehrheit überstimmt werden. Dies könnte die fatale Folge haben, dass er bei späteren Schätzungen derartige Konsequenzen bereits vorher mit berücksichtigt und in seine Schätzungen entsprechende Sicherheitsreserven einbaut. Ein solches Verhalten von Organisationsmitgliedern lässt sich in der Praxis häufig dann beobachten, wenn die Geschäftsleitung oder Vorgesetzte die Gewohnheit angenommen haben, Schätzungen von Mitarbeitern generell und pauschal ohne eingehende Diskussion um einen bestimmten Prozentsatz nach unten zu reduzieren.

Vielmehr sollte der Verantwortliche aufgefordert werden, seine hohe Schätzung sehr sorgfältig zu begründen und, wenn möglich, auch Vergleichswerte aus anderen abgeschlossenen Projekten anzuführen.

Nur wenn diese Begründung nicht überzeugend ausfällt, sollte sein Schätzwert nicht übernommen werden.

Nicht selten wird es vorkommen, dass sich die Mitglieder einer Schätzklausur bei der Schätzung eines Arbeitspakets für nicht kompetent erklären. Dann bleibt nicht anderes übrig, als die Schätzung des Experten im Team zu übernehmen bzw. teamexterne Fachleute zu Rate zu ziehen und nach vergleichbaren Erfahrungen in anderen Vorhaben zu suchen.

Im Projekt *Protext* gab es keine systematische Kostenschätzung auf der Grundlage eines Projektstrukturplans. Die Geschäftsleitung wollte den Auftrag beinahe um jeden Preis haben. Es ist nicht unbedingt falsch aus strategischen Überlegungen – man wollte eine führende Marktposition auf dem Gebiet „Textverarbeitung" erreichen –

zu einem Festpreis anzubieten, der die Kosten möglicherweise nicht deckt. In einem solchen Fall sollte man aber möglichst zuverlässig wissen, auf welches Kostenrisiko man sich dabei einlässt. Das bedeutet, dass man die voraussichtlichen Kosten besonders sorgfältig schätzen muss.

Blick in die Zukunft: Life Cycle Costing, Prozesskostenrechnung und Target Costing

In jüngerer Zeit lassen sich in der Bundesrepublik erste, sehr zaghafte Bemühungen erkennen,[128] nicht nur die Entwicklungs- und/oder Fertigungskosten zu berücksichtigen, sondern die gesamten Lebenswegkosten (Life Cycle Cost, Erst- und Folgekosten) des zu erstellenden Systems, also etwa eines Bauwerks, eines anderen Investitionsguts oder auch eines langlebigen Konsumgutes wie z. B. eines Autos. Dabei sind insbesondere in der Entwurfsphase immer die Austauschrelationen (trade-offs) zwischen den einzelnen Kostenkategorien zu betrachten, also z. B. zu prüfen, ob durch erhöhte Kosten in der Fertigung, etwa auf Grund besserer Wärmedämmung eines Gebäudes, nicht Einsparungen in der Nutzungsphase erreicht werden können, die die erhöhten Kosten der Erstellung überkompensieren. Die Betrachtung der Lebenswegkosten, im Verteidigungsbereich der USA seit Jahrzehnten selbstverständlich, ist deshalb so wichtig, weil bei vielen Systemen die Wartungs- und Betriebskosten ein Mehrfaches der Entwicklungs- und/oder Fertigungskosten betragen können.

Integrierte Kostenplanung

Weit über die bloße Berücksichtigung von Lebenszykluskosten hinaus reicht die von Bea, Scheurer und Hasselmann[129] in jüngster Zeit entwickelte „Integrierte Kostenplanung". Die Verfasser gehen davon aus, dass in Projekten indirekte Leistungsbereiche, wie z. B. Forschung und Entwicklung, Qualitätsmanagement und auch das Projektmanagement selbst eine hohe Bedeutung haben und durch die traditionelle Zuschlagskalkulation nicht verursachungsgerecht verrechnet werden können. Sie begründen weiter betriebswirtschaftlich das Konzept der schon erwähnten Lebenszykluskosten und betonen die Notwendigkeit der frühzeitigen Betrachtung von Marktanforderungen. Auf der Grundlage dieser Überlegungen kombinieren sie in einem ausführlichen Beispiel die Bausteine „Prozesskostenrechnung", „Life Cycle Costing" und „Target Costing" (Zielkostenrechnung) für die Anwendung bei Leistungserstellung mit Projektcharakter.

13. Kapitel

Arbeitskräfte und Betriebsmittel richtig einsetzen: Projektbezogene Einsatzmittelplanung – Multiprojekt- und Programmmanagement

Den verschiedenen Vorgängen eines Netzplans bzw. den Arbeitspaketen können auch Einsatzmittel (nach DIN 69 903 Personal und Sachmittel wie z. B. maschinelle Anlagen) zugeordnet werden, die zu ihrer Ausführung erforderlich sind. Der Verbrauch an Stunden, Mengen etc. kann dabei gleichmäßig über der Zeit erfolgen oder auch an den verschiedenen Arbeitstagen oder -wochen sehr unterschiedlich sein.

Durch die Errechnung der Termine für die einzelnen Vorgänge und Arbeitspakete ergibt sich aus der Zuordnung von erforderlichen Einsatzmitteln zu Vorgängen auch die zeitliche Verteilung des geplanten Einsatzmittelbedarfs.

Einfache Bedarfsplanung: Ein-Projekt-Fall

Abbildung 13.1 zeigt eine derartige einfache Bedarfsplanung für die Arbeitskräfteart „Entwicklungsingenieure". Es wird nur ein Projekt betrachtet. Die Vorgänge, hier als Balken symbolisiert, liegen in frühester Lage. Ein anderes Kapazitätsdiagramm würde sich ergeben, wenn die Vorgänge in spätester Lage positioniert wären.

Es lässt sich aus dem Diagramm beispielsweise erkennen, dass für den Vorgang 3 in der Arbeitswoche 3 zwei Entwicklungsingenieure und in der Arbeitswoche 4 drei Entwicklungsingenieure benötigt werden.

13. KAPITEL Projektbezogene Einsatzmittelplanung

	Bedarf an Entwicklungsingenieuren pro Arbeitswoche						
	1	2	3	4	5	6	7
Vorgänge							
Vorgang 1	3	3					
Vorgang 2			5				
Vorgang 3			2	3			
Vorgang 4					4	4	
Vorgang 5							2
Vorgänge insgesamt	3	3	7	3	4	4	2
Vorrat	3	3	3	3	3	3	3

Abb. 13.1: Einsatzmittelplanung für ein Projekt (Vorgangsbalken in frühester Lage)

Abbildung 13.2 zeigt die Grafik des Bedarfsprofils mit Kapazitätsgrenze.

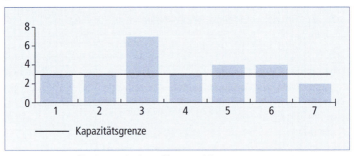

Abb. 13.2: Grafik des Bedarfsprofils aus Abb. 13.1 mit Kapazitätsgrenze

Dem Bedarf kann nun der „Vorrat", gemessen durch die Zahl der verfügbaren Entwicklungsingenieure, gegenübergestellt werden. Hier müssten im Fall der projektbezogenen Einsatzmittelplanung beispielsweise Urlaub, Krankheit, Betriebsferien etc. berücksichtigt werden, was sich allerdings beim Maßstab „Verfügbare Entwicklungsstunden" leichter machen lässt. Zu beachten sind auch Zeiten, die nicht für projektbezogene Arbeiten zur Verfügung stehen und den Vorrat verringern, z. B. aktive oder passive Ausbildung, Zeit für Kundenbetreuung, Unterstützung der Fertigung etc.

Um eine solche Planung machen zu können, müssen Informationen über die Tätigkeitsverteilung in den verschiedenen Abteilungen vorhanden sein. Das Beispiel in Abbildung 13.3 stammt aus dem Entwicklungsbereich eines Industrieunternehmens.[130]

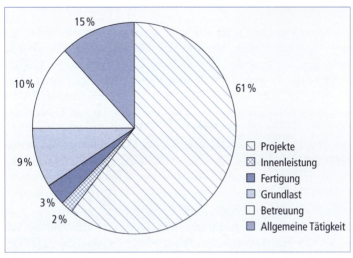

Abb. 13.3: Durchschnittliche Verteilung der Arbeitszeit eines Entwicklers auf verschiedene Tätigkeiten

Häufige Fehler bei der Planung des Personal- und Einsatzmittelbedarfs

Ein weitverbreiteter Fehler in der Praxis ist, dass Mitarbeiter mit 100 % ihrer verfügbaren Arbeitszeit für Projekte verplant werden, obwohl bekannt ist, dass sie oft erhebliche Anteile ihres Zeitbudgets für nicht projektbezogene Tätigkeiten verwenden müssen.

Ein ebenfalls häufig anzutreffender Planungsfehler, der auch im Projekt *Protext* gemacht wurde, ist, dass Projektbearbeiter mit ihrer gesamten Arbeitszeit für neu gestartete Projekte eingeplant werden, obwohl man weiß, dass sie noch mit Projekten befasst sind, die zwar offiziell als abgeschlossen gelten, die aber, beispielsweise wegen der notwendigen Beseitigung von Fehlern oder wegen zu ergänzender Dokumentation, noch einen Teil ihrer Kapazität binden.

Netzplantechnik und Einsatzmittelplanung

Der Einsatz der Netzplantechnik für die Zwecke der projektbezogenen Kapazitätsplanung hat einen erheblichen Vorteil, den andere, einfachere Verfahren nicht haben. Liegt in der Planung, wie z. B. im obigen Fall, ein Bedarf vor, der den Vorrat übersteigt, lässt sich zunächst prüfen, ob Vorgänge nicht im Rahmen des Gesamten Puffers verschoben werden können, damit die Lücke eventuell abgebaut werden kann. Zumindest formal ist durch eine solche Verschiebung das Projektende nicht gefährdet. (Im Fall der Abbildung 13.1 ist das nicht möglich, weil bereits Vorgang 4 und Vorgang 2 pro Tag mehr als drei Entwicklungsingenieure benötigen. Eine Möglichkeit wäre in diesem Fall u. U., die Vorgänge zeitlich zu strecken, um die Zahl der pro Tag benötigten Bearbeiter zu senken.)

Kann der zunächst errechnete Endtermin nicht gehalten werden, lassen sich durch probeweise „Freigabe" des Projektendes nach hinten Kapazitätsauslastungen ermitteln, bei denen keine Überschreitung der Kapazitätsgrenze mehr vorliegt. Für diese Aufgabe stehen in manchen Softwarepaketen Algorithmen zur Verfügung, die diese Aufgabe übernehmen. Der Einsatz derartiger Verfahren ist aber überaus problematisch. Die vom Programm angebotenen Lösungen sind deshalb allenfalls als Vorschläge zu betrachten und dürfen keineswegs ungeprüft übernommen werden.

Trotz des erwähnten Vorteils der Netzplantechnik wird sie in der Praxis für die Zwecke der Kapazitätsplanung bislang nur sehr zögernd eingesetzt. Der Grund ist vor allem, dass ihre Verwendung für Zwecke der Einsatzmittelplanung sehr aufwendig und änderungsintensiv ist.

Einsatzmittelplanung für alle Projekte

Noch höhere Anforderungen als die Einsatzmittelplanung für ein einziges Projekt stellt die Kapazitätsplanung über alle Projekte hinweg (Multiprojektplanung). Die Fragestellung ist hier: Wie lasten die bereits laufenden und die zugesagten bzw. geplanten Vorhaben die Kapazität bestimmter Einsatzmittel in den verschiedenen Abteilungen aus? Diese Fragestellung ist vor allem in Unternehmen bzw. in Unternehmensteilen, in denen Leistungserstellung mit Projektcharakter dominiert, von enormer Bedeutung.

Selbstverständlich müssen hier, um eine realistische Aussage zu erhalten, auch die kleineren Vorhaben mit in die Planung einbezogen werden. Dies kann aber in summarischer Weise erfolgen. Das folgende stark vereinfachte Beispiel in Abbildung 13.4 wurde mit einem Tabellenkalkulationsprogramm erstellt.

Warum ist eine grobe Multiprojektplanung unumgänglich?

Wenn, wie in der Abbildung 13.4 angenommen, in einer Organisation zur gleichen Zeit mehrere Vorhaben durchzuführen sind, die um bestimmte Arten von Einsatzmitteln, zumeist Personal, konkurrieren, sollte auf eine, wenn auch nicht sehr detaillierte, Multiprojektplanung auf keinen Fall verzichtet werden, weil nur so

- einigermaßen realistische Projekttermine ermittelt werden können,
- entschieden werden kann, ob man ein Angebot an einen Kunden abgeben kann oder nicht,
- frühzeitig Kapazitätsengpässe erkannt werden und
- sich teure Maßnahmen des Krisenmanagements verringern lassen.

Ohne eine Multiprojektplanung lassen sich auch Prioritätenentscheidungen bei Projekten nur schwer treffen. Die Auswirkungen

13. KAPITEL Projektbezogene Einsatzmittelplanung

Vorgang bzw. Projekt	1	2	3	4	5	6	7	8	9	10	11	12	13	14
Projekt 1														
Vorgang 11	12	12	12	12	12	12								
Vorgang 12			3	3	3	5								
Vorgang 13							17	17	17	17	17	13	3	13
Vorgang 14											4	4	4	4
Vorgang 15														
Vorgang 16							5	5	5					
Vorgang 17					7	7	7							
Projekt 2														
Vorgang 21	8	8	8	8										
Vorgang 22		15	15	7										
Vorgang 23					7									
Vorgang 24						6	6	6	6					
Vorgang 25	16	16	16	16		4	4	4	4					
Projekt 3	250	250	250	250	250	250	250	250	250	250	250	250	250	250
Projekt 4	230	211	195	177	55	86	118	138	143	167	199	214	216	235
Stundenbedarf Projekte	500	512	499	480	350	370	400	420	425	438	470	481	483	502
Grundlast	60	60	60	60	60	60	60	60	60	60	60	60	60	60

Vorgang bzw. Projekt	Kalenderwochen													
	1	2	3	4	5	6	7	8	9	10	11	12	13	14
Sonstige, nicht projektbezogene Arbeiten	45	45	45	45	45	45	45	45	45	45	45	45	45	45
Bedarf an Stunden	605	617	604	585	455	475	505	525	530	543	575	586	543	607
Vorrat	590	590	590	570	570	570	500	500	500	500	500	510	510	510
Über- bzw. Unterdeckung	–15	–27	–14	–34	115	95	–5	–25	–30	–43	–75	–76	–33	–97

Abb. 13.4: Schematisches Beispiel für Multiprojektplanung auf Vorgangs- und für kleinere Projekte auf Projektebene (Prinzipdarstellung)

von geänderten Prioritäten auf Termine – Projekt 1 erhält z. B. mehr Entwicklungsingenieure zugewiesen, die von Projekt 5 abgezogen werden – können sonst nicht überprüft werden.

Multiprojektplanung und Durchlaufzeitenverkürzung

Besondere Bedeutung hat die projektbezogene Einsatzmittelplanung im Zusammenhang mit der in vielen Industriezweigen und bei der öffentlichen Hand angestrebten Verkürzung der Durchlaufzeiten von Projekten. Besteht keine Vorstellung über die bestehende Auslastung der Kapazitäten – und das ist nur zu oft in der Praxis der Fall – so werden immer wieder neue Aufgaben übernommen. Die vorhandene Kapazität wird ausgedünnt. Sie verteilt sich auf immer mehr Projekte und Routinetätigkeiten. Die Durchlaufzeit der einzelnen Projekte und Aufträge verlängert sich.

Einsatzmittelplanung auf Vorgangsebene: Theorie und Praxis

Es wurde gezeigt, dass die Einsatzmittelplanung auf Vorgangsebene zumindest in der Theorie Vorteile hat. In der Praxis setzt sich jedoch mehr und mehr die Erkenntnis durch, dass eine Planung mit diesem Feinheitsgrad außerordentlich aufwändig ist und dass es genügt, auf der Ebene der Projektphasen oder sogar auf Projektebene zu planen (vgl. dazu Abbildung 13.5)[131]

Der Überblick über die Gesamtbelastung der Mitarbeiter durch Projekte und nicht-projektbezogene Arbeiten kann nur durch die Linienvorgesetzten erstellt werden. Die Projektleiter stellen an sie hoffentlich einigermaßen präzise Personalanforderungen. Das kann allerdings nur geschehen, wenn diese ihr Projekt systematisch planen. Ein weiteres Beispiel für eine praktikable Lösung der Ressourcenplanung findet sich bei Siegemund und Gerlacher.[132]

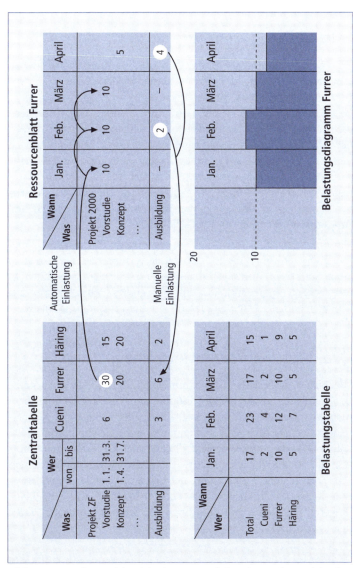

Abb. 13.5: Grobe Multiprojektplanung auf der Ebene der Projektphasen[133]

Eine Warnung an die Planer

Zum Schluss dieses Abschnitts noch eine Warnung an die Planer. Wer versucht, wie es der Verfasser immer wieder einmal erlebt, vor allem Arbeitskräfte auf Vorgangsebene sozusagen tag- und stundengenau für Projekte einzuplanen und diese Planung auch noch ständig aktuell zu halten, der sieht sich sehr schnell mit einem kaum zu bewältigenden Änderungsaufwand konfrontiert. Hier sind einfach die Grenzen der Planung erreicht, auch wenn die Hersteller entsprechender Planungssoftware anderes behaupten. Die am Markt angebotenen Programmpakete erlauben in der Regel einen derartigen Feinheitsgrad, das besagt aber nicht, dass ein solcher Detaillierungsgrad der Planung auch praktikabel ist.

Die Einsatzmittelplanung kann in bestimmten Fällen noch gröber sein als in der Abbildung 13.5. So hat der Verfasser an der Erstellung eines derartigen Planungsinstruments für einen großen Entwicklungsbereich mitgewirkt, das ein sehr grobes Zeitraster von drei Monaten hatte und eine Einplanung nur auf Projektebene zuließ.

Qualitative Einsatzmittelplanung

Die bisher dargestellte Einsatzmittelplanung ist rein quantitativ. Beispielsweise wurde bei der Einplanung von Entwicklungsingenieuren stillschweigend unterstellt, dass diese weitgehend gegeneinander austauschbar sind und annähernd die gleiche Produktivität haben. Wie das Beispielprojekt *Protext* zeigt, ist es aber auch notwendig, auf mögliche qualitative Engpässe zu achten. In diesem Vorhaben fehlte ein Fachmann, der Erfahrung bei der Entwicklung von Textverarbeitungssystemen hatte. Außerdem war eine Reihe jüngerer Mitarbeiter mit den ihnen zugewiesenen Aufgaben fachlich überfordert.

Projektportfolio- und Programmmanagement: Zusammenhänge zwischen Projekten berücksichtigen

Zwischen mehreren Projekten eines Unternehmens gibt es nicht nur insofern Abhängigkeiten als sie auf die gleichen, möglicherweise knappen Einsatzmittel zugreifen (Ressourcenverbund), es bestehen häufig auch noch andere Beziehungen. So liefert z. B. ein zeitlich vorgelagertes Projekt technische Grundlagen für ein später gestartetes. Folgende mögliche Beziehungen – vom Ressourcenverbund abgesehen – können zwischen verschiedenen Projekten bestehen:

Inhaltliche Beziehungen

- Gleiches bzw. ergänzendes Know-how erforderlich
- Gleiche, sich ergänzende oder gegenläufige Projektziele
- Gleiche oder konkurrierende Geschäftsfelder, für die die Projekte durchgeführt werden
- Input-Output-Beziehung: Ein Projekt liefert Ergebnisse für ein anderes Projekt oder mehrere Vorhaben

Soziale Beziehungen

- Kommunikation mit einem gemeinsamen Kunden
- Mitglieder der Organisation gehören gleichzeitig mehreren Projektteams an
- Gemeinsame Berichts- und Kommunikationsstrukturen

Zeitliche Beziehungen, die sich aus knappen Einsatzmitteln oder aus einer Input-Output-Beziehung ergeben

Das Management, das in diesem Fall natürlich nicht allein von dem Projektleiter betrieben werden kann, sondern das – wie zu zeigen sein wird – eine übergeordnete Instanz – häufig Programmmanagement genannt – erfordert, hat dabei eine besonders schwierige Aufgabe zu lösen.

Ein BEISPIEL: Bei der Entwicklung eines neuen Automodells gibt es neben dem „Hauptprojekt", in dem beispielsweise ein neues Fahrgestell, eine neue Karosserie und ein neuer Motor zu entwickeln sind, eine ganze Reihe von Vorhaben, die ihm zugeordnet sind, so etwa die Entwicklung eines verbesserten Airbags, eines neuen ABS-Systems und bei einem Zulieferer die Entwicklung eines leistungsfähigeren Navigationssystems. Möglicherweise ist auch noch vorgesehen, für die Einführung des Modells Änderungen in der Vertriebsorganisation vorzunehmen und eine Werbekampagne durchzuführen. In diesem Fall stellen sich eine Fülle von Problemen[134] für das Management des gesamten Programms, das aus einer Reihe von miteinander zusammenhängenden Projekten besteht. Das wichtigste ist wohl, dass die verschiedenen zugeordneten Vorhaben so gesteuert werden, dass zu den einzelnen Meilensteinen des „Hauptprojekts" die notwendigen Informationen und materiellen Ergebnisse aus den anderen Projekten vorliegen, dass die zahlreichen technischen Schnittstellen abgestimmt und dass insgesamt das Modellentwicklungsprojekt nicht verzögert wird. Eine weitere Aufgabe ist, sicherzustellen, dass die erzielten Ergebnisse der „Nebenprojekte" auch noch in anderen Projekten genutzt werden können und dass keine ungeplante Doppelarbeit geleistet wird.

Was ist der Unterschied zwischen Programmmanagement und Projektportfoliomanagement?

In der Kapitelüberschrift wurden diese beiden Ausdrücke verwendet. Was unterscheidet nun Programmmanagement von Projektportfoliomanagement? Leider differenzieren selbst oft Lehrbücher nicht präzise genug zwischen den Termini. Dabei ist eine Unterscheidung schon deshalb erforderlich, weil beide Formen unterschiedliche Rollendefinitionen erfordern. Das Programm, in unserem Beispiel die Entwicklung und Markteinführung eines neuen PKW-Modells, ist beendet, wenn das Auto vom Kunden erworben werden kann. Der Programmmanager wird von seiner Aufgabe entlastet. Ein Programm, oft auch Großprojekt genannt, das in Einzel- oder Teilprojekte aufgegliedert ist, hat somit das gleiche Merkmal wie ein Projekt, nämlich das der zeitlichen Begrenzung.

Ganz anders ist die Aufgabe des Projektportfoliomanagements zu sehen. Sie ist nämlich prinzipiell permanent. Das Projektportfolio (z. B. die Menge der Projekte in Abbildung 5.7) „erneuert" sich zumindest in größeren Organisationen und bei starker Projektorientierung ständig durch Beenden bzw. Abbruch von Vorhaben und Aufnahme neuer Projekte. Die Zusammensetzung ändert sich, das Portfolio selbst bleibt bestehen.[135]

Dabei ist es bei einer größeren Menge von Projekten durchaus möglich, dass in einer Organisation Teilportfolios gebildet werden, z. B. für Produktentwicklungsprojekte, IT-Projekte oder Investitionsvorhaben.

Programmmanagement und Multiprojektmanagement verlangen unterschiedliche Rollendefinitionen

Eine kurze, notwendig etwas vereinfachte Gegenüberstellung bietet Lomnitz:[136]

Multiprojektmanager	Programmmanager
Navigator der Projektlandschaft	Kapitän des Programms
Fokus: Gesamtsicht über die Projekte	Fokus: Das Programm
Koordinationsaufgabe	Führungsaufgabe
Analysiert und stellt die Probleme dem Projektleiter, dem Auftraggeber und dem Portfolio-Board dar.	Muss unmittelbar in die Projekte eingreifen, wenn die Situation es erfordert.
Hat keine Budgetveranwortung muss aber über das Gesamtbudget wachen	Hat Budgetveranwortung
Analysiert die Personalsituation in der Projektelandschaft	Hat Personalverantwortung
Daueraufgabe, solange die Projektelandschaft zu koordinieren ist.	Endet mit Abschluss des Programms
Muss sich oft mit der internen Politik, mit Macht und seiner Ohnmacht auseinandersetzen.	Ist oft dem rauen Klima beim Kunden ausgesetzt, wenn es sich um ein externes Projekt handelt.

Ein Portfolio-Board (Synonyme sind u. a. Zentraler Lenkungsausschuss und Steuerungsausschuss) – nicht zu verwechseln mit dem Lenkungs- oder Entscheidungsausschuss für ein einzelnes Projekt – hat vor allem die Aufgabe, über Prioritäten zu entscheiden. Dazu gehört u. a. die Entscheidung über die Aufnahme neuer Vorhaben und den eventuellen Abbruch laufender Projekte, aber auch die Zuweisung von Einsatzmitteln.

Oft besteht der Board aus den Vorstandsmitgliedern der einzelnen Ressorts. Bei speziellen Portfolios, also z. B. der Menge aller IT-Projekte, ist es aber denkbar, dass nicht alle Ressorts im Gremium vertreten sind.

Eine stärkere Differenzierung der Rolle des Projektportfoliomanagers aufgrund empirischer Befunde findet sich bei Gemünden, Dammer und Jonas.[137] Die Autoren unterscheiden beim Multiprojektkoordinator (ein Synonym für Projektportfoliomanager)) den „Konsolidierer", der sich weitgehend auf das Sammeln und Verdichten von Informationen beschränken muss, den „Allokator", bei dem das Ressourcenmanagement zentralisiert ist, und auf der höchsten Entwicklungsstufe den „Gestalter". „Er ist ein wichtiger Impulsgeber für die Strategie, er weist auf Chancen hin und beurteilt die Machbarkeit […]." Er stimmt das Portfolio insbesondere mit der Personalentwicklung, der Marktstrategie und der Technologiestrategie ab.

Ähnliche Rollenbilder wie das des „Gestalters" entwerfen Rietiker[138] (Chief Project Officer) sowie Norton und Kaplan[139] (Office of Strategy Management). Eine der Kernaufgaben ist dabei immer die Abstimmung des Projektportfolios mit der Unternehmens- bzw. Geschäftsfeldstrategie (vgl. dazu 5. Kapitel).

Empirische Untersuchungen haben gezeigt, dass erfolgreiche Unternehmen die Portfolioziele aus den Unternehmenszielen ableiten und die „Rahmenbedingungen für das Projektportfolio über die strategische Planung vorgeben:" „Unternehmen, die ihre Projektlandschaft professionell steuern, ziehen aus 83 Prozent ihrer Projekte wirtschaftlichen Gewinn. Bei Unternehmen mit schlechtem Multiprojektmanagement rentieren sich dagegen nur 53 %".[140]

Programmmanagement und Multiprojektmanagement

Das Project Management Institute of America (PMI) hat bereits vor einer Reihe von Jahren Standards für Programmmanagement und Projektportfoliomanagement hervorgebracht. Die neuesten Versionen sind PMI (Ed.): The Standard für Program Management (Third edition) Newton Square 2013 und PMI (Ed.): The Standard for Portfoliomanagement (Third edition) Newton Square 2013.

14. Kapitel

Die Projektkosten unter Kontrolle halten: Mitschreitende Kostenverfolgung

Wenn die Einhaltung der Kosten wichtig ist

Wie im 11. Kapitel gezeigt wurde, gibt es Projekte, bei denen die Einhaltung der geplanten Termine sehr viel wichtiger ist als die Einhaltung des Budgets. Das sind oft Vorhaben mit dem Ziel, ein Produkt zu entwickeln, das dann in hoher Stückzahl auf den Markt kommt.

Bei vielen Projekten hat aber die Kostentreue die gleiche Priorität wie die Termintreue oder sogar noch eine höhere. Im Projekt *Protext* wurde dem Kunden ein Festpreis zugesagt. Da die tatsächlich angefallenen Kosten schon vor dem Abschluss des Projekts höher lagen als dieser Festpreis, war das Vorhaben für die Firma ein Verlustgeschäft. Bei internen Projekten und Projekten der Öffentlichen Hand, bei denen die ursprünglich geplanten Kosten überschritten werden, geht dies oft zu Lasten anderer Vorhaben. Ihr Budget wird gekürzt, die Laufzeit wird gestreckt oder sie müssen ganz aufgegeben werden.

Aus den genannten Gründen ist es notwendig, dass nicht erst nach Abschluss des Projekts Kostenüberschreitungen mit Bedauern festgestellt werden, sondern dass die Kostenentwicklung während des Projekts beobachtet und bei Bedarf rechtzeitig eingegriffen wird.

Die anfallenden Kosten den einzelnen Arbeitspaketen zuordnen

Nachdem für die Arbeitspakete der Einsatzmittelbedarf und die Kosten geschätzt wurden, müssen während der Ausführung des Projekts die anfallenden Kosten (Kosten des Einsatzes von Arbeitskräften, Materialkosten, Kosten der Rechenzeit usw.) registriert und, so weit wie möglich, den Arbeitspaketen zugerechnet werden, die sie verursacht haben. Jedes Arbeitspaket erhält eine Kennung, eine Art Kontonummer. In vielen Unternehmen werden die anfallenden Kosten täglich aufgezeichnet, weil so am ehesten gewährleistet ist, dass die Arbeitspakete, die ja nichts anderes sind als eine Art „Unterkostenträger" (Kostenträger ist das Projekt), nur die Kosten tragen, die sie auch verursacht haben.

Die Ermittlung von tatsächlichen Kosten pro Arbeitspaket ist in der Industrie relativ neu. Früher wurden zumeist nur die Kosten für das ganze Vorhaben erfasst und auch das häufig erst nach Abschluss des Projekts. Erst seit den späten 50er Jahren forderte der militärische Auftraggeber in den USA als erster eine stärkere Detaillierung.

Der Grund ist klar: Nur wenn geplante und tatsächlich angefallene Kosten für jedes Arbeitspaket gesondert erfasst werden, lässt sich auch genauer erkennen, bei welchen Arbeiten sich etwaige Kostensteigerungen ergeben haben. Die Ursachen für die Kostenüberschreitungen können dann genauer ermittelt werden.

Im Projekt *Protext* war auf eine solche Detaillierung verzichtet worden.

Die Stunde der Wahrheit: Der monatliche Kostenvergleich

Die projektbegleitende Kostenkontrolle erfolgt in der Regel monatlich in manchen Fällen auch 14-täglich. Für Arbeitspakete, die am Ende des jeweiligen Monats abgeschlossen sind, ist die Kostenkontrolle relativ einfach. Es werden

- geplante und
- tatsächliche angefallene Kosten,

u. U. aufgeteilt nach verschiedenen Kostenarten, gegenübergestellt und die Differenz gebildet.

Der Kostenvergleich ist nur dann aussagefähig, wenn das Arbeitspaket, das als abgeschlossen gemeldet wurde, auch tatsächlich fertig ist. Stellt sich z. B. später heraus, dass noch Nacharbeiten notwendig sind oder gar dass das Arbeitsergebnis völlig unbrauchbar ist, wurden die Istkosten zu niedrig ausgewiesen.

Problematisch wird es, wenn mit einem Arbeitspaket zum Ende des Berichtsmonats zwar schon begonnen wurde und Kosten angefallen sind, die Arbeiten aber noch nicht abgeschlossen sind.

Man hat dann zwei Kostengrößen, die nicht miteinander vergleichbar sind, weil sie sich auf unterschiedliche Leistungsumfänge beziehen, nämlich

- die Kosten, die nach Plan für das abgeschlossene Arbeitspaket anfallen dürfen und
- tatsächliche Kosten, die sich auf die bisher geleisteten Arbeiten beziehen.

Ohne Messung des Projektfortschritts lässt sich wenig erkennen

An einem sehr einfachen Beispiel sei dies erläutert. Für das komplizierte Verlegen eines Teppichbodens von 1000 qm sollen die Kosten nicht nach den verlegten qm berechnet werden, sondern nach den angefallenen Stunden. 200 Stunden an Arbeitszeit seien geplant. Der Stundensatz betrage 60 €. Somit sind die geplanten Lohnkosten 12 000 €. Am Ende des Monats sind laut Stundenzettel 60 Stunden und damit 3600 € an Personalkosten angefallen. Der Vergleich von 12 000 € und 3600 € ist wenig aussagefähig. Es lässt sich ja lediglich feststellen, dass nicht mehr als 8400 € noch anfallen dürfen, wenn man im Budget bleiben will. Es fehlt für die Kostenanalyse eine entscheidende Größe, die in unserem Fall aber durch Ausmessen einfach zu ermitteln ist, nämlich die Zahl der bereits verlegten qm: Beträgt sie 300 qm, so besteht kein Anlass zur Sorge. Es sind 30 % der geplanten Kosten angefallen, es wurden aber auch 30 % der gesamten Teppichfläche verlegt. Die tatsächlich angefallenen Kosten liegen also im Plan Die insgesamt geplanten Kosten werden voraussichtlich eingehalten, es sei denn, es treten beim Verlegen unvorhergesehene Schwierigkeiten auf oder die Produktivität des Bodenlegers sinkt sehr stark ab. Wären bis zum Stichtag bei gleichen Istkosten nur 200 qm verlegt worden, müsste man befürchten, dass die ursprünglich geplanten Kosten für die gesamten Verlegearbeiten nicht einzuhalten sind.

Messen, Zählen, Wiegen – Was tun, wenn das nicht möglich ist?

Durch das Ausmessen der verlegten Teppichfläche haben wir für das Arbeitspaket „Teppichboden verlegen" den Arbeitsfortschritt ermittelt. Er beträgt 30 %. Eine solche Ermittlung ist immer dann einfach, wenn wir das Arbeitsergebnis messen, zählen oder wiegen können. Das ist z. B. bei Bauprojekten in aller Regel unproblematisch: Schalungsflächen (qm) oder Aushub (cbm) sind solche verhältnismäßig leicht zu erfassende Größen.

Bei vielen Projekten ist das allerdings nicht ganz so einfach. Wie misst man etwa den Arbeitsfortschritt bei dem Arbeitspaket „Machbarkeitsstudie erstellen" oder bei dem Arbeitspaket „Silbentrennungsprogramm schreiben"?

Wie sich in der Praxis gezeigt hat, sind z. B. die „Fortschrittsmaße" „Zahl der bis zum Stichtag geschriebenen Zeilen des Gutachtens: geschätzte Gesamtzahl der Zeilen" bzw. „Zahl der bis zum Stichtag geschriebenen Programmzeilen: geschätzte Zeilen des gesamten Programms" keine brauchbaren Maßgrößen, insbesondere deshalb nicht, weil das Schreiben der einzelnen Anweisungen eines Programms bzw. verschiedener Abschnitte einer Studie von sehr unterschiedlichem Schwierigkeitsgrad sein kann.

Ein Trick bei der „Messung des Arbeitsfortschritts"

Um dennoch zu einem Kostenvergleich zu kommen, wird ein Trick angewandt: Man misst den Arbeitsfortschritt nicht direkt, sondern indirekt mit einer Hilfsgröße.

Bekannt sind am Ende eines Monats die tatsächlich angefallenen Kosten für ein Arbeitspaket. Bekannt sind auch die ursprünglich geplanten Kosten für das gesamte Arbeitspaket. Es fehlt nun noch eine dritte Größe, die der Arbeitspaketverantwortliche schätzen muss, nämlich, wie viele Kosten er voraussichtlich noch brauchen wird, um das Arbeitspaket zu vollenden. In der Praxis wird man in vielen Fällen auf diese Frage keine Antwort erhalten. Deshalb wird man zumeist nach Arbeitsstunden fragen und die angegebenen Stunden in Kosten umrechnen. Diese Kostengröße nennt man auch geschätzte Restkosten oder cost-to-complete-Schätzung.

Aus den drei Werten errechnet man nun den folgenden Quotienten Q:

$$Q = \frac{\text{ursprünglich geplante Kosten des Arbeitspakets}}{\text{Istkosten + geschätzte Kosten zur Vollendung des Arbeitspakets}}$$

und multipliziert die Istkosten mit Q.

> **Ein BEISPIEL:** Für das Schreiben eines Silbentrennungsprogramms (incl. Testen und Dokumentieren) sind zu Beginn eines Projekts 120.000 € geplant gewesen. In der Arbeitswoche 1 war mit den Arbeiten begonnen worden. Bis zum Stichtag (Ende der 6. Arbeitswoche) waren insgesamt 357 Programmiererstunden mit einem Stundensatz von 140 € angefallen. Die Istkosten betragen also bis zum Stichtag rund 50.000 €.
>
> **Fall 1: Die (hoffentlich) gute Nachricht „Die Kosten sind im Plan"**
> Schätzt der für die Arbeiten verantwortliche Programmierer die Kosten zur Vollendung des Arbeitspakets auf 70.000; so beträgt der Arbeitsfortschritt bei dem Arbeitspaket „Silbentrennungsprogramm" (50.000 : 120.000) · 100 = 42 %
> Der Quotient Q erhält den Wert 1. Die Istkosten werden nun mit Q multipliziert. Wir erhalten dann die sogenannten *geplanten Kosten der Istleistung* (= Arbeitswert = earned value = Ist-Fertigstellungswert)

In unserem Fall: geplante Kosten der Istleistung
= Q × Istkosten
= 1 × 50.000
= 50.000

Die Größe „geplante Kosten der Istleistung" besagt: Diese Kosten hätten nach Plan für die tatsächlich erzielte Leistung anfallen dürfen. Da wirklich auch nur 50.000 € angefallen sind, ist das Arbeitspaket in Bezug auf die Kosten im Plan, wenn die Schätzung der Restkosten zutreffend war.

Fall 2: Die schlechte Nachricht „Kostenüberschreitungen drohen"
Schätzt der Programmierer für die Restkosten statt 70000 € 100.000 € (dieser Fall ist in der Abbildung 14.1 dargestellt), ist die Lage bei diesem Arbeitspaket sehr viel schlechter. Der Arbeitsfortschritt wäre dann, gemessen an den Kosten, nur etwa (50.000 : 150.000) · 100 = $33^{1/3}$ %. Der Quotient Q erhält einen Wert von 0,8. Für die erzielte Leistung hätten nach Plan nur 0,8 × 50.000 € = 40.000 € anfallen dürfen. Der Vergleich mit den Istkosten zeigt, dass die Kosten um 10.000 € überschritten wurden (Effizienzabweichung). Die ursprünglich geplanten Kosten des Arbeitspakets können voraussichtlich nicht eingehalten werden.

Ein einfacheres Verfahren

Bei kleineren Arbeitspaketen verzichtet man z. T. auch auf die eben gezeigte Berechnung und wendet ein einfacheres Verfahren an. Man tut bis zur Fertigstellung des Arbeitspakets so, als wäre keinerlei Fortschritt erzielt worden. Erst wenn das Arbeitspaket als fertig gemeldet wird, wird der Fortschritt von 0 % auf 100 % gesetzt (0–100-Methode). Diese Vorgehensweise hat den Nachteil, dass die Effizienzabweichung bis zum Abschluss der Arbeiten auf jeden Fall als negativ ausgewiesen wird, weil den Istkosten ein Arbeitswert von 0 gegenübersteht. Bei Arbeitspaketen von geringer Dauer kann diese Verzerrung jedoch in Kauf genommen werden.

Noch einen Schritt weiter in der Abweichungsanalyse

Wir könnten prinzipiell neben der Abweichung der Istkosten von den geplanten Kosten der Istleistung auch noch eine weitere Größe berechnen, nämlich die Abweichung der geplanten Kosten der Istleistung von den geplanten Kosten der Soll-Leistung.

Voraussetzung für die Errechnung dieser Größe, die man auch die Leistungsabweichung nennt, ist, dass geplante Termine und Kosten des Arbeitspakets miteinander verknüpft sind. Wir haben dies getan, indem wir nicht nur das Arbeitspaket terminiert haben (geplanter Beginn 1. Arbeitswoche, geplantes Ende 12. Arbeitswoche), sondern auch angenommen haben, dass die geplanten Kosten proportional zur geplanten Ausführungszeit des Arbeitspakets anfallen. Bis zum Stichtag am Ende der 6. Arbeitswoche hätten nach Plan 60.000 € anfallen sollen, die geplanten Kosten der Istleistung betragen aber nur 40.000 €. Das heißt: Es wurden nicht nur bisher die Kosten überschritten, sondern es besteht auch – gemessen an den Kosten – ein Leistungsverzug (Abbildung 14.1).

Auf die Verknüpfung von Kosten- und Zeitwerten in der soeben beschriebenen Weise mit Hilfe der Netzplantechnik wird in der Praxis häufig verzichtet, weil die Verbindung von Zeit- und Kostenplanung sehr hohe Anforderung an die Planer stellt.

Die Nachteile der Arbeitswertmethode

Die „Messung" des Arbeitsfortschritts mit Hilfe von Kostengrößen hat zwei Nachteile:

- Es wird einmal unterstellt, dass Arbeitsfortschritt und Kostenzuwachs proportional sind, d. h. dass bei einer Steigerung des Arbeitsfortschritts um 10 % auch 10 % mehr an geplanten Kosten erforderlich sind, eine Annahme, die nicht immer erfüllt sein muss.

14. KAPITEL Die Projektkosten unter Kontrolle halten

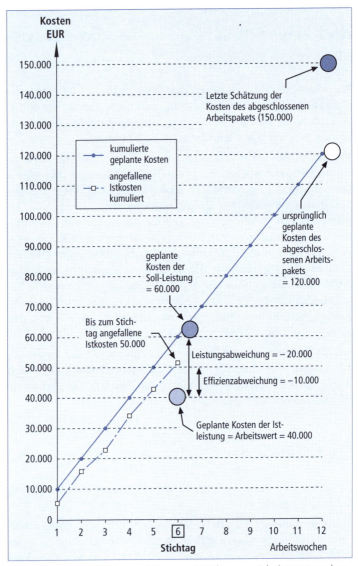

Abb. 14.1: Projektkostenverfolgung mit Istkosten, Arbeitswert und geplanten kumulierten Kosten der Soll-Leistung bis zum Stichtag

- Weit wichtiger ist aber ein zweiter Einwand: Was ist, wenn der Verantwortliche im nächsten Monat seine Restkostenschätzungen revidiert und beispielsweise statt 150.000 € auf eine neue Kostenschätzung für das Arbeitspaket von 170.000 € kommt?

Bei Projekten, die für die ausführende Firma einen hohen Neuheitsgrad haben, also z. B. bei ehrgeizigen Entwicklungsprojekten oder bei Organisationsprojekten mit zunächst vager Zielsetzung, geschieht dies nicht selten. Dann waren die Aussagen des Kostenvergleichs und der angegebene Arbeitsfortschritt falsch. Noch schlimmer: Bei sehr optimistischen Restkostenschätzungen, die in der Praxis oft abgegeben werden, weil man die Kritik der Vorgesetzten fürchtet oder weil man hofft, dass man die Kostensteigerungen bei anderen Arbeitspaketen wieder ausgleichen kann, wurden dann auch rechtzeitige Maßnahmen der Gegensteuerung verhindert. Der „Vorteil", dass Konflikte vermieden werden, ist nur sehr kurzfristig.

Es ist eine Aufgabe der Organisationsentwicklung, bei den Mitarbeitern Ehrlichkeit in der Berichterstattung zu erreichen und bei den Vorgesetzten die Neigung, nur positive Nachrichten hören zu wollen, abzubauen.

Und trotzdem: Wiederholte Restkostenschätzungen sind notwendig!

Trotz dieser ernüchternden Feststellung sollte aber niemals darauf verzichtet werden, für die einzelnen Arbeitspakete Restkostenschätzungen einzuholen. Addiert man die

- Istkosten der abgeschlossenen Arbeitspakete,
- die geplanten Kosten der noch nicht begonnenen Arbeitspakete und
- die Summen aus Istkosten und Restkostenschätzungen für die begonnenen, aber noch nicht abgeschlossenen Arbeitspakete,

so erhält man die voraussichtlichen Gesamtkosten des gesamten Projekts, wie die folgende Zeichnung zeigt.

Selbst wenn sie mehrmals nach oben revidiert werden müssen, sind sie doch ein wichtiger Frühwarnindikator, der darauf hinweist, dass das Projektbudget voraussichtlich überschritten werden wird, wenn nicht noch Maßnahmen der Projektsteuerung (18. Kapitel) ergriffen werden.

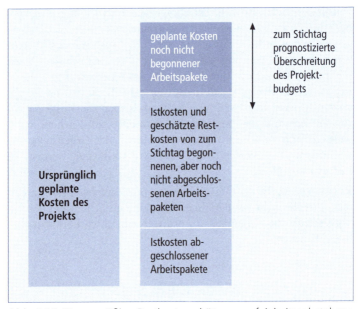

Abb. 14.2: Turnusmäßige Restkostenschätzung auf Arbeitspaketebene mit Hochrechnung auf das gesamte Projekt

Die Analyse im Projekt *Protext* fällt in diesem Kapitel besonders leicht. Der Istkostenausweis kam viel zu spät. Regelmäßige Restkostenschätzungen waren nicht gemacht worden. Den Versuch, den Projektfortschritt zu messen, hatte man gar nicht erst unternommen. Die frei formulierten Erfolgsmeldungen wären dafür auch völlig wertlos gewesen. Ein Soll-Ist-Vergleich war unterblieben.

Kostentrenddiagramme

Trägt man die regelmäßigen Restkostenschätzungen für das gesamte Projekt in ein Diagramm (Abbildung 14.3) ein, erhält man in Analogie zur Meilensteintrendanalyse bei der Terminplanung eine Kostentrendanalyse.

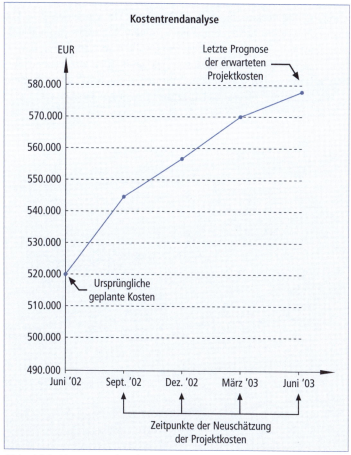

Abb. 14.3: Kostentrendanalyse

Was noch zu tun ist!

Die Systeme der projektbegleitenden Kostenverfolgung sind derzeit noch in aller Regel mehr oder weniger isoliert vom übrigen Rechnungswesen. Zukünftig sollten sie zumindest in Unternehmen, in denen Leistungserstellung mit Projektcharakter überwiegt, mit der auf Kalenderjahre und -monate bezogenen Erfolgs-, Bilanz- und Finanzplanung verknüpft werden. Die Daten der einzelnen Projekte, insbesondere die Kosten- und Finanzdaten, vor allem projektbezogene Einzahlungen des Auftraggebers, sollten so transformiert werden, dass die Auswirkungen des Projektgeschehens auf das Betriebsergebnis bzw. den Liquiditätsstatus jederzeit sichtbar sind. Erste Schritte, die auf dieses Ziel hinführen, wurden bereits vor vielen Jahren getan.[141]

15. Kapitel

Änderungen im Griff haben: Änderungs- und Konfigurationsmanagement

Da sich die angestrebten Eigenschaften des zu erstellenden Systems während eines Projektes ändern können und entdeckte Fehler beseitigt werden müssen, muss ein systematisches Änderungsmanagement aufgebaut werden, für das sich heute auch der Terminus „Konfigurationsmanagement" eingebürgert hat. Allerdings ist dieser letzte Begriff, auf den noch näher eingegangen wird, weiter zu fassen.

Was geschieht, wenn man Änderungen der Projektziele nicht in der Planung berücksichtigt

In der Vergangenheit hat sich gezeigt, dass die Projektverantwortlichen auf ein konsequentes Änderungsmanagement häufig verzichtet haben. Eine wesentliche Ursache für die enormen Kostensteigerungen beim Bau des Allgemeinen Krankenhauses Wien und nicht nur bei diesem Katastrophenprojekt war, dass die Projektleitung die ständige Ausweitung der Raumforderungen durch die Mediziner nicht unter Kontrolle hatte. In jüngster Zeit war es u. a. beim Projekt „Flughafen Berlin-Schönefeld" und bei dem Bau der Elbphilharmonie der Projektleitung nicht gelungen, die zahlreichen Änderungen in den Griff zu bekommen.[142]

Ähnliches gilt für viele Softwareprojekte. Änderungen in der Spezifikation werden aus Gefälligkeit „unter der Hand eingeschleust", ohne dass beispielsweise die Konsequenzen für Projektendtermin und Projektkosten überprüft werden. Der Umgang mit Änderungen im Projekt *Protext* ist alles andere als ein Ausnahmefall. Es gibt freilich in der Praxis auch sehr positive Beispiele. So waren etwa bei dem sehr raschen Wiederaufbau der Frankfurter Oper „alle Fachplaner… gehalten, bei kostenrelevanten Ereignissen, wie Mehr- und Minderkosten sowie Programmänderungen diese bereits im Entstehungsstadium zur Genehmigung der Projektleitung vorzulegen".[143] Diese Vorgehensweise führte schließlich auch dazu, dass der vorgesehene Termin gehalten und die geplanten Kosten nicht wesentlich überschritten wurden.

Gründe für Änderungen

Für Änderungen während eines Projekts gibt es eine ganze Reihe von Gründen, so

- zusätzliche Wünsche des internen oder externen Auftraggebers,
- Fehler oder Unterlassungen bzw. unpräzise Angaben in der ursprünglichen Spezifikation,
- Fehler, die während der Projektausführung gemacht wurden und die beseitigt werden müssen,
- unvorhergesehene Folgewirkungen von konstruktiven und anderen Festlegungen,
- neue technische Erkenntnisse oder Entwicklungen (z. B. Verstärkung der Statik der Decken wegen der Aufstellung eines Computertomographen) und
- zusätzliche behördliche Auflagen.

Die Auswirkungen von Änderungen systematisch überprüfen

Derartige Änderungen müssen von den Verantwortlichen, sobald ihre Notwendigkeit erkannt worden ist, an die Projektleitung gemeldet werden. Eine elementare Forderung ist, dass nur kontrolliert geändert werden darf. Die Auswirkungen insbesondere auf andere Arbeitspakete und Komponenten des Projektgegenstands, auf technische Schnittstellen, auf Zulieferer, auf die Fertigung und auf Termine und Kosten bzw. auf den mit dem Kunden vereinbarten Preis müssen systematisch überprüft werden.

Da z. B. das Ergebnis eines Produktentwicklungsprojekts nicht nur aus dem materiellen Gegenstand selbst besteht, sondern u. a. auch aus Handbüchern für die Wartung und den Benutzer, aus Konstruktions- und Fertigungsplänen und Stücklisten, ist sorgfältig darauf zu achten, dass die genehmigten Änderungen in alle Dokumente, in denen sie sich niederschlagen, auch wirklich eingearbeitet werden (Konsistenzproblem).

In kleineren Projekten entscheidet zumeist der Projektleiter über Änderungen, in größeren Projekten gibt es oft einen „Change Control Board" (Gremium zur Überwachung und Steuerung von Änderungen), in dem auch der Auftraggeber vertreten ist. Abbildung 15.1 zeigt einen einfachen Änderungsantrag für ein materielles Produkt.

Änderungsantrag	
Antragsteller:	Antragsnr.:
Betroffene Baugruppen/Teil: Zeichnungs-Nr. Spezifikations-Nr.	Teile-Nr. Bezeichnung
Begründung der Änderung	**Beschreibung der Änderung**
Zu ändernde Unterlagen	**Beschreibung der Änderung**
Zu ändernde Unterlagen	**Zu ändernde Geräte und Betriebsmittel**
Auswirkungen auf z. B. technische – Forderungen andere – Baugruppen	Wirksamkeit – Termine und Kosten
Änderungsklasse	Änderungspriorität
Änderung wirksam ab.......	
Nachrüstung erfolgt ab....... für.....	
Stellungnahme (Unterschrift, Datum)	
Durchführungsentscheid/Änderungskonferenz (Unterschrift, Datum)	

Abb. 15.1: Beispiel für Änderungsantrag[144]

Über „Großvaters Verständnis von Änderungen" (Saynisch) hinaus: Konfigurationsmanagement

Das oben skizzierte Änderungsmanagement, das als Teil von Konfigurationsmanagement zu verstehen ist, gibt es in der Fertigungswirtschaft seit vielen Jahren. M. Saynisch,[145] der „Papst des Konfigurationsmanagements" in der Bundesrepublik, bemängelt daran vor allem, dass es nur in späten Phasen des Übergangs von der Entwicklung bzw. Konstruktion zur Produktion angewendet wird. Beim Konfigurationsmanagement werden hingegen Änderungen in frühen Phasen sehr stark betont. Damit wird der Tatsache Rechnung getragen, dass Änderungen umso teurer sind, je später sie durchgeführt werden. (vgl. dazu Abbildung 3.1, 3. Kapitel). Systematisches Konfigurationsmanagement verlangt vor allem, dass eine feste Bezugsbasis (Referenzkonfiguration), also z. B. eine „eingefrorene" Programmspezifikation festgelegt wird. Änderungen werden dann immer in Bezug auf diese Ausgangsbasis beschrieben. Zu Recht bemerkt Saynisch, dass sie andernfalls, „in der Luft hängen".

Konfigurationsmanagement in der Software-Entwicklung

Konfigurationsmanagement sollte insbesondere in der Software-Entwicklung eine wichtige Rolle spielen, da Software im Vergleich zu materiellen Produkten eine hohe „Plastizität" hat, d. h. besonders leicht änderbar ist.

Einige Probleme, die in Software-Projekten ohne systematisches Konfigurationsmanagement auftreten können, schildert Balzert:[146]

- „Häufige Änderungen an Software-Elementen (Dokumente wie Benutzerdokumentation, Programme oder Programmkomponenten oder auch Software-Werkzeuge; d. Verf.) verursachen ein Chaos. Bereits korrigierte Fehler tauchen wieder auf. Es ist unklar, warum und von wem welche Änderungen durchgeführt wurden …

- Es ist unklar, ob ein Fehler bereits behoben wurde oder nicht. Was in der neuen Freigabe geändert wurde, ist unbekannt...
- Es ist schwierig, das System so zu konfigurieren, dass alle Fehlermeldungen bis vor zwei Wochen berücksichtigt sind. Die letzte Verbesserung war fehlerhaft. Sie muss aus der Konfiguration (Festlegung, welche Software-Elemente zu einem bestimmten Stichtag zu einem Produkt gehören; d. Verf.) entfernt werden..."

Mit Konfigurationsmanagement lassen sich die genannten Probleme vermeiden oder zumindest erheblich reduzieren.

Neuere Entwicklungen

Trends wie immer kürzer werdende Produktzyklen und komplexere Produkte erfordern in verschiedenen Branchen, so in der Automobilindustrie, ganz neue Lösungen. „Die innovativen Lösungsideen werden gesehen in der Erweiterung und Integration von Engineering- und Managementmethoden, wobei ein Projektmanagement mit neuer Qualität (integriertes Projekt- und Konfigurationsmanagement) im Zentrum steht. Diese Lösungsideen auf der Prozessseite erfordern eine adäquate IT-Unterstützung, u. a. durch ein interdisziplinäres PDM/SKM-System (Produktdatenmanagement-/Softwarekonfigurationsmanagementsystem; d. Verfasser) mit erweiterter Konfigurationsmanagementunterstützung."[147]

In PDM-Systemen werden die anfallenden Produktdaten bzw. Dokumente und ihre Querbeziehungen gespeichert.

Man spricht auch von einer „Digitalisierung der Produktentwicklung".[148] Das bedeutet, dass die vollständige Beschreibung der Produkteigenschaften in einem „integrierten Produktmodell" hinterlegt ist. Das Konfigurationsmanagement kann auf diese Daten und die definierten Beziehungen zwischen ihnen zugreifen und sie verwalten.

Fehlendes Änderungs- bzw. Konfigurationsmanagement im Projekt Protext

Im Projekt *Protext* gab es, wie schon kurz erwähnt, kein systematisches Änderungs- oder gar Konfigurationsmanagement. Dabei kommt gerade in Softwareprojekten dieser Teildisziplin besondere Bedeutung zu, weil Software sehr leicht änderbar ist. Änderungen der Spezifikation wurden unkontrolliert und ohne Absprache mit einem offiziellen Vertreter des Auftraggebers vollzogen und nicht formal vom Projektleiter genehmigt und überwacht. Auswirkungen auf Projekttermin und Projektkosten wurden nicht überprüft. Die Tatsache, dass es von einzelnen Programmteilen mehrere Versionen gab und nicht klar war, auf welcher die weiteren Entwicklungsarbeiten aufbauen sollten, ist ebenfalls eine Folge fehlenden Änderungsmanagements.

16. Kapitel

Qualität im Projektverlauf sichern: „Der Kunde soll zurückkommen, nicht das Produkt"

Die Zufriedenheit des internen oder externen Auftraggebers mit dem Projektergebnis hängt, wie Befragungen zeigen, zumindest einige Zeit nach dem Projektabschluss weit mehr von der Qualität des gelieferten Produkts ab als von der Einhaltung der zugesagten Termine und Kosten. Das verwundert nicht: Der Ärger über überzogene Termine und Kosten lässt mit der Zeit nach, der Ärger mit einem Produkt, das man Tag für Tag benutzt und das ständig Probleme bereitet, bleibt.

Einige Begriffe und Forderungen

Qualität im Projekt ist – vereinfacht – die Übereinstimmung von Kundenanforderung und erbrachter Leistung. Der Projektleiter und das Top-Management des Unternehmens tragen eine große Verantwortung für die Qualität eines Projekts, weil man diese nicht durch bloße Prüfungen an Bauteilen oder Reviews bei Projektabschluss erreichen kann. Für die Qualität in der Projektarbeit ist eine durchgängige Strategie und ein beschriebenes Qualitätsmanagement-System (QMS) erforderlich.

Der Projektleiter muss sich mit Qualitätsmanagement (QM) befassen, um die enge Verknüpfung von Management, Projekt und Qualität verstehen und die strategische Bedeutung für das Unternehmen abschätzen zu können. Er kennt die Methoden und Verfahren des

QM und er wählt die Werkzeuge aus, die er im Projektmanagement anwenden kann. Er sorgt für eine klare Organisation, eindeutige Aufgabendefinitionen und -zuordnungen, zielgerichtete Informationsflüsse und Transparenz im Projektgeschehen. Er weiß, dass gut organisierte Prozesse zu Produkten und Dienstleistungen von hoher Qualität führen.

Das Top-Management führt die praktizierten Verfahren, die eingesetzten Mitarbeiter und die Einbindung der Kunden i. S. der strategischen Ausrichtung des Unternehmens und des praktizierten Projektmanagements zusammen. Am Ende hängt die Qualität des Projektmanagement davon ab, inwieweit dies gelingt.

Was bringt ein Qualitätsmanagement-System?

QM bewirkt effizientere innerbetriebliche Abläufe, eindeutige Schnittstellen und eine gleichbleibend hohe Produktqualität (Abbildung 16.1). Ein Unternehmen mit einem QMS kann klare Aussagen zu seiner Qualitätsfähigkeit und Zuverlässigkeit machen. So wächst das Kundenvertrauen. Das QMS macht aber auch den Bedarf an Änderungen deutlich und erlaubt es, Korrekturmaßnahmen festzulegen.

Fehlerauswertungen zeigen, dass nur selten die Mitarbeiter für Qualitätsmängel verantwortlich sind. Die meisten Fehlerursachen gehen auf ein mangelhaftes Managementsystem zurück und liegen damit in der Verantwortung des mittleren und oberen Managements. Im QM geschulte Mitarbeiter wissen, dass auf der Leitungsebene die Grundlage für Qualität gelegt wird, und weisen auf Probleme und Verbesserungsmöglichkeiten hin. Das Management muss diese Anregungen aufgreifen und konsequent umsetzen.

Aus den Fehlleistungen vieler Unternehmen lassen sich Erfolgsmerkmale formulieren. Ein Unternehmen, das ein QMS aufbauen möchte, muss sich mit ihnen auseinandersetzen. Notwendig sind:

(1) Genau definiertes Unternehmensziel

(2) Harmonie im Managementteam

Was bringt ein Qualitätsmanagement-System?

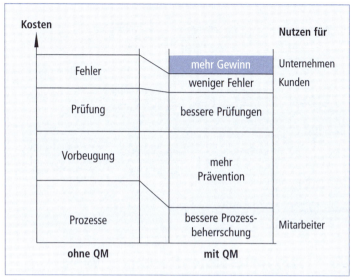

Abb. 16.1: Kosten und Nutzen von Qualitätsmanagement

(3) Innovationsfähigkeit

(4) Schnelligkeit, kundengerechte Qualität und Servicebereitschaft

(5) Flexibilisierung der unternehmerischen Infrastruktur

Ein wirkungsvolles QMS erkennt man daran, wie seine Anwender mit Fehlern umgehen (z. B. Fehlerdokumentation, Ursachenermittlung). Steht der Qualitätsgedanke in der Unternehmensphilosophie ganz oben, bekommt das Unternehmen mit QM ein wichtiges Instrument in die Hand: das Lernen aus den Fehlern (vgl. 21. Kapitel „Das Projekt systematisch beenden und Erfahrungen auswerten") und die Fähigkeit, Schwachstellen zu beseitigen. Die Betriebsgröße, gemessen an der Mitarbeiterzahl oder am Umsatz, sowie die Produkte, Dienstleistungen oder Projekte des Unternehmens, spielen in Bezug auf das QMS nur eine untergeordnete Rolle.

Abbildung 16.2 zeigt den Zusammenhang zwischen Qualität und betriebswirtschaftlichem Nutzen (Deming-Kette der Qualität.[149]

16. KAPITEL „Der Kunde soll zurückkommen, nicht das Produkt"

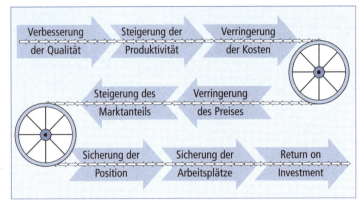

Abb. 16.2: Deming-Kette der Qualität

Ein kurzer historischer Rückblick: Von der produktionsorientierten Qualitätskontrolle zum Total Quality Management

Unter der Federführung der Amerikaner W. Edwards Deming und J. M. Juran[150] entwickelte sich aus der produktionsorientierten Qualitätskontrolle der 1950er und 1960er Jahre über die prozessorientierte Qualitätssicherung in den 1970er und 1980er Jahren ein umfassendes Qualitätsmanagement-System: Total Quality Management (TQM). Das TQM-Konzept war ursprünglich eine Antwort auf ähnliche fernöstliche Strategien, die Unternehmen dort erhebliche Wettbewerbsvorteile im Kampf um internationale Märkte brachten. Dabei müssen alle Prozesse beleuchtet und verbessert werden. Dies führt zu einer umfassenden Prozessorientierung, einschließlich der administrativen Abläufe. Der Kunde muss optimal bedient werden, von der Erhebung der Ausgangssituation bis hin zur Betreuung nach Abschluss der Leistungserbringung.

Um 1950 war eine Qualitätskontrolle nur am fertigen Produkt erfolgt. Qualitätsverbesserungen erreichten die Unternehmen dadurch, dass sie den Anteil der Prüfungen erhöhten und/oder die Toleranzen weiter einengten. Fehler konnten nur durch aufwendige Nacharbeiten am fertigen Produkt abgestellt werden – oder das Produkt musste ausgesondert werden.

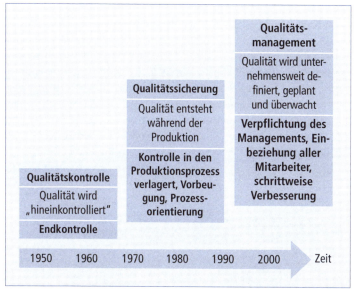

Abb. 16.3: Wandel des Qualitätsbegriffs

Weil dieses Verfahren kostspielig war, leiteten die Unternehmen einen Wandel hin zur Qualitätssicherung ein. Sie verbesserten die Qualität durch Vorbeugung, indem sie in den Entwicklungs- und Herstellungsprozess Kontrollmaßnahmen einbauten. An die Stelle der Produktorientierung rückte eine Prozessorientierung im technischen Sinn. Die Qualitätssicherung der eigens dafür ausgebildeten Mitarbeiter bezog sich auf die technischen Bereiche (Entwicklung, Konstruktion, Fertigung, Montage, Wartung).

Aus der Einsicht, dass neben den Qualitätssicherungsbeauftragten und -mitarbeitern das gesamte Management und alle Mitarbeiter der Stiftung von Kundennutzen und der Erreichung der Unternehmensziele verpflichtet werden müssen, entstand schließlich die Idee des TQM[151].

Die heutige Praxis: externe Begutachtung

Heute begutachten externe Zertifizierungsstellen Qualitätsmanagement-Systeme, zum Beispiel auf Basis der internationalen Norm ISO 9000[152, 153]. Darüber hinaus können sich Unternehmen um Qualitätsmanagement-Preise (z. B. Ludwig-Erhard-Preis, European Quality Award EQA)[154] bewerben oder sich von sog. Peers anderer Unternehmen bewerten lassen. Der Nutzen dieser Bewertungen liegt bei der unvoreingenommenen, externen Begutachtung des Systems. Dies führt über die Identifizierung von vorhandenen Stärken und Schwachstellen zur Erschließung von Verbesserungspotenzial. Abbildung 16.4 zeigt den Weg zur Qualität im Projekt.

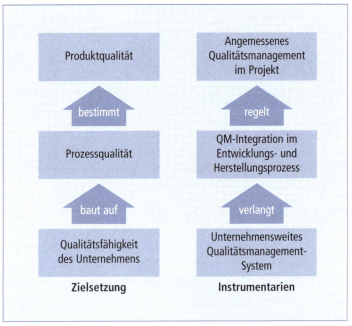

Abb. 16.4: Weg zur Qualität

Einige einschlägige Normen

Rahmenempfehlungen zum Aufbau eines QMS und Mindestanforderungen sind heute genauso in Normen (allgemeine wie z. B. DIN EN ISO 9000 oder Normen mit Branchenbezug) definiert wie die Begriffe der Qualitätssicherung und des QM. Vor dem Hintergrund dieser Normen können Unternehmen ihre Ziele definieren, Abläufe beschreiben und verbessern und das Managementsystem internen oder externen Überprüfungen (Audits) unterziehen (lassen).[155]

Eine wichtige Funktion bei Aufbau und Nachweis eines Qualitätsmanagement-Systems hat die Normenreihe ISO 9000, 9001: 2008, 9004, 19011. Sie gilt international (Norm der ISO International Standardization Organization), in Europa (EN Euronorm) und in Deutschland (Norm des Deutschen Instituts für Normung DIN). Diese Vorschriften normen nicht im engeren Sinn, sondern stellen Richtlinien dar. Sie enthalten Hilfestellungen und Stichworte für ein testierbares QMS.

Auf der Grundlage von Normen durchleuchtet das Unternehmen seine Abläufe und organisiert sie bei Bedarf neu. Ein neutrales Institut, d. h. eine akkreditierte Zertifizierungsgesellschaft, kann das Ergebnis in Form einer Zertifizierung abnehmen. Damit besitzt das Unternehmen ein erfolgreich eingeführtes QMS, das alle betrieblichen Vorgänge transparent und nachvollziehbar macht. Es eröffnet die Möglichkeit, qualitätsrelevante Sachverhalte systematisch zu betrachten, zu verbessern und zu dokumentieren.

Prozessorientierung: Gute Prozesse gewährleisten fehlerfreie Produkte

QM muss die gesamte Organisation einbeziehen. Betrachtet man ein Unternehmen im Prozessmodell, so lassen sich zwei Hauptprozessarten identifizieren:

- Wiederkehrende Prozesse des gleichen oder eines sehr ähnlichen Ablaufmusters, genannt Routinetätigkeiten (z. B. Rechnungslegung nach abgeschlossener Leistungserbringung)

- Prozesse, die einmalig sind und zeitlich befristet ablaufen (z. B. Produktentwicklungsprojekte)

Bei beiden Hauptprozessarten muss ein Managementsystem einen geordneten und zielgerichteten Arbeitsablauf gewährleisten. Eine prozessorientierte Organisation kann sowohl die Routinetätigkeiten als auch die Projekte zu einem optimalen Ergebnis für den Kunden und das Unternehmen führen.

Den Hauptprozessarten sind Subprozesse vorgelagert (z. B. Beschaffung von Rohmaterial, Zukauf von Projektmanagement-Dienstleistungen) und nachgelagert (z. B. Versand des fertigen Produkts an den Kunden, Projektüberleitung in den kontinuierlichen Nutzungsprozess, Gewährleistung). Außerdem existieren unterstützende Subprozesse (z. B. Prüfungen im Erstellungsprozess, Reviews während der Projektumsetzung). Den Subprozessen ist im Sinne der Prozessorientierung auch eine hohe Bedeutung beizumessen.

Total Quality Management (TQM)

TQM stellt die Kundenzufriedenheit in den Mittelpunkt des Denkens und Handelns. Das Ziel ist die kontinuierliche Verbesserung der Organisation, damit dem Kunden, den Gesellschaftern und den Mitarbeitern Nutzen gestiftet werden kann. Ein Mitarbeiter ist nach der TQM-Definition der Kunde des Kollegen (interner Kunde), der auf der Wertschöpfungskette eine Stufe zuvor angesiedelt ist. Mit der Aufstellung von Qualitätsgrundsätzen und der Gestaltung der Arbeitsabläufe nach dem Muster von externen Kunden-Lieferanten-Beziehungen sind die ersten Schritte in Richtung TQM getan.[156]

TQM vereint eine drastische Senkung des Fehlleistungsaufwands mit verbesserten Leistungen. Nach der TQM-Philosophie ist

- jeder Mitarbeiter für seine Arbeit und deren Qualität selbst verantwortlich.
- jeder Betroffene in den jeweiligen Entscheidungs- und Verbesserungsprozess einzubeziehen.
- das Streben nach Perfektion niemals beendet.

Dahinter verbirgt sich die Grundforderung nach ständiger Verbesserung aller geschäftlichen Aktivitäten.

Stillstand bedeutet Rückschritt: Kontinuierlicher Verbesserungsprozess

Mit der Einführung des Qualitätsmanagement-Systems soll ein kontinuierlicher Verbesserungsprozess (KVP) in Gang gesetzt werden[157].

Das Prinzip der ständigen Verbesserung lautet: Suche ständig nach den Ursachen von Problemen, um durch deren Beseitigung alle Systeme (Produkte, Prozesse, Aktivitäten) im Unternehmen beständig und immer wieder zu verbessern.

Die ständige Verbesserung ist keine Methode, die man auf ein Problem anwendet, bis dieses als gelöst gilt. Vielmehr ist die Konzeption des KVP als prozessorientierte Denkweise zu begreifen, hinter der eine ganz bestimmte Geisteshaltung und eine grundlegende Verhaltensweise stehen. Diese Geisteshaltung stellt gleichzeitig das Ziel, aber auch den Weg dorthin dar. Wichtige Grundeinstellungen für einen erfolgreichen Prozess der ständigen Verbesserung sind unter anderem (nach Deming):

- Jede Aktivität kann als Prozess aufgefasst und entsprechend verbessert werden.
- Problemlösungen allein genügen nicht. Fundamentale Veränderungen sind notwendig.
- Die oberste Unternehmensleitung muss handeln. Verantwortung zu übernehmen reicht nicht.

Mit dem Deming-Zyklus der ständigen Verbesserung (Plan-Do-Check-Act-Zyklus, Abbildung 16.5)

- wird der bestehende Zustand in Zweifel gestellt.
- wird jeder Fehler, jede Abweichung, jedes Problem erkannt und bekämpft.
- werden erreichte Werte als Ausgangspunkt für weitere Verbesserungen angesehen.

16. KAPITEL „Der Kunde soll zurückkommen, nicht das Produkt"

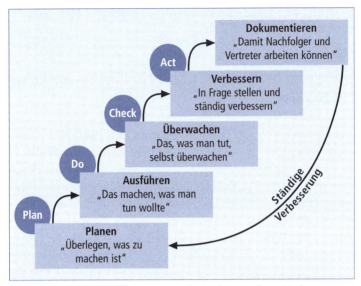

Abb. 16.5: Deming-Zyklus – Grundprinzip der ständigen Verbesserung

Darüber hinaus lässt sich mit dem Plan-Do-Check-Act-Zyklus das Prinzip der ständigen Verbesserung veranschaulichen.

Anzustrebender Leistungsstandard „Null Fehler"

Weil Dinge falsch gemacht werden, entstehen enorme Kosten (= Preis der Abweichung[158]). Dennoch verhält sich der Mensch meist getreu dem Motto:

> „In der Regel haben wir immer die Zeit, etwas mehrfach zu tun, jedoch niemals die Zeit, um etwas bereits beim ersten Mal richtig zu machen."

Doch idealerweise soll der Leistungsstandard bei „Null-Fehler" liegen. Um dies zu erreichen, muss ein Unternehmen von Anfang an alles richtig machen.

> Setzt ein Maurer aus Unachtsamkeit einen Mauerabschnitt falsch, muss er diesen neu aufbauen, wenn der Bauleiter den Fehler bemerkt. Kostet es 1.000 Euro, den Fehler zu beheben, fällt der Gewinn des Bauunternehmens um diesen Betrag geringer aus. Hat das Bauunternehmen eine Umsatzrentabilität von fünf Prozent, muss es 20.000 Euro mehr Umsatz machen, um den verringerten Gewinn auszugleichen (Gesamtpreis der Abweichung oder Fehlleistungsaufwand).

Die Wechselwirkungen innerhalb eines Prozesses verdienen also besonderes Augenmerk, um die Kosten der Abweichungen (z. B. von Nacharbeiten) offenzulegen. Viele Manager setzen hierbei auf Six Sigma.[159]

Six Sigma

Six Sigma ist eine Methode, mit der perfekte Qualität erreicht und Fehler und Verschwendung in Fertigung, Dienstleistung, Management und allen anderen Geschäftsaktivitäten ausgeschlossen werden sollen. Six Sigma kombiniert Qualitätsmanagement, Datenanalyse und Trainings der Mitarbeiter aller Hierarchiestufen miteinander.

Q-Controlling

Um Fortschritte im Rahmen von umfassenden Q-Bemühungen messbar zu machen, reichen traditionelle Kennzahlen nicht aus. In diesem Kontext erweist sich das weitreichende Controllingsystem Balanced Scorecard als nützlich, weil es die Leistungen einer Organisation mit Blick auf Finanzen, Kunden, interne Prozesse und Lernen/Entwicklung in den Fokus rückt.[160]

Balanced Scorecard

Das große Ziel von Balanced Scorecard ist es, alle Mitarbeiter, Kunden und Lieferanten des Unternehmens in Balance zu bringen Dabei stehen die Vision und die Strategie des Unternehmens im Zentrum der Überlegungen. Aus ihnen lassen sich schrittweise die wichtigsten

Ziele, Kennzahlen, Vorgaben und Maßnahmen ableiten. Anhand dieses Werkzeugs können mittels Zählkarte (Scorecard) auch immaterielle Größen wie Kundenzufriedenheit oder Innovationsgrad gemessen werden. Welche Kennziffern sich im Einzelfall am besten eignen, legt die Organisation selbst fest.

Wie man ein Qualitätsmanagement-System im Projektmanagement aufbaut

Um den Ansprüchen an die Qualität eines Projekts zu genügen, ist es notwendig, diese systematisch zu planen und umzusetzen.[161] Dazu müssen Unternehmen ein Qualitätsmanagement-System für die Projektarbeit aufbauen und pflegen. Daran sollten alle Personen mitarbeiten, die im Projektmanagement und in der Projektarbeit tätig sind. Einzelkämpfertum innerhalb der Führungsebene bleibt auf lange Sicht wirkungslos.

Die hohe Qualität eines Projekts kann nicht durch bloße Kontrolle während der Projektarbeit entstehen. Vielmehr muss die Grundlage schon mit der gemeinsamen Zielformulierung zu Projektbeginn gelegt werden. Die Organisation muss die Ergebnisse der Projektarbeit außerdem regelmäßigen Überprüfungen unterziehen und die Erkenntnisse hieraus in ein Programm zur Verbesserung der Projektqualität einbringen.

Beim Aufbau und der Verbesserung des Projektmanagement-Systems sollten die Verantwortlichen einige wesentliche Anforderungen berücksichtigen. Sind diese Grundforderungen erfüllt, ist das Projektmanagement-System auf eine breite und dokumentierte Basis gestellt:

Schnittstellen definieren

Alle Schnittstellen, die sich im Zusammenhang mit dem Projekt ergeben, müssen als Kunden-Lieferanten-Beziehungen verstanden werden. Missverständnisse und Probleme werden auf diese Weise vermieden, denn Kunde und Lieferant können gemeinsam präzise Anforderungen definieren (z. B. in Verträgen, Lastenheften, Anforderungsprofilen und Arbeitspaketen) und dann die entsprechenden Leistungen erbringen. Dies reduziert Reibungsverluste und Mehrarbeit.

Verantwortliche müssen benannt werden

Die Verantwortung für das Arbeitsergebnis liegt dort, wo die Arbeit ausgeführt wird. Arbeitspaketverantwortliche zu benennen ist daher Grundvoraussetzung für gute Projektarbeit. Durch einen persönlichen Nutzen – zum Beispiel Lob, leistungsgerechte Bezahlung oder Prämien für besondere Erfolge in der Projektarbeit (z. B. Erreichen eines Meilensteins) – muss sich die erzielte Projektqualität für den einzelnen Projektmitarbeiter lohnen. Beteiligte einzubinden und Erfolge anzuerkennen bringt mehr als Anordnungen oder unreflektierte Kritik. An die Stelle allgemeiner Appelle rücken eindeutige Maßstäbe in Bezug auf Leistungen, Termine und Kosten. Leitlinie ist dabei ausschließlich die Zufriedenheit des Auftraggebers für das Projekt. Die Vorgaben und Ziele werden durch einen systematischen Vergleich des jeweiligen Arbeitsstands mit den Kundenerwartungen abgeglichen.

Projektbezogene Arbeitsorganisation

Ein wichtiger Bestandteil des QMS ist die Mitarbeiterorientierung. Diese hat natürlich auch ihre Berechtigung im Projekt und reicht von der Einbindung qualifizierter Mitarbeiter in den Arbeitsablauf bis hin zur kontinuierlichen Weiterqualifikation. Qualifizierte Mitarbeiter sind notwendig, um das Idealbild eines optimal durchgeführten, auf die Kundenbelange ausgerichteten Projektablaufes zu erreichen. Der Projektmanager sollte sie regelmäßig befragen, weil sich daraus Hinweise auf Qualitätsmängel ergeben können. Um die Qualifikation der Mitarbeiter passend zum Bedarf ausbauen zu können, müssen im Unternehmen allgemein Aufgabenbeschreibungen erstellt, Qualifikationsabweichungen lokalisiert und Schulungsmaßnahmen umgesetzt werden. Das gilt analog für ein Projekt.

Die Mitarbeiter können optimale Prozessergebnisse erzielen, wenn

- die Befugnisse klar zugeordnet sind,
- sie mit den Arbeitsbedingungen zufrieden sind und
- Schwierigkeiten aus dem Bereich der „weichen Faktoren" vermieden werden (z. B. Konfliktlösung durch Mitarbeitergespräche und Methoden der Problemlösung).

Über die projektbezogene Arbeitsorganisation werden die Mitarbeiter am gesamten Projektprozess beteiligt[162]. Arbeitsgruppen übernehmen die einzelnen Teile des Projekts in Eigenregie und lösen die Projektaufgabe schnittstellenübergreifend. Sie haben einen besseren Überblick, ein stärker ausgeprägtes Verständnis für Zusammenhänge und ein stärkeres Qualitätsbewusstsein als Mitarbeiter, die nur einen eng umrissenen Arbeitsbereich abdecken.

Ein wichtiges Dokument: Das Projektmanagement-Handbuch

Um zu vermeiden, dass ein immer gleicher Ablauf in jedem Projekt neu definiert und beschrieben wird, ist es sinnvoll, entsprechende Anweisungen und Dokumente

- in einer bestimmten Form zu erstellen,
- als verbindlich für die Projektorganisation einzuführen,
- in einem Projektmanagement-Handbuch zusammenzufassen und

damit zu arbeiten.

Das Projektmanagement-Handbuch (PMH)[163] ist die Dokumentation des Projektmanagement-Systems. Mit ihm sichert die Organisation die Qualität ihres Projektmanagements. In dem Handbuch sind die Verfahren, die in Projekten dieser Organisation angewandt werden müssen, beschrieben und Checklisten zur systematischen Projektarbeit definiert. Das PMH ist nicht mit dem Projekthandbuch zu verwechseln, in dem die spezifischen Themen für ein einzelnes Projekt beschrieben sind.

Qualitätsnachweis mittels PM-Audit

Ein Audit ist eine systematische, unabhängige Untersuchung[164]. Sie dient dazu festzustellen, ob eine Verfahrensweise und die damit verbundenen Ergebnisse den Vorgaben entsprechen. Außerdem soll es eine Aussage darüber erlauben, ob die geplanten Abläufe geeignet sind, die Qualitätsziele zu erreichen.

In Projektmanagement-Audits werden alle Bereiche des Projektmanagement-Systems in regelmäßigen Abständen daraufhin unter die Lupe genommen, ob die richtigen Managementmaßnahmen festgelegt und ob sie einwandfrei und nachweisbar durchgeführt wurden. Ziel ist dabei die Optimierung dieses Systems.

Erst qualifizieren, dann zertifizieren

Eine Zertifizierung baut auf einer Qualifizierung auf. Sie ist eine Bescheinigung der Übereinstimmung (Konformität) eines Produkts, Managementsystems oder einer Person durch eine unabhängige Stelle

- im gesetzlich geregelten Bereich: mit den Anforderungen einer nationalen Rechtsvorschrift oder einer EU-Richtlinie auf der Grundlage eines gesetzlich vorgegeben Verfahrens und
- im gesetzlich nicht geregelten Bereich: mit den Anforderungen einer Norm oder einer sonstigen Regel auf der Grundlage einer freien Abmachung.

Unter den vielfältigen Motiven für eine Zertifizierung treten folgende in den Vordergrund:

- Kunden bzw. der Markt setzen die Zertifizierung voraus. Dies ist bei öffentlichen Ausschreibungen häufig der Fall.
- Das Unternehmen will die Zertifizierung aktiv für Marketingzwecke nutzen.

- Durch die Zertifizierung sollen die Produkt- und Prozessqualität und damit letztlich die Kundenzufriedenheit gesteigert werden.

Um die komplexen Projektaufgaben lösen und das Verhalten von Projektbeteiligten über nationale Grenzen hinweg aufeinander abstimmen zu können, ist ein gemeinsames Niveau von Projektmanagement-Wissen in Theorie und Praxis nötig. Die International Project Management Association IPMA und die GPM Deutsche Gesellschaft für Projektmanagement e. V. haben beispielsweise Kriterien für die Zertifzierung von Projektmanagementpersonal definiert (vgl. 24. Kapitel „Qualifizierung und Zertifizierung").

Eine Zertifizierung von PM-Systemen ist im Rahmen der ISO 9001 durch akkreditierte Zertifizierer möglich.

Das ausgestellte Zertifikat gilt in der Regel drei Jahre. Während seiner Laufzeit findet im Unternehmen zusätzlich ein jährliches Überwachungsaudit statt. Nach Ablauf der dreijährigen Gültigkeit erfolgt ein sogenanntes Re-Audit.

Qualität im Projekt

In den vergangenen Jahrzehnten haben sich im Management viele standardisierte Methoden durchgesetzt. Gleichzeitig entwickelten sich in den verschiedenen Managementdisziplinen (z. B. Prozessmanagement, Projektmanagement) jedoch unabhängig voneinander Vorgehensmodelle, die sich auch für die Anwendung in anderen Disziplinen eignen.

Projektqualität sichern

Um die Qualität im konkreten Projekt sicherzustellen, ist einerseits die Anwendung von Regelungen und Arbeitsmitteln (PMH und Projekthandbuch), andererseits die Anwendung von Verfahren (Reviews und Audits) unter Ausnutzung von Managementmethoden unerlässlich. Generell lassen sich die Methoden zur Bewertung der Projektqualität anhand zweier Ansätze des Qualitätsmanagement unterscheiden. Einerseits Methoden mit Produktorientierung (z. B. QFD), und andererseits Methoden mit Prozessorientierung (z. B. CMMI).

Quality Function Deployment und das House of Quality

Quality Function Deployment (QFD), frei übersetzt: Darstellung von Qualitätsfunktionen, hilft bei der Projektplanung, die Anforderungen des Kunden genau zu erfassen und in eine für das Projektteam verständliche Sprache zu übersetzen.[165] QFD findet zu einem frühen Zeitpunkt innerhalb eines Projekts statt.

QFD ist eine Vorgehensmethodik, die unmittelbar beim Produkt ansetzt. Es geht – etwas vereinfacht ausgedrückt – darum, Wünsche des späteren Benutzers zu ermitteln und in technische Ziele umzusetzen.

Die Qualität eines Projekts wird weitgehend in der Planungsphase festgelegt. Deshalb ist darauf zu achten, dass die Kundenwünsche bereits zu diesem Zeitpunkt verstanden sind und berücksichtigt werden, um sie in die Leistungsgestaltung einfließen lassen zu können. Speziell bei technischen Entwicklungsprojekten unterstützt QFD diese Aufgabe. QFD erlaubt es, die Anforderungen des Kunden in die Sprache des Technikers zu übertragen. Durch die Anwendung in der Planungsphase werden die Anforderungen an alle Leistungen und Prozesse genau ermittelt, so dass die Endleistung den Kundenwünschen tatsächlich entspricht. Weil die Bedeutung der ermittelten Produktmerkmale zu einem frühen Zeitpunkt im Projekt bewertet wird, kristallisieren sich kritische Merkmale rechtzeitig heraus.

Im ersten Schritt setzen die Mitarbeiter die Kundenanforderungen in messbare Produktmerkmale um. In drei weiteren Phasen erarbeiten sie aus den Ergebnissen Konstruktions- und Prozessmerkmale und schreiben Arbeits- und Prüfanweisungen fest. In jeder Phase wird ein House of Quality (HoQ, Haus der Qualität) erstellt (Abbildung 16.6). Es ermöglicht die grafische Veranschaulichung und sichert ein strukturiertes Vorgehen. Mit dieser Vorgehensmethodik

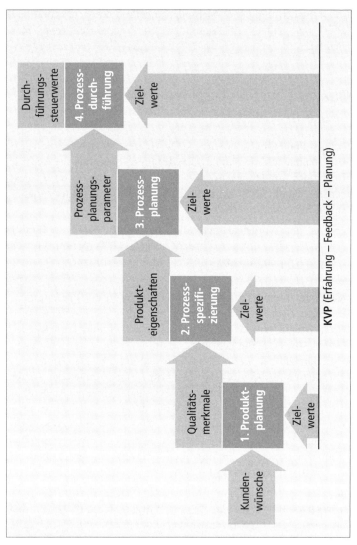

Abb. 16.6: Die Planungsschritte im QFD: Die einzelnen Schritte führen von der Bestimmung der **Kundenwünsche** zur Umsetzung in konkrete **Planungsvorgaben**, mit denen das **Produkt entwickelt** werden kann.

werden die Qualitätsforderungen durchgängig berücksichtigt, die Gefahr von Fehlentwicklungen minimiert und die Kundenorientierung gesteigert.

Um die Kommunikation zwischen den einzelnen Bereichen des Unternehmens (z. B. Marketing, F&E, Qualitätswesen, Arbeitsvorbereitung, Produktion, Kundendienst) zu verbessern, sind zunächst ein fachübergreifendes QFD-Team (fünf bis acht Mitglieder) und ein mit QFD gut vertrauter Moderator zu benennen. Die einzelnen Bereiche des Unternehmens sind in diesem Team vertreten. Der Moderator leitet die QFD-Runde. Durch die Teamarbeit wird prozessorientiertes Denken der beteiligten Mitarbeiter gefördert. Die übersichtliche Darstellung im HoQ ist gleichzeitig eine gute Form der Dokumentation (Abbildung 16.7).

In jeder Phase wird der Frage „**WAS** wird gefordert?" die Frage „**WIE** werden die Forderungen erfüllt?" gegenübergestellt. Das WIE (Ergebnis) einer Phase dient der nächsten Phase als WAS (Eingangsdaten).

In der ersten Phase, der **Produktplanung**, werden Kundenanforderungen (WAS) Produktmerkmalen bzw. Entwicklungsanforderungen (Wie) gegenübergestellt.

In der zweiten Phase, der **Prozessspezifizierung**, werden die kritischen Produktmerkmale (WAS) in Qualitätsmerkmale einzelner Baugruppen bzw. Teile (WIE) umgesetzt.

In der dritten Phase, der **Prozessplanung**, werden aus den kritischen Baugruppenmerkmalen (WAS) Prozessmerkmale und -parameter für Prozess- und Prüfablaufpläne (WIE) ermittelt.

In der letzten Phase, der **Prozessdurchführung**, werden die kritischen Prozessmerkmale (WAS) in Arbeits- und Prüfanweisungen (WIE) übertragen. Mit diesen Anweisungen kann der Prozess durchgeführt werden.

Die Darstellung aller vier Phasen im HoQ ist aufwändig. Es ist deshalb durchaus möglich, nur die Pläne zu erstellen, bei denen es bisher Umsetzungsprobleme gab. Häufig findet das HoQ nur in der ersten Phase statt, da die Übersetzung der Kundenanforderungen in Leistungsmerkmale erfahrungsgemäß die größten Schwierigkeiten bereitet.

16. KAPITEL „Der Kunde soll zurückkommen, nicht das Produkt"

Abb. 16.7: House of Quality

Projekt-Review

Der Projekt-Review ist ein Prüfverfahren, das den Status eines Projekts in Bezug auf die Leistung, Kosten und Termine zum Zeitpunkt der Prüfung kritisch beleuchtet. Im Review werden die erreichten Sachergebnisse analysiert, der Projektverlauf bewertet und Probleme diskutiert. Der Abgleich des Soll-Ist-Zustands erfolgt auf der Grundlage der Projektvorgaben (Verträge und Spezifikationen), der

Projektplanung und der Projektfortschreibung. Mit dem Projekt-Review sollen Abweichungen und mögliche Steuerungsmaßnahmen aufgezeigt werden.

Die Projekt-Reviews werden regelmäßig zu festgelegten Terminen durchgeführt. Das kann – abhängig von der Art des Projekts – ein bestimmter Wochentag (Jour fixe) oder einmal pro Monat sein. Zu den Phasenübergängen sollte ebenfalls jeweils ein Review stattfinden. Der Projekt-Review am Ende des Projekts hat zum Ziel, Erfahrungswerte für zukünftige Vorhaben zu sichern.

Bewertung der Projektqualität mit Project Excellence

Jedes Projekt hat mehrere Ausrichtungsgrößen, unter anderem die Stakeholder – Kunden, Mitarbeiter, Investoren –, die Unternehmensstrategie – Wachstum, Stabilität, Liquidität – und die Projektaspekte Zielstellung, Planung, Umsetzung und Zielerreichung. Das Modell „Project Excellence" ermöglicht, die Qualität der Projektarbeit in Bezug auf bestimmte Ausrichtungsgrößen einem neutralen Bewertungsverfahren zu unterziehen[166] (vgl. 21. Kapitel „Das Projekt systematisch beenden und Erfahrungen auswerten").

Optimierung der Projektqualität mittels Benchmarking

Benchmarking kann dabei helfen, die Qualität des Projektmanagements bzw. der Projektarbeit deutlich zu verbessern[167]. Dabei wird die eigene Arbeitsweise mit der Arbeitsweise von Projektteams verglichen, die als besonders leistungsfähig bekannt sind.

Prozessqualität im Projekt bewerten

Zur Verbesserung der Prozessqualität eines Projekts lassen sich Methoden wie z. B.:

- CMMI,
- SPICE und
- OPM3

anwenden.

CMMI Capability Maturity Model Integrated

CMM Capability Maturity Model ist ein Reifegradmodell zur Beurteilung der Qualität („Reife") des Softwareprozesses (Softwareentwicklung, Wartung, Konfiguration etc.) von Organisationen sowie zur Bestimmung der Maßnahmen zur Verbesserung des Prozesses[168]. Im Jahr 2003 wurde es durch Capability Maturity Model Integration (CMMI) ersetzt, um den Wildwuchs diverser CM-Modelle (jede Entwicklungs-Disziplin entwickelte ein eigenes Modell) zu beschneiden und ein neues, modulares und vor allem vereinheitlichtes Modell zu erstellen[169].

Obwohl sich das Modell auf die Prozessoptimierung in der Softwareentwicklung konzentriert, setzen Unternehmen das Modell in der Praxis dazu ein, interne Abläufe bei Projekten aller Art zu optimieren. Damit kann es auch als Projektmanagement-Benchmarking-Modell bezeichnet werden, mit dem das konkrete Projektmanagementsystem einer Organisation an „Best Practices" gemessen werden kann. Es unterscheidet die folgenden fünf Reifestufen:

- Initialer Prozess (auch chaotischer oder ad-hoc-Prozess). Auf dieser Stufe gibt es kein systematisches Projektmanagement, d. h. der Projekterfolg ist im Wesentlichen von Anstrengungen der einzelnen Mitarbeiter abhängig.
- Wiederholbarer Prozess („Repeatable")

- Definierter Prozess („Defined")
- Gesteuerter Prozess („Managed")
- Optimierender Prozess („Optimizing")

SPICE Software Process Improvement and Capability Determination

SPICE ist ebenfalls ein Konzept zur standardisierten Bewertung der Softwareentwicklung[170]. Es sieht sechs Ebenen (chaotisch, intuitiv, geführt, etabliert, vorhersagbar und optimiert) vor, um die Qualität der angewandten Prozesse zum Zeitpunkt der Prüfung darzustellen. Daraus lässt sich ablesen, inwieweit die Prozessqualität ausreicht, um die Ziele der Organisation insgesamt zu erreichen. Dies ist dann der Ausgangspunkt für eine kontinuierliche Verbesserung.

OPM3 Organizational Project Management Maturity Model

OPM3 des Project Management Institute of America (PMI) ist ein Assessmentmodell für die drei Ebenen Projekt, Programm und Projektportfolio. Projekte und Programme bilden dabei das Projektportfolio einer Organisation[171]. Eine weitere Kategorisierung liefert die Unterscheidung in vier aufeinander folgenden Stufen der Verbesserung eines Projektmanagementsystems, nämlich Standardisierung, Messung, Controlling und kontinuierliche Verbesserung. Bei dieser Systematik gibt es Parallelen zu CMMI, wenngleich OPM3 von PMI nicht als Stufenmodell eingestuft wird, sondern von einem Kontinuum der Reife spricht.

Mit der aus dem PMI Project Management Body of Knowledge (PMBoK)) bekannten Unterscheidung der Projektmanagementprozesse fügt PMI eine dritte Dimension hinzu. Es spricht hier von

- Start- (Initiating),
- Planungs-,

- Ausführungs-,
- Controlling- und
- Abschlussprozessen.

OPM3 bietet dem Benutzer für die Bewertung einen Katalog von über 150 Fragen an. Für die Beantwortung und anschließende Auswertung gibt es ein EDV-Programm. In den Fragen finden sich die oben angeführten Dimensionen in unterschiedlichem Ausmaß wieder.

> **Zwei BEISPIELE:**[172] **Frage 23:** „Gibt es in Ihrer Organisation standardisierte und dokumentierte Prozesse auf der Projektebene für den Abschluss des Vorhabens? Werden sie auch praktiziert?"
> **Frage 60:** „Existieren in Ihrer Organisation standardisierte und dokumentierte Prozesse auf der Programmebene für den Startprozess? Werden sie angewandt?"

Analyse der Selbstbewertung: Haben ausgewählte Mitglieder der Organisation die Fragen beantwortet, gibt es eine Auswertung der Stärken und Schwächen in Form von Listen. Außerdem liefert das Programm vier Grafiken (Gesamtbewertung, Projekt-, Programm- und Projektportfolioebene), die den relativen Reifegrad der Organisation in Form eines Prozentsatzes zeigen.

Optimierung mit OPM3: Nach der Ermittlung der Stärken und Schwächen wird ein Plan für die Verbesserung des Projektmanagementsystems erstellt. Dabei hilft dem Anwender ein sogenanntes Best Practices Directory (diese enthält ca. 600 so genannte beste Praktiken). Die Identifizierung von relevanten Best Practices ist nach der Stärken- und Schwächenanalyse recht einfach. Allerdings sind sie im Manual nur sehr grob skizziert.

Organisationale Kompetenz und das Modell IPMA Delta

In engem Zusammenhang mit Reifegradmodellen steht das Konzept der Organisationalen Kompetenz im Projektmanagement. Sie ist definiert als „die Fähigkeit einer Organisation, ihre Ziele durch die geschickte Kombination bzw. den Einsatz verfügbarer individueller, strategischer, struktureller und kultureller Kompetenzen, sowie von Vermögenswerten im Rahmen der Projektarbeit zu erreichen".[173] Reifegradmodelle sollten ein „Spiegel der Organisationalen Kompetenz sein".[174] Leider sind sie das in der Regel noch nicht, vor allem deshalb nicht, weil sie, wie etwa CMMI oder OPM3, weitgehend prozessorientiert sind und somit nur eine Komponente der Organisationalen Kompetenz abdecken. Diese Kritik gilt nicht für das Modell IPMA Delta, das von der GPM Deutsche Gesellschaft für Projektmanagement e. V. entwickelt wurde.

Mit diesem Modell werden mehrere Komponenten der Organisationalen Kompetenz abgedeckt. Es umfasst die folgenden Module:

1. Selbstassessment von Mitarbeitern
2. Bewertung von ausgewählten Projekten
3. Assessment der Organisation.[175]

Viele Fehler im Projekt *Protext*

Im Projekt *Protext* war der Kunde mit dem vorläufigen Produkt alles andere als zufrieden.

- Bei der Benutzerführung gab es eine Reihe von Mängeln, für die in der Hauptsache der Projektleiter und seine Stellvertreterin verantwortlich waren. Eine schnelle Einarbeitung der Benutzer in die Bedienung des Programmsystems wurde damit mit Sicherheit erschwert.
- Einige Funktionen liefen bei der Präsentation sehr langsam.
- Das Programm hatte Eigenschaften, die der Kunde gar nicht verlangt hatte. Es war auch nicht systematisch überprüft worden, ob wirklich eine relationale Datenbank benötig wird oder ob die Handhabung des Textsystems dadurch nicht eher schwerfällig werden würde.
- Die Eigenbrötelei der stellvertretenden Projektleiterin und die Führungsfehler des Projektleiters waren verantwortlich dafür,

dass ein Programm entwickelt wurde, das voraussichtlich später sehr schwer zu warten war.

- Die Produktdokumentation war unvollständig.

Für die kurz beschriebenen wesentlichen Mängel waren eine Reihe von Gründen verantwortlich:

- Von einigen Komponenten des Programms gab es verschiedene Versionen. Ein eindeutiger „Konstruktionsstand" existierte nicht.
- Ein systematisches Änderungsmanagement fehlte.
- Kontakte mit Vertretern der Auftraggeberfirma gab es nur sporadisch. Im Projektteam war der Auftraggeber nicht vertreten. Mögliche spätere Nutzer des Textverarbeitungssystems wurden nicht befragt.
- Die Chance für verschiedene mögliche Benutzeroberflächen einen „schnellen" Prototyp zu entwickeln und den Auftraggeber entscheiden zu lassen, welche Alternative er vorzieht, wurde nicht genutzt.
- Das Pflichtenheft war in einer Reihe von wichtigen Punkten nicht präzise genug.
- Eine kritische Überprüfung der jeweils erreichten Zwischenergebnisse zu bestimmten Meilensteinen (Review) hatte nicht stattgefunden. Es gab im Unternehmen auch kein verbindliches Vorgehensmodell (vgl. Kapitel 17), mit dem man den Entwicklungsprozess hätte strukturieren können.
- Ein deutliches Engagement der Führungsspitze für Qualität war nicht zu erkennen.

Hätte man das Projektmanagementsystem des Unternehmens einer systematischen Überprüfung unterzogen, etwa durch das schon erwähnte CMMI, so hätte es mit Sicherheit nur die Reifegradstufe 1 („chaotic") erhalten.

17. Kapitel

Haltepunkte im Projekt setzen: Projektphasen und Meilensteine

Im Projekt *Protext* hatte – wir erinnern uns – ein junger Mitarbeiter vorgeschlagen, ein Phasenmodell einzusetzen. Der Vorschlag war aber abgelehnt worden.

Mit dem Ausdruck „Phasenmodell" wird ein recht einfaches und bewährtes Hilfsmittel des Projektmanagements bezeichnet, das im Projektalltag mit Erfolg eingesetzt wird. Mit einem Phasenmodell, auch Phasenplan, Vorgehensmodell oder Prozessmodell genannt, wird eine Kategorie von Projekten, z. B. Produktentwicklungsprojekte in der Konsumgüterelektronik oder Organisationsprojekte, in einzelne, zeitlich aufeinanderfolgende Abschnitte zerlegt.

Im Weiteren werden alle vier Begriffe synonym gebraucht. In neuerer Zeit wird auch noch der Terminus „Stage-Gate-Modell" verwendet.

Bei einer sehr heterogenen Projektlandschaft, wie sie etwa im Forschungs- und Entwicklungsbereich vorkommt, kann es sein, dass man kein generelles Vorgehensmodell verwenden kann, sondern dass jedes Projekt individuell in Abschnitte zerlegt werden muss und Meilensteine zu definieren sind. Auch in diesem Fall kann man aber von einem Prozessmodell reden.

Ein einfaches Beispiel

Ein sehr einfaches und allgemeines, für praktische Zwecke freilich nicht geeignetes Phasenmodell, mit dem der Grundgedanke erläutert werden soll, zeigt die Abbildung 17.1.

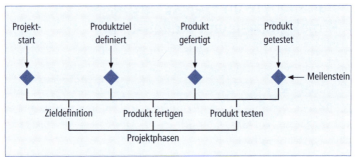

Abb. 17.1: Vereinfachtes Phasenmodell

Das Projekt wird mit dem Meilenstein „Start" begonnen. Am Ende jeder Phase steht ebenfalls ein Meilenstein. Ein Meilenstein ist nach DIN 69 900 „ein Ereignis besonderer Bedeutung". Es werden ihm geplante Projektergebnisse (Meilenstein-Inhalte) und ein Plantermin zugeordnet (Meilenstein-Termin). In unserem Beispiel sind Meilensteinergebnisse z. B.

- eine schriftliche fixierte Zieldefinition (Spezifikation),
- das fertige Produkt und
- ein Testbericht.

Weitere Beispiele für Meilensteinergebnisse sind:

- ein vom Auftraggeber erarbeitetes Lastenheft,
- ein vom Lenkungsausschuss verabschiedetes Pflichtenheft,
- die Ergebnisse von Patentrecherchen,
- ein genehmigter Bauplan und
- eine Marktstudie über die Absatzchancen eines neu zu entwickelnden Produkts

Vorgehensmodelle enthalten häufig neben Phasen und Meilensteinen auch Aktivitäten, die in den einzelnen Projektabschnitten ausgeführt werden müssen, um bestimmte Teilergebnisse erzielen zu können. Viele Modelle schreiben auch vor, wie das Meilensteinergebnis aussehen soll. So werden beispielsweise Mindestinhalte für Pflichtenhefte definiert (vgl. dazu z. B. die Mustergliederung für das Pflichtenheft eines materiellen Produkts, Checkliste 7.3).

In einigen Vorgehensmodellen wird außerdem beschrieben, welche Qualifikationen für die einzelnen Aktivitäten notwendig sind und welche Rollenträger welche Tätigkeiten ausführen müssen. Eine solche Festlegung erfordert auch die Zuweisung von Verantwortung, Pflichten und Befugnissen. Beispiele für Rollen im Projekt sind

- Projektleiter,
- Projektcontroller,
- Lenkungsausschuss,
- Qualitätsmanager,
- Repräsentanten der Anwender beziehungsweise des Kunden und
- Systemanalytiker.

Geplante Meilensteinergebnisse so präzise wie möglich definieren

Meilensteine sollten so präzise wie möglich und als 100 %-Ereignisse definiert werden. Ein Beispiel: Statt der Formulierung „Benutzerdokumentation zur Hälfte erstellt", sollte die Formulierung „Benutzerdokumentation nach den Richtlinien des Projektleitfadens erstellt und vom Auftraggeber überprüft" gewählt werden. Dann kann auch kontrolliert werden, ob das Ergebnis vorliegt oder nicht.

Weitere Beispiele für schlechte und gute Meilensteinformulierungen:

Die Formulierung:

- „Technischer und vertrieblicher Produktplan vom Projektteam ausgearbeitet" ist unbefriedigend. Sehr viel geeigneter, weil besser auf Erfüllung überprüfbar, wäre:
- „Technischer und vertrieblicher Produktplan (Formular III/1 und III/2 der internen Produktplanungsrichtlinie) vom Projektteam erarbeitet und vom Projektlenkungsausschuss unterzeichnet."

Und schließlich eine sehr präzise Formulierung eines Meilensteinergebnisses aus einem DV-Projekt mit dem Titel „Jahr 2000":[176]

- „Die umzustellenden Attribute in den Datenbanken und die zu erweiternden Schlüssel sind identifiziert, die Art der Umstellung ist festgelegt."
- „Die Klassifizierung der Softwareelemente in ‚löschen', ‚garantiert nicht zu ändern', ‚wird abgelöst' ist verlässlich und verbindlich. Die entsprechende Löschung ist in die Wege geleitet."

Ein Hilfsmittel für genaue Beschreibungen und die Überprüfung der Ergebnisse sind z. B. Gliederungen und vorgeschriebene Mindestinhalte von Dokumenten und Prüffragen, wie sie in Projekthandbüchern zu finden sind. Ein Beispiel für ein solches Hilfsmittel ist die Pflichtenheftgliederung im 7. Kapitel.

Wie weit soll der zeitliche Abstand von Meilensteinen sein?

Eine verbindliche Antwort, die für alle Projekte gilt, lässt sich hier sicher nicht geben. Beispiele aus der IT-Branche zeigen, dass die Meilensteine zum Teil bloß drei Wochen auseinanderliegen.[177] Bei Microsoft[178] betrugen die durchschnittlichen Abstände der wichtigsten internen Meilensteine etwa drei Monate. Generell gilt, dass die Abstände umso geringer sein müssen, je kürzer die Projektlaufzeit ist und dass sie einigermaßen gleichmäßig über der Zeitachse verteilt sein sollten. Eine Studie[179] der Standish Group aus dem Jahre 1995 weist sogar darauf hin, dass eng gesetzte Meilensteine ein wesentlicher Erfolgsfaktor von IT-Projekten sind. (Vgl. dazu auch den Abschnitt „Agile Methoden im Vormarsch" in diesem Kapitel.)

Ein Meilenstein ist erst erreicht, wenn die definierten Ergebnisse vorliegen und auf Inhalt und Qualität überprüft wurden.

Die Zwischenergebnisse sollten möglichst durch ein neutrales Team, das nicht „projektblind" ist, geprüft werden. Der Auftraggeber sollte einbezogen werden. In vielen Fällen, vor allem bei kleineren Projekten, überprüft der Projektleiter selbst die vorliegenden Resultate. Auch wenn dies manchmal unumgänglich ist, weil es z. B. sonst keine kompetenten Prüfer gibt, die die erzielte Leistung beurteilen können, sollte diese Überprüfung niemals zum bloßen Formalakt verkommen.

Im Projekt *Protext* gab es, wie schon betont, kein Vorgehensmodell mit gut definierten Meilensteinergebnissen. Dabei wäre es z. B. außerordentlich wichtig gewesen, zwei schnell realisierte Prototypen für die Benutzeroberfläche zu entwickeln und von einem Review-Team, dem der Auftraggeber und spätere potentielle Benutzer angehören, beurteilen zu lassen.

Beispiele für Vorgehensmodelle

Ein etwas detaillierteres Vorgehensmodell, das für Organisationsprojekte entwickelt wurde,[180] zeigt Abbildung 17.2. Die angestrebten Ergebnisse sind dabei klassifiziert nach

- fachlichem Ergebnis,
- Ergebnissen des Projektmanagements (im wesentlichen Pläne) und der
- Qualitätssicherung.

17. KAPITEL Haltepunkte setzen: Projektphasen und Meilensteine

Phase	Phasenziel	Phasenergebnis		
		projektsteuernd	qulitätssichernd	fachlich
Anstoß	Festlegung der Projektzielsetzung	Projektauftrag, Vorgehensplan	–	–
Vorstudie	Abstimmung und Festlegung der Systemfunktionen und sonstigen Anforderungen und Aufzeigen von Lösungsalternativen	Projektstrukturplan, Projektablaufplan, Projektauftrag, Projektbericht	Abnahmeprotokoll	Lösungskonzepte
Hauptstudie (für Gesamtsystem)	Festlegung der Systemstruktur und ihrer Realisierung	Projektstrukturplan, Projektablaufplan, Projektauftrag, Projektbericht	Abnahmeprotokoll	Abgestimmte Auftraggeber-Anforderungen (Lastenheft), Pflichtenheft, Soll-Konzept
Detail-Studien für Teilsysteme	Festlegung der Modulen des Systems, ihres Zusammenwirkens, ihrer Schnittstellen und ihrer Realisierung	Projektbericht	Abnahmeprotokoll	Detail-Konzepte
System-Bau	Erstellung des definierten Systems	Einführungsplan, Projektbericht	Testplan	Schrittweise integriertes und getestetes System, Arbeitsanweisungen, Handbücher
System-Einführung	Getestetes und funktionssicheres System	Projektbericht	Systemfreigabeprotokoll	Systemdokumentation
System-Kontrolle	Feststellung, ob das Projekt in der geplanten Weise abgewickelt wurde	Projektabschlussbericht	Erfahrungsbericht	Verfahrenskurzbeschreibung

Abb. 17.2: Phasenmodell für Organisationsprojekte

Beispiele für Vorgehensmodelle

Einen Überblick über Phasenmodelle für verschiedene Arten von Projekten, darunter nochmals Organisationsprojekte gibt Abbildung 17.3.[181]

Ein sehr bekanntes und detailliertes Vorgehensmodell für Projekte im IT-Sektor ist das sogenannte V-Modell,[182] das im Auftrag des Bundesministeriums für Verteidigung entwickelt wurde. Es ist nicht nur für den militärischen Bereich verbindlich, sondern auch für die gesamte Bundesverwaltung. Auch Industriefirmen verwenden es bereits. Das Vorgehensmodell beschreibt, etwas vereinfacht ausgedrückt, die Aktivitäten, die zur Entwicklung von Software durchzuführen sind und die Ergebnisse, das Resultat dieser Aktivitäten. Eine Anpassung an kleinere Projekte ist möglich. Anfang 2005 wurde das grundlegend überarbeitete V-Modell XT[183] vorgestellt. Derzeit (2013) gilt die Version 1.4.

Verglichen mit dem früheren V-Modell 97 lässt es sich leichter an die Projektrandbedingungen anpassen und betont mehr die Schnittstelle zwischen Auftraggeber und Auftragnehmer. Grundlage sind sogenannte Vorgehensbausteine, die miteinander verknüpft werden. In jedem Vorgehensbaustein werden Ergebnisse bzw. Zwischenergebnisse („Produkte"), Arbeitsschritte („Aktivitäten") und Zuständigkeiten („Rollen") zusammengefasst, die für die Erledigung einer bestimmten Aufgabe erforderlich sind. Es gibt 21 Vorgehensbausteine, die in folgende fünf Gruppen untergliedert sind:

- V-Modell-Kern mit den Bausteinen „Projektmanagement", „Qualitätssicherung", „Konfigurationsmanagement" und „Problem- und Änderungsmanagement".

- Eigentliche Systementwicklung, die u. a. die Bausteine „Anforderungsfestlegung", „Systemerstellung" und „Hardware- und Software-Entwicklung" enthält.

- Einführung und Pflege eines organisationsspezifischen Vorgehensmodells.

- Beziehungen zwischen Auftraggeber und Auftragnehmer mit den Bausteinen „Vertragsabschluss" sowie „Lieferung und Abnahme".

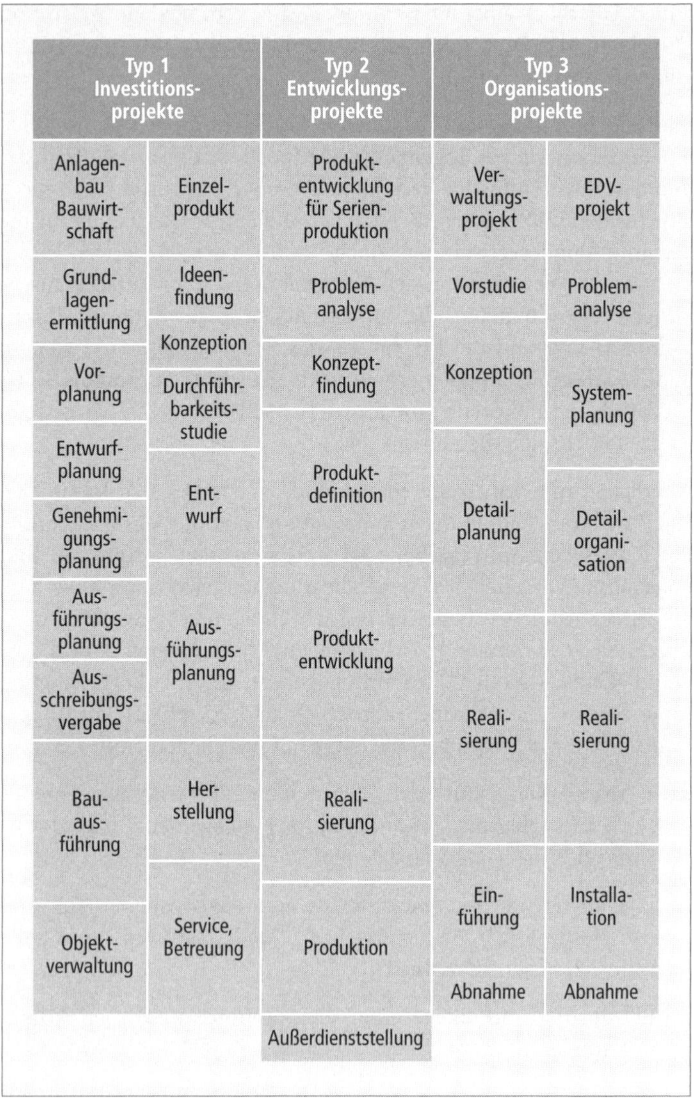

17. KAPITEL — Haltepunkte setzen: Projektphasen und Meilensteine

Typ 1 Investitionsprojekte		Typ 2 Entwicklungsprojekte	Typ 3 Organisationsprojekte	
Anlagenbau Bauwirtschaft	Einzelprodukt	Produktentwicklung für Serienproduktion	Verwaltungsprojekt	EDV-projekt
Grundlagenermittlung	Ideenfindung	Problemanalyse	Vorstudie	Problemanalyse
Vorplanung	Konzeption Durchführbarkeitsstudie	Konzeptfindung	Konzeption	Systemplanung
Entwurfplanung Genehmigungsplanung	Entwurf	Produktdefinition	Detailplanung	Detailorganisation
Ausführungsplanung Ausschreibungsvergabe	Ausführungsplanung	Produktentwicklung	Realisierung	Realisierung
Bauausführung	Herstellung	Realisierung		
Objektverwaltung	Service, Betreuung	Produktion	Einführung	Installation
			Abnahme	Abnahme
		Außerdienststellung		

Abb. 17.3: Phasenmodelle für verschiedene Arten von Projekten

Beispiele für Vorgehensmodelle

Außerdem kommen noch zwei optionale Bausteine für Kaufmännisches Projektmanagement und Messung und Analyse hinzu. Neben den Produkten und Aktivitäten gehören in einen Vorgehensbaustein auch, wie schon erwähnt, Festlegungen von Mitwirkungs- und Verantwortlichkeitsbeziehungen. Die Möglichkeiten des „Tailoring", also des Zuschneidens auf das jeweilige Projekt, wurden gegenüber dem Vorgängermodell noch verstärkt.

Mit dem V-Modell sind verschiedene Entwicklungsstrategien realisierbar, darunter auch das Konzept der Agilen Systementwicklung. (vgl. dazu auch die Ausführungen am Ende dieses Kapitels).

Ebenfalls für IT-Projekte wurde von der Schweizerischen Bundesverwaltung das Vorgehensmodell HERMES[184] entworfen. Das zugrunde liegende Phasenmodell enthält sechs Projektabschnitte. Unterschieden werden die Projekttypen Systementwicklung und Systemadaption. Für die erste Projektart werden die Phasen Initialisierung, Voranalyse, Konzept, Realisierung, Einführung und Abschluss festgelegt. Bei der Systemadaption werden die zwei mittleren Projektabschnitte durch Evaluation und Implementierung ersetzt. Außerdem existieren für die Querschnittfunktionen Projektmanagement, Qualitätssicherung, Risikomanagement, Konfigurationsmanagement und Projektmarketing Submodelle. Neben den Phasen bzw. Submodellen werden Rollen, wie Projektleiter oder Auftraggeber und Ergebnisse, wie z. B. Bericht „Voranalyse" oder Betriebshandbuch beschrieben. Für jede Phase wird ein detailliertes Vorgehen festgelegt. Dabei wird hierarchisch in Aktivitäten und Arbeitsschritte gegliedert.

PRINCE2 (**PR**ojects **IN** **C**ontrolled **E**nvironments) wurde in Großbritannien vom Office of Government Commerce (OGC) entwickelt. Es wird als „Structured Method for Effective Project Management" bezeichnet.[185] Es besteht aus drei Hauptelementen:

- den Prinzipien,
- den Themen und
- den Prozessen (vgl. Abbildung 17.4)

Die **Prinzipien**, die als wesentlich für gutes Projektmanagement erachtet werden, sind dabei

17. KAPITEL — Haltepunkte setzen: Projektphasen und Meilensteine

- ständige unternehmerische Rechtfertigung des Projekts. Dieser Grundsatz ergibt sich aus der Sichtweise des Benefit Managements. Das Projekt muss dem Unternehmen einen Nutzen bringen (Anwendungserfolg)
- klare Rollen und Verantwortlichkeiten
- Produktorientierung, d. h. der Schwerpunkt liegt auf der Planung der im Verlauf des Projekts angestrebten Produkte
- Lernen aus Erfahrungen mit anderen Projekten
- Management nach dem Ausnahmeprinzip
- Management nach Phasen
- Anpassung an die jeweilige Projektumgebung

Die **Themen**, früher Komponenten, beschreiben die wesentlichen inhaltlichen Fragen, die während des Vorhaben zu berücksichtigen sind:

- Business Case: Warum wird das Projekt durchgeführt
- Organisation: Wer ist verantwortlich?
- Qualität: Was muss erstellt werden?
- Pläne: Wie, wie viel, wann?
- Änderungen: Welche Auswirkungen haben sie?
- Fortschritt: Was ist der derzeitige Stand des Projekts, wo geht es hin, sollen wir weitermachen?

Das **Prozessmodell** (vgl. Abbildung 17.4) besteht aus sieben Prozessen:

- Vorbereiten eines Projekts
- Initieren eines Projekts
- Lenken eines Projekts
- Steuern einer Phase
- Managen der Produktlieferung
- Managen eines Phasenübergangs
- Abschließen eines Projekts

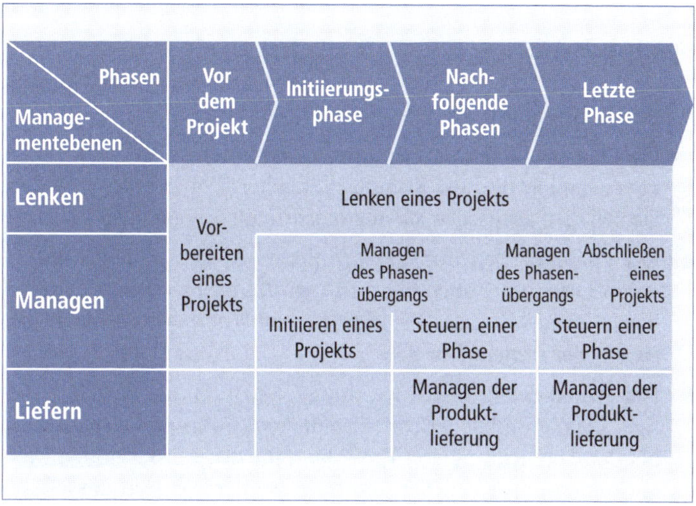

Phasen / Managementebenen	Vor dem Projekt	Initiierungsphase	Nachfolgende Phasen	Letzte Phase
Lenken		Lenken eines Projekts		
Managen	Vorbereiten eines Projekts	Initiieren eines Projekts	Managen des Phasenübergangs / Steuern einer Phase	Managen des Phasenübergangs / Steuern einer Phase / Abschließen eines Projekts
Liefern			Managen der Produktlieferung	Managen der Produktlieferung

Abb. 17.4: Prozessmodell von PRINCE2[186]

PRINCE2 beschreibt für jeden der genannten Prozesse Aktivitäten. Eine Ebene tiefer werden für die Aktivitäten Maßnahmen innerhalb der Aktivitäten dargestellt.

Neu in PRINCE2 ist das Kapitel „Anpassung an die Projektumgebung. Daneben werden 26 so genannte Managementprodukte, d. h. Dokumente dargestellt.[187]

Vorgehensmodell nach DIN 69 901[188]

Als Neuerung findet sich auch in der überarbeiteten DIN 69901–2 ein komplettes Prozessmodell, das den Durchlauf eines Projekts beschreibt. Dieses Standardmodell kann von einer Organisation 1:1 übernommen bzw. relativ leicht an die eigenen Bedürfnisse angepasst werden. Eine solche Vorgabe der DIN ist nicht nur eine hervorragende Grundlage für die Vereinheitlichung des Projektmanagements in einem Unternehmen, sondern eignet sich auch für die Abstimmung mit externen Projektpartnern. Im Zeichen zunehmender Arbeitsteilung ein kaum zu überschätzender Vorteil.

Warum benutzt man Vorgehensmodelle?

Für die Verwendung von Vorgehens spricht Folgendes:

- Phasenmodelle sind Ordnungs- und Denkschemata, die Projekte überschaubar und die Komplexität beherrschbar machen sollen. Sie zwingen sozusagen zu einem geordneten Vorgehen.

- Ein Phasenmodell mit klar definierten Meilensteinergebnissen, deren Erreichung auch überprüft wird, bietet wertvolle Hilfe bei der Überwachung des Projektfortschritts und erhöht die Transparenz der Projektabwicklung.

- Das Risiko der Projektabwicklung wird durch das Setzen derartiger „Haltepunkte" erheblich reduziert. So muss beispielsweise bei der Entwicklung von Produkten für den Markt an den Meilensteinen immer wieder überprüft werden, ob sich die Marktlage, die zu Beginn des Vorhabens bestanden hat und die zur Genehmigung des Projekts geführt hat, nicht erheblich gewandelt hat. Ist dies der Fall, so muss entschieden werden, ob das Projekt trotzdem mit unveränderter Zielsetzung fortgesetzt wird, ob die Projektziele, insbesondere natürlich das Leistungsziel, verändert werden müssen oder ob das Projekt sogar abzubrechen ist.

- Die Vorgabe von Zwischenergebnissen gibt den am Projekt beteiligten Mitarbeitern Orientierung.

- Das Vorgehen nach zeitlich aufeinanderfolgenden Schritten entspricht dem Verhalten des Menschen beim Lösen von komplexen Aufgaben.

- Da zumindest prinzipiell die nächste Phase nicht beginnen darf, wenn die vorangegangene nicht mit vollständigen und richtigen Zwischenergebnissen abgeschlossen wurde, kann man Fehler früh erkennen. Mängel werden nicht in spätere Phasen verschleppt.

- Ein Vorgehensmodell eignet sich auch zur Vereinigung einer groben Einsatzmittel-, Zeit-, Kosten- und Leistungsplanung und -überwachung. Dies zeigt die Abbildung 17.5[189], in der für die

Projektziele „Termin" und „Kosten" meilensteinorientiert Soll- und Ist gegenübergestellt werden und den Meilensteinen gewünschte Projektergebnisse zugeordnet sind. In diese Zeichnung kann auch noch der geplante und der tatsächliche aufgelaufene Personalstundeneinsatz eingetragen werden.

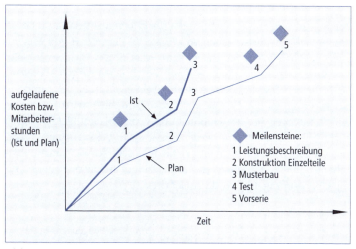

Abb. 17.5: Vereinigung von grober Termin-, Kosten- und Leistungsplanung im Phasenmodell

Vorgehensmodelle im Kreuzfeuer der Kritik

In den letzten Jahren gerieten Phasenmodelle insbesondere bei Vertretern der Informatik in die Kritik. Eine Reihe von Einwänden wurde gegen sie vorgebracht, insbesondere: Vorgehensmodelle sind eine Idealisierung der Projektrealität.

Das weiß jeder, der schon einmal in einem Projekt gearbeitet hat. So wird sich etwa bei einer Aufgliederung eines Projekts in mehrere zu bearbeitende große Teilaufgaben (z. B. Entwicklung eines Geräts und der dazu gehörigen Software) nicht immer ein zeitlich paralleles Fortschreiten ergeben. Es ist denkbar, dass das Gerät bereits in der

Testphase ist, während die Software erst spezifiziert wird. Es muss aber dann rechtzeitig dafür gesorgt werden, dass später Hardware und Software integriert werden können.

Es gibt immer wieder Phasenrücksprünge

Auch wird sich in der Praxis der Projektfortschritt häufig nicht in einem stetigen Fortschreiten von Phase zu Phase und von Meilenstein zu Meilenstein zeigen. So kann es sein, dass in dem Projekt, das durch das erste Phasenschema beschrieben wird (Abbildung 17.1) in der Testphase ein schwerer Fehler entdeckt wird und ein Rücksprung in die Fertigungsphase erforderlich wird. Auch die Schwierigkeiten bei der Handhabung von Phasenmodellen dürfen nicht übersehen werden. Beispielsweise ist es bei manchen Projekten, die einen hohen Neuheitsgrad haben, sehr schwer, präzise Zwischenergebnisse zu definieren. Damit fehlt es an klaren Kriterien für die Überprüfung des Projektfortschritts.

In der Praxis werden viele Aktivitäten überlappt und parallel ausgeführt

Vorgehensmodelle gehen in der Regel davon aus, dass bei der Projektrealisierung streng sequentiell vorgegangen wird. Erst wenn das Ergebnis einer Phase dokumentiert ist, soll mit dem nächsten Projektabschnitt angefangen werden. Davon kann in der Praxis natürlich keine Rede sein. So wird z. B. mit dem Bau eines Prototyps bereits begonnen, obwohl die Spezifikation noch nicht ganz abgeschlossen ist. Bauteile mit langer Lieferfrist werden für die Fertigung eines Produkts bereits bestellt, obwohl die Stückliste noch nicht endgültig festgelegt ist. Diese Fakten sprechen allerdings nicht gegen die Verwendung von Phasenmodellen, ganz im Gegenteil: Das Setzen von Meilensteinen ist gerade in solchen Fällen dringend erforderlich. Das räumen auch zwei Protagonisten[190] der beschleunigten Durchführung von Projekten ein.: „Die Parallelisierung von Entwicklungsaktivitäten erfordert eine noch stärkere Synchronisation. Der Planung und Überwachung von Meilensteinen als Synchronisierungs- und Kontrollpunkte kommt deshalb in parallelisierten Entwicklungsprozessen eine größere Bedeutung als in sequentiellen Abläufen zu."

Vorgehensmodelle nicht bürokratisch handhaben

Ein bürokratisch gehandhabtes Vorgehensmodell schadet dem Projekt. Wenn z. B. auf den Eintritt in die nächsten Phase immer so lange gewartet wird, bis auch das letzte Dokument vollständig vorliegt, kann das den Ablauf erheblich verzögern. Hier muss geprüft werden, ob die Zwischenergebnisse wirklich komplett vorhanden sein müssen oder ob man trotz fehlender Teile in die nächste Phase gehen kann. In diesem Fall muss darauf geachtet werden, dass die endgültige Aufgabenerfüllung nachgeholt wird.

Ein weiterer Einwand gegen Vorgehensmodelle ist, dass die Annahme von wichtigen Verbesserungsvorschlägen für bereits abgenommene Teilprodukte u. U. erschwert werden kann. Häufig ist das freilich gewollt („Einfrieren von Spezifikationen"), um ein Ausufern von Änderungen zu vermeiden.

Nicht zutreffend ist der Einwand, dass die zeitliche Überlappung von Phasen, die z. T. angestrebt wird, um ein Vorhaben zu beschleunigen, die allerdings auch Risiken birgt, nicht möglich ist.

> „Immer noch Phasenmodelle?"
> „Kennen Sie denn keine modernere Methode für unser Projekt?"
> „Welche?"
> „Eine modernere halt."[191]

Die Gegner von Vorgehensmodellen haben bislang keine brauchbaren, „moderneren" Alternativen anzubieten, es sei denn, dass man Agile Konzepte als Alternative ansieht. Obwohl ein Teil der Einwände durchaus berechtigt ist, setzen sie sich trotzdem mehr und mehr durch. Bezeichnenderweise findet sich dann auch in einem sehr kritischen Aufsatz[192] am Schluss der nachstehende Satz: „Gegen die altmodischen Phasenmodelle lässt sich viel sagen, sie haben aber den Vorteil, dass man weiß, wo man steht. Für die Projektverfolgung ist das eben ideal".

Agile Methoden im Vormarsch

Parallel zur Kritik an traditionellen Vorgehensmodellen, bei denen häufig stillschweigend davon ausgegangen wird, dass das gesamte System sozusagen in einem Durchlauf spezifiziert, entwickelt und beim Auftraggeber eingeführt wird, wird für IT-Projekte zunehmend inkrementelles Vorgehen propagiert. Das bedeutet etwas einfach gesagt, dass „ein Produkt in mehreren Durchläufen einer Entwicklungsspirale"[193] vervollständigt wird. Insbesondere Vertreter des neuen Ansatzes der „Agilen Entwicklung" empfehlen, dem Auftraggeber frühzeitig und regelmäßig Zwischenversionen zu liefern. Während bei übrigen Vorgehensmodellen die Koordination durch Planung im Vordergrund steht, setzt dieses Modell vor allem auf Koordination durch Selbstabstimmung.

Im Agilen Manifest wurden folgende Grundgedanken des Konzepts[194] formuliert:

- Menschen und ihre Kommunikation haben Vorrang vor Prozessen und Werkzeugen.

- Funktionierende Software hat Priorität gegenüber umfassender Dokumentation.

- Die enge Zusammenarbeit mit dem Kunden ist wichtiger als andauernde Vertragsverhandlungen.

- Eine schnelle Reaktion ist bei notwendigen Änderungen besser als striktes Festhalten an einem Plan.

Empirische Untersuchungen[195] zeigen allerdings, dass „Agiles Projektmanagement" keineswegs immer der traditionellen Vorgehensweise überlegen ist, sondern nur dann, wenn die Anforderungen des Kunden sehr vage und unsicher sind.

In Zukunft wird es darum gehen, traditionelle Ansätze mit agilen Ansätzen zu kombinieren, bzw. aus den verschiedenen agilen Konzepten (etwa Scrum, XP und Kanban) eine optimale Mischung zu finden.[196]

Timeboxes

An die Stelle von Meilensteinen treten Timeboxes. Eine Timebox ist definiert als ein „unveränderbarer Zeitrahmen, an dessen Ende eine Menge von Ergebnissen…..nachprüfbar und formal dokumentiert vorliegt".[197]

Im Gegensatz zu einem Meilenstein ist hier also das Ergebnis fixiert. Wurde es zu einem bestimmten Zeitpunkt nicht erreicht, werden die noch zu erledigenden Arbeiten neu geplant. Dennoch sind, wie Oesterreich und Weiss zeigen, auf einer übergeordneten Ebene Meilensteine erforderlich. So ermitteln die Autoren für ein mit agilen Methoden realisiertes Projekt, das eine Laufzeit von 20–24 Monaten hat (ca. 14 Iterationen, ein Dutzend Vorabnahmen und vier Zwischenreleases mit drei Abnahmen) etwa 20 notwendige Meilensteine.[198]

Wie hängen phasenorientierte Projektplanung, Projektstrukturplanung und detaillierte Ablauf- und Terminplanung zusammen?

Der Zusammenhang zwischen phasenorientierter Projektplanung, der Projektstrukturplanung (10. Kapitel) mit der Aufgliederung in Arbeitspakete und der Ablauf- und Terminplanung (11. Kapitel) lässt sich am folgenden Beispiel leicht zeigen.

Im Beispiel in Abbildung 17.6 wurde für die Ablauf- und Terminplanung die Netzplantechnik benutzt. Selbstverständlich kann auch, wie schon im 11. Kapitel gezeigt, die Balkendiagrammtechnik verwendet werden. Die Arbeitspakete werden dann durch Vorgangsbalken wiedergegeben.

17. KAPITEL Haltepunkte setzen: Projektphasen und Meilensteine

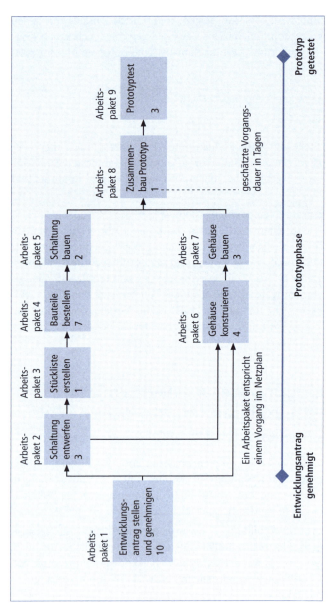

Abb. 17.6: Zusammenhang zwischen phasenorientierter Planung, Projektstrukturplanung und detaillierter Ablauf- und Terminplanung

Projektplanung, Projektstrukturplanung, detaillierte Ablauf- u. Terminplanung

In kleineren Projekten vereinfacht man gelegentlich die Planung noch weiter: Man stellt einzelne Arbeitspakete einer Phase nicht in Form von Terminbalken dar, sondern listet die in einem Projektabschnitt zu leistenden Arbeiten lediglich auf. Diese Auflistung dient dann nur zur Prüfung, ob alle notwendigen Arbeiten auch erledigt wurden.

18. Kapitel

Das Projekt auf Erfolgskurs halten: Projektberichtswesen und Projektsteuerung

Die Steuerung des Projekts ist eine ständige Aufgabe des Projektmanagers. Um das Projekt auf Erfolgskurs halten zu können, muss er über den jeweiligen Projektstand Bescheid wissen, drohende Risiken, also z. B. das Risiko einer Kostenüberschreitung. möglichst früh erkennen und schnell auf Projektstörungen reagieren können. Auch die beteiligten Abteilungen, das Projektsteuerungsgremium und die Geschäftsleitung müssen regelmäßig informiert werden. Ein formales Berichtssystem kann dabei wertvolle Hilfe leisten. Zur Unterstützung steht heute eine kaum mehr übersehbare Fülle von Standardanwendersoftware zur Verfügung (21. Kapitel).

Was bei der Gestaltung des Berichtswesens zu beachten ist

- Das Projektmanagement-Informationssystem sollte von einer zentralen Stelle (Projektservicebüro, Project Management Office etc.) gehandhabt werden. Diese Stelle ist auch für die Pflege des Systems verantwortlich. In kleineren Firmen genügt häufig ein (e) Projektassistent/in, der(die) diese Aufgabe wahrnimmt.
- Die beteiligten Stellen sollen nur die Informationen erhalten, die ihren jeweiligen Verantwortungsbereich betreffen. Der Zeithorizont der Berichte sollte nicht mehr als 3–6 Monate betragen.

- Für die Geschäftsleitung oder Projektsteuerungsgremien sollten nur verdichtete Informationen geliefert werden.
- Auf die Informationswünsche der Betroffenen muss eingegangen werden. Dies erfordert entsprechend flexible Software.

Projektinformationen müssen schnell verfügbar sein

Wesentlich für den Erfolg von Projektsteuerungsmaßnahmen ist u. a., dass die Informationen schnell verfügbar sind. Dies wird deutlich, wenn man die Zeit, die verstreicht bis Gegensteuerungsaktionen des Projektmanagements wirksam werden, sich einmal in Abbildung 18.1 genauer ansieht.

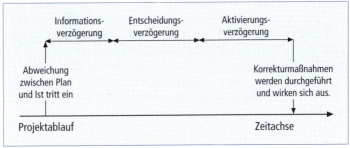

Abb. 18.1: Zeitverzögerungen bei Maßnahmen der Projektsteuerung

Weitere Anforderungen an das Berichtswesen[199]

Neben der Aktualität bzw. der Pünktlichkeit müssen weitere Forderungen an die Informationen gestellt werden:

- Sie müssen relevant sein. In den ersten Jahren, in denen Software für die Projektberichterstattung eingesetzt wurde, überhäufte man die Führung mit unnützen Daten. Das Resultat: Keiner nahm mehr die Papierberge zur Kenntnis.

- Sie sollten valide sein, d. h. das messen, was gewünscht wurde.
- Sie sollten genau sein. Dabei ist z. B. bei Kosteninformationen keine Genauigkeit auf Kommastellen erforderlich.
- Die bereitgestellten Berichte sollen frei von Redundanz sein.
- Systematische Verzerrungen z. B. durch Fehlkontierungen sollten möglichst nicht vorkommen.

Auf Frühwarnung kommt es an

Zunächst verstreicht häufig Zeit, bis der Projektleiter von den Abweichungen vom Plan erfährt. In unserem Demonstrationsprojekt *Protext* dauerte es zwei Monate bis die Kostenberichte für einen Berichtsmonat vorlagen, viel zu lange für ein Vorhaben von relativ kurzer Dauer. In der Praxis lässt sich dazu noch oft beobachten, dass sich abzeichnende Planabweichungen, also z. B. Kostenüberschreitungen, deshalb nicht rechtzeitig bekannt werden, weil die Verantwortlichen immer noch hoffen, dass sie den ursprünglichen Kostenansatz schon halten können. Frei formulierte Projektberichte, wie sie von den Mitarbeitern im Projekt *Protext* abgegeben wurden, sind völlig wertlos, da sie den Projektstatus eher verschleiern als auf Probleme hinweisen.

Wichtig sind möglichst frühe Warnungen wie z. B. die schon erwähnten Restkostenschätzungen. Die besten Frühwarnungen nützen aber nichts, wenn sie ignoriert werden. Das Verdrängen von schlechten Nachrichten und das bewusste Schönfärben von Informationen sind jedem Praktiker bekannt.

Zur Informationsverzögerung kommen Verzögerungen bei der Entscheidung. Sind beispielsweise die Kompetenzen von Projektleiter und übergeordnetem Projektsteuerungsgremium nicht präzise genug abgegrenzt, hat der Projektleiter keine eindeutigen Befugnisse und treffen sich die Mitglieder des Projektteams nicht in kurzen Zeitabständen, vergeht noch weitere Zeit, bis entschieden ist, wie das Projekt wieder auf den rechten Kurs zu bringen ist.

Schließlich muss die geplante Maßnahme natürlich auch noch in die Tat umgesetzt werden.

Das formale Berichtssystem hat allerdings nicht die Bedeutung, die ihm die Anbieter von Projektmanagement-Software oft zuweisen.

Das persönliche Gespräch im Projekt ist nicht zu ersetzen: Auch „weiche" Informationen sind wichtig

Die Praxis und Zeitstudien zeigen, dass Manager im Allgemeinen und Projektmanager im Besonderen einen sehr großen Anteil ihrer Zeit mit mündlicher Kommunikation verbringen und sich weit weniger mit den Berichten befassen, die vom Informationssystem geliefert werden.

Ein solches Verhalten ist durchaus vernünftig, wenn man bedenkt, dass die Daten des formalen Berichtssystems häufig mit einiger Verspätung vorliegen, dass sie keine „weichen" Informationen enthalten und dass sie schließlich auch manipuliert werden können. Über die Stimmung bei den Mitarbeitern zuarbeitender Abteilungen, über Konflikte zwischen Teammitgliedern und Vorgesetzten in Fachabteilungen und über die Verärgerung von Vertretern des firmeninternen oder externen Auftraggebers, um nur einige Beispiele zu nennen, erfährt ein Projektleiter zumeist nur etwas, wenn er den persönlichen Kontakt sucht.

Nach den Erfahrungen des Verfassers schlagen sich auch Projektkrisen so gut wie niemals in offiziellen Berichten nieder. Typisch dafür ist die Aussage eines Projektmanagers zu sogenannten Ampelberichten (siehe Abbildung 18.2): „Obwohl es in unserem Projekt erhebliche Termin- und Kostenprobleme gab und auch immer wieder Schwierigkeiten bei der Einhaltung der geforderten Produktqualität auftraten, sah ich nie die rote Ampel und nur selten die gelbe." Um einen realistischen Eindruck vom jeweiligen Projektstand zu erhalten, ist es deshalb erforderlich, dass sich der Projektleiter vor Ort einen Eindruck verschafft. Das Verteidigungsministerium der USA hat diese Forderung einmal auf den kurzen Nenner gebracht:

> Less paperwork, more visibility!

Frei übersetzt: Weniger Papier und mehr persönlichen Kontakt mit den Projektbeteiligten „an der Front".

Regelmäßige Projektbesprechungen organisieren

Dieser Devise folgend sind regelmäßige Statusbesprechungen, die bei größeren Projekten möglichst wöchentlich, bei kleineren Vorhaben aber mindestens monatlich stattfinden sollten, unumgänglich. Neben der Projektgröße und der Komplexität des Vorhabens ist für den Abstand zwischen zwei Projektstatussitzungen auch die Dauer des Projekts maßgeblich. Als Faustregel gilt: je kürzer das Projekt, umso häufiger sollten Statussitzungen stattfinden. In einigen japanischen Firmen hat es sich bewährt, täglich sehr kurze (etwa 5–10 Minuten) Treffen, sog. daily stand-up meetings, abzuhalten. Tägliche Treffen, so genante Scrum-Meetings, sind auch im Vorgehensmodell Scrum vorgesehen.[200]

An den Projektbesprechungen müssen die Mitglieder des Projektteams, die das Bindeglied zu den Fachabteilungen sind, teilnehmen und über ihren Verantwortungsbereich berichten. Sie haben unter anderem die Aufgabe, Rückmeldungen zu geben, die nicht routinemäßig eingehen wie das insbesondere bei der projektbezogenen Erfassung der Istkosten der Fall ist. Diese Verpflichtung gilt z. B. für die Terminsituation.

Für die Projektbesprechungen empfiehlt es sich, eine Standardtagesordnung zu verwenden.

Abbildung 18.2 zeigt ein Beispiel, das zugleich als Projektfortschrittsbericht dient; es kann Anregungen für einen solchen Standard geben.[201]

Für die Überwachung von Projektsondermaßnahmen, die nicht im Ablaufplan enthalten sind, sollte ein einfaches System (Liste offener Punkte) benutzt werden (Checkliste 18.1).

18. KAPITEL — Projektberichtswesen und Projektsteuerung

Checkliste 18.1 – Überwachung von Projektmaßnahmen (Liste offener Punkte)

Laufende Nummer der Maßnahme: 35
Beschreibung der Maßnahme: Benutzerdokumentation für die Programmkomponente Oremus korrigieren
In der Programmkomponente Oremus wurden auf Wusch des Kunden die Plausibilitätsprüfungen erheblich erweitert. Diese Änderungen müssen im Benutzerhandbuch berücksichtigt werden. Das Kapitel 5.2.1 ist in einer neuen Version auszudrucken.
Verantwortlicher: Herr Schreibmann, AP 13
Betroffene Arbeitspakete: AP 1.2. 13, Benutzerdokumentation erstellen
Erledigt: Ja ☐ ☐ Nein ☐ ☐
Geplanter Fertigstellungstermin: KW 23
Kommentare:

Projekt: „Studie Softwaresituation"		
Datum:	30.6.2008	
	NN1	
Verteiler:	NN2	
	NN3	
erstellt von:	PL	
	grün (o.k.)	☐
Projektstatus:	gelb (einige Schwierigkeiten)	☐
	rot (erhebliche Probleme)	☐

Inhalt:

1. Kurzbeschreibung Projektstatus: Wo stehen wir?
   Erledigte Arbeitspakete
   AP 2.1 „Kriterien und Schlagworte"
2. AP 2.2 „Recherche durchführen"
   AP 2.3 „Ergebnis zusammenstellen"
   AP 2.4 „Ergebnis auswerten"

Projekt: „Studie Softwaresituation"
Vorliegende Zwischenergebnisse
3. ....
4. Kostensituation: Wie viele Kosten sind angefallen, welche Restkosten sind noch zu erwarten?
5. Terminsituation: Lassen sich die zugesagten Meilensteine und der Projektendtermin halten?
6. Sich abzeichnende Schwierigkeiten und Maßnahmen der Gegensteuerung
7. Wesentliche Aufgaben im Folgemonat und Überarbeitung der Planung

Abb. 18.2: Projektfortschrittsbericht

Bevor derartige Maßnahmen getroffen werden, müssen die festgestellten Abweichungen vom Plan aber zunächst einmal eingehend analysiert werden. Erst dann ist eine wirksame Projektsteuerung möglich.

Am Beispiel der Terminabweichung soll dies gezeigt werden. Abbildung 18.3 zeigt die verschiedenen Ursachen für Terminüberschreitungen.[202]

Ursachen für Terminüberschreitung im Projekt Protext

Überprüfen wir einmal an unserem Demonstrationsprojekt, welche Ursachen hier für die Terminüberschreitungen maßgeblich waren. Zunächst muss man annehmen, dass der dem Auftraggeber zusagte Fertigstellungstermin ein „Managementtermin" war, der nicht durch eine detaillierte Ablauf- und Terminplanung vorher ermittelt worden war, sondern, wie in der Praxis so oft, aus firmenpolitischen Überlegungen genannt wurde: Man wollte den Auftrag haben und hat sich deshalb auf einen knappen Termin eingelassen.

Hinzu kamen dann eine ganze Reihe anderer Ursachen. Der Aufwand, der für die Integration der verschiedenen Teile des Programms zu treiben war, war größer als geplant. Die Kündigung der stellvertretenden Projektleiterin und die Bindung anderer Mitarbeiter durch alte Projekte (Kapazitätsausfall), das fehlende Know-how

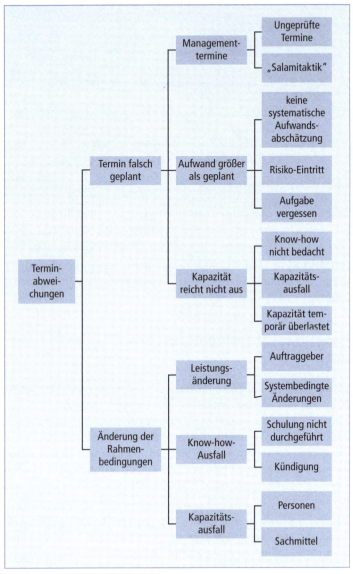

Abb. 18.3: Ursachen für Terminabweichungen

bei der Entwicklung von umfassenden Textsystemen, die geringe Erfahrung der jungen Mitarbeiter (Schulung nicht durchgeführt, Know-how-Lücke nicht bedacht) und die Entwicklung zusätzlicher Funktionen (Anbindung an eine relationale Datenbank) trugen ebenfalls zur Termin- und zur Kostenüberschreitung bei.

Was kann man tun, um Kosten- und Terminüberschreitungen zu vermeiden?

Zunächst zum konkreten Fall *Protext*: Da es hier so gut wie keine Frühwarnungen gab, war „das Kind schon in den Brunnen gefallen". Hier konnte also nur noch versucht werden, weitere Kostensteigerungen und Terminüberschreitungen so gering wie möglich zu halten. An das Aufholen von Terminverzögerungen und die Kompensation von Kostenüberschreitungen durch Einsparen bei später zu erfüllenden Aufgaben war nicht mehr zu denken.

Die Checkliste 18.2 zeigt die wichtigsten Maßnahmen der Kosten- und Terminsteuerung mit ihren Hindernissen und Nebeneffekten.[203]

Checkliste 18.2 – Maßnahmen der Kosten- und Terminsteuerung

Maßnahmen	eventuelle Hindernisse und Nebeneffekte
Leistungsreduzierung	Auftraggeber stimmt nicht zu; Konkurrenzdruck verbietet diese Maßnahme
Versionsbildung mit vorläufiger Leistungsreduzierung	Versteckte Terminverschiebung; Gesamtaufwand erhöht sich
Einschränkung der geforderten Qualität	Erhöhung des Gesamtaufwands über die Produktlebenszeit; versteckte Terminverschiebung
Prioritätenänderung der Leistungsmerkmale	Versteckte Terminverschiebung; Einsatznotwendigkeiten stehen möglicherweise dagegen
Ablehnung von Änderungswünschen	Akzeptanz des Projektergebnisses geht zurück; Umsatz und Gewinn reduzieren sich

18. KAPITEL Projektberichtswesen und Projektsteuerung

Maßnahmen zur Aufwandsreduzierung

Suche nach technischen Alternativen	Kurzfristiger Mehraufwand mit unsicherem Ergebnis
Lizenzen und Know-how kaufen	Abhängigkeit, Übertragbarkeit fraglich
Zukauf von Teilprodukten	Geeigneter Lieferant muss gesucht werden; Aufwand für Definition und Abnahme
Alternative Lieferanten	Aufwand, Zeit für Auswahl und Auftrag; Lieferrisiko
Änderung des Abwicklungsprozesses	Umstellungsaufwand mit unsicherem Ergebnis
Einsatz von anderen Werkzeugen	Einarbeitungsaufwand; Investitionskosten
Nicht zwingend notwendige Arbeitspakete streichen	Erhöhtes Risiko; Qualitätsreduzierung
Parallelarbeit	Erhöhtes technisches Risiko; Mehrkapazität pro Zeiteinheit

Maßnahmen zur Kapazitätserhöhung

Einstellung zusätzlicher Mitarbeiter	Personalbudget ist festgelegt
Umverteilung des Personals im Projekt	Engpass verschiebt sich
Einsatz zusätzlicher Abteilungen	Koordinationsaufwand steigt; Einarbeitung ist erforderlich
Zukauf von externer Kapazität	Know-how muss gefunden werden
Zusätzliche Betriebsmittel bereitstellen	Investitionen sind erforderlich
Lieferantenwechsel	Lieferrisiko; Qualitätsrisiko
Fremdvergabe von Arbeitspaketen	Koordinationsaufwand; Aufwand für Suche nach geeigneten Bearbeitern; Qualitätsrisiko
Anordnung von Überstunden	Betriebsrat muss zustimmen; nur kurzzeitig einsetzbar
Mehrschichtarbeit einführen	Organisationsprobleme
Abbau anderer Belastungen des Projektpersonals (z. B. Entlastung v. administrativen Aufgaben	Mängel an anderen Stellen

Maßnahmen zur Produktivitätserhöhung

Ausbildung der Mitarbeiter	Kein kurzfristiger Effekt; Aufwand
Austausch einzelner Mitarbeiter	Keine Alternativen; Einarbeitungszeit
Einstellung besonders qualifizierter Mitarbeiter	Spezialisten oft nicht zu finden; Kosten

Maßnahmen zur Produktivitätserhöhung	
Information und Kommunikation erhöhen	Zeitaufwand; kein kurzfristiger Effekt
Motivation erhöhen durch ☐ persönliche Anerkennung ☐ Teamgeist ☐ Personifizierte Verantwortung ☐ Prämien und Anreize ☐ Abbau von Konflikten etc.	kein kurzfristiger Effekt
Neuorganisation des Projekts Abschirmung der Mitarbeiter von administrativen Tätigkeiten etc. Verbesserte Infrastruktur des Projekts	Reibungsverluste, Widerstände

Jede Steuerungsmaßnahme hat auch Nebenwirkungen: Fragen Sie Ihren Projektcontroller!

Bei der Entscheidung über Maßnahmen der Gegensteuerung muss immer bedacht werden, dass die Einflussnahme auf ein Ziel zumeist nicht ohne Auswirkungen auf andere Ziele bleibt. So sind z. B. viele Aktionen, mit denen Terminverzögerungen wieder aufgeholt werden können, mit erhöhten Kosten verbunden. In der Checkliste 18.2 sind immer wieder solche Beispiele zu finden. Maßnahmen, die die Kosten reduzieren, sind häufig mit einer Verminderung der Projektleistung verbunden.

Das „Gesetz" von Brooks

Im Projekt *Protext* wurde eine falsche Steuerungsentscheidung getroffen. Um Terminverzögerungen wieder aufzuholen, wurden zusätzliche Leute in das Projekt geholt. Dabei wurde nicht bedacht, dass dieses zusätzliche Personal erst von den bereits schon länger im Projekt tätigen Mitarbeitern eingewiesen werden muss und dass sich vorübergehend dadurch die verfügbare Bearbeiterkapazität sogar verringert. Es gilt hier das schon erwähnte „Gesetz" von Brooks, der für die Entwicklung des Betriebssystems OS 360 der IBM verantwortlich war: „Adding manpower to a late software project makes it later." (Wenn man in einem Softwareprojekt, das schon Terminverzug hat, zusätzliches Personal einsetzt, wird die Terminverzögerung noch größer.)

Die Fernwirkungen beachten

Auch muss beachtet werden, dass Aktionen, die z. B. zunächst kostensenkend und zeitsparend wirken, später mehr Kosten verursachen können als ursprünglich eingespart wurden und dass die anfängliche Zeiteinsparung u. U. mehr als kompensiert wird. Ein Beispiel aus der Beratungspraxis des Verfassers: Um in einem Systementwicklungsprojekt eine große Terminverzögerung wieder einzuholen, wurde in dem bewährten Verfahrensablauf für die Entwicklung von Baugruppen, nämlich

> Entwicklung und Prüfung des Labormusters → Entwicklung und Prüfung des Funktionsmusters → Entwicklung und Prüfung des Fertigungsmusters → Fertigung in größerer Stückzahl

der Verfahrensschritt „Funktionsmuster" übersprungen. Die Folge war, dass zunächst zwar Zeit und Kosten eingespart werden konnten, diese Einsparungen aber durch die teure und zeitaufwendige Nachbesserung von fehlerhaften Baugruppen beim Kunden überkompensiert wurde.

Was tun, wenn das Projekt in eine Krise geraten ist?

Die höchsten Anforderungen an die Projektsteuerung stellen Projektkrisen. Eine Projektkrise liegt nach Neubauer[204] dann vor, wenn die Probleme so eskaliert sind, „dass eine Lösung unter den gegebenen Rahmenbedingungen unmöglich ist oder unmöglich erscheint."

Anzeichen für eine krisenhafte Entwicklung können z. B. sein:

- Restkostenschätzungen werden immer wieder nach oben revidiert, die prognostizierten Projektkosten liegen bereits weit über dem ursprünglichen Planansatz.
- Meilensteintermine werden ständig verschoben, wie das etwa beim Termin der Eröffnung des Flughafens Berlin-Schönefeld der Fall war.
- Mitarbeiter verlassen das Projekt.
- Der Auftraggeber kommt immer wieder mit Änderungswünschen.
- Das „90-Prozent-Syndrom" greift um sich: Vorgänge im Projekt werden nicht abgeschlossen.

Für Softwareprojekte definierte das Department of Defense der USA eine Reihe von quantitativen Frühwarnindikatoren,[205] so u. a.

- eine sich abzeichnende Termin- und/oder Kostenüberschreitung, die 10 % und mehr über dem Zeitpuffer bzw. der Kostenreserve liegt,
- eine Zunahme der Projektanforderungen von 50 % und mehr pro Jahr und
- eine nicht angeordnete, sondern freiwillig sich vollziehende jährliche Personalfluktuation von 10 % und mehr.

Auch weniger deutliche Signale können auf eine Krise hinweisen. So sagte dem Verfasser einmal ein sehr erfolgreicher Manager von IT-Projekten: „Ich weiß, dass das Projekt in einer Krise ist, wenn meine Leute nach Dienstschluss nicht mehr zusammen ein Bier trinken gehen."

Neubauer, der sich in Theorie und Praxis besonders intensiv mit Projektkrisen befasst hat, hat ein Vorgehensmodell für die Bewältigung entworfen. Es geht ihm dabei vor allem um die Neuformulierung von Problemstellungen und die Verlagerung des Blickwinkels, aus dem das Projekt betrachtet wird. Dabei ist in aller Regel Hilfe von außen erforderlich, weil die von der Krise geschüttelten Parteien (Auftraggeber, Auftragnehmer) oft in Panik handeln und neue unkonventionelle Möglichkeiten der Problemlösung nicht sehen.

Als Voraussetzung für das Krisenmanagement ist insbesondere eine genaue Beschreibung der Krise und vor allem der Motive und Ziele der beteiligten Personen erforderlich. Hier zeigt sich wieder einmal, wie wichtig es ist, die Stakeholder des Projekts zu kennen. (vgl. dazu 8. Kapitel) ist.

19. Kapitel

Konflikte im Projekt beherrschen

Konflikte sind in einem Projekt fast unvermeidlich. Denken wir etwa daran, dass die Projektbeteiligten sehr unterschiedliche Ziele und Interessen haben können (vgl. dazu 8. Kapitel). Dass Konflikte in Projekten durchaus notwendig und nützlich sein können, indem sie z. B. auf Probleme hinweisen, wird in der Literatur nicht immer deutlich genug gesagt.

Konflikte in verschiedenen Projektphasen

Je nach der Phase eines Vorhabens, in der man sich befindet, dominieren bestimmte Konfliktquellen. So werden z. B. Terminprobleme, wie leicht einzusehen ist, eher gegen Ende eines Projekts auftreten, wenn sich herausstellt, dass der dem Auftraggeber zugesagte Endtermin vermutlich nicht zu halten ist, als in frühen Phasen, in denen meist noch Optimismus herrscht.

Abbildung 19.1 zeigt verschiedene Konfliktquellen und ihren Rangplatz in verschiedenen Abschnitten eines Projekts. Je niedriger die Ziffer, die bei einer Konfliktquelle steht, um so höher ist sie zu bewerten.[206]

Konfliktquelle	Phase			
	Projekt formulieren	Projekt aufsetzen	Projekt durchführen	Projekt abschließen
Termine	3	2	1	1
Prioritäten	1	1	4	4
Personalausstattung	4	5	3	3
technische Konflikte	6	4	2	6
administrative Abwicklung	2	3	5	7
persönliche Konflikte	7	6	5	2
Kostenziele	5	7	5	5

Abb. 19.1: Konflikte und ihre Bedeutung in einzelnen Projektphasen

Etwas überraschend ist in dieser Aufstellung, dass Konflikte, die aus dem Verhalten der Beteiligten resultieren, eine relativ geringe Bedeutung haben. Das liegt vermutlich daran, dass solche Konflikte meist zu Unrecht mit dem Etikett „Sachprobleme" versehen werden.[207]

Konfliktursachen

Schauen wir uns die Ursachen, die in Projekten zu Konflikten führen können, näher an. Auf der Sachebene lassen sich

- Zielkonflikte,
- Beurteilungskonflikte und
- Verteilungskonflikte

unterscheiden.

Zielkonflikte

Ein Beispiel für einen Zielkonflikt: In einem Entwicklungsprojekt sind die Entwickler häufig an einem technisch möglichst perfekten Produkt interessiert, während die Kaufleute vor allem niedrige Produktkosten und einen hohen Deckungsbeitrag anstreben.

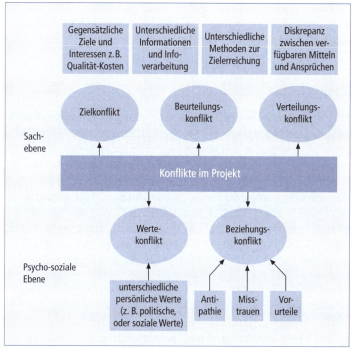

Abb. 19.2: Konfliktursachen[208]

Beurteilungskonflikte

Sie sind auf unterschiedliche Informationen bzw. unterschiedliche Informationsverarbeitung der Projektbeteiligten zurückzuführen. So sehen aus naheliegenden Gründen die Mitarbeiter einer Marketingabteilung, die ständig Marktforschung betreiben, die Bedürfnisse des Abnehmers in der Regel anders als der Leiter einer Konstruktionsabteilung, der allenfalls gelegentlich mit Kundenbeschwerden konfrontiert wird. Beurteilungskonflikte können sich auch aus unterschiedlichen Auffassungen darüber ergeben, wie ein angestrebtes Ziel zu erreichen ist. Wir können annehmen, dass die stellvertretende Projektleiterin und der Projektleiter im Projekt *Protext* beide das

Ziel verfolgten, ein möglichst benutzerfreundliches Textverarbeitungsprogramm zu erstellen. Erhebliche Uneinigkeit bestand allerdings über den Weg, über den das zu erreichen ist.

Verteilungskonflikte

Verteilungskonflikte ergeben sich sehr häufig in Projekten. Die Linienvorgesetzten wollen die knappen Ressourcen, insbesondere Mitarbeiter von hoher Leistungsfähigkeit und/oder mit speziellem Know-how, vor allem für die Aufgaben in der Linie einsetzen. Sie geben nur widerwillig gute Mitarbeiter an Projekte ab. Häufig werden nur die weniger leistungsfähigen Mitglieder der Organisation für Projekte abgestellt. Der Projektleiter möchte selbstverständlich nur die besten Mitarbeiter im Team haben. Im Projekt *Protext* waren die Führungskräfte in der Linie wahrscheinlich auch deshalb gegen das Vorhaben, weil sie Mitarbeiter abgeben mussten.

Konflikte auf der psycho-sozialen Ebene

Neben den Sachkonflikten gibt es in Projekten Konflikte auf der psycho-sozialen Ebene, die zumeist sehr viel häufiger sind als Konflikte auf der Sachebene. Ein wichtiger Grund für diese Art von Konflikten sind unterschiedliche persönliche Wert- und Zielvorstellungen der Projektmitarbeiter. Auch dafür ein Beispiel: Ein junger Programmierer, der von seinem Chef für ein Software-Entwicklungsprojekt abgestellt wurde, ist, um schnell Karriere zu machen, vor allem daran interessiert, sich im Unternehmen möglichst umfassende Kenntnisse zu erwerben. Er drängt immer wieder darauf, in Fortbildungskurse geschickt zu werden. Der Projektleiter, dem er unterstellt ist, will „sein" Projekt termingerecht, im Budgetrahmen und zur Zufriedenheit des Auftraggebers abwickeln. Er betrachtet die Kursbesuche des jungen Programmierers als Störung im Projekt.

Neben diesen unterschiedlichen Wertvorstellungen spielen Antipathie, Misstrauen und Vorurteile eine erhebliche Rolle. Der folgende Fall aus der Praxis eines Unternehmensberaters[209] ist ein Beispiel für solche Konflikte auf der psycho-sozialen Ebene: Ein Softwarehaus, das in Hamburg seinen Sitz hatte, erhielt den Auftrag, in einem bayerischen Maschinenbauunternehmen die Software für ein rechnergesteuertes Hochregallager zu entwickeln. Die Experten aus dem hohen Norden begrüßten ihre Ansprechpartner mit einem forschen „Guten Tach". Die Reaktion auf diesen Gruß war kühl. Das änderte sich auch in den folgenden Wochen nicht. Das Klima in den Projektbesprechungen verschlechterte sich. Schließlich grüßten auch die Experten nicht mehr und reduzierten die Kontakte zu den Vertretern der Auftraggeberfirma immer mehr. Auch die „Bayern" mieden die Hanseaten nach Möglichkeit. Die Kommunikation zwischen Auftragnehmer und Auftraggeber wurde immer geringer. Das Projekt geriet in eine Krise.

Konfliktlösungen

Wie ist nun mit Konflikten auf der Sachebene und auf der psycho-sozialen Ebene umzugehen? Abbildung 19.3[210, 211] zeigt die verschiedenen Möglichkeiten der Konfliktlösung, ihre Vorteile und Nachteile.

Lösungsversuch durch	Vorteil	Nachteil
Flucht	– Weg des geringsten Widerstands; Sicherheit	– Scheinlösung – Konflikte werden aufgeschoben
Kampf	– schnelle Konfliktbewältigung – Abschreckung	– Scheinlösung – Rachegefühle
Delegation	– schnelle und sachliche Konfliktlösung	– Schiedsspruch wird nicht akzeptiert
Kompromiss	– Verhandlung – Interessen aller werden berücksichtigt	– hoher Zeitaufwand – Gefahr der Manipulation
Konsens	– endgültige Lösung – positive Wirkung	– stellt hohe Anforderungen an die Beteiligten – hoher Zeitaufwand

Abb. 19.3: Methoden der Lösung von Konflikten und ihre Ergebnisse

Konflikte nicht verdrängen

Im Projektalltag werden Konflikte häufig verdrängt. Man wählt die „Lösungsmöglichkeit" „Flucht". In unserem Projekt *Protext* wurde der Konflikt zwischen der stellvertretenden Projektleiterin und dem Projektleiter Braun so „bewältigt". Braun hoffte, dass sich die Angelegenheit irgendwann von selbst erledigt. Durch das Ignorieren des Konflikts verschaffte er sich zwar kurzfristig eine Atempause, er kam aber später wegen seiner Konfliktlösungsstrategie in erheblichen Zugzwang. Wenn man einmal annimmt, dass nicht persönliche Antipathien und Vorurteile („Diese Emanze!") eine Rolle gespielt haben, wäre es in diesem Fall sinnvoll gewesen, den Konflikt auf den Auftraggeber bzw. einige potentielle Benutzer zu delegieren. Sie hätten mit Hilfe eines schnell erstellten „Wegwerfprototyps" entscheiden müssen, welche Art der Benutzerführung besser geeignet ist.

Kampf, Konfrontation, Kompromiss

Kampf und Konfrontation werden in Unternehmen häufig gewählt, wenn es sich um Konflikte zwischen Vorgesetzten und Mitarbeitern handelt. So werden z. B. sehr oft Einwände und Widerstände der Betroffenen gegen ein Projektmanagementkonzept, das von einem Berater entwickelt wurde, einfach unterdrückt. Dies hat vordergründig zwar den Vorteil, dass der Zeitaufwand bei der Einführung gering ist. Mitarbeiter rächen sich aber in solchen Fällen fast immer durch einen stillen Boykott des neuen Führungskonzepts, gegen den schwer anzugehen ist (vgl. 22. Kapitel).

Auch das sehr viel zeitaufwendigere Finden eines Kompromisses als Konfliktlösungsstrategie hat oft Nachteile, weil dies häufig schon den Keim für zukünftige Konflikte in sich trägt. Auf einen Kompromiss einigt man sich in der Praxis meist bei der Festlegung der Kompetenzen eines Projektleiters. Den Befürchtungen der Führungskräfte in der Linienorganisation, dass sie an Macht verlieren, wird dadurch begegnet, dass man den Projektleiter nicht mit den vollen Befugnissen ausstattet, die für eine erfolgreiche Führung von Projekten erforderlich wären, sondern dass man seine Kompetenzen an einigen Stellen etwas beschneidet.

Konsens finden und vorsorglich Maßnahmen ergreifen

Sehr viel sinnvoller, aber auch mit sehr viel mehr Mühe verbunden, wäre es, wenn man versuchen würde, einen Konsens zu finden, der darin besteht, dass die Wichtigkeit von Projektarbeit für das Unternehmen verstanden, die Notwendigkeit des abteilungsübergreifenden „Denkens in Projektzusammenhängen" gesehen und die Zuteilung von Kompetenzen an den Projektleitern von den Fachvorgesetzten nicht als „Nullsummenspiel" betrachtet wird, in dem sie nur verlieren können.

Konflikte können in manchen Fällen aber auch durch vorsorgliche Maßnahmen gering gehalten werden. So könnten bei der Einführung von Projektmanagement im Unternehmen Konflikte dadurch weitgehend vermieden werden, dass man die Betroffenen rechtzeitig über die geplanten Maßnahmen informiert, dass man sie an der Entwicklung des Konzepts beteiligt und sie schult (22. Kapitel).

Konflikte zwischen den Vertretern verschiedener Fachabteilungen lassen sich oft dadurch mildern, dass Mitarbeiter rotierend in verschiedenen Abteilungen arbeiten und damit auch andere Sichtweisen kennenlernen.

Ein Vorgehensmodell für das Konfliktmanagement

Von Mayrshofer und Ahrens[212] wurde ein Prozessmodell vorgestellt, das für das Management von Sach- und Beziehungskonflikten, die in der Realität häufig miteinander verflochten sind, verwendet werden kann. Es soll kurz mit dem Schwerpunkt auf Sachkonflikte beschrieben werden:

- Beim **Einstieg** in das Thema (I) wird durch einen Moderator Transparenz über die Beurteilung des Konflikts hergestellt und erkundet, wie groß die Bereitschaft zur Klärung des Konflikts ist.
- In der Phase der **Konfliktorientierung** (II) wird das Ziel der Konfliktbearbeitung definiert. Außerdem werden die konfliktträchtigen Themen gesammelt und geordnet. Die verschiedenen Sichtweisen, Interessen und Wünsche werden offen gelegt. Damit soll Verständnis für unterschiedliche Standpunkte geweckt werden.
- Im Prozessschritt der **Konfliktbearbeitung** (III) werden – grob gesprochen – Lösungsideen entwickelt und priorisiert. Die Konsequenzen der verschiedenen Alternativen werden dargestellt.
- In der Phase der **Ergebnisintegration** (IV) werden die Realisierungschancen der Alternativen überprüft und, nachdem eine Entscheidung getroffen wurde, geprüft, ob eine befriedigende Lösung, die häufig natürlich in einem Kompromiss bestehen wird, erreicht wurde.
- Schließlich werden weitere Aktivitäten zur Realisierung der Lösung geplant und Vereinbarungen getroffen (**Handlungsorientierung** V).
- Der gesamte Prozess schließt mit der **Abfrage** (VI), wie zufrieden die Teilnehmer mit der Lösung sind.

Konflikte zwischen Vertragspartnern: Die totale Konfrontation vermeiden!

Konflikte gibt es nicht nur innerhalb des Projektteams, zwischen Projektteam und Linie und zwischen Trägern verschiedener Linienfunktionen, sondern auch zwischen den Organisationen, die an einem Projekt beteiligt sind, also etwa zwischen Auftragnehmer und Auftraggeber oder zwischen Auftragnehmer und Zulieferer. Insbesondere in der Bauindustrie und im Anlagenbau werden sie zunehmend vor Gericht ausgetragen, ein höchst unerfreulicher Trend, von dem in der Hauptsache nur die Anwälte profitieren. In den letz-

Konflikte zwischen Vertragspartnern: Die totale Konfrontation vermeiden!

ten Jahren ist deshalb vor allem in den USA und in Großbritannien ein ganzes Spektrum von Prozeduren und Konzepten[213] entwickelt worden. Mit ihnen sollen „kostengünstig und beziehungsschonend" (Raberger) Konflikte zwischen Vertragspartnern vermieden oder zumindest außergerichtlich beigelegt werden. In diesem Zusammenhang mögen die Stichworte „Mediation und Partneringkonzept" genügen.

Im Fall des Projekts *Protext* hatte der Auftraggeber klugerweise zunächst auf eine gerichtliche Auseinandersetzung verzichtet und versucht, durch einen unparteiischen Dritten, einen Unternehmensberater, Möglichkeiten zur Lösung zu finden.

20. Kapitel

Den Rechner nutzen: Auswahl von Projektmanagement-Software

Das Angebot am Markt

Als in den späten 50er Jahren die verschiedenen Varianten der Netzplantechnik entstanden, stellte sich bei der Berechnung der Termine bald heraus, dass der Mensch mit der Berechnung großer Netzpläne (vgl. 21. Kapitel) überfordert war. Erste EDV-Programme – damals nur für „Großrechner" – wurden entwickelt. Dabei handelte es sich, um die Terminologie von Meyer und Ahlemann zu benutzen, um so genannte Einzel-Projektmanagementsysteme (Single Project Management Systems).[214]

Die wenigen Produkte, die in den ersten Jahren auf dem Markt angeboten wurden, boten Funktionen für die Planung und Kontrolle einzelner Projekte an. Mussten mehrere Projekte in einer Organisation bearbeitet werden, wurden die einzelnen Vorhaben als unabhängig voneinander betrachtet werden.

Erst nach und nach wurde berücksichtigt, dass mehrere Projekte auf einen gemeinsamen Bestand von Ressourcen, zumeist Arbeitskräfte verschiedener Qualifikation, zugreifen mussten. Auch Funktionen für die Kostenplanung und -überwachung wurden bereitgestellt, nicht immer zur Freude der auftragnehmenden Industrie, die sie nutzen sollte.

Das zunächst überschaubare Angebot an Projektmanagement-Software wurde in den letzten 30 Jahren immer differenzierter. Vor allem wurden zunehmend Programmsysteme für Personal Computer und Laptops bereitgestellt. (Die von der GPM Deutsche Gesellschaft für Projektmanagement e. V. herausgegebene Zeitschrift Projektmanagement aktuell enthält seit Jahren in jeder Ausgabe eine kritische Betrachtung eines derartigen Systems, www.pmaktuell.org)

Die folgende Systematik, die ebenfalls von Meyer und Ahlemann stammt,[215] trifft folgende Unterscheidung:

- Multiprojektmanagement-Systeme (MPS). Bei dieser Art von Systemen, die den Markt dominieren, wird der Ressourcenverbund berücksichtigt.

Innerhalb dieser Kategorie werden verschiedene Unterkategorien unterschieden:

- Planorientierte MPS. Bei diesen Produkten wird großes Gewicht auf Termin- und Einsatzmittelplanung gelegt.
- Bei Prozessorientierten MPS liegt der Schwerpunkt auf der Unterstützung des Qualitätsmanagements und des Workflows. Zugrunde liegt häufig ein weitgehend standardisiertes Projektmanagement
- Ressourcenorientierte MPS konzentrieren sich vor allem auf die projektbezogene Einsatzmittelplanung einer größeren Zahl von Projekten.
- Dienstleistungsorientierte MPS. Sie kombinieren die Funktionalität von MPS mit der von Customer Relationship Management Systemen (CRMS). So enthalten sie Kundendatenbanken und gestatten es, alle Kundenkontakte nachzuvollziehen.

In der Hauptkategorie differenzieren Ahlemann und Meyer weiter nach

- Umfassenden Projektmanagementsystemen (Enterprise Project Management Systems)
- Leistungsorientierten PMS (Performance-oriented PMS) und
- Wissensorientierten PMS.

Umfassende PMS unterstützten das Projektmanagement über den ganzen Lebensweg eines Projekts oder Programms von der ersten Idee bis zum Abschluss.

Leistungsorientierte PMS: Hier steht die Planung und Überwachung von Projekten mithilfe von Leistungskennzahlen (key performance indicators) im Vordergrund.

Wissensorientierte PMS: Systeme dieser Art sind darauf ausgelegt, Projektwissen systematisch zu organisieren.

Daneben gibt es allerdings noch eine Fülle anderer Softwarepakete, die für Projektmanagement genutzt werden können. Einen Überblick gibt die Abbildung 20.1, die Einsatzmöglichkeiten der verschie-

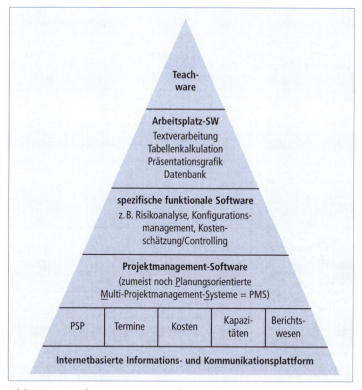

Abb. 20.1: Fünf Gruppen von Software für das Projektmanagement (Quelle: *Dworatschek, S.*: Projektmanagement-Software, in: Schelle et al. (Hrsg.), Loseblattsammlung „Projekte erfolgreich managen", Köln 1994, S. 6)

denen Software-Arten zeigt Abbildung 20.2[216]. Sie zeigt, dass auch allgemeine Arbeitsplatzsoftware eingesetzt wird, so etwa für die Dokumentation der Projektziele (Lastenheft, Pflichtenheft) Textverarbeitungssoftware, für die Kostenkalkulation Tabellenkalkulationsprogramme und für die Projektdokumentation Datenbanksoftware.

	Projektanforderung	Zieldefinition	Projektstrukturierung	Ablaufplanung	Terminplanung	Einsatzmittelplanung	Kostenplanung	Finanzmittelplanung	Projektsteuerung	Risikomanagement	Qualitätsmanagement	Konfigurationsmanagement	Änderungsmanagement	Berichtswesen	Projektdokumentation	Kommunikation	Schulung/Training	Projektarbeit	Projektabrechnung
Textverarbeitung	×	×								×				×	×	×		×	
Tabellenkalkulation							×	×		×				×	×			×	
Grafikprogramm																×		×	
Datenbanksystem										×		×	×	×				×	
Projektmanagement-System (PMS)			×	×	×	×	×	×	×					×	×			×	
Kommunikationssoftware	×															×		×	
Termin/Zeitplaner					×											×			
Groupware																×			
Teachware																	×		
Risikomanagement-Software										×									
Konfigurationsmanagementsoftware												×							
LAN-Software																×			
Expertensystem																		×	
CAD-System																		×	
Programmiersprachen																		×	
Betriebswirtschaftliche Software																			×

Abb. 20.2: Einsatzmöglichkeiten der EDV im Projektmanagement

Schließlich werden spezielle (spezifische funktionale Software), für Aufgaben im Projektmanagement entwickelte Programmpakete eingesetzt, so z. B. für das Konfigurationsmanagement oder für Kostenschätzungen.

Neben der am Markt erhältlichen Standard-Anwender-Software gibt es natürlich außerdem in vielen Firmen individuell entwickelte Softwarelösungen. In neuerer Zeit wird schließlich auch Software für die rechnerunterstützte Ausbildung im Projektmanagement eingesetzt.

Telekommunikation und virtuelle Teams im Projektmanagement

Seit einiger Zeit werden große Hoffnungen auf die dezentralisierte Projektbearbeitung gesetzt. Die am Vorhaben beteiligten Mitarbeiter sitzen an verschiedenen Standorten und möglicherweise auch in verschiedenen Zeitzonen und werden bei ihrer Arbeit an einem gemeinsamen Projekt durch entsprechende Software unterstützt. Zahlreiche Prognosen weisen darauf hin, dass diese Form der Teamarbeit zunehmen wird. Bei allem Optimismus, der sich insbesondere auf die bereits vorhandenen technischen Möglichkeiten stützt, sollte aber nicht vergessen werden, was Graf und Jordan schon früh so formuliert haben: „Aufgrund der bisherigen Erfahrungen über die Qualität und Leistungsfähigkeit kann trotz aller Technik davon ausgegangen werden, dass ein persönlicher Kontakt zwischen den Mitgliedern eine unbedingte Voraussetzung für ein effizientes Hochleistungsteam darstellt. Auch virtuelle Teams, die mehrheitlich auf Distanz zusammenarbeiten, benötigen ein gewisses Maß an räumlich gemeinsamer „Teamarbeitszeit", um überhaupt zu einem Hochleistungsteam zusammenwachsen zu können.[217]

In einer neuen Veröffentlichung kommt der anonyme Autor zu einem ähnlichen Ergebnis: „ … die Möglichkeit zu informellen Informationsaustausch in einem persönlichen Kennenlernen (Kick-off-Veranstaltung) (erleichtert) die Zusammenarbeit in virtuellen Teams.[218]

Weiterhin erweist sich, wie Levin ausführlich darlegt, dass virtuelle Teams nicht nur an die Teammitglieder, sondern auch an den Projektmanager eine ganze Reihe von neuen Anforderungen stellt, wenn die Kommunikation gelingen soll.[219]

Trotz dieser Einschränkungen kann moderne Projektmanagement-Software durchaus die eine oder andere Dienstreise einsparen helfen und räumlich verteilte Teams unterstützen. So werden Programme angeboten, die Telekonferenzen dadurch effizienter machen, dass sie durch so genanntes desktop sharing allen Beteiligten den Bildschirm des Moderators sichtbar machen. Über ein Dokument kann nicht nur diskutiert werden, sondern es können auch sofort notwendige Änderungen vorgenommen werden.

Projektmanagement und Web 2.0

Das Web 2.0 mit seinen zahlreichen Instrumenten, so etwa einer Corporate Website, einem Corporate Press Room, Audio-/Video Podcast und Diskussionsforen bietet für ein Unternehmen viele Chancen, birgt aber auch eine Reihe von Gefahren.[220]

Die Chancen bestehen in einem intensiven Dialog mit Kunden und in einer frühen Kommunikation mit Stakeholdern. Die Einstellung von Interessengruppen zu einem Projekt lässt sich dann besser einschätzen. Außerdem lassen sich Informationen zur Verbesserung von Prozessen gewinnen. Auch eine verstärkte organisationsinterne Kommunikation zum Nutzen des Projekts ist möglich.

Wichtige Risiken sind die mögliche negative Kommunikation unter Benutzern über Produkte und Dienstleistungen des Unternehmens. Möller formuliert zusammenfassend: „ Im Web 2.0 geht es vor allem darum, Informationen über Organisationen, Produkte. Personen, Wissen etc. zu finden, selbst aktiv einzustellen und/oder soziale Kontakte und Netzwerke zu knüpfen, bzw. sich mit Gleichgesinnten auszutauschen und zu organisieren".[221]

Der Rechnereinsatz bringt viele Vorteile

Da die Durchrechnung größerer Netzpläne von Hand und die Umwandlung von relativen Terminen in Kalendertermine, wie bereits erwähnt, sehr mühsam sind und auch geübten Praktikern dabei häufig Rechenfehler unterlaufen, sind Software-Pakete allein schon deshalb eine große Hilfe im Projektalltag. Ein weiteres Argument für den Einsatz von Programmpaketen ist, dass die eingegebenen und vom Programm errechneten Daten ohne große Mühe in vielfältiger und graphisch ansprechender Form ausgegeben werden können. Verdichtete Berichterstattung für das obere Management und die Auswahl von Daten, orientiert am jeweiligen Empfänger, sind problemlos möglich. Auch die ständig notwendige Aktualisierung von Plan- und Istdaten spricht für den EDV-Einsatz.

Abbildung 20.3 zeigt ein Aufbauschema und Funktionen von Projektmanagement-Software.[222] Die Abbildungen 20.4 und 20.5 sind Beispiele für Berichte und graphische Darstellungen, die von Projektmanagement-Software erzeugt wurden: Abbildung 20.4 ist eine Terminliste[223] mit Sollterminen (Früheste Termine) und tatsächlichen bzw. voraussichtlichen Terminen. Diese Liste ist das Ergebnis einer Durchrechnung des Netzplans auf der Basis von tatsächlichen Vorgangsterminen, die zurückgemeldet wurden (vgl. hierzu 11. Kapitel).

Was ist das beste Softwarepaket für Projektmanagement?

Das Angebot auf dem Markt ist inzwischen, wie bereits erwähnt, sehr groß geworden. Ahlemann listet in der schon zitierten Arbeit rund 100 Produkte auf. Dies und die Tatsache, dass viele Programmsysteme in kurzen Zeitabständen in neuen Versionen angeboten werden, machen es selbst dem Fachmann schwer, den Überblick zu bewahren. In diesem Zusammenhang muss vor Softwarevergleichen in Fachzeitschriften und Büchern ausdrücklich gewarnt werden, und zwar vor allem deshalb, weil nicht selten Funktionen hoch bewertet werden bzw. ihr Fehlen bemängelt wird, die in der Praxis so gut wie nie benötigt werden. So ist es z. B. bei der schon dargestellten Problematik der Einsatzmittelplanung auf Vorgangsebene (vgl. 13. Kapitel) für den Benutzer völlig gleichgültig, ob einem Vorgang 10, 20 oder mehr verschiedene Einsatzmittel zugewiesen werden können, weil er nämlich in aller Regel von dieser

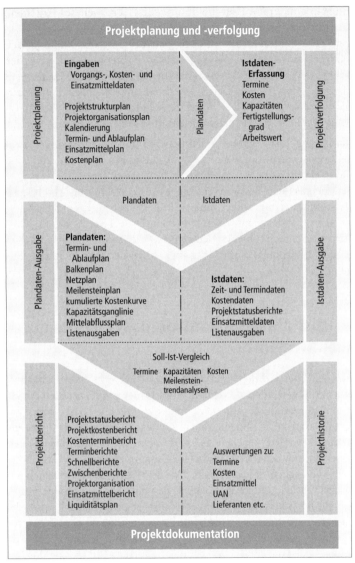

Abb. 20.3: Aufbauschema und Funktionen von Projektmanagement-Software (Planungsorientierte Multi-Projektmanagementsysteme)

```
SINET LISTING VERS S6.1A USERID E11915    ACTNO 233016    TSN 7887 Date 11/02/82 PAGE 0013
LIST FUNCTION (PAGE 0001)

DEUTSCHE BUNDESBAHN PGR H/W SUED
NEUBAUSTRECKE HANNOVER–WÜRZBURG, NORDABSCHNITT BAU-KM 227,733–266,000
LISTE 7:  TERMINUEBERWACHUNG FUER SAEMTLICHE IM BAU BEFINDLICHEN OBJEKTE/EINZELVORHABEN
          VORAUSSICHTLICHE TERMINABWEICHUNG VOM SOLL
          SORTIERT NACH VORGANGSNUMMERN
          STAND: 01. 11. 1982
          (SOLL = DATEN DES RAHMENPLANES)
```

VOR-GANGS-NR.	DEZ	BAU-KILOMETER	VORGANGSBE-SCHREIBUNG	DAUER SOLL	ABW	ANFANG SOLL-WERTE	ENDE	ANFANG TATS./VSL.WERTE	ENDE	ANF ABWEICHUNG	ENDE
3640000	44N	230,575–231,160	DEPONIE EICHENRIED	465	–178	22JUN82	18APR84	20SEP82	07NOV83	64	–114
4640000	44N	229,810–234,127	DEPONIE SCHRIMPF	466	0	25AUG82	29JUN84	04NOV82	10SEP84	51	51
6640000	44N	234,491–245,505	DEPONIE BASALTBRUCH	912	14	01JUL82	17FEB86	20SEP82	03JUN86	57	71
8640000	44N	245,932–250,704	DEPONIE SCHNEEFELD	666	26	03MAI82	18DEZ84	03MAI82	30JAN85	0	26
10400000	48N	250,674–251,380	SINNTALBRUECKE ZEITLOFS	552	5	22SEP82	01DEZ83	22SEP81	08DEZ83	0	5
11200000	48NA	251,380–253,840	TU. ALTENGRONAUER FORST	744	29	03JUN82	17MAI84	03JUN81	29JUN84	0	29
12200000	48NA	253,902–254,171	TU. ROSSBACHER FORST	231	0	16AUG82	15JUL83	16AUG82	15JUL83	0	0
12300000	43N	253,840–255,183	STR. ALTENGRONAUER FORST	778	28	13APR81	18MAI84	13APR81	29JUN84	0	28
12610000	48N	254,399	EBR HIRSCHBRUECKE	329	16	22JUN81	08OKT82	22JUN81	01NOV82	0	16
14400000	48N	255,183–255,581	HANGBRUECKE DITTENBRUNN	582	0	21OKT81	14FEB84	21OKT81	14FEB84	0	0

```
LISTE 7: TERMINUEBERWACHUNG FUER SAEMTLICHE IM BAU BEFINDLICHEN OBJEKTE/EINZELVORHABEN
```

VOR-GANGS-NR.	DEZ	BAU-KILOMETER	VORGANGSBE-SCHREIBUNG	DAUER SOLL	ABW	ANFANG SOLL-WERTE	ENDE	ANFANG TATS./VSL.WERTE	ENDE	ANF ABWEICHUNG	ENDE
15200000	48NA	255,581–256,843	TU. DITTENBRUNNER HOEHE	355	92	13APR81	14SEP82	13APR81	26JAN83	0	92
16400000	48N	256,843–257,021	TALBRUECKE OBERSINN	408	16	16MRZ81	29OKT82	16MRZ81	23NOV82	0	16
18400000	48N	258,221–258,373	TALBRUECKE MITTELSINN	408	16	16MRZ81	29OKT82	16MRZ81	23NOV82	0	16
21300000	43N	259,400–263,958	STR. MITTEL-/BURGSINN	716	0	10SEP82	18JUL85	11OKT82	16AUG85	21	21
21610000	48N	264,985	SBR 264,985	171	53	01MRZ82	01NOV82	01MRZ82	19JAN83	0	53
21650000	43N	263,600–264,000	SINNVERLEGUNG	250	–105	01JUN82	27MAI83	22NOV82	22JUN83	122	17
22200000	48NA	265,000–266,000	TU. BURGSINNER KUPPE	378	170	04MAI81	02NOV82	04MAI81	11JUL83	0	170
50750000	25N	227,733–266,000	GRUENDUNG FAHRLEITUNG	867	26	10AUG82	23JAN86	17SEP82	11APR86	28	54
50780000	40N	227,733–310,640	KABELQUER. U. SCHAECHTE	887	95	18MAI82	25NOV85	18MAI82	17APR86	0	95
53710000	25N	255,400–274,500	BAU BAHNSTROMLEITUNG	441	0	21OKT82	23JUL84	28APR83	28JAN85	129	129
55770000	49N	261,388	HOCHBAU STW UEST 261	315	0	16MRZ82	16JUN83	16MRZ82	16JUN83	0	0
58740000	47N	41,040–44,000	OBERBAU BF BURGSINN			0	0	25OKT82	18NOV83		
80300000	44N	227,733–229,810	STR. HARTBERG	252	25	24MAI82	24MAI83	24MAI82	29JUN83	0	25
80610000	48N	228,420	EBR K 72	148	18	03MAI82	30NOV82	03MAI82	27DEZ82	0	18

Abb. 20.4: Terminliste mit Sollterminen (früheste Termine) und tatsächlichen bzw. voraussichtlichen Terminen

Eigenschaft keinen Gebrauch machen wird. Das Finden der geeigneten Software ist selbst zum Problem geworden. Die von Laien häufig zu hörende Frage „Welches ist das beste Softwarepaket?" lässt sich nicht beantworten. Es gibt lediglich für einen bestimmten Anwendungsfall besser und schlechter geeignete Software. Wer die Absicht hat, ein Softwarepaket zu erwerben, muss deshalb bei der Auswahl systematisch vorgehen.

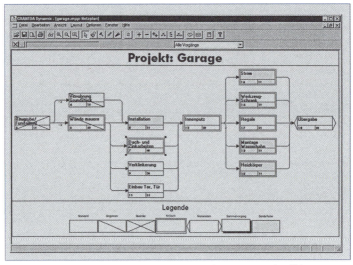

Abb. 20.5: Ausschnitt aus einem Vorgangsknotennetzplan[224]

Produktunabhängiges Datenmodell

Erfreulich ist, dass in die kaum überschaubare Vielfalt der angebotenen Projektmanagement-Software in jüngster Zeit etwas Ordnung gebracht wurde. Im Zuge der Überarbeitung der DIN 69 901 Teil 4 wurde nämlich als Standard ein produktunabhängiges Datenmodell für die elektronische Verarbeitung von Projektmanagementdaten entwickelt.

Der Kauf von Software ersetzt nicht das fehlende Projektmanagement-Konzept

Bevor auf diesen Auswahlprozess etwas näher eingegangen wird, muss eine dringende Warnung ausgesprochen werden: Der Kauf eines Progammpakets ersetzt nicht die Entwicklung eines für die Organisation passenden Konzepts für Projektmanagement. Nur zu oft wird, häufig auch als Alibihandlung, Projektmanagement-Software gekauft, ohne dass geklärt ist, welche Anforderungen das Programmpaket im speziellen Fall erfüllen muss. Der Käufer wiegt sich in der trügerischen Hoffnung, mit dem Erwerb der Programm-CD auch Projektmanagement eingeführt zu haben. Diese Hoffnung wird von tüchtigen Akquisiteuren noch genährt. Das folgende Versprechen, das in einer Anzeige für ein sehr bekanntes und auch durchaus leistungsfähiges Softwarepaket zu lesen war, ist typisch für die Erwartungen, die die Entwickler von Projektmanagement-Software wecken: „Jetzt endlich haben Sie den Überblick über Ihre Projekte. Sie wissen, was wann wo geschieht. Sie kontrollieren jedes Detail."

Software wird schnell zur „Schrankware"

Die Werbetexter verschweigen dabei schamhaft, dass diese hoffnungsvolle Aussage nur zutrifft, wenn eine ganze Fülle von Voraussetzungen erfüllt ist. Eine dieser Voraussetzungen, aber keineswegs die einzige ist, dass eindeutige und allgemein akzeptierte Regeln dafür bestehen, wer die für die Projektplanung und -verfolgung erforderlichen Daten an die Projektleitung rechtzeitig und zuverlässig meldet. Ist das nicht der Fall, wird Software, wie einmal ein Praktiker etwas zynisch sagte, sehr schnell zu „Schrankware". Die Programm-CDs ruhen dann in den Schubladen der Sachbearbeiter.

Der Auswahlprozess in fünf Stufen

Bei der Auswahl empfiehlt es sich in folgenden fünf Stufen vorzugehen:[225]

Zu 1: Bei der Formulierung der **Software-Strategie** sind folgende Fragen zu beantworten:

- Ist die erforderliche Hardware-Ausstattung bereits vorhanden?
- Muss sie eventuell erweitert werden?
- Muss sie neu beschafft werden?
- Für welche Art von Projekten soll die Software eingesetzt werden?
- Welchen Informationsbedarf (Inhalt, Form, Häufigkeit der Berichterstattung) gibt es beim Auftraggeber bei den am Projekt beteiligten Personen und Institutionen?

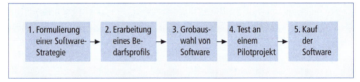

Abb. 20.6: Fünf Stufen der Software-Auswahl

Zu 2: Im zweiten Schritt muss ein für die Organisation spezifisches **Bedarfsprofil** aufgestellt werden.. Für die Prüfung der Anforderungen sind von unabhängigen Institutionen umfangreiche Kriterienkataloge erarbeitet worden, die sich aber bisher weitgehend auf die sogenannten Planungsorientierten Multi-Projektmanagementsysteme beziehen. Sie sind z. T. so umfangreich, dass der potentielle Anwender „den Wald vor lauter Bäumen nicht mehr sieht".[226] Auf sogenannte K. O.-Eigenschaften, die im Gegensatz zu nützlichen Eigenschaften in jedem Fall vorhanden sein müssen, ist besonders zu achten.

Folgende Fragen[227] müssen vordringlich gestellt werden:

- Gibt es eine gute Programmdokumentation?
- Gibt es ein verständliches Handbuch für den Benutzer?

- Gibt es ein Demonstrationsprojekt?
- Reicht die vorhandene Rechnerausstattung aus? Was braucht man zusätzlich?
- Hat sich das Programm in der Praxis bereits bewährt? Wie oft wurde es bei Anwendern schon installiert? Welche Referenzen gibt es?
- Welche Serviceleistungen wie Wartung, Beratung und Schulung gibt es? Wie gut sind diese Leistungen?

Zu 3: Ist das Bedarfsprofil formuliert, muss es den **Leistungsprofilen** der verschiedenen **Programmpakete** gegenübergestellt werden. Dabei können Marktübersichten wertvolle Hilfe leisten und den Arbeitsaufwand bei der Auswahl reduzieren. Aus der Grobauswahl sollten einige wenige Programme hervorgehen.

Zu 4: Die Anbieter der ausgewählten Softwarepakete werden dann aufgefordert, ihr Produkt vorzuführen. Dabei ist es zu empfehlen, das Programm möglichst an einem nicht zu großen Pilotprojekt aus der eigenen Organisation zu erproben. Der Verfasser hat bei derartigen Versuchen schon die Erfahrung gemacht, dass auch sehr bekannte Programmsysteme relativ simple Anforderungen, z. B. die Erstellung eines einfachen Projektstrukturplans, nicht erfüllen. Viele Hersteller sind mit Probeinstallation für einen gewissen Zeitraum einverstanden.

Zu 5: Schließlich ist ein **Kaufvertrag** zu schließen. Dabei ist u. a. darauf zu achten, dass Unterstützung bei der Schulung gegeben wird. Auch die Beratung der Anwender und die Lieferung neuer Programmversionen ist zu klären.

21. Kapitel

Das Projekt systematisch beenden und Erfahrungen auswerten

„Projekte lernen schlecht"

Der systematische Abschluss eines Projekts findet in der Praxis sehr selten statt. Häufig nimmt man sich für eine Analyse nicht die Zeit. Für das Vorhaben abgestellte Mitarbeiter haben schon neue Aufgaben übernommen, bei weniger erfolgreichen Projekten gerät man leicht in den Verdacht, „Leichenfledderei" betreiben zu wollen. Ein Unternehmensberater hat das einmal so ausgedrückt: „Projekte lernen schlecht". Er hat damit gemeint, dass positive und negative Erfahrungen, die gemacht wurden, nicht genügend genützt werden.

Dabei sind eine gründliche Prüfung eines abgeschlossenen Vorhabens und ein systematischer Abschluss für das Projekt selbst und auch für zukünftige Projekte von großer Bedeutung. Die Überprüfung sollte sich dabei nicht nur auf das Sachergebnis, also die harten Fakten, konzentrieren, sondern auch auf die Art und Weise der Zusammenarbeit. Für die großen Projekte der Weltraumfahrt wurde einmal den Begriff der „experience retention" geprägt. Damit ist die systematische Aufzeichnung von Erfahrungen gemeint, die in Projekten gemacht wurden. Auch und gerade aus Projekten, die kein Erfolg waren, kann gelernt werden.

Vor allem in der Bundesrepublik gibt es nur in wenigen Firmen eine gründliche Analyse der Erfahrungen, die u. a. auch die Bereitstellung von Kostendaten für die Kostenschätzung neuer Projekte umfassen würde. Der Behauptung, „in vielen Organisationen gibt es schlichtweg keine Kultur, Fehler zu besprechen und daraus lernen zu dürfen",[228] kann man nur zustimmen.

Deshalb postuliert die Organisationspsychologie: „Zentral für die Dokumentation von Lessons Learned ist die Bereitschaft aller Beteiligten, Fehler zuzugeben und zu kommunizieren. Um diese zu entwickeln, kann durch Vorbilder und Anreize ein konstruktiver Umgang mit Fehlern initiiert werden."[229]

In neuerer Zeit gibt es interessante Versuche, um im Projekt gewonnenes Wissen und gemachte Erfahrungen für die ganze Organisation nutzbar zu machen. Sogenannte Mikroartikel und „Projektlerngeschichten" sind Beispiele.[230] Am Massachusetts Institute of Technology (MIT)[231] wurde die Methode der Erfahrungsgeschichte entwickelt. Ein abgeschlossenes Projekt wird mit Hilfe von Interviews nacherzählt und, mit Kommentaren versehen, in einem Dokument festgehalten. Die fertige Geschichte wird dann für Gruppendiskussionen verwendet. Die Gruppe kann aus Teilnehmern bestehen, die die Ereignisse selbst erlebt haben oder aus solchen, die aus dem Vorhaben lernen wollen. Mit dem Erzählen von Geschichten, um Einsichten zu gewinnen, wird eine uralte Praxis der Menschheit, wie sie z. B. heute noch im Sufismus gepflegt wird, wieder belebt.

Die Beratungsfirmen McKinsey und Arthur D. Little motivieren ihre Mitarbeiter, Projekterfahrungen sorgfältig zu dokumentieren, indem sie bei anstehenden Beförderungen auch die eingebrachten Erfahrungsberichte berücksichtigen. Bei McKinsey werden die besten Projektberichte darüber hinaus prämiert.[232]

Ein bereits implementiertes System zur Erfahrungssicherung wurde vor einigen Jahren von Schmied[233] vorgestellt, ein auf die Bauwirtschaft abgestimmtes System stammt von Krön.[234]

Warum ein systematischer Projektabschluss notwendig ist

Ein systematischer Abschluss ist auch deswegen notwendig, weil insbesondere bei internen Vorhaben sonst die Gefahr besteht, dass das Projekt sozusagen unter der Hand immer noch fortgesetzt wird und damit weiterhin Kapazität gebunden wird. Schließlich gibt es auch noch einen ganz handfesten Grund: In manchen Verträgen wird dem Auftraggeber das Recht zugestanden, einen Teil der vereinbarten Vertragssumme einzubehalten, bis alle Leistungen, also z. B. auch die Dokumentation erbracht sind. Auch wenn derartige Klauseln nicht im Vertrag enthalten sind, ist ein endgültiger Abschluss des Projekts wichtig: Es kann die Zufriedenheit des Auftraggebers erheblich beeinträchtigen, wenn noch ausstehende Leistungen, wie etwa die Erstellung von Ersatzteillisten, eine letzte revidierte Benutzerdokumentation, eine Bedienungsanleitung und die Schulung von Mitarbeitern des Kunden nicht mehr ordnungsgemäß erbracht werden.

Rechtzeitig vor Abschluss mit den Mitarbeitern reden

Wichtig ist auch, dass der Projektleiter, u. U. zusammen mit einem Mitarbeiter der Personalabteilung, rechtzeitig vor Beendigung des Projekts mit den Mitarbeitern redet und ihnen neue Perspektiven zeigt. Sonst besteht die Gefahr, dass die Projektbeteiligten versuchen, das Vorhaben in die Länge zu ziehen, weil sie nicht wissen, was sie nach seinem Abschluss erwartetet oder weil sie befürchten, dass keine Arbeit mehr für sie da ist. Eine andere mögliche Reaktion ist, dass Mitarbeiter vor Beendigung des Projekts abzuspringen versuchen, um rechtzeitig in ein neues Projekt zu kommen.

Die mit dem Projektende verbundenen Probleme und Aufgaben lassen sich in einer Art Projektstrukturplan zusammenstellen, der als Checkliste dienen kann[235] (Checkliste 21.1).

Projekte systematisch auswerten: Datenbanken und Kennzahlensysteme

Erfahrungen, die in Projekten gemacht wurden, werden nur selten gründlich ausgewertet. Am häufigsten ist noch die Nachkalkulation der Kosten. Weitaus seltener ist aber schon der Aufbau von Kostendatenbanken bzw. allgemeiner von Projekterfahrungsdatenbanken. Eine Ausnahme macht hier lediglich die Baubranche (vgl. dazu 12. Kapitel) und die Softwarebranche.

Sehr selten sind in der Praxis auch umfassende Kennzahlensysteme, die natürlich nicht nur Kostendaten umfassen.

Wichtige Kennzahlen, die nach Projektabschluss errechnet und mit den entsprechenden Werten aus früheren Vorhaben verglichen werden müssten, sind z. B.

- die Kosten- und Termintreue,
- Änderungshäufigkeiten und
- Fehlerquoten.

Ein relativ einfaches Kennzahlensystem für Softwareprojekte findet sich für den interessierten Leser bei Möller und Paulish.[236] Das Dilemma, dass es ein für alle Projektarten gültiges Kennzahlensystem nicht geben kann, wurde in einer Arbeit durch George[237] so gelöst, dass er ein Rahmenkennzahlensystem entwirft, das dann für die jeweilige Projektart modifiziert und erweitert werden kann.

Checkliste 21.1 – Probleme und Aufgaben bei Projektabschluss

Personelle Probleme
Projektmitarbeiter
- Angst, dass keine neuen Aufgaben bereitstehen
- Geringes Interesse an den Restarbeiten
- Stark reduzierte Motivation im Projekt
- Verminderte Identifikation mit dem Projektteam
- Aufmerksamkeit wendet sich anderen Aufgaben zu

Auftraggeber
- Veränderte Einstellung zum Projekt
- Verringertes Interesse am Projekt
- Wechsel der für das Vorhaben zuständigen Mitarbeiter
- Keine Ansprechpartner mehr verfügbar

Aufgaben im Zusammenhang mit der Projektleistung
Interne Aufgaben
- Was ist dem Auftraggeber noch zu liefern?
- Was müssen Zulieferer und Unterauftragnehmer noch liefern?

- Welche Positionen bedürfen noch der offiziellen Abnahme?
- Kontrolle der dem Projekt belasteten Kosten
- Offizielles Schließen der Arbeitspakete
- Identifizierung der dem Vorhaben zugeordneten Betriebsmittel und Disposition
- Verfügung über die restlichen, für das Vorhaben beschafften Roh-, Hilfs- und Betriebsstoffe
- Sammeln und Strukturieren der Projektdaten
- Planung von Aktivitäten, die nach dem Projektende vorgesehen sind (z. B. Betreuung des Systemanlaufs)

Externe Aufgaben
- Einigung mit dem Auftraggeber über noch zu erbringende Leistungen
- Einigung über Nachforderungen und Preisnachlässe
- Einigung mit Unterauftragnehmern und Zulieferern über noch zu erhaltende Leistungen bzw. Nachbesserungen und Preisnachlässe
- Erhalt der offiziellen Abnahme
- Einigung über das Schließen von Arbeitspaketen
- Abtransport von Betriebsmitteln
- Bestimmung der Lieferung von Testdaten durch den Auftraggeber
- Abschließende Rechnungsstellung

Den Kunden fragen, ob er mit dem Projekt zufrieden war

Bei bedeutenden Projekten empfiehlt sich auch am Ende eines Projekts eine Befragung. Sie kann sich auf

- Mitglieder des Projektteams und die beteiligten Linienabteilungen beziehen, oder
- auf Vertreter des Auftraggebers bzw. die potentiellen Benutzer oder andere Stakeholder.

Im Zeichen der Kundenorientierung wird heute vor allem die Befragung des Auftragsgebers betont.

Der Fragebogen[238] in Abbildung 21.2 wurde zur Ermittlung der Kundenzufriedenheit entwickelt.

Das Bewertungsmodell „Project Excellence"

Zu den aufwendigsten Methoden, ein abgeschlossenes Projekt zu bewerten, gehört das von der Deutschen Gesellschaft für Projektmanagement e. V. (GPM) entwickelte Modell „Project Excellence", das sich am nicht-projektbezogenen Modell des European Quality Award orientiert. Es kann sowohl zur Selbstbewertung verwendet werden als auch für die Bewertung durch unabhängige Assessoren, die dafür speziell ausgebildet wurden. Das Modell, das schon wegen des erheblichen Aufwands nicht nach jedem Projektende angewendet werden wird, sondern nur in größeren Zeitabständen, ist sehr umfangreich und kann deshalb hier nur in den Grundzügen dargestellt werden.[239]

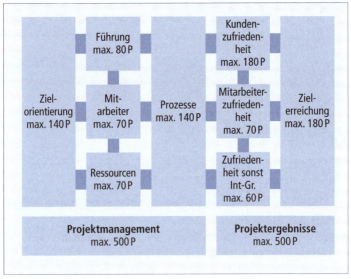

Abb. 21.1: „Project Excellence"

Erhebung der Kundenzufriedenheit mit dem Projekt

1. In welcher Form waren Sie am Projekt beteiligt?

   ....

2. Wie zufrieden waren Sie mit dem Projektstart, der Zielformulierung und den Projektplänen

   ☹ | 1 | 2 | 3 | 4 | 5 | 6 | ☺

   Anmerkungen:

3. Wie zufrieden waren Sie mit der Aufgaben- und Kompetenzverteilung sowie dem Informationsfluss?

   ☹ | 1 | 2 | 3 | 4 | 5 | 6 | ☺

   Anmerkungen:

4. Wie zufrieden waren Sie mit dem Einsatz und der Arbeitsweise des Teams?

   ☹ | 1 | 2 | 3 | 4 | 5 | 6 | ☺

   Anmerkungen:

5. Wie zufrieden waren Sie mit der Betreuung durch die Projektleitung?

   ☹ | 1 | 2 | 3 | 4 | 5 | 6 | ☺

   Anmerkungen:

6. Wie gut wurden die Teil-/Projektziele erreicht?

   ☹ | 1 | 2 | 3 | 4 | 5 | 6 | ☺

   Anmerkungen:

7. Wie schätzen Sie das Projekt bezüglich des erbrachten Zeit- und Kostenaufwands sowie des erreichten bzw. zu erwartenden Ergebnisses ein?

   ☹ | 1 | 2 | 3 | 4 | 5 | 6 | ☺

   Anmerkungen:

8. Welche Verbesserungen sollen bei der Realisierung weiterer Projekte berücksichtigt werden?

   ....

   ....

Abb. 21.2: Fragebogen

Die Bewertungskriterien[240]

Für die einzelnen Bereiche werden Punkte vergeben. Bewertet werden einmal das Management des Projekts („Wie wurden die Ergebnisse erzielt?") mit den entsprechenden Unterkriterien und zum anderen die Ergebnisse des Projekts selbst. Insgesamt sind maximal 1000 Punkte zu vergeben. Aus der Abbildung 21.1 ist beispielsweise zu ersehen, dass der Kundenzufriedenheit (max. 180 Punkte) besonderes Gewicht zukommt.

Ein Beispiel für die Bewertung

Im Hauptbereich Projektmanagement sind unter dem Kriterienfeld „Zielorientierung" beispielsweise die folgenden drei Nachweisfelder zu belegen:[241]

1. Zielorientierung (140 Punkte)

„Wie das Projekt seine Ziele auf Grund umfassender Informationen über die Anforderungen seiner Interessengruppen (vgl. auch Kapitel 8; d. Verf.) formuliert, entwickelt, überprüft und umsetzt. Es ist nachzuweisen, wie

1.1 die Interessengruppen und deren Erwartungen und Anforderungen identifiziert werden (Die Bewerbung soll eine Liste der identifizierten Interessengruppen und deren Erwartungen und Anforderungen enthalten. Dabei sollen die Interessengruppen entsprechend der Kriterien 6, 7 und 8 gegliedert sein.),

1.2 die Projektziele auf der Basis umfassender und relevanter Informationen entwickelt sowie konkurrierende Interessen integriert werden und wie

1.3 die Projektziele vermittelt, anerkannt, überprüft und angepasst werden."

Das Kriterium 6 ist die Kundenzufriedenheit, das Kriterium 7 die Mitarbeiterzufriedenheit und das Kriterium 8 die Zufriedenheit sonstiger Interessengruppen.

„Zu jedem Nachweisfeld erfolgt eine Sammlung von Stichpunkten, um Stärken zu erkennen, Nachweise zu führen und Verbesserungspotentiale zu lokalisieren. Die Kriterien bilden die Merkmale für die strategische Ausrichtung der Projektarbeit. Ihre Ausprägungen werden mittels einer Punktebeurteilung auf einer Ordinalskala abgetragen."

Die aufgetragenen Werte ergeben nun ein Projektprofil, das grafisch in einem Netzdiagramm dargestellt werden kann (Abbildung 21.3).

Aus dem Profil lässt sich z. B. erkennen, dass die Kundenzufriedenheit relativ hoch ist. Einen niedrigen Punktwert hat dagegen die Zufriedenheit der am Projekt beteiligten Mitarbeiter erhalten. Ein Grund dafür könnte sein, dass wenig Maßnahmen zur Förderung und Motivation der Mitarbeiter unternommen wurden. Ein Indiz dafür könnte der ebenfalls niedrige Punktwert beim Kriterium „Mitarbeiter" sein. Genauere Aussagen lassen sich allerdings erst nach einem Blick in den Assessorenbericht machen.

Ein formaler Abschluss ist notwendig: Die Projektabschlusssitzung

Unumgänglich ist schließlich eine Projektabschlusssitzung, die das Gegenstück zur Projektstartsitzung ist und deren Ergebnis in einem Projektabschlussbericht festzuhalten ist.

Folgende Fragen sollten in dieser Sitzung in jedem Fall beantwortet werden:

- Haben wir die gesetzten Ziele (Termine, Kosten, Sachergebnis) erreicht? Wenn nein, was waren die wichtigsten Gründe dafür, dass wir sie verfehlt haben?
- Ist der Kunde bzw. der interne Auftraggeber mit dem Projektergebnis zufrieden? Wenn nein, was sind die wichtigsten Gründe für seine Unzufriedenheit?
- Was ist im Projekt gut, was ist schlecht gelaufen? Wie war das Klima im Team? Wie war die Zusammenarbeit mit den Fachabteilungen und Externen?
- Welche Konsequenzen werden aus den Erfahrungen für künftige Projekte gezogen? Sind diese Erfahrungen dokumentiert? Wie werden sie allgemein zugänglich gemacht? Welche wesentlichen Inhalte hat der Projektabschlussbericht? Wer wirkt an der Erstellung mit?
- Welche Arbeiten sind bis wann noch zu erledigen? Wer ist dafür verantwortlich? Welche Kosten fallen dafür noch an? Wer trägt sie?
- Entlastung des Projektteams und des Projektleiters

Neben dieser formellen Abschlusssitzung sollte es einen „emotionalen Projektabschluss", einfacher gesagt, eine Projektabschlussfeier geben.

21. KAPITEL Das Projekt systematisch beenden

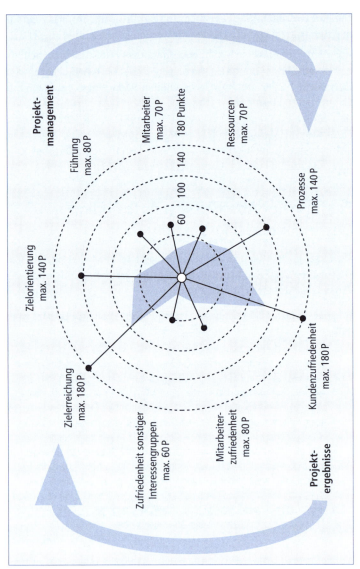

Abb. 21.3: Darstellung der Projektbewertung in einem Profildiagramm[242]

22. Kapitel

Die Einführung und Optimierung von Projektmanagement in Organisationen

Der Versuch, Projektmanagement in einer Organisation einzuführen, stößt häufig auf Barrieren

Abbildung 22.1 zeigt die vier möglichen Hindernisse:

Informationsdefizite lassen sich durch entsprechende Aufklärung der Mitglieder in einer Organisation meist relativ leicht beseitigen. Qualifikationsbarrieren können im Allgemeinen durch Ausbildungsmaßnahmen beseitigt werden. Schwieriger wird es, wenn Mitarbeiter systematisches Projektmanagement zwar einführen wollen, aber z. B. durch eine autoritäre Unternehmensführung daran gehindert oder zumindest nicht ermuntert werden. Gelingt es nicht, die obere Führungsebene von der Notwendigkeit zu überzeugen, sind die Erfolgschancen einer Implementierung „von unten" nach der Erfahrung des Verfassers gering, da ein wesentlicher Erfolgsfaktor der Einführung gerade die Unterstützung durch das Top-Management ist.[243] Opponenten sind häufig in der mittleren Führungsebene zu finden. (Vgl. dazu auch Kapitel 23). Sie wird deshalb auch in manchen Organisationen die „Lehmschicht" genannt.

Das größte Hindernis, mit dem sich Organisatoren in der Regel konfrontiert sehen, ist das Motivationsdefizit. Mitarbeiter vermuten eine zukünftige Schlechterstellung und haben Ängste.

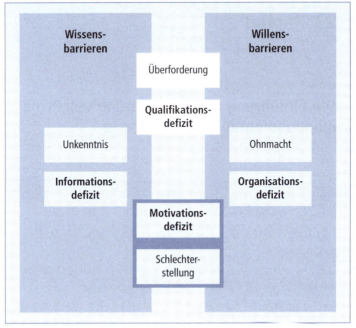

Abb. 22.1: Vier Hindernisse bei der Einführung von Projektmanagement[244]

Sie befürchten u. a.

- Verlust an Kompetenzen: Die Ausstattung des Projektleiters mit Befugnissen wird als Nullsummenspiel angesehen, in dem man selbst verliert.
- Statusverlust: Der Projektleiter ist der „Held", die Vorgesetzten der zuarbeitenden Fachabteilungen sind nur die „Wasserträger".
- Verstärkte Überwachung und erhöhten Leistungsdruck durch Instrumente wie die Netzplantechnik.
- Vergleiche mit anderen Mitarbeitern durch ein konsequentes Projektcontrolling und
- erhöhte Transparenz in den Fachabteilungen z. B. durch projektbezogene Personaleinsatzplanung oder regelmäßige Überprüfung von Zwischenergebnissen.

Lediglich die Angst, den Arbeitsplatz zu verlieren, wird im Allgemeinen nicht durch die Ankündigung der Einführung systematischen Projektmanagements geweckt.

Die Ängste werden fast nie ehrlich ausgesprochen, sondern meist hinter Scheinargumenten gegen die Einführung verborgen.

Auch Widerstand wird keineswegs immer offen gezeigt, er ist vielmehr häufig verdeckt. Für verdeckten Widerstand gibt es viele Symptome,[245] wie z. B.

- endlose Diskussionen über den Sinn des neuen Konzepts,
- Informationsblockaden und
- bewusstes Verschleppen von Entscheidungen.

Wie man die Einführung von Projektmanagement boykottiert

Um die Einführung eines systematischen Projektmanagements zu boykottieren, haben Menschen ein umfangreiches Instrumentarium zur Verfügung.

Einige Boykottstrategien und Argumente, mit denen man sich konfrontiert sieht, seien hier aufgeführt:

- **Perfektionismus** „Für uns genügt die übliche Netzplantechnik nicht, wir brauchen stochastische Netzplantechnik mit mindestens vier Knotentypen." (Dieses Argument ist besonders raffiniert, weil derjenige, der es vorbringt, Kooperationsbereitschaft heuchelt, vermutlich aber weiß, dass stochastische Netzplantechnik noch niemals in der Praxis mit Erfolg angewandt wurde.)
- **Bewusstes Verzetteln von Energie** „Bevor wir uns mit der Einführung von Projektmanagement beschäftigen, müssen wir erst einmal eine umfassende Bestandsaufnahme der am Markt verfügbaren Software vornehmen". (Ein ebenfalls sehr intelligentes Argument, weil das Angebot inzwischen kaum mehr überschaubar ist und eine Bestandsaufnahme sehr viel Zeit beansprucht.)
- **Das Argument „Bei uns ist alles ganz anders."** „Das mag in der Raumfahrtindustrie anwendbar sein, bei uns sicher nicht, weil…"

- **Das Alte-Praktiker-Argument** „Das mag in der Theorie ja ganz gut sein, aber glauben Sie mir als altem Praktiker: In der Praxis klappt das nicht."
- **Das Erfolgsgarantie-Argument** „Können Sie mir sagen, wie viel das in Mark und Pfennig bringt?" (Ein recht geschickter Einwand, weil dieser Nachweis im Allgemeinen nicht erbracht werden kann.)
- **Das Argument: „Das können wir uns nicht leisten."** „Was glauben Sie, was uns das kostet? Dafür haben wir jetzt wirklich kein Geld!"
- **Variante dieses Arguments: „Dafür haben wir jetzt keine Zeit."** „Wir sind bei unseren Projekten sowieso schon so im Druck, da haben wir nicht auch noch Zeit, erst einmal Projektstrukturpläne zu erstellen."
- **Das Argument: „Wie man Projekte abwickelt, wissen wir schon."** „In unserer Firma werden seit über 50 Jahren erfolgreich Projekte durchgeführt, da kommen Sie jetzt plötzlich mit Ihren neuen Ideen."
- **„Projektmanagement ist ‚out', ‚Break-Through-Management'** (oder ein beliebiges anderes Schlagwort aus der Management-Literatur) **ist in."** In diesem Fall wird einem zunächst einmal die Beweislast zugeschoben. Und schließlich:
- **„Wir haben keine Projekte, sondern nur Aufträge."** Mit diesem „Argument" wird die Notwendigkeit eines systematischen Projektmanagements einfach wegdefiniert.

Widerstand muss ernst genommen werden

Mit der exemplarischen Aufzählung von Boykottstrategien soll keineswegs gesagt werden, dass Widerstand gegen organisatorische Neuerungen immer negativ zu werten ist. Viele praxisgerechte Lösungen sind erst dadurch zustande gekommen, dass Mitarbeiter die ursprünglich vorgeschlagenen Lösungen nicht akzeptiert haben.[246]

Wenig hilfreiche Ratschläge, z. B. die Empfehlung, stochastische Netzplantechnik bei Entwicklungsprojekten zu verwenden, wurden wegen kritischer Einwände von Organisationsmitgliedern nicht realisiert.

Die Erfahrungen, die viele Organisatoren in den letzten 40 Jahren bei der Einführung von Projektmanagement in Unternehmen sammeln konnten, haben gezeigt, dass Widerstände ernst genommen werden müssen und nicht „gebrochen" werden dürfen. Besonderer Widerstand ist bei der Ausarbeitung aufbauorganisatorischer Regelungen zu erwarten. Linienvorgesetzte sehen eine für den Projekterfolg erforderliche, unumgängliche Umgestaltung der Organisation, wie oben schon betont, häufig als „Nullsummenspiel", in dem sie an Macht verlieren.

Mit der Bombenwurfstrategie geht es nicht

In vielen Unternehmen wird ein Projektmanagementkonzept am „grünen Tisch" von einem Berater oder eine Stabsabteilung entwickelt und per Rundschreiben der Geschäftsführung eingeführt. Es ist dem Verfasser aus der Literatur und aus zahlreichen mündlichen Berichten nicht ein einziges Beispiel bekannt, in dem diese Vorgehensweise zu einem nachhaltigen Erfolg geführt hätte.[247] Auch in der Software GmbH war diese Einführungsstrategie nicht erfolgreich. Der Projektleitfaden lag in den Schubladen. Niemand dachte daran, sich an ihm zu orientieren. Dieses Schicksal haben Projektmanagement-Handbücher vieler Organisationen.

Die Alternative: Betroffene zu Beteiligten machen!

Es gehört zu den gesicherten Erkenntnissen der Organisationspsychologie, dass Widerstände verringert werden können und Organisationsmitglieder ihr Verhalten verändern, wenn man sie an der Einführung beteiligt. Da es in aller Regel nicht möglich ist, dass alle betroffenen Mitarbeiter an der Entwicklung des für die Organisation passenden Projektmanagement-Konzepts mitwirken, bedeutet dies, dass sie möglichst früh und umfassend darüber informiert werden müssen,

- warum das neue Führungskonzept eingeführt werden soll,
- welche konkreten Inhalte und Folgen sich daraus ergeben und
- welche Erfolge erwartet werden.

Für die Information gibt es eine Fülle von Möglichkeiten, wie die Abbildung 22.2 zeigt.

Abb. 22.2: Möglichkeiten der Information von Betroffenen bei der Einführung von Projektmanagement[248]

Dabei gilt, dass die Zweiweg-Kommunikation immer der Einweg-Kommunikation vorzuziehen ist. Der Verfasser schätzt dabei auf Grund eigener Erfahrungen innerhalb dieser Klasse insbesondere die speziellen Kommunikationsinstrumente, also Kick-off-Veranstaltungen, Workshops und Informationsmärkte.

Die Wissenschaft hat Konzepte zur Durchsetzung des organisatorischen Wandels erarbeitet.[249] Sie sind meist wenig pragmatisch. Wohl nicht zuletzt aus diesem Grund wurden in der Praxis eigene Vorgehensweisen entwickelt. Sie weisen eine Reihe gemeinsamer Elemente auf, die im Folgenden kurz beschrieben werden.

Ein pragmatischer Weg der Einführung

(1) **Die Einführung von Projektmanagement** wird als **eigenes Projekt** aufgefasst. Die Geschäftsleitung, die hinter der Einführung stehen muss, ernennt einen **Projektleiter**. Bei der Erarbeitung des Konzepts, das auf das Unternehmen zugeschnitten sein muss, wird er durch ein **Projektteam** unterstützt. Dem Projektteam gehören Vertreter der wichtigsten Bereiche des Unternehmens an. Dadurch soll sichergestellt werden, dass das Konzept praxisnah ist und dass die betroffenen Bereiche an der Konzepterarbeitung beteiligt sind. Die Geschäftsleitung sollte auch als **Machtpromotor** das Projekt in kritischen Phasen unterstützen. Sofern das notwendige Wissen im Unternehmen nicht vorhanden ist, empfiehlt sich ein externer Berater als **Fachpromotor**.

(2) Neben dem Projektteam wird ein **Entscheidungsausschuss** gebildet. Er setzt sich häufig aus den Hauptabteilungs- oder Abteilungsleitern zusammen. Diesem Gremium werden während des Projekts die Vorschläge des Projektteams zur Entscheidung vorgelegt.

(3) Das Projekt „Einführung von Projektmanagement" beginnt mit einer **Informationsveranstaltung**, in der alle Mitarbeiter von der Geschäftsleitung über das Ziel informiert werden. Es hat sich dabei bewährt, auf erfolgreiche Vorbilder in anderen Unternehmen hinzuweisen.

Besonderer Wert wird auf die frühe **Information des Betriebs- bzw. Personalrats**[250] gelegt. Ziel der Veranstaltung ist es vor allem, die Mitglieder der Organisation über den Nutzen von Projektmanagement aufzuklären: Projektmanagement soll nicht Arbeitsplätze „wegrationalisieren", sondern zu erfolgreicheren Projekten führen. Ist der Kreis der zu informierenden Mitarbeiter nicht allzu groß, kann die Veranstaltung auch als Workshop organisiert werden, in dem durch Arbeitsgruppen Probleme der täglichen Projektarbeit identifiziert und erste Lösungsvorschläge gemacht werden.

(4) Um die Widerstände möglichst gering zu halten, werden auch im Verlauf der Konzeptfindungsphase die Mitarbeiter über den Stand der Arbeiten informiert. Dies kann z. B., wie oben schon erwähnt, mit Hilfe einer sogenannten **Projektzeitung** geschehen.[251] Eine weitere Möglichkeit, die allerdings zeitaufwendig ist und nur dann in Frage kommt, wenn ein vorläufiges Gesamtkonzept schon vorliegt, ist die Veranstaltung eines **Kommunikationsmarktes**. An einzelnen Informationsständen werden die verschiedenen Teile des Konzepts zunächst Gruppen von Organisationsmitgliedern vorgestellt. Diese haben dann die Möglichkeit, Kritik und Anregungen vorzubringen. Die Vorschläge müssen allerdings auch ernst genommen und berücksichtigt werden. Scheinpartizipation wird von Mitarbeitern im Allgemeinen schnell durchschaut und erzeugt Widerstand.

(5) Die vom Entscheidungsausschuss gebilligten Vorschläge werden in einem **Projektmanagement-Leitfaden** festgehalten.[252] Es ist der Motivation durchaus förderlich, wenn Instrumente, Verfahren und Abläufe, die sich bereits in der Organisation bewährt haben, beibehalten bleiben.

(6) Der Leitfaden dient auch als Grundlage für die unumgängliche **Ausbildung der Mitarbeiter** in Projektmanagement. Dabei muss die Schulungskapazität genügend groß sein, um schnell eine „kritische Masse" von Anwendern zu haben.

(7) Erst wenn das firmenindividuelle Konzept in den Grundzügen festliegt, sollte **Software zur Unterstützung des Projektmanagements** gekauft oder, wenn erforderlich, selbst entwickelt werden.

(8) Die Handhabung dieser Software, die Sammlung und Eingabe von Daten, die Verteilung von Projektinformationen, die laufende Pflege von Projektdatenbeständen, die Detailgestaltung des Be-

richtswesens und die Weiterentwicklung des Instrumentariums sind u. a. Aufgabe einer **Projektservicestelle** oder eines **Project Management Office** (vgl. dazu auch Kapitel 6). Sie ist zur Unterstützung des Projektleiters unentbehrlich.

(9) Um die Brauchbarkeit des Konzepts so bald als möglich unter Beweis zu stellen, sollte es zunächst in mehreren **Pilotprojekten** erprobt werden. Diese Vorhaben sollten weder schon laufende „Katastrophenprojekte" noch für die Organisation eher unbedeutende Projekte sein. Zu empfehlen sind wichtige Vorhaben, die noch nicht gestartet wurden, auf die also noch erheblicher Einfluss genommen werden kann oder Projekte, die sich noch in einer sehr frühen Phase befinden.

Für die Einführung von Projektmanagement ein Vorgehensmodell benutzen[253]

Für die Planung und Überwachung sollte man sich eines Vorgehensmodells bedienen. Ein solches Modell wurde von J. Platz entworfen. Es besteht aus den Phasen

- Vorlauf
- Vorklärung
- Erarbeitung des Konzepts
- Umsetzung des Konzepts
- Optimierung und Evaluierung.

Die Optimierung des Projektmanagementsystems

Für die Optimierung steht eine ganze Reihe von Benchmarking- bzw. Reifegradmodellen zur Verfügung, mit denen festgestellt werden kann, wo das in einer Organisation praktizierte Projektmanagementsystem noch Schwächen hat, also Verbesserungsbedarf besteht (vgl. dazu 16. Kapitel).

Bei der Optimierung sollte man Prioritäten bilden. Abbildung 22.3 zeigt ein Beispiel[254] dafür.

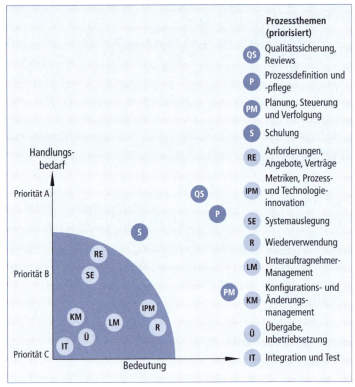

Abb. 22.3: Prioritäten für Optimierungsmaßnahmen bei einem Projektmanagement-System

Wie die Erfahrung gezeigt hat, ist die Aufgabe, ein Projektmanagementkonzept im Unternehmen zu implementieren, mit der erfolgreichen Erprobung in Pilotprojekten keineswegs erfüllt. Vielmehr muss häufig eine erhebliche Achtsamkeit und Energie aufgewendet werden, um das Konzept am Leben zu erhalten und weiterzuentwickeln, da in den meisten Unternehmen immer Kräfte am Werk sind, die bestrebt sind, die Anwendung von Projektmanagementmethoden zu untergraben. Um das zu verhindern, bedarf es u. a. einer

Unternehmensleitung, die dem Projektmanagement auch nach der Einführung Aufmerksamkeit widmet und die auch die Ergebnisse des Projektberichtswesens zur Kenntnis nimmt. Ein regelmäßiger Erfahrungsaustausch unter den Projektleitern trägt dazu bei, den Einsatz von Projektmanagement zu verbessern.

Für den Dauererfolg der Implementierung eines Projektmanagement-Konzepts ist es von großem Vorteil, wenn Projekte nicht als Abschiebebahnhöfe für Mitarbeiter gelten und wenn es möglich ist, nicht nur über die Bewährung in der Linie, sondern auch durch erfolgreiche Projektleitung Karriere zu machen.

23. Kapitel

Zum guten Schluss: Was Vorstandsmitglieder, Geschäftsführer und Behördenchefs für erfolgreiche Projektarbeit tun können – Ratschläge an das Topmanagement

In vielen Unternehmen und Organisationen der Bundesrepublik interessiert sich das Topmanagement nur mäßig für systematisches Projektmanagement. Eine Studie[255] der Volkswagen Coaching GmbH aus dem Jahre 2002 kommt zu dem Ergebnis: „Der Kenntnisstand von Führungskräften über das Potenzial von Projektmanagement ist verbesserungsbedürftig." Und: „Projektmanagement ist nur dort erfolgreich, wo es von den Führungskräften verstanden und unterstützt wird."

Dies zeigen, wie schon an anderer Stelle einmal kurz erwähnt, eine Reihe wissenschaftlicher Untersuchungen und Umfragen. So konstatiert Lechler,[256] der 448 Projekte der Bundesrepublik analysiert hat: „Ohne das Engagement des Top-Managements ist eine erfolgreiche Realisierung stark gefährdet. Das Top-Management legt sowohl die Rahmenbedingungen in Form der Zusammensetzung des Projektteams als auch die formalen Einflusspotenziale des Projektleiters fest und bestimmt über die Partizipation das Kooperationsklima im Projekt." In einer vom gleichen Autor durchgeführten Metastudie[257] zu den Erfolgsfaktoren von Projekten erweist sich das Engagement des Topmanagements in neun Analysen als stark erfolgsbestimmend. Auch eine weitere, umfassende Metastudie[258] kommt zu diesem Ergebnis. Schließlich ziehen Young und Jordan aus der Auswertung von 106 Studien folgendes Fazit: „Die Unterstützung durch das Topmanagement ist nicht nur ein kritischer Erfolgsfaktor unter vielen, sondern der wichtigste.[259]

23. KAPITEL — Zum guten Schluss: Ratschläge an das Topmanagement

Aus gutem Grund hat daher das Project Management Institute of America schon vor einigen Jahren eine Broschüre mit dem Titel „Selling Project Management to Senior Excecutives" veröffentlicht.[260]

Allerdings wird in aller Regel nicht sehr konkret gesagt, wie die Unterstützung durch die Unternehmensführung in der Praxis aussehen soll.

Die folgenden Ratschläge entspringen langjähriger, häufig unerfreulicher, praktischer Erfahrung. Sie gelten insbesondere für Organisationen, in denen interne Projekte mit dem Ziel technischen und organisatorischen Wandels durchgeführt werden sollen, aber teilweise auch für Unternehmen, in denen die Leistungserstellung für den Markt Projektcharakter hat.

- Lassen Sie Regeln und Standards für das Projektmanagement in Ihrer Organisation erarbeiten, aber führen Sie das für Ihre Organisation erarbeitete Konzept nicht mit der „Bombenwurfstrategie" ein, sondern machen Sie bei der Entwicklung und Einführung Betroffene zu Beteiligten. Achten Sie darauf, dass es in allen Projekten angewandt wird.

- Beschaffen Sie erst dann Projektmanagement-Software, wenn das Konzept erstellt ist und weitgehende Billigung gefunden hat. Der Kauf von Software vorab ist häufig Geldverschwendung.

- Sie sind dafür verantwortlich, dass die „richtigen" Projekte gemacht werden, die für das Unternehmen Nutzen bringen. Versuchen Sie die Auswahl von Projekten möglichst zu objektivieren. Die Entscheidung für oder gegen einen Projektvorschlag sollte auch von einem fachkundigen Dritten nachvollziehbar sein.

- Sorgen Sie dafür, dass das Projektportfolio auf die Strategie Ihrer Organisation abgestimmt ist. Behandeln Sie diese Strategie nicht als Geheimsache. Ihre Mitarbeiter müssen sie kennen. Denken Sie daran, dass die langfristigen Organisationsziele in der Regel nur durch erfolgreiche Projekte realisiert werden können. Das Tagesgeschäft sorgt für den kurzfristigen Erfolg, Projekte sichern das langfristige Überleben.

- Weisen Sie jedem Projekt eine eindeutige Priorität zu und wechseln Sie diese nicht so oft wie Ihr Hemd. Es genügt nicht, dass

Sie ein Vorhaben für „sehr wichtig" oder „wichtig" erklären. Prioritäten müssen sich immer in der Ausstattung mit Ressourcen, also vor allem mit Personal und Budgetmitteln, niederschlagen.

- Geben Sie unmissverständlich zu erkennen, dass Sie hinter dem Projekt und dem Projektteam stehen. Lassen Sie den Projektleiter und seine Leute auch später nicht im Stich, wenn die Linie „mauert" oder andere Hindernisse sich auftürmen.

- Wählen Sie den Projektleiter und die Teammitglieder nicht ausschließlich nach der zeitlichen Verfügbarkeit aus. Versuchen Sie Mitarbeiter zu bekommen, die nicht nur Sachkompetenz, sondern auch soziale Kompetenz und einige Methodenkompetenz im Projektmanagement haben. Sollten Ihre „Unternehmer auf Zeit" keine Ausbildung im Projektmanagement haben, sorgen Sie dafür, dass das nachgeholt wird.

- Lassen Sie nicht zu, dass Projektarbeit zum Abstellgleis für missliebige oder bei anderen Tätigkeiten nur bedingt leistungsfähige Mitarbeiter wird.

- Entlasten Sie die Mitglieder des Teams und den Projektleiter zumindest teilweise von der täglichen Routinearbeit. Das Engagement in Projekten, die für die Organisation wichtig sind, sollte kein Freizeithobby sein.

- Unterstützen Sie zumindest bei größeren Projekten den Projektleiter und das Team auch durch eine(n) Projektassistenten/Projektassistentin, der/die sich z. B. um die Erstellung der regelmäßigen Projektberichte und um die Erfassung von Projektdaten kümmert. Wenn in Ihrer Organisation ständig Projekte durchzuführen sind, werden Sie um die Einrichtung eines Projektmanagementbüros (Project Management Office) nicht herumkommen. Erwarten Sie nicht, dass Ihre Projektleiter, die sowieso schon genug Arbeit und Probleme haben, am Wochenende auch noch am privaten PC die Planung aktualisieren. Sparen Sie nicht am falschen Platz, nämlich bei den Dienstleistungen für die Projektleiter und sein Team. Denken Sie immer daran: Projektmanagement kostet etwas, kein Projektmanagement kostet mehr!

23. KAPITEL — Zum guten Schluss: Ratschläge an das Topmanagement

- Übertragen Sie dem Projektleiter nicht nur die Verantwortung für das Vorhaben und Aufgaben, sondern statten Sie ihn auch mit Befugnissen aus. Lassen Sie ihn nicht zum „Kümmerer" verkommen. (Der Ausdruck „Kümmerer" wird in der deutschen Industrie und auch noch häufig im sozialen Bereich für einen Mitarbeiter benutzt, der sich um ein Vorhaben kümmern soll. In der Weidmannssprache bezeichnet das Wort ein Stück Wild, das nicht so recht gedeiht. Dieses Schicksal hat oft auch ein Projektleiter, der nur Verantwortung und Pflichten, aber keine Befugnisse hat.) Man kann es gar nicht oft genug sagen: Ein Projektleiter mit umfangreichen Befugnissen ist ein wichtiger Erfolgsfaktor.

- Geben Sie dem Projektteam einen klaren Auftrag. Wenn das zunächst wegen des hohen Neuheitsgrad des Projekts nicht möglich ist, starten Sie ein kleines Vorprojekt, in dem die Aufgabenstellung und die Machbarkeit geklärt werden.

- Lassen Sie dem Projektteam in der Konzeptionsphase ausreichend Zeit. Verfallen Sie nicht in das „Whiscy-Syndrom" Halten Sie sich vor Augen: Änderungen auf Papier sind in der Regel billig, spätere Änderungen kosten meist sehr viel Geld.

- Beharren Sie darauf, dass im Projekt Meilensteine gesetzt werden und dass die möglichst präzise definierten Meilensteinergebnisse einer nicht nur formalen Prüfung unterzogen werden.

- Lassen Sie sich regelmäßig über den Fortgang der Projekte berichten. Damit stellen Sie am besten sicher, dass sie nicht „verdunsten". Bestehen Sie auf einem einheitlichen Berichtsformat. Bestrafen Sie nicht die Überbringer schlechter Nachrichten. Vertrauen Sie nicht ausschließlich auf schriftliche Informationen, sondern suchen Sie auch den persönlichen Kontakt mit dem Projektteam. Ihr Interesse am Projekt, das Sie u. a. durch das Einfordern von regelmäßigen Berichten bekunden, ist für den Projekterfolg enorm wichtig. Ihr Desinteresse stärkt die Gegner.

- Geben Sie Anreize für Projektarbeit und honorieren Sie Projekterfolg. Die Honorierung muss nicht immer in Geld bestehen. Oft wirkt auch eine förmliche Anerkennung Wunder.

Die Optimierung des Projektmanagementsystems

- Und hier der letzte Rat, der freilich nicht immer einfach zu befolgen ist: Schaffen Sie das Klima, nicht nur aus erfolgreichen, sondern auch aus weniger erfolgreichen oder sogar fehlgeschlagenen Projekten zu lernen.

Und jetzt wünsche ich Ihnen und Ihren Mitarbeitern

Happy Projects!

24. Kapitel

Qualifizierung und Zertifizierung im Projektmanagement

Dipl.-Betriebswirt (FH) Werner Schmehr[261]

Die GPM Deutsche Gesellschaft für Projektmanagement e. V.

Die GPM Deutsche Gesellschaft für Projektmanagement e. V. ist seit der **Gründung im Jahre 1979** *der* deutsche **Fach- und Berufsverband für Projektmanagement.** Sie ist eine gemeinnützige Vereinigung von mehr als 6300 Mitgliedern (Stand September 2013) mit gleichen oder ähnlichen Aufgaben, Tätigkeiten, Kenntnissen, Erfahrungen, Interessen, Ansprüchen, Überzeugungen und Grundsätzen im Projektmanagement.

Wesentliche satzungsgemäße Aufgaben der GPM sind die Verbreitung und Förderung des Gedankenguts des Projektmanagements, die Wissens- und Erfahrungssicherung sowie die Weiterentwicklung und der Know-how-Transfer im Projektmanagement zum Beispiel durch Aus- und Weiterbildung oder durch neutrale Kompetenzbestätigung von Projektpersonal.

Als deutsches Mitglied der **IPMA International Project Management Association, mit mehr als 50 Länderorganisationen,** nimmt die GPM aktiv an der internationalen Entwicklung im Projektmanagement teil und bemüht sich kontinuierlich um dessen länder-

24. KAPITEL — Qualifizierung und Zertifizierung im Projektmanagement

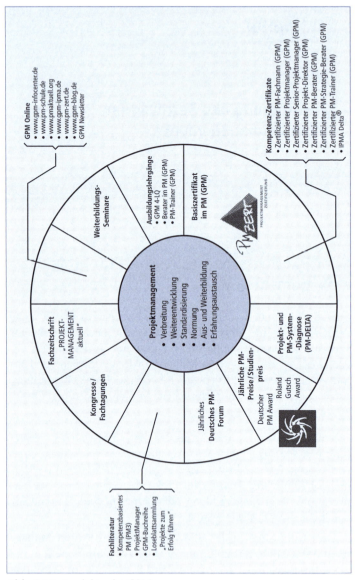

Abb. 24.1: Produkte der GPM

- Regelmäßige Informationen zum Projektmanagement
- Kostenlose Fachzeitschrift „PROJEKTMANAGEMENT" aktuell
- Vergünstigung beim Bezug von PM-Fachliteratur
- Preisnachlässe bei allen GPM-Veranstaltungen
- Firmen-Präsentation im „PM-Leistungsspektrum"
- Ständiger Erfahrungsaustausch in Regional- und Projektgruppen
- Marktinformationen und internationale Kontakte
- Kostenlose Mitgliedschaft in der IPMA International Project Management Association
- IPMA „News Letter"
- IPMA „International Journal of Project Management"

Abb. 24.2: Leistungen für Mitglieder

übergreifende Weiterentwicklung, Standardisierung und Harmonisierung. Durch ihre Mitwirkung in weltweit agierenden Arbeitsteams stellt sich die GPM auch der zunehmenden **Globalisierung im Projektmanagement.**

Die **Produkte und Leistungen der GPM** für ihre **Mitglieder** und die interessierte **Öffentlichkeit** reichen von regelmäßigen Fachinformationen in unterschiedlichen Publikationsformen (z. B. Internet-Websites, Mitgliederzeitschrift, Fachzeitschrift „PROJEKTMANAGEMENT aktuell"), über vielfältige Qualifizierungs- und Zertifizierungsveranstaltungen für Projektpersonal, das jährliche Deutsche PM-Forum bis hin zu Projekt- und Projektmanagement-Assessments, -Benchmarks und -Awards für projektorientierte Unternehmen und Projektteams. Es würde zu weit führen, alle Produkte und Leistungen hier im Einzelnen näher zu erläutern. Besonders soll aber auf den regelmäßig stattfindenden Erfahrungsaustausch in organisierten Regional- und Projektgruppen hingewiesen werden, die sowohl national als auch international tätig sind und die auch Nicht-Mitgliedern jederzeit offen stehen.

Einen Überblick über die Produkte der GPM und die speziellen Leistungen für Mitglieder vermitteln die Abbildungen 24.1 und 24.2. Weitergehende Informationen zur GPM als Verband und zu den einzelnen Produkten und Leistungen sind erhältlich von der

GPM-Hauptgeschäftsstelle in D-90461 Nürnberg, Frankenstraße 152, Telefon (0911) 433369–0, Telefax (0911) 43336999, E-Mail: info@ gpm-ipma.de

Speziell über das Zertifizierungsangebot informiert die PM-ZERT-Geschäftsstelle in D-90461 Nürnberg, Frankenstraße 152, Tel. (0911) 43 33 69–30, Fax (0911) 43 33 69–39, E-Mail: w.schmehr @gpm-ipma.de, Internet: www.gpm-ipma.de, www.pm-zert.de

Qualifizierung von Projektpersonal

Wer sich mit dem Bedarf, den Anforderungen und Möglichkeiten an Aus- und Weiterbildung im Projektmanagement – entweder für sich selbst oder für andere – befasst, sollte sich zunächst die unterschiedlichen Aufgaben, Funktionen und Rollen in Projekten und im Projektmanagement klarmachen. Hierbei ist der häufig verwendete Globalbegriff „Projektpersonal", der im Allgemeinen die Gesamtheit des in Projekten bzw. in der Projektarbeit tätigen Personals meint und im Besonderen dann auch die im Projektmanagement tätigen Personen mit einschließt, differenzierter zu betrachten.

Unter Projektpersonal sollen (im Zusammenhang mit Projektmanagement) folgende Personenkreise verstanden werden:

- Leitungsverantwortliche für Projekte, Programme und Projektportfolios,
- Projektmitarbeiter,
- Führungskräfte in der Linienorganisation,
- Interne und externe Projektmanagement-Dienstleister, -Berater und -Trainer.

Mit dem Begriff **Leitungsverantwortliche für Projekte, Programme und Projektportfolios** soll eine Vielzahl von Aufgaben, Funktionen, Rollen und dementsprechenden Bezeichnungen zusammengefasst werden. Hierher gehören zunächst die Projektleiter, Projektmanager, Projektdirektoren, Programmmanager oder Programmdirektoren und der Projektportfolio- oder Multiprojektmanager. Je nach Projektgröße und -komplexität müssen dieser

Gruppe aber noch andere Projektverantwortliche zugerechnet werden, beispielsweise Mitglieder eines Projektleitungsteams. Die Projektleitung besteht nämlich in größeren Projekten häufig aus einem „technischen" und einem „kaufmännischen" Projektleiter und manchmal noch einem sogenannten „Projektsteuerer", der ausschließlich definierte Projektmanagement-Aufgaben zu erledigen hat. Des Weiteren können hierzu auch Personen gezählt werden, die sonstige verantwortliche Projektfunktionen wahrnehmen, beispielsweise als Mitglied eines Projektlenkungsausschusses, eines Projektportfolio-Boards oder als Projektcontroller im Sinne des Unternehmenscontrollings. In diese Kategorie gehören auch Projektkoordinatoren, Teilprojektleiter, Bauleiter etc. Alle diese Leitungsverantwortlichen können als **Projektmanager im weiten Sinne** bezeichnet werden.

Eine Sonderstellung in diesem Personenkreis hat der **Projektleiter**; er ist der **Projektmanager im engen Sinne**. Der Projektleiter nimmt im Allgemeinen die (alleinverantwortliche) Leitungsfunktion wahr, die für die Dauer eines Projekts vergeben wird. Sie ist somit zeitlich begrenzt. Ein Projektleiter wird in der Regel vom Projektauftraggeber eingesetzt; man wird zum Projektleiter bestimmt oder als solcher beauftragt. Projektleiter kann demnach auch kein Berufsbild sein. Man kann „zum" Projektleiter auch nicht ausgebildet werden wie beispielsweise „zum" Informatiker oder „zum" Betriebswirt. Allerdings kann man sehr wohl für die Funktion, Aufgabe und Tätigkeit „als" Projektleiter ausgebildet und trainiert werden.

Was **Berufsbilder im Projektmanagement** angeht, kann man sich durchaus ein allgemeines **Berufsbild Projektmanager** vorstellen, wenn man den Begriff im umfassenden Sinne versteht. Allerdings unterscheiden sich Projektmanager – wie dargelegt – nach ihrer konkreten Rolle im Projekt, nach Zuständigkeit, Verantwortungsbereich, Aufgabenstellung, Anforderung etc. und im Allgemeinen noch hinsichtlich der Projektkategorie und/oder Branche. Zu einer präzisen Beschreibung müssten also der Berufsbezeichnung Projektmanager ggf. noch Unterbegriffe und Attribute hinzugefügt werden, z. B. Projektmanager-Controlling/F&E-Projekte/Automotive oder -Bauleitung/Chemieanlagen.

24. KAPITEL Qualifizierung und Zertifizierung im Projektmanagement

Alle Leitungsverantwortlichen für Projekte und Programme sollten ein **umfassendes Wissen im gesamten Fachgebiet Projektmanagement** haben und die Fähigkeit besitzen, diese Kenntnisse in der Projektpraxis auch umzusetzen (**Handlungskompetenz**). Darüber hinaus sollten sie über mehrjährige **Projektmanagement-Erfahrungen** in abgewickelten Projekten verfügen. Außerdem sind **soziale Fähigkeiten im persönlichen Verhalten** gegenüber den Projektstakeholdern, vor allem im Umgang mit den unmittelbar am Projekt Beteiligten unerlässlich.

Eine fundierte Ausbildung im Projektmanagement ist aber grundsätzlich für alle in **Projekten tätigen Mitarbeiter** sinnvoll, wenn nicht sogar erforderlich. Dies gilt insbesondere für solche Mitarbeiter, die neben den fachlichen Projektaufgaben noch mit dispositiven Aufgaben der Koordination, Organisation, Information und Dokumentation oder mit einer entsprechenden Zuarbeit zur Projektleitung (wie Arbeitspaketverantwortung, Terminverfolgung, Stundenschreibung, Meldung des Projektfortschritts etc.) betraut sind. Sie sollten zumindest die wesentlichen **Grundlagen des Projektmanagements** und die in ihren Projekten angewendeten **PM-Methoden, -Verfahren und -Werkzeuge** kennen und anwenden können.

Selbstverständlich sollten auch die Führungskräfte in der Linienorganisation, in deren Verantwortungsbereich Projekte realisiert werden, im Projektmanagement kompetent sein. Besondere Anforderungen sind vor allem an solche Führungskräfte zu stellen, die für eine Reihe von Projekten und Projektmanagern (Projektleiter-Pool) verantwortlich sind. Dies gilt insbesondere auch für Fachverantwortliche, die für die PM-Einführung und/oder den PM-Einsatz innerhalb einer Organisation, für ein Project Office bzw. Project Management Office oder für einen zentral eingerichteten PM-Service **PM-Trainer -Berater** zuständig sind. Im Allgemeinen kommen die letztgenannten Führungskräfte über frühere Projektleitertätigkeiten in ihre Position und verfügen bereits über fundierte PM-Kenntnisse und ausreichende PM-Anwendungserfahrung. Deshalb ist diese Personengruppe weniger für eine Qualifizierung als vielmehr für die Zertifizierung im Projektmanagement (wie später noch erläutert wird) prädestiniert. Dies gilt im Allgemeinen auch für die intern oder extern tätigen **PM-Trainer** und **-Berater** und die selbstständig oder im Ingenieurbüro tätigen **PM-Dienstleister**, z. B. Projektsteuerer oder Baucontroller in der Baubranche.

Ausbildung im Projektmanagement

Hochschule: Trotz aller Bemühungen unterschiedlichster Art – von Einzelpersonen wie von Fachverbänden (z. B. der GPM) – ist das Fachgebiet Projektmanagement noch immer zu selten fester Bestandteil der Regelstudiengänge von Universitäten und Fachhochschulen. In immer mehr Fällen werden an Hochschulen, oft über separate Weiterbildungseinrichtungen, Projektmanagement-Studiengänge angeboten. Beispiele hierfür sind Post Graduate Courses bzw. Aufbaustudiengänge wie

- Bauprojektsteuerung an der Bauhaus Universität in Weimar,
- EPM European Project Manager an der Universität Bremen,
- Diplomstudiengang Projektmanagement an der Fachhochschule Friedberg.

Daneben enthalten auch andere berufsbegleitende Masterstudiengänge wie z. B. der für Real Estate Management an der Technischen Universität Berlin in ihrem Curriculum ein umfangreiches Lehrangebot im Projektmanagement.

Die GPM fördert die Ausbildung im Projektmanagement an Universitäten, Fachhochschulen und anderen Bildungseinrichtungen mit öffentlichem Bildungsauftrag (z. B. Technikerschulen) durch Kooperationen, um Studenten zu befähigen **ein IPMA-Zertifikat (Zertifizierter Projektmanagement-Fachmann/-Frau)**, bzw. Basiszertifikat im Projektmanagement (GPM) erreichen zu können.

Allgemeiner Bildungsmarkt: Ungeachtet des kontinuierlich steigenden Studienangebots an Hochschulen werden Qualifizierungsmaßnahmen im Projektmanagement heute noch immer überwiegend in der beruflichen Praxis „firmenintern" als sogenannte „Inhouse-Maßnahmen" und/oder „offen" für alle Interessenten am allgemeinen Bildungsmarkt durchgeführt. Die Vielfalt der angebotenen Seminare im Projektmanagement ist heute sehr groß und fast nicht mehr zu überschauen. Am häufigsten werden **ein- oder mehrtägige Seminare, Symposien oder Fachtagungen** von professionellen Seminar-Organisationen, Unternehmensberatungen, Weiterbildungsinstituten, aber auch von innerbetrieblichen Personal- und Weiterbildungsabteilungen und aus Firmen ausgelagerten Akademien und Bildungszentren durchgeführt. Daneben findet sich ein großes Seminarangebot von unterschiedlich ausgerichteten Berufs- und Fachverbänden. Die **GPM** bietet kontinuierlich in ihrem Jahresprogramm eine Reihe von Möglichkeiten, bestimmte Qualifikationen im Projektmanagement zu erreichen. Die jeweils aktuelle Aus- und Weiterbildungsübersicht findet sich auf der GPM-Homepage im Internet (www.gpm-ipma.de) und ist auch als Broschüre in der GPM-Hauptgeschäftsstelle erhältlich.

4-Level-Qualifizierung GPM – ein vierstufiges Qualifizierungsprogramm

Neben ihren traditionellen Weiterbildungsseminaren, Fachtagungen und Kongressen hat die GPM mit dem vierstufigen Qualifizierungsprogramm GPM 4-Level-Qualifizierung eine systematische und umfassende Ausbildung im Projektmanagement geschaffen. Als Lehrgangsmaterial kommt seit Mai 2009 im Rahmen der Umstellung auf die ICB 3.0 ein Kompendium Fachbuch der GPM zum Einsatz. Der Titel lautet: Kompetenzbasiertes Projektmanagement (PM3). Handbuch für die Projektarbeit, Qualifizierung und Zertifizierung auf Basis der IPMA Competence Baseline Version 3.0, verfasst von Michael Gessler. 1. Auflage (Hrsg. GPM Deutsche Gesellschaft für Projektmanagement. Nürnberg 2009). Das Buch erschien in gedruckter Form und als e-Book.

Das vierstufige Qualifizierungsprogramm basiert auf drei Festlegungen:

- Die IPMA Competence Baseline bildet den Rahmen für die Inhalte.

- Die Qualifizierungsangebote sind auf die Profile aus dem vierstufigen Zertifizierungssystem 4-Level-Certification (4-L-C) der IPMA für Projektleiter zugeschnitten.
- Umfang und Intensität sind so ausgelegt, dass die angestrebten Kenntnisse und Fähigkeiten bei Erreichen der jeweils angestrebten Zertifizierungsstufe als nachgewiesen gelten.

Aus diesen Festlegungen entwickelte die GPM drei spezifische Angebote:

- Die Basis bildet der seit über 15 Jahren erfolgreiche, mehrfach entwickelte Lehrgang „Projektmanagement-Fachmann (GPM)".
- Ein Aufbautraining bereitet auf die Zertifizierung nach Level B und C vor.
- Ein persönliches Coaching unterstützt Bewerber um das Level A-Zertifikat.

Basislehrgang

IPMA Level D Zertifizierter Projektmanagement-Fachmann (GPM): In dem „State-of-the Art"-Lehrgang „Projektmanagement-Fachmann(GPM)", im Jahre 2005 erneut fortentwickelt, hat die GPM nahezu das gesamte aktuelle Know-how zum Projektmanagement so zusammengefasst, dass jeder Interessent es anwendungsreif erlernen beziehungsweise vorhandenes Wissen vertiefen kann.

Der Lehrgang wird – abhängig vom jeweiligen autorisierten PM-Trainer (GPM) – in Form mehrerer zwei- oder dreitägiger Workshops angeboten. Die Gesamtdauer beträgt in der Regel vier bis sechs Monate.

Mit diesem Lehrgang verfolgt die GPM folgende **Ziele**:

- Die Teilnehmer werden befähigt, die Projektleiterrolle für überschaubare Projekte sowohl in methodischer als auch in sozialer Hinsicht bewusst und kompetent auszufüllen.

24. KAPITEL — Qualifizierung und Zertifizierung im Projektmanagement

Titel	Kompetenz	Zertifizierungsverfahren			Gültigkeit
		Schritt 1	Schritt 2	Schritt 3	
IPMA Level A Zertifizierter Projektdirektor (GPM)	Wissen, Erfahrung	Antrag, Lebenslauf, PM-Ausbildung, PM-Erfahrung, Referenzen, Selbstbewertung	schriftliche Prüfung, Workshop, Projektstudienarbeit „Projekt Direktor"	Interview	5 Jahre
IPMA Level B Zertifizierter Senior Projektmanager (GPM)			schriftliche Prüfung, Workshop, Projektstudienarbeit		
IPMA Level C Zertifizierter Projektmanager (GPM)			schriftliche Prüfung, Projektbericht, Workshop		
IPMA Level D Zertifizierter Projektmanagement-Fachmann (GPM)	Wissen	Antrag, Lebenslauf, Selbstbewertung	schriftliche Prüfung, Transfernachweis, mündliche Prüfung		

■ **Abb. 24.3:** Das vierstufige Zertifizierungssystem der IPMA International Project Management Association

Die Lücke zwischen Fachkompetenz einerseits und Methoden-, Organisations- und Führungskompetenz andererseits wird geschlossen.

- Die Kurse bereiten auf die Level D-Zertifizierung nach dem 4-L-C-System der IPMA vor.

Die **Lehrmethode** des Basislehrgangs beinhaltet:

- das Lehrbuch „PM 3", das die wesentlichen Projektmanagement- und Querschnittsthemen auch vertieft darstellt. Es präsentiert auf rund 2600 Seiten in komprimierter Form den aktuellen Stand des Projektmanagements.
- das durchgängige Übungsprojekt für alle Präsenztage, das zahlreiche Übungen enthält.
- die Freiheit für die autorisierten Trainer, die ihr methodisches Vorgehen unmittelbar auf die jeweiligen Teilnehmeranforderungen abstellen wollen.

Die **Lehrgangsinhalte** sind am jeweils angestrebten Zertifikatslevel ausgerichtet. Sie erfassen die Thematik „Projektmanagement" anhand der 46 Kompetenz-Elemente der ICB. Damit werden alle internationalen Anforderungen abgedeckt und praxisgerecht widergespiegelt.

4.1.	PM-technische Kompetenz	4.2.	PM-Verhaltenskompetenz	4.3.	PM-Kontextkompetenz
4.1.1.	Projektmanagementerfolg	4.2.1.	Führung	4.3.1.	Projektorientierung
4.1.2.	Interessierte Parteien	4.2.2.	Engagement und Motivation	4.3.2.	Programmorientierung
4.1.3.	Projektanforderungen und Projektziele	4.2.3.	Selbststeuerung	4.3.3.	Portfolioorientierung
4.1.4.	Risiken und Chancen	4.2.4.	Durchsetzungsvermögen	4.3.4.	Einführung von Projekt-, Programm- und Portfolio-Management
4.1.5.	Qualität	4.2.5.	Entspannung und Stressbewältigung	4.3.5.	Stammorganisation

24. KAPITEL Qualifizierung und Zertifizierung im Projektmanagement

4.1.	PM-technische Kompetenz	4.2.	PM-Verhaltenskompetenz	4.3.	PM-Kontextkompetenz
4.1.6.	Projektorganisation	4.2.6.	Offenheit	4.3.6.	Geschäft
4.1.7.	Teamarbeit	4.2.7.	Kreativität	4.3.7.	Systeme, Produkte und Technologie
4.1.8.	Problemlösung	4.2.8.	Ergebnisorientierung	4.3.8.	Personalmanagement
4.1.9.	Projektstrukturen	4.2.9.	Effizienz	4.3.9.	Gesundheit, Arbeits-, Betriebs- und Umweltschutz
4.1.10.	Leistungsumfang und Lieferobjekte	4.2.10.	Beratung	4.3.10.	Finanzierung
4.1.11.	Projektphasen, Ablauf und Termine	4.2.11.	Verhandlungen	4.3.11.	Rechtliche Aspekte
4.1.12.	Ressourcen	4.2.12.	Konflikte und Krisen		
4.1.13.	Kosten und Finanzmittel	4.2.13.	Verlässlichkeit		
4.1.14.	Beschaffung und Verträge	4.2.14.	Wertschätzung		
4.1.15.	Änderungen	4.2.15.	Ethik		
4.1.16.	Überwachung und Steuerung, Berichtswesen				
4.1.17.	Information und Dokumentation				
4.1.18.	Kommunikation				
4.1.19.	Projektstart				
4.1.20.	Projektabschluss				

Abb. 24.4: Kompetenzbereiche und -elemente

Jedes **PM-Kompetenzelement** setzt sich aus Wissen und Erfahrung zusammen. Die pro Bereich **erforderliche** Gesamtkompetenz sollte folgendermaßen zwischen den einzelnen Bereichen aufgeteilt sein:

Kompetenzbereiche	IPMA-Level A %	IPMA-Level B %	IPMA-Level C %	IPMA-Level D %
PM-technische Kompetenz	40	50	60	70
PM-Verhaltenskompetenz	30	25	20	15
PM-kontextkompetenz	30	25	20	15

Abb. 24.5: Kompetenzelemente und Gesamtkompetenz

Elemente der IPMA Competence Baseline (ICB): Mit der Version ICB 3.0 liegt seit Jahren ein neuer Standard vor, der seit Anfang 2009 Grundlage der Zertifizierungsprüfungen ist. Mit der ICB 3.0 wurden insbesondere die Elemente zur Sozialkompetenz/Persönlichkeit und zur Vernetzung des Projekts mit dem Umfeld deutlich aufgewertet. Gleichzeitig wurden die Titel und Level-Bezeichnungen des IPMA-Zertifizierungsprogramms angepasst.

Unterlagen: Bis 2009 war das Lehrbuch „ProjektManager", die gemeinsame Qualifizierungs- und Zertifizierungsgrundlage für die vier Zertifizierungsstufen 4-L-C der IPMA. In den Jahren 2007 und 2008 haben die GPM Deutsche Gesellschaft für Projektmanagement unter Mitwirkung der spm swiss project management association sodann ein weiteres Fachbuch erarbeitet, das im Mai 2009 veröffentlicht wurde: „Kompetenzbasiertes Projektmanagement (PM3). Handbuch für die Projektarbeit, Qualifizierung und Zertifizierung auf Basis der IPMA Competence Baseline Version 3.0." Der Kurztitel des Fachbuchs, PM3, hat dreierlei Gründe: Das Fachbuch basiert (1) auf der neuen ICB 3.0, ist (2) gegliedert nach den drei Kompetenzarten der ICB 3.0: PM-technische Kompetenz, PM-Verhaltenskompetenz und PM-Kontextkompetenz und adressiert (3) drei Felder: Projektarbeit, PM-Qualifizierung und PM-Zertifizierung. Das Fachbuch „Kompetenzbasiertes Projektmanagement (PM3)" bietet (1) als Grundlagenwerk eine verlässliche Basis für Theorie und Praxis, (2) als Nachschlagewerk einen umfassenden Überblick über den aktuellen Entwicklungsstand des Projektmanagements und benachbarte Disziplinen, (3) als Referenzwerk einen strukturierten Zugang zur ICB 3.0 und ermöglicht somit eine systematische Zertifizierungsvorbereitung, (4) als Lehrbuch eine didaktisch aufbereitete Unterlage für ein lehrgangsbegleitendes Selbststudium, (5) als Leitfaden eine abgestimmte Arbeitsgrundlage für die Entwicklung von PM-Handbüchern und den Aufbau projektorientierter Organisationen, (6) als Mehrautorenwerk die Integration von Anwendungserfahrung, Firmen- und Branchenwissen von 80 Expertinnen und Experten aus Deutschland, der Schweiz, Österreich und den USA. Projektmanagement ist kein parzelliertes Feld und insbesondere kein Dogma, sondern ein lebendiges System mit vielfältigen Sichtweisen und Zugängen, weshalb PM-Expertinnen und PM-Experten aus unterschiedlichen Branchen, Firmen, Praxisfeldern und Wissenschaftsdisziplinen die insgesamt 57 Artikel des Fachbuchs verfasst haben.

Für Inhouse-Lehrgänge werden bei Bedarf zusätzliche firmenspezifische Unterlagen hinzugezogen. In offene Lehrgänge können teilnehmereigene Materialien einfließen.

Methodik: Vom Start des Projekts bis zum Lernen aus dem abgeschlossenen Vorhaben werden die Teilnehmer chronologisch durch alle Projektphasen geführt. Sie klären die Ziele, analysieren das Projektumfeld, stellen das Team auf, planen Abläufe, Termine, Ressourcen und Kosten, achten auf Finanzierungsbedingungen, verteilen und dokumentieren Informationen, verfolgen den Projektfortschritt und berichten darüber, integrieren Änderungen, betreiben Vertrags- und Claim-Management, verhandeln, setzen sich mit Konflikten und gruppendynamischen Prozessen auseinander und vieles mehr.

An den Präsenztagen des Lehrgangs lernen sie aus Trainervortrag, Übungen, Diskussionen, Rollenspielen und dem Feedback der Lehrgangskollegen. Durch gezielte Lektüre im Lehrbuch „ProjektManager" und die Bearbeitung eines Transferprojekts bereiten sich die Teilnehmer auf die Zertifizierung vor. Der Trainer unterstützt sie dabei, die Vielzahl der Themen gedanklich miteinander zu vernetzen und ein ganzheitliches Verständnis sowie ein Handlungskonzept aufzubauen und weiterzuentwickeln.

Übungs- und Transferprojekte bereiten nicht nur praxisnah auf das abschließende (optionale) Assessment vor, sondern schaffen auch einen reibungslosen Übergang von der Theorie des Projektmanagements zur Anwendung im beruflichen Umfeld.

Aufbaulehrgänge

- **IPMA Level C: Zertifizierter Projektmanager (GPM)**
- **IPMA Level B: Zertifizierter Senior Projektmanager (GPM)**

Viele Inhaber des **Level D-Zertifikats** wollen nach einiger Zeit auch ihre seitdem zusätzlich gewonnene Praxiserfahrung in komplexen oder risikobehafteten Projekten zertifizieren lassen. Einbezogen werden nun beispielsweise auch Vertragsthemen oder betriebswirtschaftliche Fragestellungen. Gefordert ist, noch mehr als bisher zu analysieren, zu erklären und zu reflektieren. Hier setzt das Aufbautraining mit einer Dauer von mindestens 40 Unterrichtsstunden an. Es behandelt weiterführende Themenfelder des Projektmanagements und vertieft das methodische Wissen und Können. Die Teilnehmer bearbeiten unter anderem Fragestellungen, die den Aufbau und die Weiterentwicklung des Projektmanagements in Organisationen, aber auch Motivations- und Führungsaufgaben des Projektmanagers betreffen.

Mit diesem Lehrgang verfolgt die GPM folgende **Ziele:**

- Die Teilnehmer sollten in der Lage sein, die Projektleiterrolle für komplexe und risikobehaftete Projekte sowohl in methodischer als auch in sozialer Hinsicht noch bewusster und kompetenter auszufüllen.
- Methoden-, Organisations- und Führungskompetenz werden weiterentwickelt und verfeinert.
- Die Fähigkeit, Projektmanagement-Themen zu reflektieren und weiterzuvermitteln, wird weiter gefördert.

Die Kurse bereiten auf die C- beziehungsweise B-Zertifizierung nach dem 4-L-C-System der IPMA vor. Grundlage sind die bereits vorhandenen Erfahrungen des Kandidaten, die dieser nachweisen muss.

Teilnehmer: Für aktive Projektleiter, die mehr Verantwortung in anspruchsvolleren Projekten oder in der Multi-Projekt-Umgebung übernehmen wollen, ist der Aufbaulehrgang das geeignete abteilungs- und funktionsübergreifende Personalentwicklungsangebot.

Methodik: Die Trainer führen systematisch an alle Aspekte des Assessments heran und üben typische Situationen. Gearbeitet wird mit Trainervortrag, Gruppenarbeiten, Rollenspielen, Diskussionen und dem Feedback von Lehrgangskollegen. Grundlagen sind die gezielte Lektüre im Lehrbuch „ProjektManager" und die Bearbeitung der einzureichenden zertifizierungsrelevanten Unterlagen.

- **IPMA Level A: Zertifizierter Projekt-Direktor (GPM)**

Um den Anforderungen des Levels A gerecht zu werden, sind weitere Themengebiete zu bearbeiten – zum Beispiel Programmmanagement, Mehrprojektmanagement und Führung von Projektorganisationen. Darüber hinaus werden im Assessment bestimmte Verhaltensformen evaluiert. Dafür bieten Ihnen unsere lizenzierten PM-Trainer (GPM) ein **individuelles Coaching** an.

Die GPM ist geistige Urheberin und Mentorin des Qualifizierungsprogramms „ProjektManager GPM" und ab 2009 „PM3" und der darin enthaltenen Vorbereitungslehrgänge. Sie tritt jedoch nicht selbst als Anbieter auf, sondern arbeitet mit Partnern zusammen. Projektmanagement-Trainer mit Praxiserfahrung und unterschiedlichem Branchenhintergrund führen die Lehrgänge durch. Sie wurden in einem umfassenden Assessmentverfahren von Assessoren der Zertifizierungsstelle PM-ZERT als „PM-Trainer (GPM)" zertifiziert und von der GPM für die eigenverantwortliche Durchführung der Lehrgänge lizenziert.

Nur diese ausgewählten Trainer sind berechtigt, den jeweiligen Zertifikationslehrgang mit den Original-Trainingsunterlagen und nach den GPM-Qualitätsvorgaben durchzuführen. Da alle Qualifizierungsangebote auf die abschließenden Prüfungen und Assessments im Rahmen des IPMA-Zertifizierungsverfahrens vorbereiten, werden die Trainer der GPM letztendlich immer automatisch „mitgeprüft". Denn das Abschneiden der Kursteilnehmer erlaubt eine klare Aussage über die Leistung des jeweiligen Kursleiters.

Entsprechend den Wünschen der Kunden haben die autorisierten Trainingspartner verschiedene Modelle für die zeitliche Strukturierung der Lehrgänge, die methodische Umsetzung und inhaltliche Spezialfragen entwickelt.

Von der Qualifizierung zur Zertifizierung

Unter **Qualifizierung** wird im Allgemeinen die **Vermittlung** bzw. der **Erwerb** von Wissen und Kenntnissen sowie entsprechenden Fertigkeiten in der Anwendung (Handlungskompetenz) verstanden. Ein Nachweis oder eine Prüfung der erworbenen Fähigkeiten ist nicht zwingend erforderlich. Der **Unterschied zur Zertifizierung** lässt sich am besten am Begriff der „**Qualifikation**" verdeutlichen. Während durch eine Qualifizierungsmaßnahme die Qualifikation (erst) erreicht wird, setzt die Zertifizierung das Vorhandensein einer bestimmten definierten Qualifikation (schon) voraus. Qualifikation ist also einerseits das Ergebnis (zum Ende) einer Qualifizierungsmaßnahme und andererseits die Voraussetzung (zu Beginn) eines Zertifizierungsverfahrens. Die **Darlegung** der erworbenen/vorhandenen Qualifikation und deren unparteiische, neutrale Beurteilung und Bestätigung sind die Inhalte der Zertifizierung.

Nach ISO/IEC 17024 (Allgemeine Kriterien für Stellen, die Personal zertifizieren) wird mit der Zertifizierung durch einen unparteiischen Dritten aufgezeigt, dass angemessenes Vertrauen besteht, dass eine genannte Person für bestimmte Aufgaben kompetent ist. Dies wird durch ein Dokument bescheinigt, das gemäß den Regeln eines Zertifizierungssystems ausgestellt wurde (Kompetenzzertifikat). Der Kompetenznachweis erfolgt in Übereinstimmung (Konformität) mit einem normativen Dokument. Die Erfüllung der festgelegten Forderungen durch den Zertifikanten ist Hauptbestandteil der Erstzertifizierung (Zertifikatserteilung) und der kontinuierlichen Überprüfung zur Aufrechterhaltung des Zertifikats (Rezertifizierung und Zertifikationsverlängerung). Die Akkreditierung nach ISO/IEC 17024 wurde an PM-ZERT erteilt.

Kompetenz im Projektmanagement

Grundsätzlich ist unbestritten, dass wesentliche allgemeine Qualifikationskomponenten und Kompetenzvoraussetzungen einerseits, eine gute **Schulbildung** und andererseits eine **fundierte fach- und**

branchenspezifische Berufsausbildung sind. Dies gilt auch für Projektpersonal und insbesondere für Leitungsverantwortliche in Projekten und Programmen.

Basis für Kompetenz im Projektmanagement ist zweifelsohne eine **fundierte Grundausbildung** und eine **kontinuierliche Weiterbildung im Projektmanagement**. Viele, immer wieder aufs Neue geführte Diskussionen mit erfahrenen Projektmanagement-Fachleuten und Praktikern zeigen, dass aber völlig unterschiedliche Auffassungen darüber bestehen, wie **Fach- und Branchenkompetenz** einerseits und **Projektmanagement-Kompetenz** andererseits bei einem erfolgreichen Projektmanager prozentual verteilt sind bzw. sein sollten. Ungeachtet dieser nie erlahmenden Diskussion wird die erforderliche Fach- und Branchenkompetenz als vorhanden vorausgesetzt. Für eine erfolgreiche Tätigkeit als Projektmanager wird sicherlich die Aneignung bzw. das Vorhandensein von fundiertem **Wissen** und umfassenden Kenntnissen im Fachgebiet Projektmanagement erforderlich.

Aber theoretisches Wissen allein genügt nicht. In der internationalen Fachwelt gilt ein Projektmanager erst dann als kompetent, wenn er – zusätzlich zu seinem (irgendwann einmal) erworbenen PM-Wissen – in der **Projektpraxis** eigene **PM-Anwendungserfahrungen** gesammelt und in persönliche Kompetenz umgesetzt hat. Darüber hinaus sind die **sozialen Fähigkeiten** und das **persönliche Verhalten** im Umgang mit den Projektbeteiligten von entscheidender Bedeutung und dementsprechend fester Bestandteil von Kompetenz.

Die internationale Fachwelt stimmt grundsätzlich darin überein, dass **Kompetenz im Projektmanagement** und damit die erforderliche **Qualifikation eines Projektmanagers**

- Theoretische(s) PM-Wissen/-Kenntnisse,
- praktische PM-Anwendungserfahrung in Projekten und
- soziale Fähigkeiten im persönlichen Verhalten

umfassen. Wer aber definiert PM-Wissen, -Erfahrungen, persönliches Verhalten und die entsprechenden Anforderungen? Dies soll in den folgenden Abschnitten erläutert werden.

Es befinden sich weitere neue Qualifizierungsprogramme der GPM und Zertifizierungsprogramme der PM-ZERT im Einsatz:

- PM-Berater
    - Qualifizierung von PM-Beratern (GPM)
    - Zertifizierung von PM-Beratern (GPM)
- Zertifizierung von Organisationen im PM IMPA Delta ®
- Basiszertifikat im PM (GPM)

Das internationale Vier-Ebenen-Zertifizierungssystem der IPMA (Abbildung 24.3)

Die **IPMA International Project Management Association** ist der internationale Dachverband nationaler Projektmanagement-Gesellschaften mit Sitz in Zürich. Sie wurde 1969 unter ihrem früheren Namen INTERNET International Project Management Association auf dem ersten PM-Weltkongress in Wien als internationale Vereinigung von Projektmanagern und Projektmanagement-Experten aus vorwiegend europäischen Ländern gegründet. Heute umfasst die IPMA über 50 europäische und außereuropäische Mitgliedsländern von Portugal bis China und von Island bis Südafrika.

Nach einem langjährigen intensiven Entwicklungs- und Abstimmungsprozess zwischen den Vertretern der verschiedenen Projektmanagement-Fachverbände der IPMA-Mitgliedsländer wurde 1998 das sogenannte Vier-Ebenen-System der Qualifizierung und Zertifizierung von Projektpersonal (abgekürzt: IPMA-4-L-C) verabschiedet.

Die international abgestimmten und wechselseitig anerkannten vier Ebenen von Zertifizierung im Projektmanagement sind aus typischen Anforderungsbereichen der Praxis abgeleitet. Die definierten Qualifikationen auf den einzelnen Ebenen eignen sich für eine persönliche Karriereplanung ebenso wie für Personalentwicklungsprogramme von Unternehmen und anderen Organisationen. Level D stellt im IPMA-System die Eingangsstufe dar und trägt den standardisierten Anforderungen der nationalen Projektmanagement-Fachverbände an die Grundausbildung im Projektmanagement Rechnung.

Im Folgenden sind für die einzelnen IPMA-Level die deutschen Zertifikate-Bezeichnungen (Titel), die Voraussetzungen, Eigenschaften und sonstige Merkmale, nach denen die unterschiedlichen Zertifikate vergeben werden, aufgelistet.

IPMA Level A:

Certified Projects Director = Zertifizierter Projektdirektor (GPM)
"Shall be able to manage portfolios or programmes"
Zulassungssvoraussetzungen

Der Kandidat weist in den vergangenen 12 Jahren mindestens fünfjährige Erfahrung im Portfolio-, Programm- oder Multiprojektmanagement mit strategischer Relevanz nach, davon mindestens drei Jahre in verantwortlicher Leitungsfunktion im Portfoliomanagement einer Organisation, Firma bzw. Geschäftseinheit oder im Management wichtiger Programme und hat darüber hinaus zwei Jahre Erfahrung im Management von Projekten.

Kernkompetenz:
Ist fähig Projektportfolios oder Projektprogramme zu managen.
Zusätzliche Anforderungen:
Der Kandidat

ist für das Management eines wichtigen Portfolios einer Organisation / Firma bzw. für das einer ihrer Tochterorganisationen oder für das Management eines oder mehrerer wichtiger Programme verantwortlich.

leistet einen Beitrag zum strategischen Management und reicht Vorschläge bei der Geschäftsleitung ein. Bildet Projektmanagementpersonal aus und betreut Projektmanager,

zeichnet verantwortlich für die Entwicklung und Einführung von Projektmanagmentprozessen, -anforderungen, -methoden, -techniken, -instrumenten, -handbüchern und -richtlinien.

leitet, koordiniert und verantwortet ein Portfolio oder Programm (PP), in welchem Projekte zusammengefasst sind, die eine für das Unternehmen wichtige Bedeutung haben,

entscheidet allein oder mit Zustimmung des zuständigen Gremiums der Organisation über Start, Priorität, Unterbrechung oder Abbruch aller Projekte des PP,

ist verantwortlich für die Auswahl und kontinuierliche Weiterentwicklung der erforderlichen PM-Unterstützung in seinem PP-Bereich. Dazu gehören PM-Prozesse, -Methoden, -Techniken, -Tools, -Regelungen (z. B. PM-Handbuch, Verfahren und Arbeitsanweisungen)

koordiniert und beeinflusst (oder ist verantwortlich für) die Auswahl, Schulung und Anstellung des in seinem Bereich erforderlichen PM-Personals. Er ist auch verantwortlich für die Leistungsbeurteilung und Vergütung seines PM-Personals.

ist verantwortlich für die Ausrichtung seines PP auf die strategischen Ziele der Organisation und für die Einrichtung und Überwachung eines professionellen

> Controlling- und Berichtssystems in seinem PP. Die Verantwortung erstreckt sich auch auf die generelle Einführung von PM im Bereich des PP.

Für den Nachweis der für den IPMA Level A geforderten Managementkompetenz werden die folgenden Parameter berücksichtigt:

- Zeitaufwand für das Management des PP
- Anzahl der aktuellen Projekte im PP
- Vielfalt von Art und Größe der Projekte im PP
- Komplexität der Projekte im PP
- Anzahl der Projektleiter und Größe der Organisationseinheit
- Jährlicher Investitionsaufwand für das PP

Grundlage für die Bewertung der Parameter sind die Angaben in den PP-Beschreibungen des Kandidaten und die Parameter des Leitfadens Z05.

> **IPMA Level B:**
>
> **Certified Senior Project Manager = Zertifizierter Senior Projektmanager**
> **"Shall be able to manage complex projects"**
> **Zulassungsvoraussetzungen:**
> **Der Kandidat weist in den vergangenen 12 Jahren mindestens 5-jährige Erfahrung im Projektmanagement nach, davon 3 Jahre in verantwortlicher Leitungsfunktion bei komplexen Projekten.**
> **Kernkompetenz:**
> **ist fähig komplexe Projekte zu managen**
> **Zusätzliche Anforderungen:**
> Der Kandidat
> ist für alle Kompetenzelemente des Projektmanagements eines komplexen Projekts verantwortlich,
> nimmt als Manager eines großen Projektmanagementteams eine allgemeine Managementfunktion ein,
> bedient sich angemessener Projektmanagementprozesse, -methoden, -techniken, und -instrumente.

Die Messung der Komplexität von Projekten erfolgt nach dem Bewertungsschema von Patzak, dargestellt im PM-Zert-Dokument Z05, welches mit den IPMA-Vorgaben korreliert.

Die Grenze zwischen IPMA Level C und Level B wird anhand der Komplexität der nachgewiesenen Projekte gezogen. Ein Projekt ist komplex, wenn es nach diesem Schema die Kennzahl 13 erreicht.

Schema Stop IPMA Level C:

Certified Projekt Manager = Zertifizierter Projektmanager
„Shall be able to manage projects with limited complexity and/or manage a sub- project of a complex project in all competence elements of project management.
Zulassungsvoraussetzungen:
Der Kandidat weist in den vergangenen 9 Jahren eine mindestens drei-jährige Erfahrung in verantwortungsvollen Führungsaufgaben im Management von Projekten mit begrenzter Komplexität nach.
Kernkompetenz:
ist fähig, Projekte begrenzter Komplexität bzw. ein Teilprojekt eines komplexen Projekts in allen PM-Kompetenzelementen zu managen.
Zusätzliche Anforderungen:
Der Kandidat
ist für das Management eines Projekts von begrenzter Komplexität verantwortlich bzw. managt ein Teilprojekt eines komplexen Projekts.
verwendet die üblichen Projektmanagementprozesse, -methoden, -techniken, und -instrumente.
Begrenzte Komplexität von Projekten
Das Projekt sollte so komplex sein, dass die Anwendung eine Mindest-Anzahl von Kompetenzelementen erforderlich ist. Davon sollten mindestens 12 Elemente zu den PM-technischen Kompetenzen, 5 zu den PM-Verhaltenskompetenzen und 4 zu den PM-Kontextkompetenzen gehören.

IPMA Level D:

Certified Project Manager Associate = Zertifizierter Projektmanagement-Fachmann
"Shall have project management knowledge in all competence elements"
Zulassungsvoraussetzungenvoraussetzungen:
Erfahrung in den Kompetenzelementen des Projektmanagements wird nicht notwendigerweise vorausgesetzt, es ist aber von Vorteil, wenn der Kandidat sein PM-Wissen schon in einem gewissen Rahmen angewendet hat.

Kernkompetenz:
Hat Projektmanagementkenntnisse in allen Kompetenzelementen.
Zusätzliche Anforderungen:
Der Kandidat
kann Kompetenzelemente anwenden,
arbeitet eventuell in einigen Bereichen als Fachmann/Fachfrau,
arbeitet als Mitglied eines Projektteams oder gehört zum Projektpersonal,
verfügt über breit gefächerte Kenntnisse im Projektmanagement und ist in der Lage diese anzuwenden.

Projektmanagement-Zertifizierung in Deutschland

Während Qualifizierungsmaßnahmen im Projektmanagement seit jeher am deutschen Bildungsmarkt angeboten und von der GPM seit ihrer Gründung regelmäßig durchgeführt werden, begannen die ersten Zertifizierungsaktivitäten in Deutschland Ende 1994. Sie wurden von der GPM zunächst im Rahmen ihres Aus- und Weiterbildungsprogramms veranstaltet. Wegen der damals noch geltenden DIN EN 45 013 (abgelöst durch ISO/IEC 17024) geforderten Trennung von **Qualifizierung** einerseits und **Zertifizierung** andererseits, gründete die GPM 1996 einen organisatorisch eigenständigen Zweckbetrieb, die **Zertifizierungsstelle PM-ZERT** (Abkürzung für Projektmanagement-Zertifizierung), für die Vergabe von Kompetenzzertifikaten. PM-ZERT hat von Anfang an bei der internationalen Entwicklung des IPMA Vier-Ebenen-Systems wesentlich mitgewirkt und setzt es in der Bundesrepublik erfolgreich um.

Die Zertifizierungsstelle PM-ZERT ist heute eine „Einrichtung des Vereins" und verfügt über eigene Gremien (Lenkungsausschuss, Programmausschuss und Geschäftsführung) und die erforderlichen sonstigen Organisationseinheiten (z. B. Qualitätsmanagement-Beauftragter, IPMA-Beauftragter, Schlichtungsstelle), in denen die an der Zertifizierung interessierten Kreise aus Wirtschaft, Wissenschaft und Verwaltung vertreten sind. Die operative Abwicklung der Zertifizierungen von der Anfrage über die Antragsbearbeitung bis hin zur

Erteilung von Zertifikaten und deren Aufrechterhaltung erfolgt durch die eigens hierfür eingerichtete **PM-ZERT-Geschäftsstelle**. PM-ZERT unterhält ein QM-System, das im Jahr 2000 vom **TÜV-CERT** nach **ISO 9001** zertifiziert worden ist. Die laufende QM-Zertifizierung wird seit 2009 vom TÜV NORD überwacht und von PM-ZERT aufrecht erhalten. Darüber hinaus wurde PM-ZERT im gleichen Jahr als erste nationale Zertifizierungsstelle für alle vier Level von der **IPMA validiert** und erhielt somit die volle internationale Anerkennung. Anfang 2006 wurde, wie schon erwähnt, PM-ZERT von der Schweizerischen Akkreditierungsstelle (SAS) nach ISO/IEC 17 024 akkreditiert. Die laufende Akkreditierung wird seit 2010 von der DAKKS Deutsche Akkreditierungsstelle, überwacht und von der PM-Zert aufrecht erhalten. Die Prüfungen und Assessments der Zertifikanten werden von unabhängigen (selbst zertifizierten und/oder von internationalen Gremien zugelassenen) Projektmanagement-Experten aus Praxis und Lehre (PM-ZERT-Assessoren) durchgeführt. Dabei gehen die Anforderungen der IPMA an die Assessoren über die Forderungen der Norm EN ISO/IEC 17024 an die Prüfer hinaus.

Die einzelnen Zertifizierungslevel können nacheinander durchlaufen oder bei Erfüllung entsprechender Voraussetzungen auch direkt angestrebt werden.

Ablauf der Zertifizierung: Die Zertifizierung erfolgt nach den Regularien von PM-ZERT auf der Basis von DIN 69 900 ff. (Projektwirtschaft) und der schon mehrfach erwähnten ISO/IEC 17024 (Allgemeine Kriterien für Stellen, die Personal zertifizieren) sowie den Beurteilungskriterien von IPMA und GPM. Die fachliche Grundlage bildet die IPMA Competence Baseline (ICB):

Die einzelnen Verfahrensschritte zur Erlangung und Aufrechterhaltung der verschiedenen Zertifikate für Projektmanager sind in Abbildung 24.6 gegenübergestellt.

Die Rezertifizierung ist bei jedem Level nach 5 Jahren erforderlich.

Für Projektmanagement-Berater wurde 2011 ergänzend zu ICB die ICBC herausgegeben, welche die ergänzenden und zusätzlichen Kompetenzen von PM-Beratern beschreibt. Auch die Kompetenzlinie steht als NCBC in deutscher Sprache zu Verfügung.

Nr.	Verfahrensschritt	Level D	Level C	Level B	Level A
1	Bewerbung				
1.1	Antrag	X	X	X	X
1.2	Bewerbungsunterlagen	X	X	X	X
1.3	Projektliste		X	X	X
1.4	Zulassung zum Zertifizierungsverfahren	X	X	X	X
2	Prüfungen				
2.1	Schriftliche Prüfung Teil 1 (Basiswissen)	2h	2h	2h	
2.2	Schriftliche Prüfung Teil 2 (levelbezogenes Wissen)		2h	2h	2h
2.3	Transfernachweis	X			
2.4	Mündliche Prüfung	½ h			
2.5	Projekterfahrungsbericht		X		
2.6	Workshop		1 Tag	1 Tag	1 Tag
2.7	Zulassung zur Projektstudienarbeit			X	X
2.8	Themenvorgaben für Projektstudienarbeit und Literaturkonspekt			X	X
2.9	Projektstudienarbeit und Literaturkonspekt			X	X
2.10	Zulassung zum Interview		X	X	X
3	Interview				
3.1	abschließendes Prüfungsgespräch		1 h	1 h	1,5 h
3.2	Empfehlung zur Zertifikatserteilung	X	X	X	X

Abb. 24.6: Verfahrensschritte

Die ICB als fachliche Grundlage: Die Zertifizierung durch PM-ZERT erfolgt nach einem international abgestimmten Konzept, dem schon mehrfach erwähnten IPMA Validated Four Level Certification System (vgl. dazu Abbildung 24.3). Die ICB 1/2 war für das Fachgebiet Projektmanagement die erste und einzige internationale Kompetenzrichtlinie, die in drei Sprachen – Englisch, Deutsch, Französisch – verfasst war; die aktuelle ICB 3 ist allerdings wiederum „nur" in Englisch. Eine deutsche Übersetzung ist als NCB National Competence Baseline, Version 3.0 der PM-Zert verfügbar.

Die NCB ist im Wesentlichen eine 1:1-Übersetzung der originalen ICB 3.0. Die NCB ist die inhaltliche Grundlage für die weltweite Anerkennung der nationalen Programme zur Qualifizierung und Zertifizierung von Projektmanagement-Personal über vier Qualifikations- und Kompetenz-Ebenen. Diese sind zwischen der IPMA und ihren ca. 50 Landesgesellschaften abgestimmt.

Die Zielgruppe für die vorliegende NCBC sind ähnlich wie die Zielgruppen für NBC.

- Projektmanagement-Berater und Projekt-, Programm- und Portfoliomanager, die an einem international anerkannten Zertifizierungssystem interessiert sind.
- Führungskräfte, die in ihren Organisationen gute Projektmanagement-Beratung erhalten wollen.
- Assessoren für die Zertifizierung für PM-Berater, die an klar abgegrenzten Zertifizierungsinhalten interessiert sind.
- Universitäten, Schulen und Trainer, die eine gut fundierte Basis für entsprechende Qualifizierung brauchen.

Wie für Projektmanager, so werden auch für PM-Berater Kompetenzen in drei verschiedenen Bereichen definiert:

- Die Kompetenzgruppe „Technische-Kompetenzen" beschäftigt sich mit verschiedenen Beratungsansätzen und Beraterrollen und fasst das methodische Werkzeug eines Beraters zusammen.
- In der Kompetenzgruppe „Verhaltenskompetenzen" werden diejenigen Kompetenzen aufgeführt, die zusätzlich zu den ICB3 Verhaltenskompetenzen eines Projektmanagers für den PM-Berater eine besondere Bedeutung haben.
- Mit der Kompetenzgruppe „Kontextkompetenzen" wird das Umfeld eines PM-Beratungsauftrags abgedeckt.

Hinzu kommen für PM-Berater zusätzlich relevante Themen, die das vorhandene Projektmanagement-Wissen vertiefen. Dazu gehören die Vertiefungsthemen.

- Benchmarking-, Reifegrad- und PM-Assessment-Modelle
- IPMA Project Excellence Model

- Projektmanagement-Systeme
- Business Management und Governance
- Management projektorientierter Organisationen
- Projekt-, Programm- und Portfolio-Orientierung
- Einführung und Weiterentwicklung von strategischen und operationalem Projekt-, Programm- und Portfolio-Management

Nachfolgend ist das Kompetenzen-Modell für PM-Berater dargestellt. Es beschreibt 14 Kompetenzelemente, die in die Bereiche Technische Kompetenzen, Verhaltens-Kompetenzen und Kontext-Kompetenzen eingeteilt wurden.

C1	1. Technische Kompetenz
C1.1	Beratungsstrategien und -konzepte
C1.2	Beratungsphasen
C1.3	Akquisitionsstrategien
C1.4	Organisationsanalyse und Auftragsklärung
C1.5	Beratungsmethoden und Interventionen
C1.6	Evaluierungsmethoden
C2	**2. Verhaltenskompetenz**
C2.1	Professionelle Einstellung und Verhalten des Beraters
C2.2	Multiple Rollen eines PM-Beraters
C2.3	Beziehungsmanagement
C2.4	Umgang mit Unsicherheit
C3	**3. Kontextkompetenz**
C3.1	Strategien, Strukturen und Kulturen von Organisationen
C3.2	Managementprozesse
C3.3	Management von organisatorischem Wandel, Lernende Organisation und Wissensmanagement
C3.4	Mikropolitik und Macht in Organisationen

Abb. 24.7: Zusätzliche Kompetenzelemente für PM-Berater

ICB Element	Vertiefte PM-Kompetenzen
1.01, 1.05	Benchmarking, Reifegrad- und PM-Assessment Modelle
1.01, 1.05	IPMA Project Excellence Model
1.01, 1.05	Projektmanagement-Systeme
2.10	Beratung (siehe ICBC, die für PM-Berater das ICB-Element 2.10 ersetzt)
3.05	Business Management und Governance
3.01, 3.02, 3.03, 3.04	Management Projektorientierter Organisationen
3.01, 3.02, 3.03, 3.04	Projekt-, Programm- und Portfolio-Orientierung
3.01, 3.02, 3.03, 3.04	Einführung und Weiterentwicklung von strategischem Projekt-, Programm- und Portfolio-Management

Abb. 24.8: Vertiefte zentrale PM-Themen und Beziehung zu Elementen der ICB

Die Zertifizierung von Beratern im Projektmanagement durch PM-ZERT, die Zertifizierungsstelle der GPM Deutsche Gesellschaft für Projektmanagement e. V., erfolgt nach einen international abgestimmten Konzept der International Project Management Asscociation (IPMA):

Von Projektmanagement-Beratern wird erwartet, dass sie auch in internationalen Projekten und globalisierten Organisationen beraten können. Diese Anforderung zeigt die Entwicklung sowohl bei Großunternehmen als auch bei mittelständischen Fertigungsunternehmen, die ihre Produktion auslagern und das Projektmanagement-Know-how transferieren wollen.

In diesem Kontext wurde entschieden, dass der Zertifikant die Ausfertigung seines Zertifikats sowohl in deutscher als auch in englischer Sprache erhält.

- Certified Programme and Portfolio Management Consultant (IPMA PPMC)/Zertifizierter Projektmanagement Strategie Berater (IPMA PPMC)
- Certified Projekt Management Consultant (IPMA PMC)/Zertifizierter Projektmanagement Berater (IPMA PMC)

Titel (Englisch / Deutsch)	Kompetenz	Zertifizierungsverfahren		Gültigkeit
		Bewerbungs-Unterlagen	Zertifizierungs-Elemente	
Programme and Portfolio Management Consultant (IPMA PPMC) Projektmanagement Strategie Berater GPM	Kompetenz = PM und PPM-Beratungs-Wissen und -Erfahrung	• Antrag FC01 • Lebenslauf • Projektliste F05 • Liste der Beratungsaufträge FC05 • IPMA Level A/B/C-Zertifikat[1]) • Selbstbewertung • Fallstudien-Bericht mit Schwerpunkt PPM Beratung	• Schriftliche Prüfung für PPMC • Assessment im Rollenspiel • Abschließendes Interview mit Schwerpunkt Fallstudien-Bericht	5 Jahre
Project Management Consultant (IPMA PMC) Projektmanagement Berater GPM	Kompetenz = PM und PPM-Beratungs-Wissen und -Erfahrung	• Antrag FC01 • Lebenslauf • Projektliste F05 • Liste der Beratungsaufträge FC05 • IPMA Level B/C-Zertifikat[1]) • Selbstbewertung • Fallstudien-Bericht mit Schwerpunkt PM Beratung	• Schriftliche Prüfung für PMC • Assessment im Rollenspiel • Abschließendes Interview mit Schwerpunkt Fallstudien-Bericht	5 Jahre

1) alternativ Nachweis eines bestandenen PM-Leveltests bei nicht vorhandenem IPMA Level C, B oder A Zertifikat
2) bei nicht vorhandenem IPMA Level C, B, A Zertifikat kann der Level-Test im Zertifizierungsprozess geschrieben werden.

Abb. 24.9: Das zweistufige Zertifizierungssystem der IPMA für PM-Berater

Programme and Portfolio Management Consultant (IPMA PPMC)
Projektmanagement Strategie Berater (IPMA PPMC)

Zulassungsvoraussetzungen

- Der Kandidat kann im Zeitraum den letzten acht Jahre mindestens fünf Jahre umfassende Erfahrung in Projektmanagement-Beratung nachweisen, davon mindestens zwei Jahre im Bereich Programm- und Portfolio-Management. (5 Jahre entsprechen mindestens 150 Beratertage pro Jahr d.h. 750 Beratungstagen)

- Der Kandidat kann im Zeitraum der letzten 20 Jahre mindestens drei Jahre Erfahrung in Management komplexer Projekte und Management von Programmen und Portfolios nachweisen.

Schwerpunkte der Beratung

- Der Kandidat sollte in der Lage sein, PM-Beratung an strategischer Führungsebene durchzuführen. Zielgruppe sind z.B. Top Management, Projektportfolio und/oder Programm-Verantwortliche, PM-Verantwortliche.

Berater-Rolle

- Implementierung und Entwicklung des Projektmanagements in einer Organisation
- Strategische organisationale Entwicklung in Bezug auf Projekt- Programm- und Portfolio-Management
- Kulturwechsel in Bezug auf Projektmanagement-Implementierung und -Entwicklung

Berater-Kompetenz

- Der Kandidat beherrscht anerkannte Beratungsmethoden und -instrumente sowie komplexe Interventionsmethoden.

Project Management Consultant (IPMA PMC)
Projektmanagement Berater (IPMA PMC)

Zulassungsvoraussetzungen

- Der Kandidat kann im Zeitraum der letzten acht Jahre mindestens drei Jahre umfassende Erfahrung in Projektmanagement-Beratung nachweisen. (3 Jahre entsprechen mindestens 150 Beratertage pro Jahr, d.h. 450 Beratungstagen.)
- Der Kandidat kann im Zeitraum der letzten 20 Jahre mindestens drei Jahre Erfahrung im operationalen Projektmanagement nachweisen.

Schwerpunkte der Beratung

- Der Kandidat sollte in der Lage sein, PM-Beratung in Projekten und deren Umgebung durchzuführen. Zielgruppe sind z.B. Projektleiter, Projektteams, Controller, Management der Stammorganisation u.a.

Berater-Rolle

- Beratung für alle Projektmanagement-Elemente und Aspekte in den Bereichen der Technischen, Verhaltens- und Kontext-Kompetenzen.

Berater-Kompetenz

- Der Kandidat beherrscht anerkannte Beratungsmethoden und -instrumente sowie Interventionsmethoden.

Die einzelnen Verfahrensschritte zur Erlangung und Aufrechterhaltung der PM-Berater Zertifikate sind hier dargestellt:

Nr.	Verfahrensschritt	PMC	PPMC
1	**Bewerbung**		
1.1	Antrag	X	X
1.2	Bewerbungsunterlagen (siehe 3.2.1)	X	X
1.3	PM-Projekteliste, Programm-/ Portfolioübersicht	X	X
1.4	Liste der Beratungsmandate	X	X
1.5	IPMA 4LC-Zertifikat (optional)	Level C/B	Level C/B/A
1.6	Zulassung zum Zertifizierungsverfahren	X	X
2	**Fallstudien-Bericht**		
2.1	Einreichung Fallstudien-Bericht	X	X
3	**Prüfungen**		
3.1	Schriftliche Prüfung PM Level Test (wenn kein 4LC Zertifikat vorhanden, Schritt 1.5)	X	X
3.2a	Schriftliche Prüfung PM-Consulting	X	
3.2b	Schriftliche Prüfung PPM-Consulting		X
3.3	Assessment durch Rollenspiel	X	X
3.4	Feedback zu den Ergebnissen der schriftlichen Prüfung, des Assessments und des Fallstudien-Berichts	X	X
3.5	Abschließendes Interview auf Basis des bestandenen Fallstudien-Berichts	X	X

Welchen Nutzen bringt die Zertifizierung…

… dem Zertifikatsinhaber persönlich?

- Reflexion und Verbesserung der eigenen Qualifikation
- Objektive, neutrale Bestätigung der Projektmanagement-Kompetenz
- Berufliche und persönliche Anerkennung
- Führen eines anerkannten Titels
- Beschleunigung der beruflichen Karriere

- Verbesserung der Chancen im Markt
- Wertsteigerung für die Organisation
- Sicherung des Arbeitsplatzes

... projektorientierten Unternehmen/Organisationen?

- Vergleichbare Qualitätsstandards für Projektpersonal
- Systematische betriebliche Personalentwicklung im Projektmanagement
- Effizienzsteigerung und Produktivitätsverbesserung
- Imagegewinn auf Grund kompetenter Projektleiter und Projektmitarbeiter
- Wettbewerbsvorteile bei Akquisition und Abwicklung von Projektaufträgen

... Projektauftraggebern/Kunden?

- Anwendung von Best Practices im Projektmanagement
- Bessere Projektprozesse und -ergebnisse

Erteilte Zertifikate

Die Abbildung 24.10 zeigt die Ergebnisse der bisherigen Zertifizierungsaktivitäten. Ende 2012 wurde die Zahl von 30.000 Zertifizierten erreicht.

Zusammenfassung und Fazit

In einer allgemeinen Übersicht werden zunächst die GPM Deutsche Gesellschaft für Projektmanagement e. V. sowie ihre Produkte und Leistungen für Mitglieder dargestellt. Danach wird die Qualifizierung von Projektpersonal differenziert betrachtet und die Ausbildungsmöglichkeiten im Projektmanagement in Deutschland näher beleuchtet. Dabei wird das vierstufige 4-L-Q der GPM ausführlich behandelt. Anschließend werden die Unterschiede und Zusammenhänge zwischen Qualifizierung und Zertifizierung erläutert. Danach

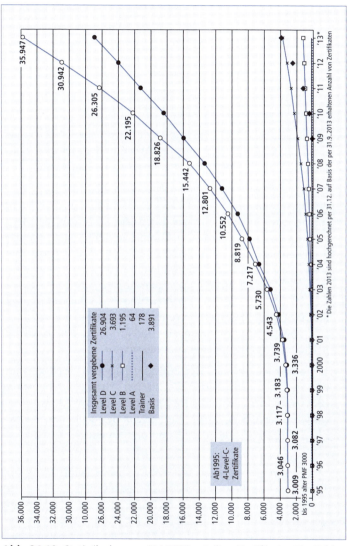

Abb. 24.10: Statistik der von PM-ZERT erteilten Zertifikate. Die Zahlen 2013 sind hochgerechnet per 31.12 auf Basis der per 30.9.13 erteilten Anzahl von Zertifikaten

folgen Beschreibungen des internationalen Vier-Level-Zertifizierungssystem für Projektmanager und Zwei-Ebenen-Zertifizierungssysteme für PM-Berater der IPMA International Project Management Association und dessen Umsetzung in Deutschland durch PM-ZERT, der Zertifizierungsstelle der GPM.

Im internationalen Vergleich der Bundesrepublik mit anderen Ländern kann folgendes generelle Fazit gezogen werden:

(1) Für Projektpersonal existiert in Deutschland ein vielfältiges und umfassendes Angebot an Aus- und Weiterbildungsmöglichkeiten im Projektmanagement, das in hohem Maße genutzt wird.

(2) Unter den Projektmanagement-Fachverbänden in Europa spielt die GPM Deutsche Gesellschaft für Projektmanagement e. V. eine führende Rolle. Im Bereich der Zertifizierung vorhandener, nachgewiesener und in Form von Kompetenzzertifikaten bestätigter Projektmanagement-Kompetenzen nimmt Deutschland eine, wenn nicht sogar die Spitzenposition in Europa ein. PM-ZERT ist nach ISO 9001 zertifiziert, als erste nationale Zertifizierungsstelle von der IPMA für alle vier Zertifizierungslevel validiert und staatlicherseits nach ISO/IEC akkreditiert. Die Organisation hat damit eine umfassende internationale Anerkennung. Die Nachfrage nach Kompetenzzertifikaten nimmt stetig zu.

(3) Im weltweiten Verbund der Projektmanagement-Fachverbände, u. a. mit dem amerikanischen Project Management Institute (PMI) und dem australischen PM-Fachverband (AIPM, ist ein Mitglied der IPMA) ist die Kompetenz des deutschen Projektmanagements allgemein anerkannt und hat einen hohen Stellenwert.

Bei der Auswahl geeigneter Maßnahmen zur Qualifizierung und Zertifizierung von Personen im Projektmanagement bedarf es besonderer Sorgfalt und Umsicht. Orientierung und Unterstützung bei der Auswahl und Entscheidung bieten GPM und PM-ZERT zum Beispiel durch das Basiszertifikat (GPM) für Universitäten und Fachhochschulen. Informationen hierzu sind bei der GPM erhältlich. Das Gesamtprogramm der GPM zur Qualifizierung und Zertifizierung ist auf den persönlichen Bedarf von Projektpersonal und die generellen Anforderungen von Wirtschaft und Verwaltung ausgerichtet, aber auch für einen speziellen Zuschnitt geeignet. Es bietet die Möglichkeit, einen neutralen und international anerkannten Qualitätsmaßstab für die unternehmensinterne Personalentwicklung im Projektmanagement zu nutzen.

Anhang

Gegenüberstellung der Inhalte des Buchs und der Kompetenzelemente der National Competence Baseline 3.0

ANHANG

Kapitel	ICB 3.0[262]
Kapitel 1 Ein erfolgreiches Projekt	**Schlüsselbegriffe (SB):** 2.7 Projekt, 2.10 Projekterfolg **Kompetenzelemente (KE):** 4.1.1 Projektmanagementerfolg, 4.3.2 Projektorientierung
Kapitel 2 Was ist ein Projekt, was bedeutet Projektmanagement und welche Erfolge bringt es?	In verschiedenen Kapiteln enthalten
Kapitel 3 Grundsätze des Projektmanagements	Nicht behandelt
Kapitel 4 Projektmanagement lohnt sich auch bei kleineren Vorhaben	
Kapitel 5 Die „richtigen" Projekte machen: Projektauswahl und Unternehmensstrategie	**KE:** 4.3.3 Portfolioorientierung, 4.3.6 Geschäft
Kapitel 6 Das Projektteam formieren: Projektleiter und Projektgruppe einsetzen	**SB:** 2.8 Projektmanagementbüro, 2.9 Projekt- oder Programmbüro **KE:** 4.1.6 Projektorganisation, 4.1.7 Teamarbeit, 4.1.8 Problemlösung, 4.1.18 Kommunikation, 4.3.5 Stammorganisation

Kapitel	ICB 3.0[263]
Kapitel 6 Das Projektteam formieren: Projektleiter und Projektgruppe einsetzen	**PM-Verhaltenskompetenz-Elemente** 4.2.1 Führung, 4.2.2 Engagement und Motivation, 4.2.3 Selbststeuerung, 4.2.4 Durchsetzungsvermögen, 4.2.5 Entspannung und Stressbewältigung, 4.2.6 Offenheit, 4.2.7 Kreativität, 4.2.8 Ergebnisorientierung, 4.2.9 Effizienz, 4.2.10 Beratung, 4.2.11 Verhandlungen, 4.2.13 Verlässlichkeit, 4.2.14 Wertschätzung, 4.2.15 Ethik
Kapitel 7 Die Projektumwelt berücksichtigen: Stakeholder und Stakeholdermanagement	**KE**: 4.1.2 Interessierte Parteien, 4.1.3 Projektanforderungen und Ziele
Kapitel 8 Projektziele mit dem Auftraggeber zusammen definieren und den Beteiligten vermitteln: Projektdefinition und Projektstart	**KE**: 4.1.3 Projektanforderungen und Projektziele, 4.1.10 Leistungsumfang und Lieferobjekte (Deliverables), 4.1.19 Projektstart
Kapitel 9 Projektrisiken aufdecken und Vorsorge treffen: Risikomanagement in Projekten	**KE**: 4.1.4 Risiken und Chancen

ANHANG

Kapitel	ICB 3.0[264]
Kapitel 10 Das Projekt gründlich strukturieren: Der Projektstrukturplan	**KE:** 4.1.9 Projektstrukturen
Kapitel 11 Projektablauf und Projekttermine planen: Es muss nicht immer Netzplantechnik sein	**KE:** 4.1.11 Projektphasen, Ablauf und Termine
Kapitel 12 Einsatzmittelbedarf und Kosten schätzen: Den Königsweg gibt es nicht.	**KE:** 4.1.2 Ressourcen, 4.1.13 Kosten und Finanzmittel
Kapitel 13 Arbeitskräfte und Betriebsmittel richtig einsetzen: Projektbezogene Einsatzmittelplanung, Multiprojekt- und Programmmanagement	**SB:** 2.8 Projektmanagementbüro, 2.9 Projekt- oder Programmbüro **KE:** 4.1.12 Ressourcen, 4.3.1 Projektorientierung, 4.3.2 Programmorientierung, 4.3.3 Portfolioorientierung
Kapitel 14 Die Projektkosten unter Kontrolle halten: Mitschreitende Kostenverfolgung	**KE:** 4.1.13 Kosten- und Finanzmittel
Kapitel 15 Änderungen im Griff haben: Änderungs- und Konfigurationsmanagement	**KE:** 4.1.15 Änderungen
Kapitel 16 Qualität im Projektverlauf sichern: Der Kunde soll zurückkommen, nicht das Produkt	**KE:** 4.1.5 Qualität

Kapitel	ICB 3.0[265]
Kapitel 17 Haltepunkte im Projekt setzen: Projektphasen und Meilensteine	**KE:** 4.1.11 Projektphasen, Ablauf und Termine
Kapitel 18 Das Projekt auf Erfolgskurs halten: Projektberichtswesen und Projektsteuerung	**KE:** 4.1.16 Überwachung und Steuerung, Berichtswesen, 4.1.17 Information und Dokumentation, 4.1.18 Kommunikation, 4.2.12 Konflikte und Krisen
Kapitel 19 Konflikte im Projekt beherrschen	**KE:** 4.2.12 Konflikte und Krisen
Kapitel 20 Den Rechner nutzen: Auswahl von Projektmanagement-Software	Nicht behandelt
Kapitel 21 Das Projekt systematisch beenden und Erfahrungen auswerten	**KE:** 4.1.20 Projektabschluss
Kapitel 22 Einführung und Optimierung von Projektmanagement in der Organisation	**KE:** 4.3.4 Einführung von Projekt-, Programm und Portfoliomanagement
Kapitel 23 Ratschläge an das Topmanagement	Nicht behandelt

Die Zuordnung ist nicht immer ganz frei von Willkür. Vor allem bedeutet sie nicht, dass die Inhalte jeweils weitgehend deckungsgleich sind.

ANHANG

Literaturempfehlungen

Die Literatur zum Thema „Projektmanagement" ist in den letzten Jahren so angewachsen, dass es auch einem fleißigen Leser kaum mehr möglich ist, alle Werke zu kennen. Die folgende Aufstellung erhebt keinen Anspruch auf Vollständigkeit. Sämtliche angegebenen Bücher hat der Verfasser dieser Empfehlungen aber gelesen.

Angermeier, G: Projektmanagement-Lexikon auf CD. München 2005, 518 S.

Der Datenträger enthält rund 800 deutsche Begriffserklärungen, 589 englische Begriffe mit den deutschen Entsprechungen, 214 Abkürzungen und 8213 Querverweise und ermöglicht eine Volltextsuche. Berücksichtigt sind in dem Werk u. a. die DIN 69900 bis 69905, das Buch „ProjektManager", die ICB in der Version 2.0, der PM-Kanon der GPM und der PMBoK des Project Management Institute of America.

Bea, F. X.; Scheurer, St.; Hesselmann, S.: Projektmanagement. Reihe Grundwissen der Ökonomik-Betriebswirtschaftslehre. 2. Auflage Stuttgart 2011, 822 S.

Die Verfasser betonen die strategische Bedeutung des Projektmanagements, die viel zu lange sträflich vernachlässigt wurde. Sie begreifen Projektmanagement als Mittel der strategischen Unternehmensplanung und schreiben: „Es ist „höchste Zeit, Projektmanagement neu im Kontext der Unternehmensführung zu interpretieren". Sie betrachten Projektmanagement als Führungskonzeption und verstehen darunter „die grundsätzliche Ausrichtung der Unternehmensführung bei der zielorientierten Gestaltung des Unternehmens". Bea und seine Koautoren sehen im Rahmen der Unternehmensführung zwei Ziele des Projektmanagements, nämlich die Strategische Unternehmensentwicklung und die Steigerung des Unternehmenswerts. Das Werk gehört zu den besten deutschsprachigen Büchern am Markt.

Campbell, M.: Communications Skills for Project Managers. New York 2009

Aus der Sicht des Verfassers eines der wichtigsten Bücher des Projektmanagements, die in den letzten Jahren erschienen sind. Der Autor hat für seine Anleitungen ein nicht-triviales, fiktives Projekt gewählt und zeigt überaus anschaulich, wie mit den Stakeholdern des Vorhabens kommuniziert werden muss, wenn Widerstände gegen organisatorischen Wandel möglichst gering gehalten werden sollen. Für Projektleiter gehört das Buch zur absoluten Pflichtlektüre.

Ewert, W.; Janßen, W.; Kirschnick-Janssen, D.; Pappenheim-Tockhorn, H.; Schwellach, G.: Handbuch Projektmanagement Öffentliche Dienste. Grundlagen, Praxisbeispiele und Handlungsanleitungen für die Verwaltungsreform durch Projektarbeit. 6., unveränderte Auflage, Bremen-Boston 2009, 287S.

Die Autorinnen und Autoren haben ihre Erfahrungen, die sie mit Projektmanagement im Öffentlichen Dienst gemacht haben, in diesem Handbuch festgehalten. Das didaktisch und graphisch sehr gut aufgemachte Werk ist eines der wenigen Bücher, die auf die speziellen Rahmenbedingungen des Projektmanagements bei der Öffentlichen Hand eingehen.

Felkai, R.; Beiderwieden, A.: Projektmanagement für technische Projekte. Ein prozessorientierter Leitfaden für die Praxis. Wiesbaden 2011, 304 S.

Das Buch befasst sich vor allem mit Projekten des Anlagenbaus und der Entwicklung. Es ist sehr klar aufgebaut und praxisnah. Deshalb kann es, insbesondere auch wegen der zahlreichen, sehr nützlichen Checklisten, auch als sofort anwendbar empfohlen werden.

Gardiner, P.: Project Management: A Strategic Planning Approach. Hampshire (GB) 2005, 336 S.

Didaktisch besser als Gardiner kann man kein Projektmanagement-Buch schreiben. Das Werk des englischen Autors enthält eine große Zahl von lehrreichen Fallstudien, die zum jeweiligen Lehrstoff passen. Es zwingt zum ständigen Mitdenken. Wer es gelesen hat, weiß eine Menge über Projektmanagement.

Gessler, H.: (Hrsg.); Kompetenzbasiertes Projektmanagement (PM3). Handbuch für die Projektarbeit, Qualifizierung und Zertifizierung auf Basis der IPMA Competence Baseline 3.0. 5. Auflage Nürnberg 2011, 2576 S.

Das rund 2.600 Seiten umfassende vierbändige Werk, das der GPM für die Qualifizierung und Zertifizierung dient (vgl. Kapitel 24), ist wegen seines großen Materialreichtums eher als Nachschlagewerk geeignet.

Möller, Th; Campana, Ch.; Gemünden, H.G.; Lange, D. (Hrsg.), begründet von H. Schelle, H. Reschke, R. Schnopp und A. Schub: Loseblattsammlung „Projekte erfolgreich managen". 49. Aktualisierung. Köln 1994 ff.

Die Loseblattsammlung ist zurzeit das umfangreichste deutschsprachige Werk zum Projektmanagement. Es ist nicht auf eine spezielle Branche oder Projektart bezogen, sondern will das gesamte verfügbare Wissen von Praktikern für Praktiker aufbereiten.

GPM Deutsche Gesellschaft für Projektmanagement e. V. (Hrsg.): ICB-IPM Competence Baseline in der Fassung als Deutsche NCB-National Competence Baseline Version 3.0. Nürnberg 2008,

Das Werk, von der International Project Management Association erarbeitet und von der GPM Deutsche Gesellschaft für Projektmanagement e. V. in eine nationale Kompetenzrichtlinie umgeformt, dient der GPM als Qualifizierungs- und Zertifizierungsgrundlage. Im Detail vgl. dazu Kapitel 24.

Greiner, P.; Mayer, P; Stark, Kh.: Baubetriebslehre – Projektmanagement. Wie Bauprojekte erfolgreich gesteuert werden. 4. aktualisierte Auflage, Braunschweig-Wiesbaden 2009, 352 S.

Das Werk ist eines der wenigen Projektmanagement-Bücher für die Baubranche, das man guten Gewissens empfehlen kann. Die drei Autoren sind nicht nur Hochschullehrer, sondern haben als Steuerer von sehr großen Projekten in vielen Jahren umfangreiche, praktische Erfahrungen gesammelt. Das Lehrbuch ist nicht nur didaktisch gut aufbereitet, sondern auch sehr praxisnah.

Hansel, J.; Lomnitz, G.: Projektleiter-Praxis – Optimale Kommunikation und Kooperation in der Projektarbeit, 4., überarbeitete und erweiterte Auflage. Berlin-Heidelberg 2002, 171 S.

Die Autoren, die aus der Beratungspraxis kommen, behandeln nicht die „technokratischen" Instrumente des Projektmanagements, sondern die psycho-sozialen Prozesse der Projektarbeit. Die zahlreichen praktischen Beispiele des Buches beziehen sich zwar auf EDV- und Organisationsprojekte, da die Problemlage aber bei anderen Arten von Vorhaben zumeist ganz ähnlich ist, lässt sich auch für andere Projekte daraus großer Nutzen ziehen.

Hindel, B.; Hörmann, K.; Müller, M.; Schmied, J.: Basiswissen Software-Projektmanagement. Aus- und Weiterbildung zum Certified

Project Manager nach dem iSQI-Standard. 3. überarbeitete und erweiterte Auflage. Heidelberg 2009, 288 S.

Ein Werk, in dem sehr kompakt und kompetent die Besonderheiten von Softwareprojekten behandelt werden.

Holzner, J. P.; Schelle, H.: Projektmanagement für die Polizei. Systematische Darstellung für die Praxis. Stuttgart 2005, 303 S.

Die Autoren, davon einer Ltd. Polizeidirektor, behandeln die speziellen Probleme des Projektmanagements bei der Öffentlichen Hand im Allgemeinen und bei den verschiedenen Polizeien im Besonderen und bieten eine durchgehende Fallstudie, in der das Instrumentarium des Projektmanagements angewendet wird.

Kerzner, H.: Project Management. A Systems Approach to Planning, Scheduling and Controlling. 10 th Edition, New York 2009, 1120 S.

Wer seinen englischen Projektmanagement-Wortschatz auffrischen und erweitern will, dem sei dieses sehr umfangreiche Buch von einem der führenden Vertreter der Disziplin „Projektmanagement" in den USA empfohlen. Das Werk enthält vor allem eine Fülle von instruktiven Fallstudien, die der Leser durcharbeiten kann.

Wer es bequemer haben will, kann auch die deutsche Fassung lesen:

Kerzner, H.: Projektmanagement. Ein systemorientierter Ansatz zur Planung und Steuerung. 2. überarbeitete deutsche Auflage. Heidelberg 2008, 944 S.

Kuster, J.; Huber, E.; Lippmann, R.; Schmid, A.; Schneider, E.; Witschi, U.; Wüst, R.: Handbuch Projektmanagement. 3. erweiterte Auflage. Berlin-Heidelberg-New York 2011, 454 S.

Ein Projektmanagement-Kompass der Schweizer Autoren ermöglicht eine gezielte Navigation entlang dem realen Ablauf eines Projekts. Besonders positiv zu bewerten ist der ständige Bezug zur Competence Baseline der International Project Management Association. Ein klar gegliedertes Buch, das die Orientierung im Stoff sehr erleichtert.

Köhler, J.; Oswald, A.: Die Collective Mind Methode. Projekterfolg durch Soft Skills. Berlin 2009, 200 S.

Meines Erachtens eines der anregendsten Bücher, die bisher über Projektmanagement geschrieben wurden. Die grundlegende Hypothese ist, dass der Projekterfolg hoch ist, wenn sich bei den Beteiligten ein gemeinsames Projektverständnis (Collective Mind) herausbildet. Dieses Projektverständnis-

so die Autoren- kann durch das Projektmanagement erzeugt werden. Lektüre für Profis.

Levin, G.: Interpersonal Skills for Portfolio, Program and Project Managers. Vienna (Virginia) 2010, 286 S.

Wer sich intensiv mit Fragen des Projektmanagements befassen will, kommt an diesem Buch nicht herum. Levin behandelt – eine große Ausnahme- ausschließlich organisationspsychologische Fragen.

Lomnitz, G.: Multiprojektmanagement. Projekte erfolgreich planen, vernetzen und steuern. 3. aktualisierte Auflage. Landsberg/Lech 2008, 291 S.

Das Buch von Gero Lomnitz gehört ohne Zweifel zu den wichtigsten Neuerscheinungen der Projektmanagement-Literatur. Die langjährige Praxiserfahrung und das große Wissen des Autors auf dem Gebiet der Organisationspsychologie haben eine sehr gelungene Mischung aus Darstellung von Methoden, Tools und organisatorischen Regelungen sowie aus Ratschlägen zur Beachtung der soft facts entstehen lassen. Wer sich in seiner Organisation mit der Implementierung oder Optimierung des Multiprojektmanagements befassen muss, kommt an diesem Werk nicht vorbei.

Ludewig, J.; Lichter, H.: Software Engineering. Grundlagen, Menschen, Prozesse, Techniken. 2. überarbeitete und aktualisierte Auflage Bonn 2010, 688 S.

Ein sehr gut und verständlich geschriebenes Werk, das einen umfangreichen und aktuellen Teil zum Projektmanagement enthält. Wer die Probleme des Managements von IT-Projekten gründlich studieren will, ist mit dem Buch gut beraten.

Motzel, E.: Projektmanagement Lexikon. Begriffe der Projektwirtschaft von ABC-Analyse bis Zwei-Faktorentheorie. Wiley Klartext. 2. Auflage Weinheim 2010, 288 S.

Mit dem Lexikon, das den neuesten Stand im Projektmanagement berücksichtigt, hat der Verfasser einen Meilenstein in der Entwicklung des Projektmanagements gesetzt. Es enthält nicht nur die relevanten deutschen Termini, sondern auch in der Regel die entsprechenden englischen Ausdrücke. Das Buch leistet einen erheblichen Beitrag zur Verbesserung der Kommunikation vor allem in internationalen Projekten. Terminologieschlamper haben endlich keine Ausrede mehr.

Ottmann, R.; Schelle, H.: Projektmanagement. Die besten Projekte, die erfolgreichsten Methoden. 2. Auflage München 2008, 127 S.

Die Autoren stellen das Modell Project Excellence (vgl. auch Kapitel 21) und sieben Projekte vor, die nach diesem Modell bewertet wurden und die den Deutschen Projektmanagement-Award gewonnen haben. Aus der Analyse werden „best practices" abgeleitet.

Patzak, G.; Rattay, G.: Projektmanagement. Leitfaden zum Management von Projekten, Projektportfolios und projektorientierten Unternehmen. 5. Auflage. Wien 2008, 744 S.

Das Buch berücksichtigt nicht nur die „technokratische" Seite des Projektmanagements, sondern geht auch sehr ausführlich auf Fragen des menschlichen Verhaltens ein. Bemerkenswert ist vor allem die intensive Behandlung spezieller Aspekte des Multiprojektmanagements und des Projektmanagements in projektorientierten Unternehmen. Das Werk der beiden Autoren gehört zu den besten Projektmanagementbüchern im deutschsprachigen Raum.

Project Management Institute of America (Ed.): A Guide to the Project Management Body of Knowledge. PMBOK Guide. An American National Standard. Fifth Edition. Newton Square Pennsylvania USA 2013, 589 S.

Die Absicht der herausgebenden Institution, der größten Projektmanagement-Organisation der Welt, war es, das Projektmanagement-Wissen zu beschreiben, das allgemein akzeptiert wird. Obwohl das Werk, das kein Lehrbuch sein will, sondern eher eine Sammlung von Standards viele Mängel hat – u. a. fehlen Themengebiete wie Projektauswahl und Unternehmensstrategie, Multi- und Programmmanagement und Einführung von Projektmanagement fast völlig – gehört es zur Pflichtlektüre für jeden, der mit US-Firmen in Projekten zusammenarbeitet.

Schelle, H.; Ottmann, R.; Pfeiffer, A.: ProjektManager. 3. Auflage. Nürnberg 2007, 566 S.

Das Buch diente der GPM als Grundlage für die Qualifizierung und Zertifizierung von Projektpersonal (vgl. dazu Kapitel 24). Alle vier international gültigen Zertifizierungsstufen der IPMA (International Project Management Association) werden abgedeckt.

Scheuring, H.: Der www.Schlüssel zum Projektmanagement. 6. überarbeitete Auflage. Zürich 2013, 270 S.

Das didaktisch gut gemachte Werk differenziert sehr deutlich nach Projektarten. Besonders anerkennenswert ist, dass es in der Vergangenheit oft vernachlässigte Themen wie z. B. das Management von Projektportfolios und den Zusammenhang von Projektauswahl und Unternehmensstrategie behandelt. Die Idee in einem Internet-Teil spezifische Inhalte zu vertiefen, wird sicher Schule machen.

Schulz-Wimmer, H.: Projektmanagement. Werkzeuge für effizientes Organisieren, Durchführen und Nachhalten von Projekten (mit CD). Planegg 2007, 287 S.

Ein sehr praxisnahes und didaktisch außerordentlich gut gemachtes Buch mit vielen Checklisten und Formularbeispielen, das vor allem Organisationsprojekte berücksichtigt. Dem Leser wird Projektmanagement an einem nicht trivialen Beispiel (erstmalige Beteiligung einer Firma an der CeBIT) nahe gebracht.

Seidl, J.: Multiprojektmanagement. Übergreifende Steuerung von Mehrprojektsituationen durch Projektportfolio- und Programmmanagement. Berlin-Heidelberg 2011, 226 S.

Eine solide Veröffentlichung zu dem immer wichtiger werdenden Thema des Multiprojektmanagements.

Seibert, S.: Technisches Management. Innovationsmanagement, Projektmanagement, Qualitätsmanagement. Stuttgart, Leipzig 1998, 584S.

Seibert verleitet, wo immer man sein Werk aufschlägt, zum Weiterlesen. Besonders wertvoll und interessant sind seine zahlreichen größeren und kleineren Fallbeispiele, die den sehr solide dargebotenen Stoff anschaulich machen und die vielen, sorgfältig gemachten Zeichnungen. Eine solche Sammlung von case studies, in den USA längst üblich, findet man nur selten in deutschen Lehrbüchern.

Shenhar, A.J.; Dvir, D.: Reinventing Project Management. The Diamond Approach to Successful Growth and Innovation. Boston (Mass.) 2007, 276 S.

Das Werk, das allerdings nur für Fortgeschrittene bestimmt ist, gehört zu den besten und originellsten Büchern der letzten Jahre auf dem Gebiet des Projektmanagements. Es bietet eine erweiterte Definition des Projekterfolgs und ein empirisch fundiertes Modell, das es erlaubt, Projektmanagement an die Gegebenheiten von Projekten (z. B. Neuheitsgrad, Komplexität) anzupassen.

Steinle, C.; Eßeling, V.; Eichenberg, T. (Hrsg): Handbuch Multiprojektmanagement und -controlling. Projekte erfolgreich strukturieren und steuern. Berlin 2010, 468 S.

Der Sammelband mit vielen Einzelbeiträgen ist zurzeit die ausführlichste und gründlichste deutschsprachige Darstellung der Fragen der Projektauswahl und des Multiprojektmanagements.

Wastian, M.; Braumandl, J.; Rosenstiel, L. v. (Hrsg): Angewandte Psychologie für Projektmanagement. Ein Praxisbuch für die erfolgreiche Projektleitung. 2. Auflage. Heidelberg 2012, 380 S.

Die Lektüre dieses didaktisch hervorragend gemachten Sammelbandes, der von renommierten Hochschullehrern und erfahrenen Praktikern der Wirtschafts- und Organisationspsychologie verfasst wurde, sollte für jeden Projektleiter Pflicht sein. Wer das Buch immer wieder zur Hand nimmt, bekommt in vielfältigen Projektsituationen Unterstützung. Es wird ihm aber auch sehr bald bewusst werden, dass er seine Sicht der „Wirklichkeit" in Projekten neu konstruieren muss, keineswegs zum Schaden für sein Verhalten und das Projekt.

Winter, M.; Szczepanek, T.: Images of Projects. Farnham (Surrey) 2009, 264 S.

Die beiden Verfasser zeigen, aus welch unterschiedlichen Perspektiven man ein Projekt betrachten kann. Damit kommen sie der komplexen Realität von Vorhaben mit Erst- und Einmal-Charakter erheblich näher und schärfen das Bewusstsein dafür, dass die bisherigen Ansätze (z. B. PRINCE2 und der PMBoK) nur einen sehr begrenzten Ausschnitt der Wirklichkeit erfassen.

Anmerkungen

1 **Unter Verwendung eines Beitrags** von Barry W. Boehm: Software Risk Management. Washington 1989, Kapitel „Introduction and Overview". – Die Namen der Firmen sind willkürlich gewählt. Namensgleichheit mit existierenden Unternehmen wäre Zufall.
2 In Anlehnung an: Ziele als Führungsinstrumente – Kritische Anmerkungen zum „Management by Objectives". In: Zeitschrift für Organisation, 1971, S. 227–238, hier S. 227.
3 *Bea. F. X.; Scheurer, S.; Hesselmann, S.*: Projektmanagement. Stuttgart 2008, S. 5
4 *Holzner, J.-P.; Schelle, H.*: Projektmanagement für die Polizei. Systematische Darstellung für die Praxis. Stuttgart 2005
5 *Patzak, G.; Rattay, G.*: Projekt Management. Leitfaden zum Management von Projekten, Projektportfolios und projektorientierten Unternehmen. 2. überarbeitete Auflage. Wien 1997, S. 458. Das Werk enthält ein großes Kapitel über „Projektorientierte Unternehmen".
6 *Caupin, G.; Knöpfel, H.; Morris, P. WG.; Motzel, E.; Pannenbäcker, O.* (Hrsg.): ICB – IPMA Competence Baseline (ICB 2.0). Bremen 1999, S. 30.
7 *Gemünden, H.G*: Erfolgsfaktoren des Projekmanagements – eine kritische Bestandsaufnahme der empirischen Untersuchungen. In: Projektmanagement 1&2/90, S. 4–15 und Gemünden, H. G.; Lecheler, Th.: Ergebnisbericht zur Studie Erfolgsfaktoren des Projektmanagements. Institut für Angewandte Betriebswirtschaftslehre & Unternehmensführung. Universität Karlsruhe, o. J. (1993). *Lechler, Th.*: Erfolgsfaktoren des Projektmanagements. Frankfurt/M., 1997.
8 *Schmidt, S. A.; Martin, N.*: Die Aufgaben des Managements zur Nutzenoptimierung im Programm-Management. In: Schott, E.; Campana, Ch. (Hrsg.); Strategisches Projektmanagement. Berlin-Heidelberg-New York 2005, S. 133– 151, hier S. 150.
9 Deutsche Post AG; Gemini Consulting GmbH (Hrsg): Brief 2000. Change Management der Briefproduktion. Projektteam „Briefkonzept". GPM Deutsche Gesellschaft für Projektmanagement 1999.
10 *Kühner, H.; Stautner, U.*: Das Projekt „Online Ordering Europe". In: *Ottmann, R.; Grau, N.* (Hrsg.): Project Management for Winners. Tagungsband des 18. Internationalen Deutschen Projektmanagement Forums in Ludwigsburg 2001. Berlin 2001, S. 443–449.
11 *Steeger, O.*: Punktlandung. Am 4. Oktober konnten Kaffee-Kunden „tchibofonieren". In Projektmanagement aktuell, 1/2006, S. 3–8.
12 *Steeger, O.*: Londoner Bürger wirkten mit am olympischen Gelände. Sportwettspiele als Katalysator für ehrgeiziges Städtebauprojekt. In: Projektmanagement aktuell, 2/2012, S. 3–10.
13 Derselbe: Das Projektbudget mit kaufmännischen Tugenden führen. Großinvestition am Frankfurter Flughafen. Neue Flugsteige für den Airbus 380. In: Projektmanagement aktuell, 1/2012, S, 3–12.
14 *Lechler, Th.*: Erfolgsfaktoren des Projektmanagements. Frankfurt am Main 1997, S. 278 ff.
15 *Thomas, J.; Mullay, M.*: Researching the Value of Project Management. Newton Square (Pennsylvania) 2008, S. 3.
16 Bea et alii, a.a. O., S. 414 ff.
17 *Braun, J.; Ahlemann, F.*: Jenseits von Zeit, Kosten und Qualität. Benefit Management als Ansatz zur Realisierung von Nutzeffekten in IT-und Organisationsprojekten. In: Projektmanagement aktuell, S. 26–33, hier S. 27.

18 *Lenk, R.*: Projektsteuerung und Baukostenkontrolle öffentlicher Bauvorhaben. Studie im Auftrag des Bundes der Steuerzahler in Bayern e. V. München 1991.
19 *Platz, J.*: Projektmanagement erfolgreich einführen. In: Projektmanagement, 2/92, S. 5–13, hier S. 12. Befragt wurden Mitarbeiter aus drei Entwicklungsbereichen.
20 *Kraus, H.*: Einfluss des angewandten Projektmanagements auf die Arbeitszufriedenheit der in einer Projektorganisation integrierten Personen. Eine Felduntersuchung in der Automobilindustrie. Diss. Karlsruhe 1995, S. 243.
21 *Baker, B. N.*: Strategies for Avoiding Cost and Schedule Overruns. In: Proceedings of the 8th INTERNET World Congress 1985, Amsterdam 1985, Part 2, pp. 720–723. Eine nähere Analyse der wichtigsten Fehler, die in fünf großen Projekten (Olympische Sommerspiele München 1972, Olympische Winterspiele Lake Placid 1980, Allgemeines Krankenhaus Wien, Klinikum Großhadern und „Große Windenergie-Anlage" (GROWIAN) stammt von *Grün, O.*: Taming Giant Projects. Management of Multi-Organizations Projects. Berlin-Heidelberg-New York 2004.
22 www.scs.carleton.ca/beau/PM/Standish-Report.html (27. 6. 02).
23 *Mertens, P.*: Fehlschläge bei IT-Großprojekten der Öffentlichen Verwaltung. Universität Erlangen-Nürnberg, Wirtschaftsinformatik I, Arbeitspapier 1/2009.
24 *Burghardt, M.*: Projektmanagement. Leitfaden für die Planung, Überwachung und Steuerung von Entwicklungsprojekten. 5. wesentlich überarbeitete Auflage. Berlin-München 2000, S. 26 f.
25 *Lechler, Th.*: Erfolgsfaktoren des Projektmanagements. Frankfurt am Main 1997, S. 278.
26 *Hoffmann, W.*: Chronik eines Millionenflops. Die Zeit Nr. 40, 1. Oktober 1993.
27 Quelle: SFB336/TFB2 der TU München, zitiert nach: *Saynisch, M.*: Änderungen im Griff- Erfolgsfaktor Konfigurationsmanagement. In: Projektmanagement, 2/98, S. 45.
28 Vgl. z. B. *Bock, Th.*: Projektmanagement, Organisation und Menschenführung in Japan. In: Lange, D.; Schelle, H. (Hrsg.): Projektmanagement-Forum, 92 Dokumentation, München 1992, S. 40–54.
29 *Saynisch, M.*: 4.7.1 Konfigurationsmanagement: Konzepte, Methoden, Anwendungen und Trends. In: Schelle, H.; Reschke, H.; Schnopp, R.; Schub, A. (Hrsg.): Loseblattsammlung, „Projekte erfolgreich managen". Köln 1994 ff., S. 33.
30 Nach Krause, H.: Erfahrungen mit dem Phasenmodell zur Entwicklung und Beschaffung von Wehrmaterial. In: Schelle, H. (Hrsg.): Symposium Phasenorientiertes Projektmanagement. Köln 1989, S. 75–97, hier S. 94.
31 *Lenk, R.*: Projektsteuerung und Baukostenkontrolle öffentlicher Bauvorhaben. Studie im Auftrag des Bundes der Steuerzahler in Bayern e. V. München 1991, S. 7.
32 *Hoffmann, W.*: Leichte Beute. Jäger 90 – Verteidigungsminister Rühe will sparen – die Rüstungsindustrie kassiert trotzdem. Die Zeit, Nr. 12 vom 19. März 1993.
33 Quelle: Studie, „Erfolgsfaktoren des Projektmanagements", Institut für Angewandte Betriebswirtschaftslehre und Unternehmensführung, Universität (TH) Karlsruhe – Prof. Dr. H. G. Gemünden.
34 *Knöpfel, H.; Gray C.; Dworatschek, S.*: Projektorganisationsformen. Internationale Studie über ihre Verwendung und ihren Erfolg. In: Projektmanagement 1/92, S. 3–14.
35 *Groth, R.; Erbslöh, F. D.; Hugelshofer, H.-J.; Strombach, M. E.*: Projektmanagement in Mittelbetrieben. Planung und Durchführung einmaliger großer Vorhaben. Köln 1982, S. 9.
36 *Heintel, P.; Krainz, E. E.*: Projektmanagement. Eine Antwort auf die Hierarchiekrise. 2. Auflage Wiesbaden, 1990, S. 34. – Ausschließlich mit der Planung und Abwicklung „kleiner" Projekte befasst sich der folgende Beitrag: Wolf, M. L. J.: 7.2.3 Projektarbeit gerade bei kleinen Vorhaben. In: Schelle, H.; Reschke, H.; Schnopp, R.; Schub, A. (Hrsg.): Loseblattsammlung „Projekte erfolgreich managen". Köln 1994 ff., 12. Aktualisierung. Mit kleinen bzw. mittleren Projekten beschäftigen sich außerdem die beiden folgenden Bücher: *Watson, M.*: Managing Smaller Projects. A practical guide. Bramshill (UK) 2002 und *Wolf, M. L. J.; Kraus, H.-H.*: Projektarbeit bei Klein- und Mittel-

Anmerkungen

vorhaben. Strukturiertes Arbeiten trotz Zeit- und Kostendruck. Renningen 2005. Sehr empfehlenswert ist *Braehmer, U.*: Projektmanagement für kleine und mittlere Unternehmen. 2. überarbeitete Auflage. München 2009. Das praxisnahe Werk bietet viele Hilfestellungen und ist auf der Höhe der Zeit.

37 *Keil, M. M; Montealegre, R.*: Wenn ein IT-Projekt gestoppt werden muss…. In: HARVARD BUSINESS manager 6/2000, S. 74–79.
38 *Kahnemann, D.*: Schnelles Denken, langsames Denken. 2. Auflage. München 2011,. S. 314, 425.
39 *Schelle, H.*: 2.1 Projektmanagement und Geschäftsfeldstrategie. In: Schelle, H.; Reschke, H.; Schnopp, R.; Schub, A.: Loseblattsammlung „Projekte erfolgreich managen", 7. Aktualisierung. Köln 1994 ff.
40 *Schubert, B.*: Entwicklung von Konzepten für Produktinnovationen mittels Conjoint-Analysen. Stuttgart 1991, S. 281.
41 *Hsuan, J.; Vepsäläinen, A.*: Strategisches Portfolio-Management von F&E-Projekten. In: Möhrle, M. G.: Der richtige Projekt-Mix. Erfolgsorientiertes Innovations- und F&E-Management. Berlin-Heidelberg 1999, S. 53–72.
42 *Raeder, A.*: Projekt „Euro Basis Standard". In: Ottmann, R.; Grau, N. (Hrsg.): Projektmanagement. Strategien und Lösungen für die Zukunft. Tagungsband des 17. Deutschen Projektmanagement Forum. Berlin 2000, S. 61–69.
43 Z. B. *Schwinn, R.*: Betriebswirtschaftslehre. München-Wien 1993, S. 999 ff.
44 *Bea, F. X.; Scheurer, S.; Hasselmann, S.*: Projektmanagement. Stuttgart 2008, S. 446 ff.
45 *Andreas, D.; Sauter,B.; Rademacher, G.*: Projektcontrolling in der Vorklärungs-, Angebots- und Übergabephase von Projekten. In: Schelle, H.; Reschke, H.; Schnopp, R.; Schub, A. (Hrsg.): Loseblattsammlung „Projekte erfolgreich managen". Köln 1994 ff., Kapitel 4.2.3, S. 8. Eine ausführliche Beschreibung dieser Methode findet sich in VDI Gesellschaft Entwicklung-Konstruktion-Vertrieb (Hrsg.): Angebotsbearbeitung – Schnittstelle zwischen Kunden und Lieferanten. Kundenorientierte Angebotsbearbeitung für Investitionsgüter und industrielle Dienstleistungen. Berlin-Heidelberg 1999, 73 ff.
46 *Scheuring, H.*: Der www-Schlüssel zum Projektmanagement. Zürich 2002, S. 163.
47 *Steeger, O.*: Noch mehr Brücken bauen zwischen Strategie und Projektlandschaft. Ergebnisse der 5. Multiprojektmanagement-Benchmarkstudie. In: Projektmanagement aktuell 4/2011, S. 8–11, hier S. 9.
48 *Lange, D.*: Projekte frühzeitiger „controllen". In: Lange, D. (Hrsg.): Management von Projekten. Know-how aus der Beraterpraxis. Stuttgart 1995, S. 21–45, S. 52.
49 *Kühn, F.; Hochstrahs, A.; Plenger, C.*: Steuerung des Projektportfolios nach Strategiebezug und Wirtschaftlichkeit: In: *Hirzel, M.; Kühn, F.; Wollmann, P.*: Multiprojektmanagement. Strategische und Operative Steuerung von Projektportfolios. Frankfurt/M. 2002, S. 52–79.
50 Holzner, J. P.; Schelle, H.: Projektmanagement für die Polizei. Systematische Darstellung für die Praxis. Stuttgart 2005. S. 52 ff.
51 Vgl. dazu im Detail *Gackstatter, S.; Habenicht, W.*: Ein mehrstufiges, interaktives System zur F&E-Programmplanung. In: Möhrle, M. G.: Der richtige Projekt-Mix. Erfolgsorientiertes Innovations- und F&E-Management etc., S. 101–118.
52 *Lange*, a.a. O., S. 54. Für die Genehmigung zur Veröffentlichung des Bildschirminhalts dankt der Verfasser Herrn Dr. Lange.
53 Der kurz skizzierte Portfolioansatz wird ausführlich bei *Kühn* et alii, a.a. O. dargestellt.
54 *Bea et alii*, a.a. O., S. 543 ff.
55 *Gackstatter, S.; Habenicht, W.*: 4.2.8 Projekte auswählen durch ganzheitliche F&E-Programmplanung, 11. Aktualisierung. In: Schelle, H.; Reschke, H.; Schnopp, R.; Schub, A. (Hrsg.): Loseblattsammlung „Projekte erfolgreich managen". Köln 1994 ff., 11. Aktualisierung.

ANHANG

56 *Abresch, J. P.; Hirzel, M.*: Synergien in der Projektelandschaft erkennen und nutzen. In: Hirzel et alii (Hrsg.), a.a. O., S. 110–116. – Sehr empfehlenswert ist der oben zweimal (Anmerkung 4 und 11) zitierte, von Möhrle herausgegebene Sammelband, in dem einmal eingehend die frühen Phasen des Ideenfindungs- und Bewertungsprozesses behandelt werden und zum anderen der Aspekt der Zusammenstellung eines gesamten Programms große Aufmerksamkeit findet.

57 *Dammer, H.; Gemünden, H. G.; Schott, E.; Campana, Ch.*: Die gelebte Projektorganisation: Das Management von Projektlandschaften. In: Projektmanagement aktuell, 2/2005, S. 16–23, hier S. 18. – Eine Fülle neuer Gedanken zum lange vernachlässigten Thema der Projektauswahl enthält das Werk: Steinle, C.; Eßeling, V.; Eichenberg, T. (Hrsg.): Handbuch Multiprojektmanagement- und -controlling. Projekte erfolgreich strukturieren und steuern. Berlin 2008, Teil 2 Multiprojektkonzeption und Portfoliogestaltung.

58 *Hofstetter, H.*: 1.5 Der Faktor Mensch im Projekt. In: Schelle, H.; Reschke, H.; Schnopp, R.; Schub, A. (Hrsg.): Loseblattsammlung, Projekte erfolgreich managen". Köln 1994 ff, S. 15 ff.

59 *Hofstetter*, a.a. O.

60 *Turner, R. J.; Müller, R.*: Linking Project Type and Project Manager Personality. CD des 19th IPMA World Congress, November 2005, Buchstabe T.

61 *Hofstetter*, a.a. O.

62 *Andreas, D.; Sauter, B.; Rademacher, G.*: Projekt-Controlling und Projekt-Management im Anlagen- und Systemgeschäft. 5. Auflage, Frankfurt/M 1992, S. 29.

63 Eine detaillierte Darstellung zum Thema Project Office findet sich bei *Campana, Ch.; Reschke, H.; Schott, E.*: 6.2.3 Project Office. Implementierung und Verankerung im Unternehmen. In: *Schelle, H.; Reschke, H.; Schnopp, R.; Schub, A.* (Hrsg.): Loseblattsammlung „Projekte erfolgreich managen". Köln 1994 ff., 18. Aktualisierung.

64 *Gemünden, H. G.; Dammer, H.; Jonas, D.*: Organisation von Multiprojektmanagement: Erfolgsfaktor Project Management Office. In: *Mayer, Th.-L., Wald, A.; Gleich, R.; Wagner, R.* (Hrsg.): Advanced Project Management. Herausforderungen- Praxiserfahrungen-Perspektiven. Berlin 2008, S. 93–112.

65 *Högl, M.*: Teamarbeit in innovativen Projekten. Einflussgrößen und Wirkungen. Wiesbaden 1998, S. 164.

66 *Hansel, J.*: 6.5.2 Mit Projektcoaching schwierige Projektsituationen erfolgreich meistern. In: Schelle, H.; Reschke, H.; Schnopp, R.; Schub, A.; Loseblattsammlung „Projekte erfolgreich managen", 9. Aktualisierung, Köln 1994 ff., S. 32 ff.

67 *Köhler, J.; Oswald, A.*: Die Collective Mind Methode. Projekterfolg durch Soft Skills. Berlin 2009.

68 Sehr differenziert und innovativ wird dieses Thema von *Kessler* behandelt. Der Autor bietet auch eine Systematik für die persönliche Karriereplanung an: *Kessler, H.*: 8.4. Karriere machen im und durch Projektmanagement. In: *Schelle, H.* et alii (Hrsg.), Projekte erfolgreich managen etc., 19. Aktualisierung.

69 *Gessler, M.; Thyssen, D.*: Projektmanagement-Beruf und Organisationsform in der Postbank Systems AG. Ein Weg zur projektorientierten Organisation. In: Projektmanagement aktuell, I/2006, S. 19–25, hier S. 23.

70 *Staerkle, R.*: Artikel „Projektorganisation und Führung". In: Kieser, A. (Hrsg.): Handwörterbuch der Führung. Stuttgart 1987, Sp. 1739–1748.

71 *Domsch, M.; Gerpott, T. J.*: Artikel „Forschung und Entwicklung, Führung in". In: Kieser, Handwörterbuch der Führung, etc., Sp. 303–314, hier S. 306 f.

72 *Bea, F. X.; Scheurer, S.; Hasselmann, S.*: Projektmanagement. Stuttgart 2008, S. 57.

73 Insbesondere dazu *Staerkle*, a.a. O., Sp. 1743 ff. und Sackmann, S. A.: 6.5.1 Teambildung in Projekten. In: Schelle, H.; Reschke, H.; Schnopp, R.; Schub, A. (Hrsg,): Loseblattsammlung „Projekte erfolgreich managen",6. Aktualisierung. Köln 1994 ff., S. 32 ff.

74 *Sackmann*, a.a. O.

Anmerkungen

75 Vgl. dazu z. B. *Kellner, H.*: Konferenzen, Sitzungen, Workshops effizient gestalten, nicht nur zusammensitzen. München 1995, S. 116; Hansel, H.; *Lomnitz, G.*: Projektleiter-Praxis. Erfolgreiche Projektabwicklung durch verbesserte Kommunikation und Kooperation. Berlin 1987, S. 86 f.; *Krüger, W.*: Zusammenarbeit im Projekt. In: Rationalisierungskuratorium der Deutschen Wirtschaft e. V.; Gesellschaft für Projektmanagement INTERNET Deutschland e. V. (Hrsg.): Projektmanagement-Fachmann. Ein Fach- und Lehrbuch sowie Nachschlagewerk aus der Praxis für die Praxis in zwei Bänden, Bd. II. Eschborn 1991, S. 863–943; *Sackmann*, a.a. O. und *Hofstetter* a.a. O.
76 *Hansel; Lomnitz*, a.a.O.
77 *Raeder, A.*: Projekt „Euro Basis Standard". In: Ottmann, R.; Grau, N. (Hrsg.): Projektmanagement. Strategien und Lösungen für die Zukunft. Tagungsband zum 17. Deutschen Projektmanagement-Forum. Frankfurt/Main, 11.–14. Oktober 2000. Berlin 2000, S. 61–69.
78 *Bartsch-Bäuerlein, S.*: Qualitätsmanagement in Projekten. Planung, Organisation, Umsetzung. München 2002, S. 39.
79 *Daenzer, W.* (Hrsg.): Systems Engineering. Leitfaden zur methodischen Durchführung umfangreicher Planungsvorhaben. Köln 1976, S. 76.
80 *Platz, J.*: 4.2.7 Der erfolgreiche Projektstart. In: Schelle, H.; Reschke, H.; Schnopp, R.; Schub, A (Hrsg.): Loseblattsammlung „Projekte erfolgreich managen", 9. Aktualisierung. Köln 1994 ff, S. 14.[265] zeigt stark vereinfacht den Prozess der zunehmend
81 Vgl. *Madauss, B.*: 4.2.5 Projektdefinition. In: Schelle, H.; Reschke, H.; Schnopp, R.; Schub, A. (Hrsg.): Loseblattsammlung „Projekte erfolgreich managen", 6. Aktualisierung. Köln 1994 ff., S. 15, 20.
82 In teilweiser Anlehnung an *Platz*, a.a. O., S. 39.
83 *Funk, J. L.*: Japanese Product-Development Strategies: A Summary and Propositions About Their Implementation. In: IEEE Transactions on Engineering Management, Vol. 40, No. 3, August 1993, pp. 224–236.
84 Quelle: *Hofstetter, H.*: 1.7 Der Faktor Mensch im Projekt. In: Schelle, H.; Reschke, H.; Schnopp, R.; Schub, A. (Hrsg.): Loseblattsammlung „Projekte erfolgreich managen". Köln 1994 ff. Die Darstellung wurde etwas modifiziert.
85 *Schönbach, G.*: 4.8.1 Das Projektbegleitende Qualitätsmanagement.In: Schelle, H.; Reschke, H.; Schnopp, R.; Schub, A. (Hrsg.): Loseblattsammlung „Projekte erfolgreich managen", Köln 1994 ff., S 30. Ein gut lesbarer Ratgeber für die Formulierung von Zielen ist der Leitfaden der Deutschen Gesellschaft für Technische Zusammenarbeit (GTZ), Ziel Orientierte Projekt Planung (ZOPP). Eine Orientierung für die Planung bei neuen und bekannten Projekten. Eschborn 1997. Er kann kostenlos aus dem Netz heruntergeladen werden (http://www.gtz.de/pcm/ deutsch/zopp.htm) –Eine hervorragende Anleitung für die Zielformulierung bei IT-Projekten bietet *Rupp, Ch.* (Hrsg.): Requirements Engineering und -Management. Professionelle, iterative Anforderungsanalyse für die Praxis. 2. überarbeitete Auflage. München-Wien.
86 *Brettschneider, F.*: Mit Protesten müssen alle Großprojekte leben. In: PMaktuell – Heft 1/2011, Seite 12 – 18.
87 Oxford University Press; Gillespie: Foundations of Economics – Additional chapter on Business Strategy (Analysis of the Macro-environment); Oxford 2007.
88 *Schelle, H.; Ottmann, R.; Pfeiffer, A.*: ProjektManager. 2. Aufl., Nürnberg 2005, S. 527.
89 *Patzak, G.; Rattay, G.*: Projektmanagement. Wien 1997, S. 93.
90 GPM Deutsche Gesellschaft für Projektmanagement e. V. (Hrsg.): ICB – IPMA Competence Baseline – in der Fassung als Deutsche NCB – National Competence Baseline Version 3.0, Nürnberg 2009, S. 55.
91 *Schelle, H.*: Projektstakeholder und Projektannahmenanalyse. In: Projektmanagement, 3/91, D. 27–31.
92 *Ottmann, R.; Schelle, H.*: Projektmanagement – Die besten Projekte, die erfolgreichsten Methoden. 2. Aufl., München 2011, S. 100.
93 *Hansel, J; Lomnitz, G.*: Projektleiter-Praxis. Berlin 1987, S. 34 ff.

94 Webb, S.; Sidler, Ch.; Meermans, R.: The New Basel Accord and the Impact on Financial Information Technology Project Risk Management. In: Ottmann, R.; Grau, N.; Schelle, H. (Eds.): Making the Vision Work. Proceedings of the 16th IPMA World Congress on Project Management. Berlin 2002, pp. 311–315.

95 Etzel, H. J.; Vollberg, H.: Sanierung eines IT-Projekts – Einführung einer Standardsoftware zur Vertriebsabwicklung. In: Etzel, H.-J.; Heilmann, H.; Richter, R. (Hrsg.): IT-Projektmanagement. Fallstricke und Erfolgsfaktoren. Erfahrungsberichte aus der Praxis. Heidelberg 2000, S. 253–292, hier S. 267. Das Beispiel ist ein Auszug aus einer sehr viel umfangreicheren Liste.

96 Franke, A.; Fürnrohr, M.: 4.2.1 Risikomanagement von Projekten – Ein Überblick. In: Schelle, H., Reschke, H.; Schnopp, R.; Schub, A. (Hrsg.): Projekte erfolgreich managen. Loseblattsammlung, Köln 1994, S. 20 f.

97 Franke, A.: Risikobewusstes Projekt-Controlling. Köln 1993, Anhang S. 7 (Schriftenreihe der Gesellschaft für Projektmanagement, hrsg. v. H. Schelle).

98 DeMarco, T.; Lister, T.: Bärentango. Mit Risikomanagement Projekte zum Erfolg führen. München-Wien 2003, S. 39. – Das folgende Werk, das aus einer Reihe von Einzelbeiträgen besteht, befasst sich vorwiegend mit Fragen des Risikomanagements: Gassmann, O.; Kobe, C.; Voit, E. (Hrsg.): High-Risk-Projekte. Quantensprünge in der Entwicklung erfolgreich managen. Berlin-Heidelberg 2001. – Eine sehr gute, wenn auch perfektionistische Einführung in das Risikomanagement bietet das folgende Buch: Hall, M. E.: Managing Risk Methods for Software Systems Development. Boston 1998. – Empfehlenswert sind auch die Bücher von M. Gaulke: Risikomanagement in IT-Projekten. München-Wien 2002 und Versteegen, G. (Hrsg.): Risikomanagement IT-Projekten. Gefahren rechtzeitig erkennen und meistern. Berlin-Heidelberg-New York 2003.

99 Doering-Majir; H.; Döttling, F.: Integriertes Chancenmanagement in projektorientierten Unternehmen. In: Projektmanagement aktuell, 4/2011, S. 24–30.

100 Salewski, W.; Rosenstiel, L. v.: Management bei Risiken und Krisen in Projekten. In Wastian, M.: Braumandl, J.; Rosenstiel, L. v.(Hrsg.): Angewandte Psychologie für Projektmanagement. Ein Praxishandbuch für die erfolgreiche Projektleitung. Heidelberg 2009, S. 280–305.

101 Andreas, D.; Rademacher, G.; Sauter, B.: 7.3.1 Projekt-Controlling in der Vorklärungs-, Angebots- und Übergabephase bei Anlagen- und Systemgeschäften. In: Schelle, H.; Reschke, H.; Schnopp, R.; Schub, A. (Hrsg.): Loseblattsammlung „Projekte erfolgreich managen". Köln 1995, S. 23.

102 Saynisch, M.: Konfigurations-Management. Entwurfssteuerung, Dokumentation, Änderungswesen. München 1984, S. 163 f.

103 Holzner, J. P.; Schelle, H.: Projektmanagement für die Polizei. Systematische Darstellung für die Praxis. Stuttgart 2005, S. 148.

104 Gareis, R.; Stummer, M.: Prozesse und Projekte. Wien 2006, S. 193.

105 Hirzel, M.: Durch Standardisierung Innovationsprojekte beschleunigen. In: Hirzel, Leder & Partner (Hrsg.): Speed-Management. Geschwindigkeit zum Wettbewerbsvorteil machen. Wiesbaden 1992, S. 81–101. (Die Graphik wurde in der Terminologie etwas verändert.)

106 Seibert, S.: Technisches Management. Innovationsmanagement, Projektmanagement, Qualitätsmanagement. Stuttgart-Leipzig 1998, S. 330.

107 Reschke, H.; Svoboda, M.: Projektmanagement. Konzeptionelle Grundlagen. München 1984, S. 17.

108 Siehe 107.

109 Goldratt, E. M.: Die kritische Kette. Das neue Konzept im Projektmanagement. Frankfurt/M. 2002.

110 Techt, U.: Das aktuelle Stichwort: Critical-chain-Projektmanagement. In: Projektmanagement aktuell, 2/2005, S. 14–15. Derselbe, Globale Optimierungsansätze verbessern das Projektmanagement durchgreifend. Schnelle und pünktliche Projekte

Anmerkungen

mit CCPM, TripleWin und Pipelining. In: Projektmanagement aktuell. 3/2007, S. 12–20.
111 Quelle: GPM-Seminar „Projekte planen und kontrollieren" *(Schelle; Müller-Ettrich, Rackelmann)*, Kapitel „Ablauf- und Zeitplanung" *(Müller-Ettrich)*.
112 *Madauss, B.:* Handbuch Projektmanagement. 5. überarbeitete und erweiterte Auflage. Stuttgart 1994, S. 205.
113 Siehe 112.
114 Das Diagramm wurde vom Programm GRANEDA gezeichnet. Der Verfasser dankt der Firma NETRONIC (Aachen) für die Überlassung der Grafik.
115 *Mayer, P. E.:* 4.6.2 Kostendatenbanken und Kostenplanung im Bauwesen. In: Schelle, H.; Reschke, H.; Schnopp, R.; Schub, A. (Hrsg.): Loseblattsammlung „Projekte erfolgreich managen", Köln 1994 ff.
116 A. a. O. S. 19.
117 www-ubt.de/t-knowledge.htm (Zugriff 29. 1.2013).
118 *Frahm, M.:* Kostenkennwertsammlungen für Bauvorhaben. In: Projektmanagement aktuell, 2/2007, S. 37–42.
119 *VDI Gesellschaft Entwicklung Konstruktion Vertrieb (Hrsg.):* Angebotsbearbeitung-Schnittstellen zwischen Kunden und Lieferanten. Berlin-Heidelberg- New York 1999, S. 103 ff
120 A. a. O., S. 124.
121 *Large, J. P.; Campbell, H. G.; Cates, D.:* Parametric Equations for Estimating Aircraft Airframe Costs. The Rand Corporation, R-1693–1-PA8E, Febr. 1976, S. 56.
122 *Großjohann, R.:* Kostenschätzung von IT-Projekten. In: Ebert, Ch.; Dumke, R. (Hrsg.): Software-Metriken in der Praxis. Berlin-Heidelberg-New York 1996, S. 117–141.
123 *Bundschuh, M.:* 4.6.9 Die Function-Point-Methode im praktischen Einsatz bei Softwareprojekten. In: Schelle, H.; Reschke, H.; Schnopp, R.; Schub, A. (Hrsg.): Loseblattsammlung „Projekte erfolgreich managen". Köln 1994 ff., 13. Aktualisierung, S. 5 f.
124 Siehe 123.
125 *Bundschuh, M.; Dekkers, C.:* The IT Measurement Compendium. Estimating and Benchmarking Success with Functional Size Measurement. Berlin-Heidelberg 2008, S. 6. Das voluminöse Werk geht in großer Ausführlichkeit vor allem auf Function Point ein, behandelt aber u. a. auch COCOMO (Constructive Cost Model), eine Klasse von Kostenschätzmodellen, die ebenfalls für Softwareprojekte entwickelt wurden. Die wichtigste Kosteneinflussgröße ist bei diesen Modellen die Zahl der Anweisungen im Quellcode. Eine kompakte Darstellung findet sich bei *Myrach, Th.:* Function-Point Methode. www.enzyklopaedie-der-wirtschaftsinformatik.de (Zugriff 29. 1.2013).
126 *Hill, J.; Thomas, L. C.; Allen, D. E.:* Expert estimates of task durations in software development projects. In: International Journal of Project Management, Vol. 18, Number 1, February 2000, pp. 13–21.
127 *Wolf, M. L. J.:* 4.6.7 Expertenklausur- mit Expertenwissen eine realistische Projektkalkulation aufbauen. In: Schelle, H.; Reschke, H.; Schnopp, R.; Schub, A.: Loseblattsammlung „Projekte erfolgreich managen". Köln 1994 ff., 8. Aktualisierung. Ähnlich: *Oesterreich, B.; Weiss, Ch.:* APM-Agiles Projektmanagement. Erfolgreiches Timeboxing für IT-Projekte. Heidelberg 2008, S. 276 f.
128 *Zepletal, J.; Schub, A.:* 4.68. Lebenszykluskosten und Lebensdauer von baulichen Anlagen. In: Schelle, H.; Reschke, H.; Schnopp, R.; Schub, A. (Hrsg.): Loseblattsammlung „Projekte erfolgreich managen". Köln 1994 ff., 10. Aktualisierung
129 *Bea, F. X.; Scheurer, S.; Hesselmann, S.:* Projektmanagement. Stuttgart 2008, S. 201 ff.
130 *Bergfeld, H.:* Kapazitätscontrolling, in: Seminarmappe „Projektcontrolling". GPM-Seminar „Projektcontrolling". Januar 1993. – Eine hervorragende, sehr kritische Darstellung der Probleme, Möglichkeiten und Grenzen der projektbezogenen Einsatzmittelplanung wird von *H. Scheuring* geboten: 4.5.1 Ressourcenmanagement (Einsatzmit-

telplanung). In: *Gessler, J.; Campana, Ch.; Gemünden H. G., Lange D.; Mayer, P. E.* (Herausgeber). Begründet von *H. Schelle, H. Reschke, R. Schnopp und A. Schub*: Loseblattsammlung „Projekte erfolgreich managen". Köln 2008, 32. Ergänzungslieferung – Eine neuere, sehr ausführliche Behandlung des Themas „Multiprojektmanagement" findet sich bei *Steinle, C. Eßeling, V.; Eichenberg, T.* (Hrsg.): Handbuch Multiprojektmanagement und -controlling. Projekte erfolgreich strukturieren und steuern. Berlin 2008.

131 *Scheuring, H.*: Ressourcenplanung: Sache der Linie. In: Projektmanagement 3/96, S. 25.
132 *Siegemund, J.; Gerlacher, E.*: Effizientes Ressourcenmanagement in Forschung und Entwicklung in der Pharmaindustrie. In: Projektmanagement aktuell, 5/2012, S. 46–51.
133 *Scheuring*, a.a. O.
134 Vgl. *Gaiser, B.; Horvàth, P.; Mattern, K.; Servatius, H. G.*: Wirkungsvolles F&E-Controlling stärkt die Innovationskraft. In: Harvard Manager 3/1989, S. 32–40.
135 Vgl. auch *Gareis, R.; Stummer, M*: Prozesse und Projekte. Wien 2006, S. 180.
136 *Lomnitz, G.*: Multiprojektmanagement. Projekte planen, vernetzen und steuern. Landsberg/Lech 2001, S. 72. Die sehr differenzierten Ausführungen des Autors gehen weit über die obige Kurzfassung hinaus. Sie werden dem interessierten Leser dringend empfohlen.
137 *Gemünden, H.G.; Dammer, H.; Jonas, D.*: Die Zusammenarbeit der Akteure im Multiprojektmanagement. Empirische Untersuchungsergebnisse. In: *Steinle, C. Eßerling, V.; Eichenberg, T* (Hrsg.): Handbuch Multiprojektmanagement und -controlling. Projekte erfolgreich strukturieren und steuern. Berlin 2008, S. 31–47, hier S. 34 ff.
138 *Rietiker, S.*: Der neunte Schlüssel. Vom Projektmanagement zum projektbewußten Management. Berlin-Stuttgart-Wien 2006, S. 68.
139 *Kaplan, R.; Norton, D.*: The Office of Strategy Management. In: Harvard Business Review 10 (2005), S. 72–80.
140 *Steeger, O.*: Noch mehr Brücken bauen zwischen Strategie und Projektlandschaft. Ergebnisse der 5. Multiprojektmanagement-Benchmark-Studie. In: Projektmanagement aktuell, 4/2011, S. 8–11, hier S. 11 – Das Project Management Institute of America (PMI) hat bereits vor einer Reihe von Jahren Standards für Programmmanagement und Portfoliomanagement herausgebracht. Die neuesten sind: PMI (Ed.): The Standard for Program Management (Third Edition). Newton Square 2013; PMI (Ed.): The Standard for Portfoliomanagement (Third Edition). Newton Square 2013.
141 *Lachnit, L.*: Controllingkonzept für Unternehmen mit Projektleistungstätigkeit. München 1994 – *Andreas, D.; Sauter, B.; Rademacher, G.*: Projekt-Controlling und Projekt-Management im Anlagen- und Systemgeschäft. Frankfurt/Main 1992, S. 78 ff. – *Bopp, H.*: 4.5.5 Auftragskostenplanung und -kontrolle im Anlagenbau In: Schelle, H.; Reschke, H.; Schnopp, R.; Schub, A. (Hrsg.): Loseblattsammlung „Projekte erfolgreiche managen", Köln 1994 ff. – *Schelle, H.*: Projektkostenplanung und -kontrolle: Ein Überblick. In: Reschke, H.; Schelle, H.; Schnopp, R. (Hrsg.): Handbuch Projektmanagement, Bd. 1. Köln 1989, S. 333–365. – Eine Darstellung der verschiedenen Varianten der projektbegleitenden Kostenkontrolle gibt *Schelle, H.*: 4.6.1 Projektkostenplanung und -kontrolle: Überblick und neuere Entwicklungen. In: Schelle, Reschke, Schnopp, Schub (Hrsg.): a.a. O., 14. Aktualisierung. – Eine Einführung in die Problematik der Projektfortschrittsmessung findet sich bei *Motzel, E.*: 4.9.2 Fortschrittskontrolle bei Investitionsprojekten. In: Schelle, Reschke, Schnopp, Schub (Hrsg.): a.a. O., 3. Aktualisierung. Der Aufsatz berücksichtigt auch Projekte, in denen die Fortschrittsmessung noch schwieriger ist als bei Investitionsprojekten. – Einen sehr detaillierten Einblick in die Praxis der projektbegleitenden Kostenerfassung gibt Burghardt, M.: Projektmanagement. Leitfaden für die Planung, Überwachung und Steuerung von Entwicklungsprojekten. 5., wesentlich überarbeitete und erweiterte Auflage 2000, Kapitel 4.2.

Anmerkungen

142 *Steeger, O.*: Londoner Bürger wirkten mit am olympischen Gelände. Sportwettspiele als Katalysator für ehrgeiziges Städtebauprojekt. In: Projektmanagement aktuell, 2/2012, S. 3–10.
143 *Bienheim, W.-R.; Husman, J.: Schwab, B.*: Wiederaufbau der Oper Frankfurt am Main. In: Projektmanagement, 3/91, S. 9–17.
144 *Saynisch, M.*: 4.7.1 Konfigurationsmanagement. Konzepte, Methoden, Anwendungen und Trends. In: Schelle, H.; Reschke, H.; Schnopp, R.; Schub, A. (Hrsg.): Loseblattsammlung „Projekte erfolgreich managen". Köln 1994, S. 12.
145 *Saynisch, M.*: Grundlagen des Konfigurationsmanagements. In: Praxis der Wirtschaftsinformatik, Heft 202 (August 1998), S. 7–26.
146 *Balzert, H.*: Lehrbuch der Software-Technik. Software-Management, Software-Qualitätssicherung, Unternehmensmodellierung. Heidelberg-Berlin 1998, S. 234. In diesem Werk findet sich eine sehr klare und ausführliche Darstellung des Konfigurationsmanagements in der Software-Entwicklung.
147 Saynisch, M.: Projekt-, Konfigurations- und Collaboration Management. Die Welt der Prozesse und Arbeitsstrukturen im produktzentrierten Projektmanagement (PZPM). In: Projektmanagement aktuell 4/2006, S. 23–31, hier S. 23.
148 Karcher, A.: Ganzheitliches Product Lifecycle Management. Vom notwendigen Übel zum Erfolgsfaktor. In: Projektmanagement aktuell 4/2006, S. 32–42. In diesem Heft finden sich auch weitere Aufsätze zu der angesprochenen, sehr komplexen Thematik, die hier nicht vertieft werden soll.
149 Deming, W. E.: Out of the Crisis. Cambridge/USA 1986, S. 3. Die Zeichnung ist in Anlehnung an Deming erstellt.
150 Juran, J. M.: Quality Control Handbook. New York 1988.
151 Frehr, H.-U.: Total Quality Management Unternehmensweite Qualitätsverbesserung. München Wien 1993.
152 DIN Deutsches Institut für Normung e. V. (Hrsg.): Qualitätsmanagement und Statistik – Anleitung zur Auswahl aus der Normenreihe DIN EN ISO 9000 und den unterstützenden Normen, Normensammlung Berlin, Wien, Zürich 2004.
153 *Kobjoll, K.*: Abenteuer European Quality Award. Zürich 2003.
154 Siehe 153.
155 *Ottmann, R.*: Qualitätsmanagement mit DIN EN ISO 9000 – mit Projektmanagement effizient einführen. In: *Lange, D.* (Hrsg.): Management von Projekten Know-how aus der Beraterpraxis. Stuttgart 1995.
156 *Hummel, T.; Malorny, C.*: Total Quality Management Tipps für die Einführung. München 1996, S. 68.
157 *Theden, P.; Colsman, H.*: Qualitätstechniken Werkzeuge zur Problemlösung und ständigen Verbesserung. München Wien 1996.
158 *Crosby, P. B.*: Qualität ist und bleibt frei. Wien 1996, S. 71.
159 *Wappis, J., Jung, B.*: Null-Fehler-Management. Umsetzung von Six Sigma. München Wien 2006.
160 *Kaplan, R. S., Norton, D. P.*: Strategy Maps. Der Weg von immateriellen Werten zum materiellen Erfolg. Stuttgart 2004.
161 *Bechler, K. J.*: Projektmanagement im Unternehmen richtig einführen – eine Herausforderung für Unternehmensleitung und Unternehmensberater. In: *Lange, D.* (Hrsg.): Management von Projekten Know-how aus der Beraterpraxis. Stuttgart 1995.
162 *Ottmann, R.; Schelle H.*: Projektmanagement – Die besten Projekte, die erfolgreichsten Methoden. München 2008, S. 111.
163 *Schelle H., Ottmann R., Pfeiffer A.*: ProjektManager. Nürnberg 2007, S. 525.
164 *Kamiske, G. F.; Brauer, J.-P.*: ABC des Qualitätsmanagement. München-Wien. 1996, S. 7.
165 *Akao, Y.*: QFD – Quality Function Deployment – Wie die Japaner Kundenwünsche in Qualität umsetzen. Landsberg am Lech 1992.

166 *Ottmann, R., Rackelmann, G.*: Der Deutsche Projektmanagement Award – Bewertung basierend auf dem Modell „Project Excellence", Nürnberg, 1996. Version 2008: http://www.gpm-ipma.de/docs/showsite.php?menu=010402&GSAG=ababeeac2b77e5becc-faf078148574ba.
167 *Ottmann, R.*: Projektbenchmarking – Analyse der besten Praktiken im Projektmanagement. In: Dokumentationsband Deutsches Projektmanagement Forum 1998. München 1998.
168 *Dymond, K.M.*: CMM Handbuch. Das Capability Maturity Model für Software. Berlin u.a. 2002.
169 *Kneuper, R.*: CMMI – Verbesserung von Softwareprozessen mit Capability Maturity Model Integration. Heidelberg 2. Auflage 2002.
170 *Hörmann, K.; Dittmann, L.; Hindel, B.; Müller, M.*: SPICE in der Praxis. Interpretationshilfe für Anwender und Assessoren. Heidelberg 2006.
171 *PMI Project Management Institute*: Organizational Project Management Maturity Model (OPM3). Newton Square/USA 2003.
172 *Schelle, H.*: Das aktuelle Stichwort: Organizational Project Management Maturity Model (OPM3). In: Projektmanagement aktuell, 1/2006, S. 29–31.
173 *Rietiker,S.; Cron, D.; Dierig, S.; Wagner, R.*: Organisationale Kompetenz- eine neue Perspektive für die Projektarbeit. In: Wagner, R. (Hrsg.): Organisationale Kompetenz im Projektmanagement. Buchreihe Forschung der GPM Band 5, Nürnberg 2011, S. 13–25.
174 Arbeitsgruppe 4: Reifegradmodelle als Spiegel der Organisationalen Kompetenz. In: Wagner, R.(Hrsg.), a.a. O., S. 269–278.
175 www.gpm ipma.de/fileadm/user_upload/Qualifizierung-Zertifizierung/ipma_delta/IPMA-Delta_Broschüre-final-web.pdf (Zugriff 10. 8.2013).
176 *Grahl, J.; Puchan, J.; Senzenberger, A.*: Systematisches Management eines Jahr-2000-Projekts. In: Etzel, H.-J.; Heilmann, H.; Richter, R. (Hrsg.): IT-Projektmanagement – Fallstricke und Erfolgsfaktoren. Erfahrungsberichte aus der Praxis. Heidelberg 2000, S. 230.
177 *Steinmetz, A.*: Management von mittleren Softwareprojekten. In: Ottmann, R.; Grau, N. (Hrsg.): Projektmanagement – Strategien und Lösungen für die Zukunft. 17. Deutsches Projektmanagement Forum, 11.–14. 10.2000 in Frankfurt. Berlin 2000, S. 139–154. Der angegebene Meilensteinabstand wurde mündlich mitgeteilt.
178 *Cusumano, M. A.; Selby, R. W.*: Die Microsoft Methode. Sieben Prinzipien, wie man ein Unternehmen an die Weltspitze bringt. Freiburg i. Br. 1995, S. 158.
179 www.swikull.com/north/1088.htm (25. 2. 04).
180 *Glaubitz, W.*: Der Einsatz eines Phasenmodells bei Organisationsprojekten. In: Schelle, H. (Hrsg.): Symposium Phasenorientiertes Projektmanaement. Köln 1989, S. 147–186.
181 *Hoehne, J.*: 1.8 Projektphasen und -lebenszyklus. In: RKW Rationalisierungskuratorium der Deutschen Wirtschaft e. V.; Deutsche Gesellschaft für Projektmanagemement e. V. GPM (Hrsg.): Projektmanagement-Fachmann, 4. völlig überarbeitete Auflage, Band 1. Eschborn 1998, S. 217–245, hier S. 222.
182 Umfassende Informationen dazu in: www.v-modell.iabg.de (18. 12. 06).
183 Eine kurze, sehr kritische Darstellung bietet *Seibert, S.*: Das aktuelle Stichwort: V-Modell XT. In: Projektmanagement aktuell 2/2006, S. 45–49. Zum Zusammenhang zwischen VXT und PRINCE2–2009 siehe Lewitz, O.: Tailoring PRINCE2–2009-Projektspezifischen Zuschnitt nach dem Muster des V-Modells XT. In: Projektmanagement aktuell 2/2011, S. 29–32.
184 *Mourgue d'Algue, H.*: HERMES: ein Modell für die Abwicklung von IKT-Projekten. In: Projektmanagement aktuell, 2 (2009), S. 32–38.
185 *Buhr, O.*: PRINCE 2: Evolution einer Projektmanagementmethode. In: Projektmanagement aktuell, 1/2010, S. 30–32; *Armbruster, B.*: Grünes Gold. Ein Projektmanager auf der Reise durch sein erstes PRINCE2-Projekt. Die PRINCE2-Experten. E-Book

Copargo GmbH Dreieich 2011, www.copargo.de; Wikipedia.org/wiki/PRINCE2 (Zugriff 12.3. 2013).
186 Quelle: www.wikipedia.org/wikipedia/de/5/53/PRINCE2–2009(Zugriff 13.3. 2013).
187 Siehe 186.
188 *Wagner, R., Waschek, G.*: Neue deutsche Projektmanagement-Normen setzen auch international Maßstäbe. In: Projektmanagment aktuell 2 (2009), S. 25–28.
189 Quelle: *Platz, J.; Schmelzer, H. J.*: Projektmanagement in der industriellen Forschung und Entwicklung. Einführung anhand von Beispielen aus der Informationstechnik. Berlin 1986, S. 225 (Die Zeichnung wurde vom Verfasser leicht verändert).
190 *H. J. Schmelzer; K. H. Buttermilch*: Reduzierung von Entwicklungszeiten in der Produktentwicklung als ganzheitliches Problem. In: Brockhoff, K. et alii (Hrsg): Zeitmanagement in Forschung und Entwicklung, zfbf, Sonderheft 23/1988, S. 43–72, hier S. 53.
191 *Kellner, H.*: Die Kunst, DV-Projekte zum Erfolg zu führen. München 1994, S. 82.
192 *Weltz, F.*: Softwareentwicklung im Umbruch: Projektmanagement als dynamischer Prozess. In: Balck, H. (Hrsg.): Networking und Projektorientierung. Gestaltung des Wandels in Unternehmen und Märkten. Berlin-Heidelberg-New York 1996, S. 217.
193 *Heilmann, H.*: Grundzüge des IT-Projektmanagements. In: Etzel, H.-J.; Heilmann, H.; Richter, R. (Hrsg.): IT-Projektmanagement – Fallstricke und Erfolgsfaktoren. Erfahrungsberichte aus der Praxis. Heidelberg 2000, S. 15. Eine ausführliche Darstellung von alternativen Prozessmodellen im IT-Bereich gibt *Balzert, H.*: Lehrbuch der Software-Technik: Software-Management, Software-Qualitätssicherung, Unternehmensmodellierung. Heidelberg-Berlin 1998, S. 97 ff.
194 *Hindel, B.; Hörmann, K.; Müller, M.; Schmied, J.*: Basiswissen Software-Projektmanagement. Aus- und Weiterbildung zum Certified Project Manager nach dem iSQI-Standard. Heidelberg 2004, S. 21. Sehr eingehend wird das Konzept behandelt in: *Seibert, S.*: Aktuelles Stichwort: Agiles Projektmanagement. In: Projektmanagement aktuell 1/2007, S. 41–46. – Einige sehr informative Beiträge zum Konzept und zu den verschiedenen Varianten des Agilen Projektmanagements kann man in dem Sammelheft *Hoffmann, K.; Mörike, M.* (Hrsg.): IT-Projektmanagement im Wandel. In: HMD Praxis der Wirtschaftsinformatik, Heft 20, April 2008, lesen.
195 *Trittmann, R.; Mellis, W.; Wagner, H.; Bergmann, R.; Avci, O.*: Sieg der Moderne über die Tradition? Ergebnisse einer empirischen Untersuchung zur Projektgestaltung in der Software-Entwicklung. In: Projektmanagement aktuell 4/2005, S. 12–17.
196 *Engstler, M: Oesterreich, B. Wagner, R.* (Hrsg.): Projektmanagement im Spagat zwischen Industrialisierung und Agilität. Beiträge zur Konferenz INTERPM in Glashütten. Heidelberg 2012 und Krodel, F.: Potenziale und Grenzen agiler Vorgehensmodelle. Eine Best-Practice-Analyse. In: Projektmanagement aktuell 1/2013, S. 34–40.
197 *Österreich, B.; Weiss, CH.*: APM-Agiles Projektmanagement. Erfolgreiches Timeboxing für IT-Projekte. Heidelberg 2008, S. 103, 104.
198 A. a. O., S. 103 – Eine ausgezeichnete Einführung in das Thema „Vorgehensmodelle" geben Oliver Linssen und Marco Kuhrmann: Vorgehensmodelle für das Projektmanagement. In: Wagner, R.; Grau N.: Basiswissen Projektmanagement. Grundlagen der Projektarbeit. Düsseldorf 2013, S. 153–187.
199 *Dammer, H.; Gemünden, H. G.; Schott, E.; Camapana, Ch.*: Die gelebte Projektorganisation. Das Management von Projektelandschaften. In: Projektmanagement aktuell 2/2005, S. 16–23, hier S. 20.
200 *Krodel, F.*: Potenziale und Grenzen agiler Vorgehensmodelle. Eine Best-Practice-Analyse. In Projektmanagement aktuell, 1/2013, S. 34–40, hier S. 35.
201 *Wolf, M. L. J.*: 4.9.4 Die Projektstatusbesprechung als Informationsdrehscheibe nutzen. In: Schelle, H.; Reschke, H.; Schnopp, R.; Schub, A. (Hrsg.): Loseblattsammlung „Projekte erfolgreich managen". Köln 1994 ff, 10. Aktualisierung.
202 *Platz, J.*: 4.9.1 Aufgaben der Projektsteuerung – Ein Überblick. In: Schelle, H.; Reschke, H.; Schnopp, R.; Schub, A. (Hrsg.): Loseblattsammlung etc. S. 21. *Platz, J.*: Pro-

ANHANG

jektsteuerung, in: Platz, J.; Schmelzer, H.; Projektmanagement in der industriellen Forschung und Entwicklung. Einführung anhand von Beispielen aus der Informationstechnik. Berlin 1986, S. 211–236, hier S. 233 ff.
203 S. 202.
204 *Neubauer M.*: Krisenmanagement in Projekten. Handeln, wenn Probleme eskalieren. Berlin-Heidelberg 1999, S. 8. In diesem Buch wird das Vorgehensmodell an einem sehr plastischen Beispiel beschrieben.
205 *Browne, N.*: The Program Manager's Guide to Software Acquisition Best Practices. Arlington, VA 1995, zitiert nach Hall, E. M.: Managing Risk. Methods for Software Development. Boston 1998, S. 112 – Zur Vertiefung ist der folgende Beitrag gut geeignet: *Felske, P.:* 3.7 Integrierte Projektsteuerung. In: Rationalisierungskuratorium der Deutschen Wirtschaft e. V. RKW; Deutsche Gesellschaft für Projektmanagement e. V. GPM (Hrsg.): Projektmanagement-Fachmann, vierte völlig überarbeitete Auflage, Bd. 2. Eschborn 1998, S. 719–772. – Einen didaktisch sehr guten Überblick über die Möglichkeiten der Projektberichterstattung gibt das folgende Buch der Schriftenreihe der GPM Deutsche Gesellschaft für Projektmanagement e. V.: *Peipe, S.; Kärner, M.*: Projektberichte, Statusreports, Präsentationen. Freiburg-Berlin-München-Zürich 2005. – Wer in seiner Organisation die Aufgabe gestellt bekommen hat, ein Projektberichtswesen zu installieren, kommt um das folgende exzellente Werk nicht herum: Campbell, M.: Communication skills for Project Management. New York 2009.
206 *Wilemon, D. L.; Baker, B. N.*: Some Major Research Findings Regarding the Human Element in Project Management. In: Cleland, D. I.; King, W. R. (Eds.): Project Management Handbook, sec. ed. New York 1988, pp. 847–866.
207 *Hofstetter, H.*: 1.5 Der Faktor Mensch im Projektmanagement. In: Schelle, H.; Reschke, H.; Schnopp, R.; Schub, A. (Hrsg.) Loseblattsammlung „Projekte erfolgreich managen", S. 25.
208 *Boy, J.; Dudek, C.; Kuschel, S.*: Projektmanagement. Grundlagen, Methoden und Techniken, Zusammenhänge. Bremen 1994, S. 58.
209 *Hofstetter, H.*: Software-Entwicklung und Human Factor. Erfolgreiche psychologische Methoden, Instrumente und Verfahren. Köln 1987, S. 27.
210 *Boy; Dudek; Kuschel*, a.a. O., S. 64.
211 *Königswieser, R.*: Artikel „Konflikthandhabung". In: Kieser, A. (Hrsg.): Handwörterbuch der Führung. Stuttgart 1987, Sp. 1240–1246.
212 *Mayrshofer, D.; Ahrens, St.*: 6.5.3 Konflikte im Projekt. In: Schelle, H.; Reschke, H.; Schnopp, R.; Schub, A. (Hrsg.): Loseblattsammlung „Projekte erfolgreich managen". Köln 1994 ff., 13. Aktualisierung. Der Beitrag enthält eine sehr lesenswerte Fallstudie, in der das Prozessmodell erläutert wird.
213 Im Detail dazu *Raberger, G.*: 6.5.4 Konfliktmanagement in der Bau- und Anlagenbauindustrie. In: Schelle, H. et alii (Hrsg.): Loseblattsammlung etc., 15. Aktualisierung. – Das folgende Werk widmet sich besonders ausführlich dem Thema „Konflikte in Projekten": *Mayrshofer, D.; Kröger, H. A.*: Prozesskompetenz in der Projektarbeit. Ein Handbuch für Projektleiter, Prozessbegleiter und Berater. Mit vielen Praxisbeispielen. Hamburg 1999, Kapitel 17. – Vgl. weiter das umfassende Sammelwerk *Flucher, Th.; Kochendörfer, B.; Minckwitz, U. v.; Viering, M. G.* (Hrsg.): Mediation im Bauwesen. Berlin 2003.
214 *Meyer, M.M.; Ahlemann, F.*: Project Management Software Systems. Requirements, Selection, Process and Products (6th edition). Release Version 2010–10, S. 31. (Die beiden Autoren gehören zu den besten Kennern des schwer überschaubaren Marktes.)
215 A. a. O., S. 31 f.
216 *Felske, P.; Neuwinger, A.*: 5.9.1 EDV-Unterstützung im Projekt. In: Rationalisierungskuratorium der Deutschen Wirtschaft e. V.; Deutsche Gesellschaft für Projektmanagement e. V. (Hrsg.): Projektmanagement-Fachmann, 4. völlig überarbeitete Auflage, Bd. 2. Köln 1998, S. 1153–2284, hier S. 1153.

Anmerkungen

217 *Graf, G.; Jordan, G.*: Virtuelles Teammanagement im Projekt. Eine neue Herausforderung im Umgang mit Hochleistungsteams – ein Diskussionsansatz. In: Projektmanagement, 3, 2002, S. 21–28, hier S. 27.
218 Artikel „Virtuelles Team" http://de.wikipedia.org/wiki/virtuelles Team (Zugriff 10.6. 2013).
219 *Levin, G.*: Interpersonal Skills for Portfolio, Program and Project Managers. Vienna (VA) 2010, S. 52 ff.
220 Vgl. dazu *Möller, Th.*: Das aktuelle Stichwort: Web 2.0 in Projekten. In: Projektmanagement aktuell 4/2013 ll, S. 54–56 und derselbe, 5.6 Nutzungspotentiale und Gefahren des Web 2.0 in: Möller, Th.; Gemünden, H.G.; Lange, D.; Meyer, P.E. (Hrsg), begründet von Schelle, H.; Reschke, H.; Schnopp, R.; Schub, A.(Hrsg.): Loseblattsammlung Projekte erfolgreich managen, 42. Aktualisierung, Köln 1994 ff.###
221 *Möller, Th.*: Das aktuelle Stichwort etc., a.a. O., S. 56.
222 Quelle: *Hayek, A.*: Projektmanagement-Software. Anforderungen und Leistungsprofile, Verfahren der Bewertung und Auswahl sowie Nutzungsorganisation von Projekt-Software. Köln 1993, S. 25 (Schriftenreihe der Gesellschaft für Projektmanagement; hrsgg. v. H. Schelle).
223 Der Verfasser dankt der Firma GCA Gesellschaft für Computeranwendung m. b. H. (Nürnberg) für die Überlassung dieses Beispiels.
224 Der Netzplan wurde mit dem Programm GRANEDA erstellt. Der Verfasser dankt der Firma NETRONIC für die Überlassung der Grafik.
225 *Dworatschek, S.*: 5.2 Projektmanagement-Software. In: Schelle, H.; Reschke, H.: Schnopp, R.; Schub, A. (Hrsg.): Loseblattsammlung, Projekte erfolgreich managen". Köln 1994 ff., S. 6.
226 *Dworatschek, S.*: 5.2 Projektmanagement-Software. In: Schelle, H.; Reschke, H.: Schnopp, R.; Schub, A. (Hrsg.): Loseblattsammlung, Projekte erfolgreich managen". Köln 1994 ff., S. 6.
227 *Dworatschek, S.; Hayek, A.; Krause, D.*: Empirische Erhebung zum EDV-Einsatz im Projektmanagement, IPMI-Arbeitsbericht, Universität Bremen 1993.###
228 *Mayrshofer, D.; Kröger, H. A.*: Prozesskompetenz in der Projektarbeit. Ein Handbuch für Projektleiter, Prozessbegleiter und Berater mit vielen Praxisbeispielen. Hamburg 1999, S. 167.
229 *Winkler, K.; Mandl, H.*: Wissensmanagement für Projekte. In: Wastian, M.; Braumandl, J.: Rosenstiel, L. v. (Hrsg.): Angewandte Psychologie für Projektmanager. Ein Praxisbuch für die erfolgreiche Projektleitung. Heidelberg 2009, S. 84–96, hier S. 84.
230 *Willke, H.*: Systemisches Wissensmanagement. Stuttgart 1998, S. 100 ff.
231 *Kleiner, A.; Roth,G.*: Wie sich Erfahrungen in der Firma besser nutzen lassen. In: HARVARD BUSINESS manager, 5/1998, S. 9–15. Zur Rolle von Fallgeschichten, die kognitive, emotive und soziale Komponenten verknüpfen vgl. *Wilke, H.*: Projektübergreifendes Wissensmanagement. In: Hirzel, M.; Kühn, F.; Wollmann, P. C. (Hrsg.): Multiprojektmanagement. Strategische und operative Steuerung von Projekteportfolios. Frankfurt/M. 2002, S. 117–130. Siehe auch *Hesser, E.; Thiev, K.*: Unternehmenspotenziale mit „Story Telling" aufdecken und nutzen. In: Projektmanagement aktuell 1/2007 S. 37–40.
232 *Wüthrich, H. A.; Philipp, A. F.*: Virtuelle Unternehmen – Leitbild digitaler Geschäftsabwicklung? In: Hermanns, A.; Sauter, M.: Management-Handbuch Electronic Commerce. München 1999, S. 49–60, hier S. 54.
233 *Schmied, J.*: Wissensmanagement in der Software-Entwicklung. Eine Voraussetzung für effiziente Qualitätssicherung und Projektmanagement. In: Projektmanagement, 1/2001, S. 12–20.
234 *Krön, E.*: Ressource „Wissen" im Bauprojekt. In: Projektmanagement aktuell, 3/2010, S. 22–27.

235 In Anlehnung an *Spirer, H. F.; Hamburger, D. H.:* Phasing Out the Project. In: Cleland, D. I.; King, W. R. (Eds.): „Project Management" Handbook, sec. ed. New York 1988, pp. 231.
236 *Möller, K. H.; Paulish, D. J.:* Software Metrics. London 1993: Eine umfassende, sehr gründliche Darstellung von Kennzahlen für IT-Projekte enthält das folgende Werk: *Kütz, M.* Kennzahlen in der IT: Werkzeuge für Controlling und Management. 2. überarbeitete und erweiterte Auflage. Heidelberg 2007.
237 *George, G.:* 4.10.4 Kennzahlen und Kennzahlensysteme für das Projektmanagement. In: Schelle, H.; Reschke, H.; Schnopp, R.; Schub, A. (Hrsg.): Loseblattsammlung „Projekte erfolgreich managen". Köln 1994 ff., 16. und 17. Aktualisierung.
238 *Patzak, G.; Rattay, G.:* Projektmanagement. Leitfaden zum Management von Projekten, Projektportfolios und projektorientierten Unternehmen. 2. Auflage, Wien 1997, S. 403.
239 Vgl. dazu *Techt, U.:* Selbstbewertung nach Project Excellence. Wie Sie in Ihren Projekten den Stand und den Weg zu Spitzenleistungen erkennen und daraus Verbesserungen ableiten. In: Projektmanagement, 4/97, S. 47–52.
240 *Ottmann, R.:* 4.10.2 Projektbenchmarking PBM – Analyse der besten Praktiken. In: Schelle, H.: Reschke, H.; Schnopp, R.; Schub, A. (Hrsg.): Loseblattsammlung, „Projekte erfolgreich managen", 11. Aktualisierung. Köln 1994 ff., S. 15.
241 www.gpm-ipma.de (23.2.2013). –Einen guten Überblick über Wissensmanagement in Projekten geben *Schindler, M.; Eppler, M. J.:* Harvesting project knowledge: a review of project learning methods and success factors. In: International Journal of Project Management 21 (2003), pp. 219–228. – Bei *Kerth, N. L.:* Post Mortem. Projekte erfolgreich auswerten. Bonn 2003 findet sich ein sehr detailliertes Drehbuch für die Durchführung von Workshops zur Erfahrungssicherung, das auch auf die zahlreichen Hindernisse eingeht, die den Erfolg einer solchen Veranstaltung gefährden können.
242 S. 241.
243 *Lechler, Th.:* Erfolgsfaktoren des Projektmanagements. Frankfurt/M. 1997, S. 278.
244 *Reiß, M.:* Change Management als Herausforderung. In: Reiß, M.; Rosenstiel, L. v.; Lanz, A.: Change Management. Programme, Projekte und Prozesse. Stuttgart 1997, S. 5–28, hier S. 17.
245 *Hansel, J.; Lomnitz, G.:* Projektleiter-Praxis. Erfolgreiche Projektabwicklung durch verbesserte Kommunikation und Kooperation. Berlin-Heidelberg-New York 1987, S. 150 f.
246 A. a. O., S. 151.
247 Vgl. dazu z. B. die folgende Veröffentlichung aus der Abteilung Betriebswirtschaft des Verbands Deutscher Maschinen- und Anlagenbau e. V.: Andreas, D.; Sauter, B.; Rademacher, G.: Projekt-Controlling und Projekt-Management im Anlagen- und Systemgeschäft. 5. Auflage, Köln 1992 und Platz, J.: Projektmanagement erfolgreich einführen, in: Projektmanagement, Nr. 2/92, S. 5–13.
248 Modifizierte Darstellung nach *Reiß, M.:* Instrumente der Implementierung. In: Reiß, M.; Rosenstiel, L. v.; Lanz, A.: Change Management. Programme, Projekte und Prozesse. Stuttgart 1997, S. 91–121, hier S. 99.
249 Z. B. *Kirsch, W.; Esser, W.-M.; Gabele, E.:* Das Management des geplanten Wandels in Organisationen. Stuttgart 1979.
250 Eine ausführliche, sehr praxisnahe Anleitung für den Umgang mit Widerstand in Projekten, die organisatorische Veränderungen zum Ziel haben, gibt das Buch: Mohr, N.; Woehe, J. M.: Widerstand erfolgreich managen. Professionelle Kommunikation in Veränderungsprojekten. Frankfurt-New York 1998. – Das folgende Buch, das auf einer großzahligen empirischen Untersuchung basiert, befasst sich ausschließlich mit der Akzeptanzproblematik: *Wahl, R.:* Akzeptanzprobleme bei der Implementierung von Projektmanagementkonzepten in der Praxis. Frankfurt/M. 2001. – Eine Zusammenfassung der wichtigsten Ergebnisse findet sich in: *Wahl, R.:* Die Implementierung von Projektmanagementkonzepten in der Praxis. In: Projektmanagement, 3/2001, S. 9–18

Anmerkungen

- Ein weiteres, exzellentes und sehr systematisches Buch mit einer Klassifizierung von Projekten des organisatorischen Wandels ist Berner, W.: Change! 15 Fallstudien zur Sanierung, Turnaround, Prozessoptimierung, Reorganisation und Kulturveränderung. Stuttgart 2010.
251 *Kunkowski, H. R.*: Systematisierung des Projekt-Managements in einem Unternehmen der Elektroindustrie, in: Saynisch, M.; Schelle, H.; Schub, M. (Hrsg.): Projektmanagement. Konzepte, Verfahren, Anwendungen. München-Wien 1979, S. 123–145.
252 Im Internet gibt es eine Reihe kostenloser Vorbilder für die Gestaltung von Projektmanagement-Handbüchern, z. B. Projektmanagementhandbuch von Projekt Management Austria http://www.techsphere.bplaced.de/download/pm-guide.pdf (Zugriff 13.3.2013).
253 Vgl. dazu im Detail *Schelle, H.: Ottmann, R.; Pfeiffer, A.*: ProjektManager. 2. Auflage Nürnberg 2005, S. 483.
254 Lebsanft, K.: Westermann, F.: Projektmanagement-Assessment bei Siemens. In: Projektmanagement aktuell 4 (2003), S. 16–25, hier S. 22.
255 Stand und Trend des Projektmanagements in Deutschland. Eine Studie der Volkswagen Coaching GmbH Projekt Management in Kooperation mit IPMI, Universität Bremen und EMS Ltd. London. Wolfsburg 2002, S. 95.
256 *Lechler, Th.*: Erfolgsfaktoren des Projektmanagements. Frankfurt 1997, S. 278.
257 A. a. O., S. 97.
258 *Fortune, J.; White, D.*: Framing of project critical sucess factors by a system model. In: International Journal of Project Management 24 (2006), S. 53–65, hier S. 54.
259 *Young, R.; Jordan, E.*: Top management support. Mantra or necessity? In: International Journal of Project Management, Vol. 26, (7), 2008, pp. 713–725, hier S. 721.
260 *Thomas, J. M.; Desisle, C. L.; Jugdev, K.*; Selling Project Management to Senior Executives. Framing the Moves that Matter. Newton Square, Pennsylvania 2002.
261 Der Verfasser dankt Herrn Dr. Motzel für den ursprünglichen Beitrag in früheren Auflagen und die engagierte Mitarbeit bei der 5. Auflage. – Dipl.-Betriebswirt (FH) Werner Schmehr, geboren 5. 9.1952 in Völklingen/ Saar. Zuerst Berufsabschluss als Industriekaufmann, danach von 1972–1975 Studium der Betriebswirtschaft, Systemanalyse und Organisation, an der Fachhochschule des Saarlandes, Saarbrücken, Diplom-Betriebswirt. Seit 1976 in verantwortlichen Positionen im Projektmanagement tätig. Im Wesentlichen Implementierungsprojekte von Individual- und Standardsoftware (z. B. SAP) und Consultingprojekte im Mittelstand. Ebenfalls Leitungsfunktion als Kaufmännischer Leiter. Von 1976 bis 1982 bei Firma Quelle in der Systemanalyse für Projekte des stationären Handels und für POS-Systeme, anschließend bei Firma Diehl in der Zentralen Organisation für konzernweite Softwareauswahl und Implementierungsprojekte. Von 1982 bis 2002 in verantwortlicher Position als kaufmännischer Leiter bzw. Programm Manager in mittelständischen Unternehmen. Seit 2002 Geschäftsführer von PM-ZERT, der Zertifizierungsstelle im Projektmanagement der GPM Deutsche Gesellschaft für Projektmanagement e. V. Mitglied in Lenkungs- und Programmausschuss der PM-ZERT. Seit 2004 Mitglied im CVMB Certification and Validation Management Board der IPMA International Project Management Association und seit 2011 Chairman des CVMB. Anschrift: Dipl.-Betriebswirt (FH) Werner Schmehr PM-ZERT-Geschäftsstelle, D-90461 Nürnberg, Frankenstraße 152, Tel. (0911) 433369–30, Fax (0911) 433369–39, E-Mail: w.schmehr@gpm-ipma.de, Internet: www.gpm-ipma.de. – *Bechler, K. J.; Lange, D.*: DIN Normen im Projektmanagement. Beuth-Verlag Berlin 2005. Das Buch enthält die Normen 69 900 bis 69 905 im vollen Text. – *Caupin, G.; Knöpfel, H.; Morris, P.; Motzel, E.; Pannenbäcker, O.* (Hrsg.): ICB IPMA Competence Baseline. 2. überarbeitete Auflage, 112 Seiten, IPMA-Verlag Zürich, 1999. – *Caupin, G.; Knöpfel, H.: Koch, G.; Pannenbäcker, K.; Pérez-Polo, F.; Seabury Ch.* (Eds.) with the input of the Member Associations: ICB IPMA Competence Baseline Version 3.0. IPMA-Verlag (www.ipma.ch) Zürich 2006. – *GPM Deutsche Gesellschaft für Projektmanagement e. V.* (Hrsg.) Informationsbroschüre ProjektMana-

ger GPM. Vierstufiges Qualifizierungsprogramm. Nürnberg 2006. – ICB-IPMA COMPETENCE BASELINE Version 3.0 in der Fassung als DEUTSCHE NCB 3.0 – NATIONAL COMPETENCE BASELINE der PM-ZERT Zertifizierungsstelle der GPM e. V. Nürnberg 2008. – *Knöpfel, H.:* ICB Version 3.0. Der neue Maßstab für die Kompetenz im Projektmanagement. In: Projektmanagement aktuell, 4/2006, S. 71–72. – *Motzel, E.:* Projektmanagement Lexikon. Begriffe der Projektwirtschaft von ABC-Analyse bis Zwei-Faktorentheorie. Wiley Klartext. Wiley-VCH-Verlag GmbH & Co. KgaA, Weinheim 2006. – *Motzel, E.; Pannenbäcker, O.; Wolff, U.:* 8.2 Qualifizierung und Zertifizierung von Projektpersonal. In: Schelle, H.; Reschke, H.; Schnopp, R.; Schub A. (Hrsg.): Loseblattsammlung „Projekte erfolgreich managen". Verlag TÜV Rheinland 1994 ff., 9. Aktualisierung. – *Motzel, E.:* 1.9 Standards und Kompetenzmodelle im Projektmanagement. In: Schelle, H. et alii (Hrsg.): Loseblattsammlung, 18. Aktualisierung. – *Schelle, H.; Ottmann, R.; Pfeiffer, A.:* ProjektManager. 3. unveränderte Auflage GPM-Verlag Nürnberg 2007. – *Schelle, H.; Ottmann, R.; Pfeiffer, A.:* Project Manager. 1. Auflage GPM-Verlag Nürnberg 2006. – *Steeger, O.:* „Die Struktur der Kompetenz-Zertifizierung wurde verändert." IPMA stellt neue Competence Baseline vor. Ein Interview mit Werner Schmehr. In: Projektmanagement aktuell 4/2006, S. 73–74.

262 GPM Deutsche Gesellschaft für Projektmanagement e. V. (Hrsg.): ICB-IPMA Competence Baseline in der Fassung als Deutsche NCB-National Competence Baseline Version 3.0. Nürnberg 2008, im Weiteren zitiert mit NCB 3.0. Vgl. dazu im Detail 24. Kapitel.

Sachverzeichnis

A

Ablaufpläne 37
Abweichungsanalyse 199
Abwicklungserfolg 29
Agile Methoden 252
Agiles Manifest 252
Änderungen 206
  Gründe für 206
Änderungsantrag 207
Änderungsaufwand 39
  Abhängigkeit vom Zeitpunkt im Projekt 39
Änderungsmanagement 205
Anfangsfolge 148
Angebotscontrolling 69, 101
Anordnungsbeziehungen 148
  drei Arten 148
Anwendungserfolg 29
Arbeitspaket-Beschreibung 130 f.
Arbeitspakete 129 f.
  nach DIN 69901 130
Arbeitspaketformular 131
Arbeitswertmethode 199
Aufwandsreduzierung 266
Auswahl 60
  IT- und Organisationsprojekte 60

B

Balanced Scorecard 221
Balkendiagrammen und Meilensteinen 162
  Kombination von 162
Balkenpläne 160
Befragung des Auftragsgebers 299
Benchmarking 231
Benefit Management 30
Berichtswesen 257 f.
  Gestaltung des 257
  Weitere Anforderungen 258
Beurteilungskonflikte 273
Beziehungen zwischen Projekten 187
  inhaltliche 187
  soziale 187
  zeitliche 187
Bombenwurfstrategie 309

C

Capability Determination 233
Chancenmanagement 127
CMMI Capability Maturity Model Integrated 232
cost-to-complete-Schätzung 197
CPM (Critical Path Method) 146

D

Datenmodell 290
  Produktunabhängiges 290

Definitionsphase 38
Deming-Zyklus 219
DIN-Begriffsnorm 69 901 19
Disziplin Projektmanagement 24
   Entwicklung der 24

E

Effizienzabweichung 200
Einführung von Projektmanagement 306 f., 310 f., 313
   Hindernisse 306
   Information von Betroffenen 310
   pragmatischer Weg 311
   Vorgehensmodell 313
Einsatzmittelbedarf 165
   Schätzung des 165
Einsatzmittelplanung 177, 186
   Qualitative 186
Emotionale Intelligenz 72
Endfolge 148
Erfahrungsgeschichte 296
Erfahrungssicherung 296
   System zur 296
Ergebnisziele 92
European Quality Award 216

F

Frühwarnindikatoren 269
Frühwarnung 144, 259
Führungsverhalten, in Projekten 80
Function Point 169

G

Gesetz von Brooks 267
Globalisierung 325
   im Projektmanagement 325

H

HERMES 245
House of Quality 227

I

Integrierte Kostenplanung 175
Integrierte Programmmanagement 177
Interessengruppen 112
   bei einem EDV-Projekt 112
Investitionsprojekte 57
   aus der Sicht des Auftragnehmers 57
   aus der Sicht des Investors 57
IPMA Competence Baseline (ICB) 335
IPMA Delta 234
   Organisationale Kompetenz 234
IPMA International Project Management Association 323
IPMA Level A: Zertifizierter Projekt-Direktor (GPM) 338
IPMA Level B: Zertifizierter Senior Projektmanager (GPM) 337
IPMA Level C: Zertifizierter Projektmanager (GPM) 337

IPMA Level D Zertifizierter Projektmanagement-Fachmann (GPM) 331

K

Kapazitätserhöhung 266
Kapitalwertmethode (Net Present Value Method) 57
Kennzahlensysteme 298
   Softwareprojekte 298
Kilokostenmethode 167
kleine Projekte 48
   Minimalschema 48
Knowledge Plan 166
Kommunikationsmarktes 312
Konfigurationsmanagement 205, 208
   der Software-Entwicklung 208
   Neuere Entwicklungen 209
Konflikte 271, 276, 278
   in verschiedenen Projektphasen 271
   Kampf 276
   Kompromiss 276
   Konfrontation 276
   Konsens finden 277
   zwischen Vertragspartnern 278
Konflikte auf der psycho-sozialen Ebene 274
Konflikte nicht verdrängen 276
Konfliktlösungen 275
Konfliktmanagement 277
   Vorgehensmodell für 277
Konfliktursachen 272
Kontinuierlicher Verbesserungsprozess 219
Kostendatenbanken 165
Kostenelemente 165
Kostenkontrolle 41
   projektbegleitende 41
Kostentrendanalyse 203
Kostenverfolgung 193
   Mitschreitende 193
Kritischen Kette 155
   Konzept der 155
Kundeneinbindung 102
Kundenziele 92

L

Lastenheft 103
Lebenswegkosten 40
Leistungsabweichung 200
Leitungsverantwortliche für Projekte, Programme und Projektportfolios 326
Lessons Learned 296
Life Cycle Costing 175
Linie 88
   Widerstände 88
Liste offener Punkte 261

M

Management by Projects 21
Managements by Projects 30
   Unternehmensentwicklung und Wertsteigerung 30
Matrix-Organisation 85 f.
   Fluch und Segen 85
   Prinzipdarstellung 86

Mediation 279
Meilensteine 237
Meilensteinen, zeitliche Abstand von 240
Meilensteinergebnisse 239
Meilensteinformulierungen 240
Meilensteintrendanalyse 163
Mikroartikel 296
Mitarbeiterziele 92
Motivationsdefizit 305
MPM (Meta-Potential-Methode) 146
Multiprojektmanagement 177
Multiprojektplanung 181, 184 f.
    Ebene der Projektphasen 185
    und Durchlaufzeitenverkürzung 184
Mussprojekte 65
Myers und Briggs 78
    Typologie von 78

N

Netzplan 156
    Erstellen in der Praxis 156
Netzplantechnik 143, 145 f., 180
    Entwicklung der 146
    Kritische Wege und Pufferzeiten 154
    Normalfolge 147
    Rückwärtsrechnung 153
    und Einsatzmittelplanung 180
    Vorteile 145
    Vorwärtsrechnung 151
Null Fehler 220

O

Organizational Project Management Maturity Model 233

P

Partneringkonzept 279
Personifizierte Verantwortung 42
PERT (Program Evaluation and Review Technique) 146
Pflichtenheft 103 f.
    Mustergliederung 104
Phasenmodell 242
    für Organisationsprojekte 242
Phasenmodelle 244
    für verschiedene Arten von Projekten 244
phasenorientierte Projektplanung 253
    detaillierte Ablauf- und Terminplanung 253
    Projektstrukturplanung 253
Phasenpläne 38
Phasenrücksprünge 250
Planung des Einsatzmittelbedarfs, Häufige Fehler 179
PM-Trainer -Berater 328
Portfolios 66
PRINCE2 245
    Prinzipien 245

Sachverzeichnis

Prozessmodell 246
Themen 246
Produktivitätserhöhung 266 f.
Programmmanagement 187
Programmmanagement und Multiprojektmanagement, unterschiedliche Rollendefinitionen 189
Programmmanagement und Projektportfoliomanagement 188
  Unterschied zwischen 188
Project Excellence 231, 300
Project Management Office 75, 257, 313
Projekt 82, 260, 271, 301
  Beitrag zur Strategie einer Organisation 61
  Erhebung der Kundenzufriedenheit 301
  Konflikte im 271
  persönliche Gespräch 260
  Umgang miteinander im 82
Projekt und Projektmanagement 19
  zwei Definitionen 19
Projekt-Review 230
Projektabbruch 51
Projektabschluss 296
Projektabschlusssitzung 303
Projektarbeit 22
  Chancen von 22
Projektauftrag 103
Projektauswahl 51, 56
  Auswahlentscheidungen 68
  Entscheidungsregeln 56
  Portfolio-Ansatz 54
Produktentwicklung 51
  richtige Projekte machen 51
Projektberichtswesen 257
Projektbesprechungen 261
Projektcontroller 267
Projektcontrolling 75
Projektdauer 143
  Produkterfolg 143
Projektdefinition 38, 91
Projekte 47, 62, 65, 78
  Dienst der Personalentwicklung 47
  gegen Betriebsblindheit 47
  Karriere durch 78
  Prüfschema 62
  Strategieproduktivität 65
  zur Auswahl 62
Projekten 37
  Komplexität von 343
  Strukturierung von 37
Projektende 297
  Kennzahlensysteme 297
  Probleme und Aufgaben 297
Projektfortschritt 195
  Messung des 195
Projektfortschrittsbericht 263
Projektinformationen 258
Projektinteressenten 110
Projektitis 27
Projektkostendatenbank, Minimalschema für 166
Projektkostendatenbanken 166
Projektkostenverfolgung 200
Projektkrise 268
Projektleiter 71, 84, 87, 327
  Aufgaben des 74

Auswahl des 71
Befugnisse des 87
Stellung in der Organisation 84
Verantwortung des 74
Projektlerngeschichten 296
Projektmanagement 20, 25, 27, 31, 33, 37, 45, 285f., 305, 318, 323, 327-328, 339
bei kleineren Vorhaben 45
Berufsbilder 327
Einführung 305
führt zu erfolgreicheren Projekten 27
Führungskonzept 20
Grundsätze des 37
im Urteil von Mitarbeitern 31
Kompetenz im 339
Kosten des 33
magisches Dreieck des 27f.
nach DIN 20
Optimierung 305
Qualifizierung und Zertifizierung 323
Rolle des Topmanagements 317
Standards 318
Telekommunikation und virtuelle Teams 285
über die Mauer werfen 25
Web 2.0 286
Wissen 328
Projektmanagement-Handbuch 224
Projektmanagement-Leitfaden 312
Projektmanagement-Software 281, 318
Systematik 282
Projektmanagementsystem 313f.
Optimierung 313
Optimierungsmaßnahmen 314
Projektmanager 340
Qualifikation 340
Projektnetzwerke 67
projektorientierte Unternehmen 21
Projektorientierte Unternehmen 23
Vision und Realität 23
Projektpersonal, Qualifizierung von 326
Projektpersonat 326
Projektphasen 237
Projektportfolio 67, 187, 318
Projektrisiken 119
Projektstand 41
Transparenz über den 41
Projektstart 91, 100
Tagesordnung für 100
Projektstartsitzungen 98f.
Ziele von 99
Projektsteuerung 257
Fernwirkungen 268
Projektstörungen 42
Schnelle Reaktion auf 42
Projektstrukturplan 129, 131ff., 135, 140, 170
Erstellung eines 135
funktionsorientierten 133

für ein Organisationsprojekt 135
Gliederungsprinzipien 131
Grundlage für die Kostenschätzung 170
Kombination von Objekt- und Funktionsgliederung 133
objektorientierten 132
Regeln für die Erstellung 140
Projektstrukturpläne 37, 141
Zwecke von 141
Projektteam 71, 76, 79, 81
Entscheidungen 79
Zusammensetzung des 76
Projektumfeld 107
Projektzeitung 312
Projektziele 91, 93
Messbarkeit von 93
Prozesskostenrechnung 175
Prozessziele 92

Q

Q-Controlling 221
Qualitätsbegriff 215
Wandel des 215
Qualitätsmanagement 213
Kosten und Nutzen von 213
Prozessorientierung 217
Qualitätsmanagement-System 212, 222
Qualitätsnachweis 225
mittels PM-Audit 225
Qualitätsplan 94
Quality Function Deployment 227

R

Rechnereinsatz 286
Vorteile 286
Restkosten 197
Restkostenschätzungen 201
Return on Investment 56
Risiken 41
Frühes Erkennen von 41
Risikoanalyse 119
Checklisten 119
Risikobewertung 120
Risikocheckliste 123
für den Anlagenbau 123
Personal 123
Risikoidentifizierung 120 f.
in Softwareprojekten 121
Risikomanagement 119, 127 f.
in Projekten 119
Kritik am 128
Unternehmenskultur 127
Risikopolitik 126
Maßnahmen der 126
Risikovorsorge 120
Rückmeldeliste 159

S

Schätzgleichungen 168
Schätzklausur 170, 172 f.
Ablauf der 172
Beteiligte und Ziele 170
praktisches Beispiel 173
Six Sigma 221
Software-Auswahl 292
Fünf Stufen 292

SPICE Software Process Improvement 233
Sprungfolge 148
Stakeholder 110
Stakeholderanalyse 111
Stakeholdermanagement 107, 115
Standardprojektstrukturplan 139
  für Softwareprojekte 139
Standardprojektstrukturpläne 137
Startprozess 101
  Varianten des 101
Steuerungsmaßnahme 267
  Nebenwirkungen 267

T

Target Costing 175
Task Force 84
  Stärken und Schwächen der 84
Team 82
  Phasen der Formierung eines 82
Teambesetzung 77
  Empfehlungen zu 77
Technologievorteil-Kundennutzen-Portfolio 55
Terminabweichungen 263
  Ursachen für 263
Terminrückmeldungen 158
Terminüberschreitung 263
  Ursachen für 263
Terminverzögerungen 144
  Dominoeffekt von 144

Timeboxes 253
  und Meilensteine 253
Total Quality Management (TQM) 214, 218

U

Umfeldanalyse 108
Umfeldmanagement 107 f.

V

V-Modell 243
  Vorgehensbaustein 243
V-Modell XT 243
Variantencontrolling 60
Verfehlen von Termin- und Kostenziel 32
  Ursachen 32
Verteilungskonflikte 274
Vier-Ebenen-Zertifizierungssystem der IPMA 341
4-Level-Qualifizierung GPM/-Frau 330
virtuelle Teams 285
Vorgangsdauern 158
  Schätzung der 158
Vorgangsknoten 146
  Darstellung eines 146
Vorgangsknotennetzplan 290
Vorgehensmodell 247
  nach DIN 69 901 247
Vorgehensmodelle 241
  Beispiele für 241
  Kritik 249

W

weiche Informationen 260

Z

Zertifizierter Projektdirektor (GPM) 342
Zertifizierter Projektmanagement-Fachmann 344
Zertifizierter Projektmanagement-Fachmann/-Frau 329
Zertifizierter Projektmanager 344
Zertifizierter Senior Projektmanager 343
Zertifizierung 346
  Ablauf 346
Zertifizierungssystem der IPMA International Project Management Association 331
Zertifzierung von Projektmanagementpersonal 226
Ziele
  Darstellung von 96
  Regeln für 96
Zielfindung 96
Zielformulierung 93, 95
  Regeln für 95
  Schlechte und gute Beispiele 93
Zielhierarchie 96
  Beispiel für 96
Zielklärung 96, 101
  Prozess der 96
Zielklärungsprozess 98
Zielkonflikte 272

Becker
Das Marketingkonzept
Zielstrebig zum Markterfolg!
Wirtschaftsberater
4. Aufl. 2010. 252 S.
€ 9,90. dtv 50806

Die notwendigen Schritte für schlüssige Marketingkonzepte, systematisch und mit Fallbeispielen.

Röthlingshöfer
Mundpropaganda-Marketing
Was Unternehmen wirklich erfolgreich macht.
Wirtschaftsberater
1. Aufl. 2008. 217 S.
€ 10,–. dtv 50914

Alles über die Grundlagen, das aktuelle Wissen mit Erfolgsbeispielen, Checklisten und praxisnahen Tipps.

Neumann/Nagel
Professionelles Direktmarketing
Das Praxisbuch mit Online-Marketing.
Wirtschaftsberater
2. Aufl. 2007. 361 S.
€ 14,–. dtv 5886

Hörner
Marketing im Internet
Konzepte zur erfolgreichen Online-Präsenz.
Wirtschaftsberater
1. Aufl. 2006. 308 S.
€ 10,–. dtv 50895

Der Band bietet eine Fülle von Tipps und Anregungen und unterstützt sowohl Unternehmer und Marketing-Mitarbeiter wie auch Freiberufler optimal im Online-Marketing.

Grafberger/Hörner
Texten für das Internet
Kunden erfolgreich gewinnen mit Website und Suchmaschinen.
Wirtschaftsberater **Toptitel**
2. Aufl. 2013. 230 S.
€ 16,90. dtv 50934

Gute Texte müssen sowohl Leser begeistern und zum Kauf motivieren als auch die Platzierung in Suchmaschinen verbessern. Dieser neue Band zeigt, worauf es beim Web-Auftritt ankommt und wie man es schafft, bei Google möglichst weit oben zu stehen.

Wissmeier
Marketing mit kleinem Budget
Der Praxisratgeber für Selbstständige, kleine und mittlere Unternehmen.
Wirtschaftsberater
1. Aufl. 2010. 145 S.
€ 12,90. dtv 50908

Marktinformationen, Marktstrategien, Marketing-Instrumente, Marketing-Mix, Marketingbudget, Marketingplan, Erfolgskontrolle, Erfolgsfaktoren.

Kleine-Doepke/Standop/Wirth
Management-Basiswissen
Konzepte und Methoden zur Unternehmenssteuerung.
Wirtschaftsberater
3. Aufl. 2006. 323 S.
€ 14,–. dtv 5861

Füser
Modernes Management
Business Reengineering, Benchmarking, Wertorientiertes Management und viele andere Methoden.
Wirtschaftsberater
4. Aufl. 2007. 266 S.
€ 12,–. dtv 50809

Becker
Lexikon des Personalmanagements
Über 1000 Begriffe zu Instrumenten, Methoden und rechtlichen Grundlagen betrieblicher Personalarbeit.
Wirtschaftsberater
2. Aufl. 2002. 677 S.
€ 19,–. dtv 5872

Pilz
Networking
Beziehungen und Kontakte nutzen.
Wirtschaftsberater
1. Aufl. 2009. 173 S.
€ 9,90. dtv 50924

Wie Sie Kontakte herstellen, pflegen, ausbauen und das Networking gezielt im Beruf einsetzen, um Karriere zu machen oder Kunden zu gewinnen, erfahren Sie in diesem Buch.

Bruhn
Kundenorientierung
Bausteine für ein exzellentes Customer Relationship Management (CRM).
Wirtschaftsberater
4. Aufl. 2012. 378 S.
€ 16,90. dtv 50808
Auch als **ebook** erhältlich.
Innovationsmanagement, Qualitätsmanagement, Servicemanagement, Kundenbindungsmanagement, Beschwerdemanagement, Integrierte Kommunikation sowie Internes Marketing.

Bruhn
Servicequalität
Konzepte und Instrumente für die perfekte Dienstleistung.
Wirtschaftsberater
1. Aufl. 2013. 326 S.
€ 16,90. dtv 50932
Bausteine eines Qualitätsmanagements, Analyse, Planung, Umsetzung und Kontrolle

Schelle
Projekte zum Erfolg führen
Projektmanagement systematisch und kompakt.
Wirtschaftsberater
7. Aufl. 2014. 410 S.
€ 14,90. dtv 50937
Neu im Januar 2014
Systematisches Projektmanagement führt zu hoher Termin- und Kostentreue und zum sicheren Erreichen des geplanten Ergebnisses. Hier hilft dieser Ratgeber.

Hoffmann/Schoper/ Fitzsimons
Internationales Projektmanagement
Interkulturelle Zusammenarbeit in der Praxis.
Wirtschaftsberater
1. Aufl. 2004. 375 S.
€ 14,–. dtv 50883
Kommunikation und Information, Führung im Projekt, Entscheidungsfindung, Konflikt-, Risiko- und Lieferantenmanagement, Projektorganisation und -steuerung u.v.m.

Röthlingshöfer
Werbung mit kleinem Budget
Der Ratgeber für Existenzgründer und Unternehmen.
Wirtschaftsberater
2. Aufl. 2008. 255 S.
€ 9,90. dtv 50876
Ganz ohne Werbedeutsch zeigt der Ratgeber, was man für erfolgreiche Werbung braucht.

Hofstede/Hofstede
Lokales Denken, globales Handeln
Interkulturelle Zusammenarbeit und globales Management.
Wirtschaftsberater
5. Aufl. 2011. 571 S.
€ 19,90. dtv 50807
Auch als **ebook** erhältlich.
Wertvolle Hinweise in diesem Standardwerk helfen, andere besser zu verstehen und selbst besser verstanden zu werden.

Kastin
**Marktforschung
mit einfachen Mitteln**
Daten und Informationen
beschaffen, auswerten und
interpretieren.
Wirtschaftsberater
3. Aufl. 2008. 437 S.
€ 19,90. dtv 5846

Haberzettl/Schinwald
**Erfolgreiches
Change Management**
Wie Sie Mitarbeiter an Veränderungen beteiligen.
Wirtschaftsberater
1. Aufl. 2011. 284 S.
€ 16,90. dtv 50905
Auch als **ebook** erhältlich.

Rota
**Public Relations
und Medienarbeit**
Effektive Öffentlichkeitsarbeit der Unternehmen im Informationszeitalter.
Wirtschaftsberater
3. Aufl. 2002. 360 S.
€ 12,50. dtv 5814

Rota/Fuchs
Lexikon Public Relations
500 Begriffe zu Öffentlichkeitsarbeit, Markt- und Unternehmenskommunikation.
Wirtschaftsberater
1. Aufl. 2007. 502 S.
€ 17,50. dtv 50898

Hermanni
Medienmanagement
Grundlagen und Praxis für Film, Hörfunk, Internet, Multimedia und Print.
Wirtschaftsberater
1. Aufl. 2007. 316 S.
€ 15,–. dtv 50902

Bölke
Presserecht für Journalisten
Freiheit und Grenzen der Wort- und Bildberichterstattung.
Rechtsberater
1. Aufl. 2005. 265 S.
€ 12,50. dtv 50627

Pauli
Leitfaden für die Pressearbeit
Anregungen · Beispiele · Checklisten.
Wirtschaftsberater
3. Aufl. 2004. 217 S.
€ 9,50. dtv 5868
Das Buch beschreibt, mit welchem Konzept man erfolgreiche Pressearbeit betreibt und welche Tipps und Trends man kennen muss, um Fehler zu vermeiden.

Klein
Kulturmarketing
Das Marketingkonzept für Kulturbetriebe.
Wirtschaftsberater
3. Aufl. 2011. 543 S.
€ 19,90. dtv 50848
Auch als **ebook** erhältlich.
Viele praktische Beispiele stellen den Aufbau eines Kultur-Marketing-Konzepts dar und beschreiben seine Umsetzung.